Roswitha Schlötterer
Richard Strauss – Max von Schillings
Ein Briefwechsel

VERÖFFENTLICHUNGEN DER
RICHARD-STRAUSS-GESELLSCHAFT · MÜNCHEN

Herausgegeben von Franz Trenner

Band 9

Roswitha Schlötterer

RICHARD STRAUSS – MAX VON SCHILLINGS
Ein Briefwechsel

W. LUDWIG VERLAG · PFAFFENHOFEN

ROSWITHA SCHLÖTTERER

RICHARD STRAUSS – MAX VON SCHILLINGS

Ein Briefwechsel

WLV

W. LUDWIG VERLAG · PFAFFENHOFEN

1987

ISBN 3-7787-2087-2
© 1987 by W. Ludwig Verlag, D-8068 Pfaffenhofen
Satz und Druck: Ilmgaudruckerei Pfaffenhofen
Printed in Germany
Nachdruck, auch auszugsweise, nur mit Genehmigung des Verlages

INHALT

Vorwort 7
Tabellarische Lebensläufe von Strauss und Schillings 20
Briefe 29
Nachtrag: Brief vom 25. 1. 1912 231
Anhang: Brief Hofmannsthals an Schillings 234
       Zwei Briefe von Strauss an Barbara Kemp 234
Verzeichnis der Abbildungen 237
Abbildungen 238
Bibliographie 248
Erwähnte Werke von Richard Strauss 249
Erwähnte Werke von Max Schillings 250
Personenregister 251

VORWORT

Im Gegensatz zu Briefwechseln von Richard Strauss mit Hofmannsthal, mit Cosima Wagner oder mit Clemens Krauss etwa muß bei vorliegender Briefausgabe die Person des Briefpartners Max von Schillings wohl erst vorgestellt werden. Ist der Name Schillings heute doch kaum mehr oder bestenfalls noch als Komponist der Oper „Mona Lisa" bekannt. Zu Anfang des Jahrhunderts dagegen war das anders. Der 1868 geborene Schillings war eine durchaus namhafte Persönlichkeit, eine noble, vornehme Erscheinung (wie er gerne beschrieben wird), die eine gewichtige Rolle im deutschen Musikleben spielte. „Schillings hat wohl die höchste Vollendung in der Behandlung der heute zu Gebote stehenden Mittel des musikalischen Ausdrucks erreicht", wird ihm bereits nach seinem Opernerstling von der zeitgenössischen Kritik bestätigt (Neue Zeitschrift für Musik 62 [1895] 19), und nach seiner zweiten Oper „Pfeifertag", daß er „augenblicklich wohl das bemerkenswerteste und eigenartigste musikalisch-dramatische Talent" sei (Allgemeine Musik-Zeitung 26 [1899] 724/725). Das Riemann Musik-Lexikon von 1909 schließlich charakterisiert ihn als „eine durch starke persönliche Eigenart in die vorderste Reihe tretende Erscheinung". Sogar als Lehrer konnte sich Schillings, der an sich nicht unterrichtete, bleibendes Andenken schaffen; aufgrund privater Empfehlungen hatte er nämlich zwei Schüler angenommen, die sich später seiner dankbar und in Verehrung erinnerten: Robert Heger und Wilhelm Furtwängler.

Zunächst war sein Lebensweg allerdings gar nicht auf Öffentlichkeit angelegt. Auf einem Herrensitz, dem seit hundert Jahren im Besitz seiner Familie befindlichen Weyerhof bei Gürzenich, nahe dem rheinländischen Düren, wohlbehütet aufgewachsen – der Vater aus alteingesessener rheinischer Patrizierfamilie stammend, die Mutter aus dem berühmten Geschlecht der Brentanos – führte er dann auch seinen eigenen Hausstand in München zunächst ganz in der privaten Zurückgezogenheit eines freischaffenden Komponisten.

Erst als Vierzigjähriger trat er 1908 in ein eigentliches Berufsleben ein, zunächst als musikalischer Leiter der Stuttgarter Hofoper, nach dem ersten Weltkrieg dann der Berliner Staatsoper. Damit kamen auch die vielerlei Ämter und Pflichten auf ihn zu, wie sie die Stellung als Hofkapellmeister und darüber hinaus seine Position im allgemeinen Musikleben mit sich brachten. Dementsprechend verlagerte sich der Schwerpunkt seiner Tätigkeit auch mehr und mehr auf die nachschaffende und auf die organisatorische Seite.

Genau das spiegelt sich hier im Briefwechsel mit Strauss wider. Nach kurzer Zeit der privaten Familienfreundschaft wird Schillings nämlich für

Strauss in den verschiedenen Belangen des Musikbetriebs zum wichtigen Partner, mit dem es zu klären, zu verhandeln, zu organisieren, kurz, zusammenzuarbeiten gilt. Das ist auch der Grund, weshalb dieser Briefwechsel so uneinheitlich und bunt, zugleich aber auch so vielfältig wirkt. Ganz verschiedenartige Fragenkomplexe werden angeschnitten, so die vielschichtigen Aufgaben, welche Werkauswahl, Programmgestaltung, Planung und Organisation der alljährlichen Tonkünstlerfeste des Allgemeinen Deutschen Musikvereins mit sich bringen, so die schwierigen Verlagsverhandlungen wegen Urheberrechtsfragen, die unerquicklichen Erörterungen über die Handhabung der sogenannten Konventionalstrafe, so aber auch der ganze lange Vorbereitungsweg der Uraufführung von Strauss' „Ariadne auf Naxos" von der ersten tastenden Voranfrage bis zur Premiere oder vielmehr sogar bis zu ihrer Neubearbeitung, und so schließlich der hochinteressante Einblick in die chaotischen künstlerischen und wirtschaftlichen Verhältnisse eines Opernbetriebs wie der Berliner Staatsoper am Anfang der Zwanzigerjahre.

All das gibt ein lebendiges, authentisches Bild der Musikverhältnisse vom Ende des 19. Jahrhunderts bis zum Beginn des nationalsozialistischen Regimes. Wir sehen, wie es auch damals Streit und Intrigen gab, aber auch wie kurzfristig und unbürokratisch eine Opernaufführung angesetzt werden konnte, man registriert mit Erstaunen, wie viele komponierende Musiker es damals gab – eine auffallende Erscheinung dieser Epoche übrigens, daß die Tätigkeit des Komponisten, Dirigenten, Instrumentalisten, Musikschriftstellers und Kritikers so häufig in einer Person verbunden war –, und wie wenige der damaligen Werke bis in die heutige Zeit überlebt haben.

Gerade aber dieses allgemeine zeitgeschichtliche Interesse, das der Briefwechsel zwischen Richard Strauss und Max von Schillings beanspruchen kann, scheint ein legitimer Grund, ihn im Rahmen dieser Reihe der Richard-Strauss-Gesellschaft München zu veröffentlichen.

* * *

Das erste schriftliche Dokument der Bekanntschaft von Strauss und Schillings stammt vom April 1894. Persönlich kennengelernt hatten sie sich wohl schon etwas früher; Schillings' erstes, in München bei Josef Seiling 1889 veröffentlichtes Liederheft „Abenddämmerung" soll die Verbindung hergestellt haben.

Schillings war 1889 nach dem Abitur von Bonn nach München übergesiedelt, um nach dem Wunsche des Vaters Jurisprudenz zu studieren. Ihn aber zogen die geisteswissenschaftlichen Fächer weit mehr an und so besuchte er germanistische, literar- und kunsthistorische Vorlesungen an der Universität München, ähnlich wie einige Jahre vorher auch der

Abiturient Richard Strauss dort für kurze Zeit Vorlesungen über Philosophiegeschichte, Ästhetik, Kulturgeschichte und über Shakespeare gehört hatte. Nach wenigen Semestern gab Schillings aber auch diese Vorlesungen auf, als ihm klargeworden war, daß sein Heil in der Musik lag.

Im übrigen war München für seine musikalischen Interessen gerade der richtige Ort, denn es gab dort eine starke Strömung des musikalischen Fortschritts. Hier fand er für seine kompositorische Arbeit Anregung und Förderung, hier traf er Gleichgesinnte und Freunde. An der Oper, wo einst Hans von Bülow die Uraufführungen von „Tristan" und den „Meistersingern" geleitet hatte, wirkte nun Hermann Levi, ebenfalls ein Wagnergetreuer, der 1882 die Uraufführung des „Parsifal" in Bayreuth dirigiert hatte. Levi ermöglichte dem jungen Schillings denn auch freien Zugang zu den Proben im Münchner Hoftheater, was für den angehenden Opernkomponisten von unschätzbarem Wert war. Vor allem aber waren es zwei junge Komponistenkollegen, bei denen er Anschluß fand: Richard Strauss und Ludwig Thuille. Diese beiden vertraten in München gegenüber der konservativen Rheinberger-Schule das fortschrittliche Element, waren sie durch den Einfluß Alexander Ritters, der seit 1886 ebenfalls in München wohnte, doch selbst erst zu begeisterten Anhängern der Neudeutschen Schule geworden; Wagner und Liszt galten hier als *die* Leitsterne.

Strauss, um vier Jahre älter als Schillings, war bereits aufsehenerregend mit seinen frühen Tondichtungen hervorgetreten und kehrte im Herbst 1894 nach einigen auswärtigen Kapellmeisterstellen nun an die Münchener Hofoper als Kgl. Kapellmeister zurück. Thuille, wiederum drei Jahre älter als Strauss, unterrichtete seit geraumer Zeit an der Kgl. Akademie der Tonkunst in den Fächern Harmonielehre und Klavier. Für alle drei aber lag zweifellos das Komponieren im Brennpunkt ihres Interesses. So mußte es für ihre gegenseitige Beziehung natürlich ein ganz besonders stimulierendes Moment gewesen sein, als 1894 Strauss mit „Guntram" und Schillings mit „Ingwelde", 1897 Thuille mit „Theuerdank" als ihren Opernerstlingen an die Öffentlichkeit traten. Die Uraufführung von „Theuerdank" in München wurde übrigens von niemand geringerem als dem jungen Kapellmeister Richard Strauss geleitet, der überhaupt – hatte er vorerst ja auch als einziger unter den drei Freunden die Möglichkeit dazu – mit geradezu fanatischem Eifer bemüht war, die Werke seiner Freunde, wie allgemein „Novitäten" aufzuführen.

Kein Wunder also, wenn sich die Freundschaft bald auch auf den privaten Bereich ausdehnte und die jungen Familien miteinschloß. Denn alle drei hatten, in entsprechender altersmäßiger Abstufung, inzwischen geheiratet und wurden Familienväter. Und als Schillings 1898 ein Kind im frühen Säuglingsalter verlor, finden wir – ein rührendes Dokument gegenseitiger menschlicher Anteilnahme – in Straussens Schreibkalender den Vermerk: „Nachmittags Schillings' Bübchen Waldemar begraben". Weiterhin gehörten noch Felix vom Rath, Hermann Bischoff, Siegmund von Hausegger und vor allem natürlich das geistige Oberhaupt des Kreises, Alexander Ritter, bis zu seinem Tode im April 1896 zu dem Münchner Freundeskreis.

Da für Strauss aber seine Münchner Position in vieler Hinsicht äußerst unbefriedigend war, nahm er mit Freuden die Gelegenheit wahr, im Herbst 1898 an die Berliner Hofoper zu gehen, zunächst als Erster Kapellmeister, ab 1908 dann als Generalmusikdirektor; seine Freunde Schillings und Thuille dagegen blieben in München. Thuille, 1903 als Nachfolger des als konservativ-altväterisch verschrieenen Joseph Rheinberger zum Professor für Komposition aufgestiegen, war inzwischen zu einem sehr gesuchten Kompositions- und Theorielehrer geworden, der eine gemäßigte Moderne vertrat. Die „Münchner Schule", wie sie bezeichnet wurde und deren Seele Ludwig Thuille und Max Schillings waren, brachte im übrigen eine ganze Anzahl von Persönlichkeiten hervor, die dann im öffentlichen Musikleben, sei es als Komponisten, oder jedenfalls als musikalische Fachleute, eine Rolle spielen sollten. Auch Schillings lebte zunächst noch weiterhin als freischaffender Komponist in München, wie denn auch in diese Münchner Periode, die nur öfters durch Zwischenaufenthalte in seiner rheinischen Heimat unterbrochen war, der Großteil seiner Kompositionen fällt: u.a. zwei weitere Opern, „Pfeifertag" und „Moloch", verschiedene Orchesterwerke, von denen in Zusammenhang mit ihrer Aufführung auch im Briefwechsel mehrfach die Rede ist, weiterhin zahlreiche Lieder, darunter die „Glockenlieder", und „Einem Heimgegangenen. Dem Andenken Ludwig Thuilles"; Thuille war nämlich, erst fünfundvierzigjährig, 1907 plötzlich an einem Herzschlag gestorben. Ein Jahr später entschloß sich Schillings dann doch, seine Ungebundenheit gegen die verlockenden künstlerischen Möglichkeiten eines musikalischen Leiters der Stuttgarter Hofoper einzutauschen. Mit diesem Schritt in die Öffentlichkeit des Berufslebens trat er auch in eine andere Phase seines Lebens.

Straussens Ruhm als Dirigent wie als Komponist war in diesen frühen Berliner Jahren zu sagenhafter Höhe angestiegen. Aber in noch ganz anderer Hinsicht hatte er sich Renommee verschafft: Er kümmerte sich um die bis dahin noch sehr unbefriedigenden Urheberrechte der Komponisten und gründete zum Zwecke der Verbesserung zusammen mit seinem Juristenfreund Friedrich Rösch und mit Hans Sommer die Genossenschaft Deutscher Tonsetzer. Die absolute Spitzenstellung, die Strauss im öffentlichen Musikleben nunmehr einnahm, brachte mit sich, daß er auf dem 1901 in Heidelberg stattfindenden Tonkünstlerfest des Allgemeinen Deutschen Musikvereins zum 1. Vorsitzenden gewählt wurde. Dabei war ihm Schillings, gleichfalls im Musikausschuß tätig, in den folgenden Jahren vor allem bei Sichtung und Auswahl der eingesandten Werke, aber auch bei Programmgestaltung und Organisation der jährlichen Tonkünstlerfeste ein unentbehrlicher Helfer. Geradezu ein musikgeschichtliches Dokument stellt in diesem Zusammenhang der Brief dar, in dem Strauss den jungen, noch völlig unbekannten Komponisten Arnold Schönberg als „sehr talentvoll" einer Förderung durch den Allgemeinen Deutschen Musikverein dringend anempfiehlt, sowie Schillings' Antwortbrief, aus dem zu ersehen ist, wie verwirrend die eingesandte „Überpartitur" von Schönbergs „Gurreliedern" damals selbst noch auf einen verständnisvollbemühten Fachmann gewirkt hat. Als Strauss 1910 dann zurücktrat vom Vorsitz des Vereins und Ehrenvorsitzender wurde, rückte der bisherige „Adjutant" Schillings an seine Stelle und übte das Amt zehn Jahre lang bis 1920 aus.

Dieses Nachrücken in Positionen von Strauss findet in Schillings' Leben ja öfters statt: So wurde er 1930 ebenfalls 1. Vorsitzender der Genossenschaft Deutscher Tonkünstler, nachdem Strauss 1930 vom Vorstand zurückgetreten und Ehrenmitglied geworden war. Aber auch schon in jungen Jahren war 1889 zuerst Strauss, 1892 dann Schillings von Cosima Wagner als sogenannte musikalische Assistenz zu den Festspielen nach Bayreuth gerufen worden; daß Schillings dort mit dem Dirigieren dann nicht zum Zuge kam wie Strauss, der 1894 den „Tannhäuser" leitete, war anscheinend seinem persönlichen Zerwürfnis mit Cosima Wagner wegen des Münchner Prinzregententheaters zuzuschreiben. (Zufälligerweise hatten übrigens im Jahr 1882 beide, ohne sich noch zu kennen – Strauss als Abiturient, Schillings noch als Gymnasiast – in Bayreuth eine der ersten Aufführungen des „Parsifal" miterlebt und Wagner noch selbst gesehen!) Eine weitere Duplizität war die Verleihung des Ehrendoktorats durch die Universität Heidelberg: Strauss wurde sie 1903, Schillings 1911 zuteil. Schließlich war Strauss *bis* 1919, Schillings *ab* 1919 Dirigent an der Berliner Oper. Und als ein Kuriosum könnte man noch anführen, daß sie beide die Ablehnung ihrer Musik durch Kaiser Wilhelm II. in Kauf nehmen mußten. „Das ist eine Musik, gegen die man mit aller Energie Front machen muß", hatte sich der Kaiser anläßlich der Wiesbadener Aufführung der „Ingwelde" zu Strauss geäußert, und Strauss selbst betreffend den berühmt gewordenen Ausspruch getan: „Mit *dem* habe ich mir auch eine Schlange am Busen ernährt."

Solch äußerliche Gleichsetzung von Strauss und Schillings mag für uns heute vielleicht verwunderlich scheinen; vom damaligen aktuellen Musikbetrieb aus gesehen war sie dagegen sehr wohl verständlich. Denn Schillings hatte als durchaus erfolgreicher Komponist begonnen, wie zeitgenössische Rezensionen zeigen. Nach der vielbeachteten Uraufführung im November 1894 wurde seine Oper „Ingwelde" an zahlreichen

Opernhäusern nachgespielt (während „Guntram" ja bekanntlich letzten Endes ein Mißerfolg blieb). Ebenso wurden andere seiner Werke, ganz besonders das „Hexenlied", „Mona Lisa" oder die „Glockenlieder" ziemlich häufig aufgeführt. Als Schillings 1908 dann auch noch als Dirigent und musikalischer Opernchef auf den Plan trat und das Stuttgarter Hoftheater durch vorbildliche Aufführungen und Programmgestaltung zu beachtlichem Niveau und Ansehen brachte, war sein Rang im öffentlichen Musikleben unbestritten. Und was es 1912 bedeutete, sozusagen gegen die Konkurrenz der Dresdner und Berliner Hofbühne, die Uraufführung der Strausschen „Ariadne auf Naxos, zu spielen nach dem Bürger als Edelmann des Molière", in einem relativ kleinen Hoftheater wie Stuttgart zustande zu bringen, ist gewiß nicht zu unterschätzen. Hier konnte sich Schillings als ausgezeichneter Organisator und geschickter Vermittler zwischen dem Komponisten und dem Theaterintendanten Baron Putlitz bewähren. Nicht umsonst trug er schließlich, wie Paul Ehlers in seinem Nachruf auf Schillings überlieferte, den Spitznamen „der diplomatische Max": Aus alledem wird auch begreiflich, daß er im Laufe seines Lebens eine beachtliche Anzahl von Auszeichnungen und Ehrungen, darunter den persönlichen Adelstitel, erhielt. Daß dabei seine kompositorische Arbeit immer mehr in den Hintergrund trat und allmählich sogar fast gänzlich versiegte, und daß er sich gleichzeitig immer stärker von den aktuellen Anforderungen des Theaterbetriebs vereinnahmen ließ, mag letzten Endes wohl auch darin den tieferen Grund gehabt haben, daß er den Unterschied zum wirklichen Genie mit der Zeit selbst fühlte und zu akzeptieren lernte.

So wurde nach der anfangs durchaus ähnlichen Ausgangsposition der gemeinsamen Münchner Jahre der Unterschied zwischen Strauss und Schillings im Laufe der Zeit immer deutlicher, die zuerst so unbekümmerte Freundschaft der Jugendepoche immer komplizierter. Man wurde empfindlicher gegeneinander, allergisch gegen zu viel Selbstsicherheit des anderen. Schon im Dezember 1899 nach der Uraufführung von Schillings' „Pfeifertag" in Schwerin vertraut Strauss seinem Schreibkalender Unmut über den Freund an, und später, „daß er nur von sich in den stolzesten Tönen redete, Stunden und Tage lang immer dasselbe Lied". Umgekehrt machte aber auch Schillings seiner Verärgerung anscheinend manchmal dadurch Luft, daß er in den empfangenen Briefen spontan anstrich, was ihn reizte und herausforderte, so beispielsweise wenn er neben Strauss' enthusiastische Anpreisung einer Tondichtung von Bruno Walter nicht ohne einen Unterton von Schadenfreude schrieb: „Das Stück von Walter erwies sich als Niete".

Über diese kleinen Animositäten hinaus machte sich mit zunehmendem Alter aber auch der grundsätzliche Unterschied ihres Naturells und ihrer künstlerischen Einstellung bemerkbar. So war Schillings beispielsweise von Text und Tendenz der „Feuersnot" aus ethisch-moralischen Gründen tatsächlich zutiefst betroffen. „Ich war in Dresden zur Taufe der „Feuersnot". Das Werk hat mir Not ins Herz gesenkt. Ich glaube, ich habe sogar geheult, denn ich glaubte gezwungen zu sein, Strauss aus meiner persönlichen Liste der Künstler, die ihren Beruf um „seiner selbst willen" treiben *müssen*, zu streichen", schrieb er an einen Freund. Aber auch für ein ethisch so unantastbares Werk wie die „Frau ohne Schatten" konnte er aus ganz anderen Gründen später kein rechtes Verständnis aufbringen.

Im Grunde war Schillings seiner Herkunft und ursprünglichen Lebensart nach überhaupt kein Mensch des Theaters, wie gewisse Bemerkungen immer wieder verraten. Noch 1899 freut er sich, daß er „frei auf seiner Vorortscholle sitzen kann und nicht gewerbsmäßig Theaterunzucht zu treiben" braucht, denn – so an anderer Stelle – das Theater sei „die unmoralischste aller Anstalten". Auf der anderen Seite jedoch zog ihn, einen Komponisten der nachwagnerschen Zeit, das Musiktheater als musikalische Ausdrucksform, als musikalische Gattung, unwiderstehlich an. Aber er wollte „nur etwas Großes, Echtes, oder sonst gar nichts" schreiben. Nichtsdestoweniger geriet er als Musikdramatiker dann doch so sehr in den Bann der Theaterwelt, daß er ein fast reißerisches Libretto, wie es Beatrice von Dovskys „Mona-Lisa"-Text doch wohl war, als bühnenwirksame Erfolgsoper vertonte, und daß er außerdem in zweiter Ehe mit einer wirklichen Starsängerin des Opernthreaters verheiratet war. Denn durch seine Tätigkeit als Kapellmeister war er nach und nach ganz in diese Welt hineingewachsen und blieb ihr dann auch lebenslang verbunden.

Künstlerisches Idol war ihm Pfitzners „Palestrina", die „Tat eines Genies", wie er sagte. Überraschenderweise beschäftigte sich Schillings in seinen letzten Lebensjahren selbst noch einmal mit einem Opernplan, und dieser geplante „Karl V." sollte sicher auch ein Werk ähnlicher Richtung werden. (Merkwürdig in diesem Zusammenhang ist übrigens, daß Ernst Křenek, einer neuen Generation und einer neuen Musiksprache zugehörig, zur gleichen Zeit an seiner Oper „Karl V." arbeitete!). Überhaupt aber stand dem Menschen Schillings die leidgeprüfte und der deutsch-romantischen Welt nahestehende Künstlerpersönlichkeit eines Pfitzner innerlich viel näher als Strauss. Wie umgekehrt auch Pfitzner, dem Schillings gleichermaßen wie mit Strauss durch das brüderliche „Du" verbunden war, den „Pfeifertag" ganz besonders schätzte: „Ich begrüße im ‚Pfeifertag' eines der seltenen Werke, die in ihrer zeitlichen Folge jenes Ewige darstellen, was man schlecht und ungenau etwa den *deutschen Geist* nennen könnte". Auch dem von 1901 bis 1907 in München wohnenden Max Reger brachte Schillings ursprünglich durchaus Sympathien entgegen, wie beider Briefe beweisen, so daß er dann unter den Spannungen, die sich bald zwischen Reger und dem Kreis um Thuille einstellten, ernstlich litt.

Trotz all dieser grundlegenden Unterschiede und trotz gelegentlich spürbarer Spannungen setzten Strauss und Schillings sich in ihrer Eigenschaft als Dirigent und Theaterleiter aber vorbehaltlos und mit allen verfügbaren Mitteln gegenseitig für ihr Werk ein. Schillings ist aufrichtig beeindruckt von der Partitur der „Elektra", als er sie bei Vorbereitung der Stuttgarter Aufführung studiert; aber auch Straussens zäher Wunsch, sein Versprechen an Schillings einzulösen und dessen „Mona Lisa" in Wien wieder auf den Spielplan zu bringen, ist bestimmt ehrlich gemeint. Seine Bitte an Franz Schalk vom 11. Juni 1920 endet: „. . . Und schließlich sind seine Opern immer noch besser und anständiger als so – Manches Andere."

Die Vorbereitungszeit der Uraufführung von „Ariadne auf Naxos" 1912 in Stuttgart unter der Ägide von Schillings bedeutete natürlich einen Höhepunkt ihrer Zusammenarbeit. Sie wurde wahrlich zu einer Bewährungsprobe ihrer freundschaftlich-beruflichen Beziehungen, und der Briefwechsel läßt öfters erkennen, wie viel Noblesse auf beiden Seiten vonnöten war, um alle Klippen heil zu umschiffen. Allerdings hatte der Lauf der Zeit inzwischen die Verteilung der Rollen eindeutig festgelegt: Strauss durfte der Fordernde sein, Schillings war der Dienende.

Da sollte sich später im Leben von Strauss und Schillings zufällig noch einmal eine Parallelität ergeben: 1918 mußten nämlich beide – wenn auch aus völlig verschiedenen Gründen – ihre jahrelange Wirkungsstätte aufgeben und wurden, auf der Suche nach neuen entsprechenden Positionen, notgedrungen zu Rivalen. Für Strauss waren in Berlin seit 1910 jeweils seinen Wünschen angepaßte vertragliche Sonderregelungen getroffen worden, die ihm genügend Raum für eigene Gastspiel- und Kompositionstätigkeit einräumten. 1918 aber waren die Verhandlungen zwischen ihm und dem Intendanten Graf Hülsen-Haeseler in ein kritisches Stadium getreten, so daß der Vertrag im Moment ganz gelöst wurde, bis nach einer „Neugruppierung der Ansichten" eine generelle Neuregelung gefunden sein würde. Allerdings kam es dann gar nicht mehr dazu, denn die Novemberrevolution hatte über Nacht die Situation vollständig verändert. Graf Hülsen wurde gestürzt und Strauss übernahm, „opfermutig aus reiner Liebe zur Sache" wie er sagte, interimistisch die Leitung der Berliner Oper, obwohl er mit der Wiener Oper praktisch schon abgeschlossen hatte.

Schillings seinerseits mußte die Stuttgarter Oper 1918 nach zehnjähriger Tätigkeit aus privaten Gründen verlassen. Schon 1917 war es mit dem dortigen Intendanten Baron Putlitz zu Schwierigkeiten gekommen, weil sich Schillings wegen der Sängerin Barbara Kemp von seiner Frau trennen wollte, diese aber jahrelang nicht in die Scheidung einwilligte. Mit Barbara Kemp, eine der großen Sängerpersönlichkeiten der Berliner Oper, fühlte sich Schillings künstlerisch eng verbunden, war sie u.a. doch eine geradezu ideale Darstellerin seiner Mona Lisa; im übrigen wurde sie auch von

Strauss, besonders als Interpretin der Färberin, Salome, Elektra und Marschallin ganz außerordentlich geschätzt, wie die im Anhang mitgeteilten Briefe an sie dokumentieren. Eine neuerliche Auseinandersetzung mit Baron Putlitz hatte 1918 dann dazu geführt, daß Schillings sein Entlassungsgesuch einreichte. Aber auch in diesem Fall veränderte sich die Situation schlagartig durch den politischen Umsturz, und Schillings hoffte zunächst sogar, die Leitung der Stuttgarter Oper an Putlitz' Stelle übernehmen zu können, allerdings vergebens, wie sich herausstellen sollte; sein Nachfolger als Dirigent wurde Fritz Busch.

So befand sich Schillings als Fünfzigjähriger an einem wirklichen Krisenpunkt seines Lebens. Er verkaufte die ererbten Güter Weyerhof und Römlinghoven – sogar mitsamt seinem Flügel –, sein Bruder erkrankte an Typhus und lag ihm nunmehr zur Last, sein Sohn heiratete eine Polin, was für Schillings aus nationalen Gründen äußerst schmerzlich war, gar nicht zu reden von der allgemein so schwierigen Nachkriegszeit. Dazu kam der zermürbende Kampf mit seiner ersten Frau, die ihn um keinen Preis freigeben wollte, dazu kam die Suche nach einem neuen, angemessenen Wirkungskreis. Er siedelte nach Berlin über, stand dort in Verhandlungen, eine Meisterklasse für Komposition an der Akademie der Künste zu übernehmen. Er zögerte, bat sich Bedenkzeit aus, da kam ihm Strauss zuvor, wie Schillings es in einem Brief an einen Freund formulierte. (Tatsächlich war Strauss mit einer Stimme Mehrheit gewählt worden.) Daraufhin war er vorgesehen, Humperdincks Nachfolger zu werden, der dort seit 1900 ebenfalls eine Meisterklasse leitete und 1920 in Ruhestand ging. Außerdem verhandelte das Preußische Ministerium für Kunst, Wissenschaft und Volksbildung mit ihm wegen einer Stelle als Direktor der Akademischen Hochschule für Musik (diese Stelle nahm dann Franz Schreker ein). Da wurde in all dem Hin und Her im Sommer 1919 endlich von außen eine Entscheidung herbeigeführt. Der Personalrat der Berliner Oper, der das Recht hatte, frei zu wählen, entschied sich in einer Abstimmung eindeutig für Max von Schillings als Leiter der Berliner Staatsoper. Damit war nun aber auch für Strauss die Zukunft endgültig geklärt: Er verließ Berlin und übernahm in Wien zusammen mit Franz Schalk in Doppeldirektion die Leitung der Wiener Staatsoper.

In beiden Fällen erwies sich die übernommene Aufgabe allerdings als äußerst schwierig und nicht von Dauer. In Wien veranlaßten Strauss persönliche Schwierigkeiten mit seinem „Mitregenten" Schalk, nach einigen Jahren seinen offiziellen Abschied von der Opernleitung zu nehmen und nur noch von Fall zu Fall am Dirigentenpult zu erscheinen, in Berlin hatte Schillings jahrelang einen erbitterten und aufreibenden Kampf gegen Inflation, Bürokratie und – gegen die nachrückende neue Musikergeneration zu führen. Denn die Musikentwicklung war inzwischen weitergegangen, eine neue Generation von Komponisten wie Schreker, Schönberg oder Wellesz, bildete nunmehr die Avantgarde und verwies die bisherigen Anführer der Moderne in die zweite Reihe. Zu diesen allgemeinen Problemen kamen für Schillings aber noch gravierende persönliche Schwierigkeiten mit dem Berliner Kultusminister Dr. Becker und ließen ihn gar zu einem „Fall Schillings" werden; ja, sie führten 1925 schließlich sogar zu seiner fristlosen Entlassung. So stand er wieder vor dem Nichts. Einzig seine private Situation hatte sich in diesen deprimierenden Jahren endlich geklärt; die Scheidung war ausgesprochen und er konnte im Sommer 1923 Barbara Kemp heiraten.

Mit bald sechzig Jahren begann Schillings nun notgedrungen eine fast hektische Gastspieltätigkeit im In- und Ausland – mit einem deutschen Opernensemble machte er sogar eine Amerika-Tournee –, leitete über Jahre hinaus die Zoppoter Waldopern-Festspiele, wurde lettischer Generalmusikdirektor in Riga, bis er 1929 immerhin wieder einen Gastspielvertrag an der Berliner Oper bekam, was wenigstens seine finanzielle Lage verbesserte. Offenkundig spielten in all die undurchdringlichen Wirrnisse und Intrigen dieser Jahre auch politische Faktoren mit hinein. So wurde er im Juli 1932 als Nachfolger von Max Liebermann zum Präsidenten der Preußischen Akademie der Künste gewählt, wo es nach dem politischen Umschwung dann allerdings zu seinen Pflichten gehörte, für die sogenannte Gleichschaltung der Mitglieder zu sorgen. Ende März 1933 wurde er zum Intendanten der Städtischen Oper Berlin-Charlottenburg ernannt. „Nun könnte es so schön werden, und jetzt muß ich fort", sagte er zu seiner Frau Barbara Kemp, als er sich im Juli zur Operation in das Charité-Krankenhaus begeben mußte. Am 24. Juli 1933 starb er an einer Embolie infolge der Darmkrebs-Operation. – Richard Strauss, obwohl um vier Jahre älter als Schillings, sollte ihn um sechzehn Jahre überleben.

* * *

Die zwischen Strauss und Schillings gewechselten Briefe werden hier, von einigen wenigen Ausnahmen abgesehen, zum ersten Male und, soweit erreichbar, geschlossen vorgelegt. Wie sich aus den vorhandenen Briefen allerdings ergibt, fehlen ab 1903 aber mindestens 20 Schriftstücke, wahrscheinlich sogar noch mehr. Gelegentliche größere Lücken wie 1913/14, 1917/18 und ab 1927 sowie andererseits die enorme Anhäufung etwa im Uraufführungsjahr der „Ariadne auf Naxos" sind verständlich, wenn man bedenkt, daß die Briefe fast ausnahmslos aufgrund äußerer Veranlassung geschrieben wurden.

Die originalen Briefe von Schillings werden im Richard-Strauss-Archiv in Garmisch aufbewahrt (die Briefe vom 24. 2. 1912 und 19. 4. 1912 nur als maschinenschriftlicher Durchschlag), gleichfalls die Kopien bzw. maschinenschriftlichen Durchschläge der Briefe von Strauss. Die Originale der Strauss-Briefe dagegen befinden sich heute zum größten Teil im Besitz der Bayerischen Staatsbibliothek in München (vgl. Richard-Strauss-Autographen in München und Wien. Verzeichnis. Herausgegeben von Günter Brosche und Karl Dachs. Tutzing 1979). Der Brief vom 23. 3. 1922 ist als Durchschlag im Besitz des Haus- und Staatsarchivs Wien, der vom 25. 1. 1912 liegt als Dauerleihgabe der Stiftung Volkswagenwerk im Freien Deutschen Hochstift, Frankfurt/M. Die Schriftstücke vom 6. 7. 1906, 6. 10. 1926 und 19. 4. 1928 stammen aus dem Max-von-Schillings-Archiv im Stadt- und Kreisarchiv der Stadt Düren, das Konzertprogramm mit Schillings' Beischrift vom 27. 4. 1898 sowie sein handgeschriebener Lebenslauf im Anhang gehören der Handschriftenabteilung der Stadtbibliothek München. Zwei Briefe schließlich, „Mai 1920" und „Mitte Juni 1921" datiert, wurden dem Buch Richard Strauss und die Berliner Oper. Herausgegeben von Julius Kapp. Berlin 1934, entnommen, ebenso der im Anhang wiedergegebene Brief von Hofmannsthal an Schillings, dessen Original derzeit nicht lokalisierbar ist. Die beiden anderen Briefe im Anhang an Barbara Kemp befinden sich in Privatbesitz.

Ein großer Teil der Briefe ist mit der Hand geschrieben; soweit eine Schreibmaschine verwendet wurde, ist dies angegeben. Die von Strauss wie auch von Schillings geübte Hervorhebung von Namen, Titeln etc. durch lateinische Buchstaben innerhalb der sonst deutschen Handschrift konnte nicht berücksichtigt werden, die originale Rechtschreibung dagegen wurde sehr wohl beibehalten. Sie gehört zu den persönlichen Eigenarten des Schreibers, ebenso wie die gewisse Unbekümmertheit in der Schreibung von Eigennamen, die ja oft sogar mehrfach voneinander abweichend ist, oder Schillings' äußerst spärliche Kommasetzung; bloß die Kürzungen des Doppel-n und -m sowie von „und" wurden aufgelöst. Zeit- und Ortsangaben der Briefe sind ebenfalls in originaler Schreibung übernommen, nur grundsätzlich an den Anfang des Briefes gestellt. Falls sie aus dem Poststempel oder anderweitig erst eruiert wurden, sind sie vereinheitlicht und in eckige Klammern gesetzt. Wenn Briefpapier eines Hotels verwendet wurde, wie Strauss das gerne tat, ist der Briefkopf auf Orts- und Hotelangabe verkürzt. Unterstreichungen, die erkennbar vom Briefempfänger stammen, wurden nicht berücksichtigt.

Um den Umfang des Bandes in Schranken zu halten, wurde ein Teil der Briefe, vor allem wenn es sich um kürzere Mitteilungen oder bloße Abmachungen handelte, nicht im Wortlaut, sondern nur als Regesten mitgeteilt. Den einzelnen Briefen sind großenteils mehr oder weniger umfangreiche Anmerkungen angefügt, die die jeweilige Situation klären und dadurch zu einem besseren Verständnis der Zusammenhänge wie überhaupt der ganzen Zeit beitragen sollen. Allgemeine Angaben über die

Personen mit Lebensdaten, Stationen ihrer Tätigkeit usw. finden sich im Personenregister am Ende des Bandes.

Für die Abfassung der Anmerkungen und des Vorworts wurden die einschlägige Literatur, andere bereits veröffentlichte Briefwechsel wie auch die entsprechenden Lexikonartikel herangezogen. Darüber hinaus aber konnte sehr vieles erst mit Hilfe von zeitgenössischen Musikzeitschriften und lokalen Tageszeitungen in minuziöser Kleinarbeit geklärt werden, einiges wenige mußte leider ungeklärt bleiben.

Die Literatur, besonders speziell auf Schillings bezüglich, ist zur leichteren Orientierung in einem eigenen Verzeichnis am Ende dieses Bandes zusammengestellt, ausgesprochene Werkanalysen und Musikführer wurden dabei allerdings nicht berücksichtigt. Doch scheint mir hierzu noch ein zusätzliches Wort vonnöten. Wilhelm Raupps Schillings-Biographie, einer Hauptquelle, der auch im vorliegenden Vorwort mehrere Zitate entnommen sind, enthält zwar außerordentlich umfangreiches Material und bietet wertvolle, sonst unzugängliche Briefdokumente aus dem Umkreis von Schillings, ist ansonsten aber von einer unverantwortlichen politischen Tendenz geprägt. Dementsprechend rief sie seinerzeit in der Allgemeinen Musikzeitung auch eine Kontroverse auf den Plan. Zunächst wehrte sich Wilhelm Altmann (Allgemeine Musikzeitung 63 [1936] 304/305) in einer sehr besonnenen Buchbesprechung gegen die einseitige „Parteibrille", durch die der Künstler Schillings betrachtet sei (und das immerhin im Jahre 1936!); dann erhob, unabhängig von Altmann, Barbara Schillings-Kemp schärfsten Einspruch gegen das Buch (Allgemeine Musikzeitung 63 [1936] 346) und distanzierte sich von dem Verfasser, dem sie ursprünglich in gutem Glauben das ganze Material zugänglich gemacht hatte. Einzig Wolfgang Golther, Germanist an der Münchener Universität und Schillings seit dessen Studienzeit freundschaftlich verbunden, beurteilte die Biographie (Zeitschrift für Musik 103 [1936] 467) trotz ihrer einseitigen Färbung im wesentlichen positiv.

Anzufügen ist noch, daß bei den Literaturangaben die übliche Zitierungsweise verwendet wurde: Verfasser, Titel, Ort und Jahr, und bei Zeitschriften, Zeitschriftentitel, Jahrgang, Jahr in Klammern und Seitenzahl.

Abschließend bleibt mir noch zu danken. Mein Dank gilt an erster Stelle Frau Alice Strauss, die durch das Sammeln und Archivieren der Briefe die Grundlage für eine Veröffentlichung überhaupt erst geschaffen hat. Weiterhin danke ich dem Stadt- und Kreisarchiv der Stadt Düren, dem Freien Deutschen Hochstift, Frankfurt a. M., der Musiksammlung der Österreichischen Nationalbibliothek in Wien und nicht zuletzt der Musikabteilung und der Handschriftenabteilung der Bayerischen Staatsbibliothek sowie der Handschriftenabteilung der Stadtbibliothek von

München. Freundliche Auskünfte erhielt ich von der Staatsbibliothek Preußischer Kulturbesitz und von der Deutschen Staatsoper Berlin. Frau Anja Hauptmann, die Enkelin von Barbara Kemp, steuerte freundlicherweise zwei Briefe von Strauss an Barbara Kemp bei. Die Entzifferung schwieriger stenographischer Notizen verdanke ich Frau Agnes Schmidt von der Richard-Strauss-Gesellschaft München, die Klärung der Wilhelma-Photographie Herrn Herbert Swolinsky, Stuttgart. Hilfe und Rat fand ich schließlich, wann immer nötig, bei dem Herausgeber dieser Reihe, Herrn Dr. Franz Trenner. Ihnen allen meinen herzlichen Dank!

München, 10. März 1987   Roswitha Schlötterer

TABELLARISCHER LEBENSLAUF

Richard Strauss

1864 11. Juni in München geboren.
1868 Klavierunterricht bei August Tombo.
1870 Volksschule. Erste Kompositionsversuche.
1874 Gymnasium.
1875 Unterricht in Theorie, Komposition und Instrumentation bei Fr. W. Meyer.

1881 Symphonie in d-Moll (ungedruckt) von Hermann Levi aufgeführt.
1882 Abitur. Universitätsstudien: Philosophie, Ästhetik, Kunstgeschichte. Erster Besuch von Bayreuth, „Parsifal". UA der Bläserserenade op. 7 in Dresden, UA des Violinkonzerts op. 8 in Wien.
1883 UA der Violoncellosonate op. 6 in Nürnberg.
1884 UA der Bläsersuite op. 4 in München, Debüt als Dirigent. UA der Symphonie in f-Moll op. 12 in New York.
1885 Auf Empfehlung Bülows Musikdirektor in Meiningen. Bekanntschaft mit A. Ritter.
1886 Italienreise. Kgl. Musikdirektor an der Hofoper in München.
1887 UA von „Aus Italien" unter Strauss in München.
1889 Musikalische Assistenz in Bayreuth. Großherzoglich sächsischer Kapellmeister in Weimar. UA des „Don Juan" unter Strauss in Weimar.

1890 UA von „Tod und Verklärung" unter Strauss in Eisenach.
1891 Lungenentzündung. Korrepetition in Bayreuth, Pauline de Ahna als Elisabeth in „Tannhäuser".
1892 Schwere Rippenfellentzündung. Über den Winter Reise nach Griechenland und Ägypten.

1893 Partitur von „Guntram" beendet. Wieder in Weimar, dort UA von Humperdincks „Hänsel und Gretel".
1894 Erstes schriftliches Dokument der Bekanntschaft mit Schillings. UA von „Guntram" in Weimar. Dirigent von „Tannhäuser" in Bayreuth mit Pauline de Ahna. Hochzeit mit Pauline de Ahna. Kgl. Kapellmei-

TABELLARISCHER LEBENSLAUF

Max Schillings

1868 19. April in Düren geboren. Bis zum 10. Lebensjahr auf Familienbesitz Weyerhof in Gürzenich bei Düren aufgewachsen.

1874 Privatunterricht durch Hauslehrer. Klavierunterricht, erste Kompositionsversuche, später Violinunterricht.

1878 Übersiedlung nach Bonn, Gymnasium. Geigenunterricht bei Otto von Königslöw, Harmonielehre bei Caspar Joseph Brambach. Später Hausmusikabende bei Professor Karl Koester.

1882 Erster Besuch von Bayreuth, „Parsifal".

1885 „Abenddämmerung" für mittlere Stimme mit Violin- und Clavierbegleitung op. 1

1886 Tod seiner Mutter.

1887 Streichquartett in e-Moll op. 1b.

1889 Vier Lieder aus der „Wanderzeit" (Karl Stieler) für mittlere Stimme und Klavierbegleitung op. 2. Reifeprüfung am Bonner Gymnasium. In München Universitätsstudium: zuerst Jurisprudenz, dann Germanistik, Kunstgeschichte und Literatur.

1892 Heirat mit seiner Cousine Caroline (Carola) Peill und endgültige Übersiedlung nach München. Entstehen eines Freundeskreises um Richard Strauss und Ludwig Thuille, dann Bekanntschaft mit Hermann Levi, der ihm Zugang zu den Proben im Hoftheater ermittelt sowie mit dem Arzt Dr. Gustav Schulze. Entscheidung für die Musik als Beruf.

1893 Geburt des Sohnes Erich.

1894 UA von „Ingwelde" am 13. November 1894 in Karlsruhe unter Felix Mottl (komponiert 1890–93).

ster am Münchner Hoftheater. Leitung der Konzerte der „Musikalischen Akademie" in München und der Philharmonischen Konzerte in Berlin.
1895 UA von „Till Eulenspiegel" unter Franz Wüllner in Köln. EA von „Guntram" in München.
1896 1. Hofkapellmeister in München (Rücktritt Levis). Italienreise: Besuch bei Böcklin. UA von „Zarathustra" unter Strauss in Frankfurt. Konzertreisen: Rußland u. Belgien. Tod von Alexander Ritter.
1897 UA des Melodrams „Enoch Arden" op. 38. Konzertreisen mit Possart. Geburt des Sohnes Franz Alexander. Konzertreisen nach Holland, Spanien, Belgien, England und Frankreich.
1898 UA von „Don Quixote" unter Franz Wüllner in Köln. Gründung der Genossenschaft Deutscher Tonsetzer. 2. Kgl. Preußischer Kapellmeister an der Hofoper von Berlin.
1899 UA von „Ein Heldenleben" unter Strauss in Frankfurt, UA der „Hymne" für 16stimmigen Chor a cappella op. 34 Nr. 2 in Köln unter Wüllner.
1900 Konzertreisen in Deutschland, Frankreich und Belgien.

1901 1. Vorsitzender des A.D.M.V. Leiter des Berliner Tonkünstlerorchesters. Konzertreisen. UA der „Feuersnot" in Dresden unter E. von Schuch.

1902 Konzerte in Holland. Konzertreise mit dem Berliner Tonkünstlerorchester nach Süddeutschland, Österreich, Italien, Südfrankreich und in die Schweiz. Konzerte im Wiener Prater (u.a. Werke von Schillings dirigiert). 38. Musikfest des A.D.M.V. in Krefeld (UA Mahler 3. Symphonie).
1903 Ehrendoktor der Heidelberger Universität. UA von „Taillefer" in Heidelberg unter Strauss. UA „Das Tal" für tiefe Baßstimme mit Orchesterbegleitung op. 51 Nr. 1 in Berlin unter Strauss mit Knüpfer. 39. Musikfest des A.D.M.V. in Basel („Hymne" und „Tal" aufgeführt). Strauss-Woche in London. Konzertreise nach Polen, Dresden, Teplitz, Aussig und nach England/Schottland.

1904 Konzertreise nach Amerika zusammen mit Pauline Strauss als Sängerin. UA der „Symphonia domestica" in New York unter Strauss. Deutsche EA der „Domestica" auf dem 40. Musikfest des A.D.M.V. in Frankfurt. Dirigent des 2. Bayerischen Musikfestes in Regensburg. Ehrenmitglied der Vereinigung schaffender Tonkünstler in Wien.

1895 Italienreise

1896 UA von Zwei sinfonische Fantasien für Orchester, 1. Meergruß 2. Seemorgen op. 6 in München unter Richard Strauss. Tod des Vaters.

1897 Münchener EA von „Ingwelde" unter Richard Strauss. „Ein Zwiegespräch", Tongedicht für kleines Orchester op. 8. Geburt des zweiten Sohnes Waldemar.

1898 „Kassandra" und „Das Eleusische Fest" op. 9, zwei Melodramen nach Friedrich von Schiller, Ernst von Possart zugeeignet. Tod des Söhnchens Waldemar.

1899 Ehrenvorsitzender des „Verbandes deutscher Orchester- und Chorleiter". UA von „Pfeifertag" in Schwerin unter Zumpe (komponiert 1897–99).

1900 UA des Sinfonischen Prologs zu Sophokles' „König Ödipus" op. 11 in Berlin. Musik zu Aeschylos' „Orestie" op. 12 für eine Berliner Bühnenaufführung.

1901 Im Vorstand des A.D.M.V. Mit Strauss für Programme der Musikfeste zuständig. Bruch mit Cosima Wagner wegen Beteiligung an „Aufruf" für das Prinzregententheater. Bekanntschaft mit Max Reger. Fünf Lieder für eine Singstimme mit Klavier op. 13.

1902 UA des Melodrams „Das Hexenlied" mit Klavier in Münchner Akademiekonzert. Berliner EA von „Pfeifertag" unter Strauss.

1903 Geburt der Tochter Erna. Tod von Professor Koester. Titel Kgl. Professor verliehen. Furtwängler auf Empfehlung Humperdincks Schüler von Schillings geworden. UA des „Hexenlieds" mit Orchester beim Musikfest des A.D.M.V. in Basel. Konzertreisen mit Possart. Vier Lieder für eine Singstimme mit Klavier op. 17. Drei schlichte Weisen, für Violine und Klavier op. 18. Vier Lieder für eine Singstimme mit Klavier op. 19.

1904 Konzertreise nach Rußland mit Possart.

1905 41. Musikfest des A.D.M.V. in Graz („Heldenleben"). Tod des Vaters am 31. Mai. UA der „Salome" in Dresden unter Schuch.

1906 42. Musikfest des A.D.M.V. in Essen (Mahler 6. Symphonie). Aufführung von „Pfeifertag" in Berlin unter Strauss.
1907 Offizier der Ehrenlegion.

1908 Leitung der Konzerte der Berliner Hofkapelle. GMD der Berliner Hofoper.
1909 Mitglied der Akademie der Künste in Berlin. UA der „Elektra" in Dresden unter Schuch. Strauss-Woche in Dresden.
1910 Neuer Vertrag als Gastdirigent an der Berliner Hofoper. Tod der Mutter am 16. Mai. Strauss-Woche in München. Beim Musikfest des A.D.M.V. in Stuttgart Rücktritt vom Vorsitz, Ehrenvorsitzender.
1911 UA des „Rosenkavalier" in Dresden unter Schuch.

1912 UA der „Ariadne auf Naxos" in Stuttgart unter Strauss.

1914 Tod Ernst von Schuchs. Ehrendoktorat von Oxford. UA der „Josephs Legende" in Paris unter Strauss.
1915 UA der „Alpensymphonie" in Berlin mit der Dresdner Hofkapelle unter Strauss. Berliner EA der „Mona Lisa" unter Strauss mit Barbara Kemp.
1916 Ehrenmitgliedschaft der Gesellschaft der Musikfreunde in Wien. UA der „Ariadne auf Naxos", Neue Bearbeitung in Wien unter Schalk.
1917 Mit Max Reinhardt und Hugo von Hofmannsthal die Salzburger Festspielgemeinde begründet. Meisterklasse für Komposition an der Akademie der Künste Berlin.
1918 Wiener Strauss-Woche. Verhandlungen mit der Wiener Oper. Weggang von der Berliner Hofoper. Nach Novemberrevolution interimistischer Leiter.
1919 Ab 1. Dezember Doppeldirektion der Wiener Oper Strauss–Schalk. UA der „Frau ohne Schatten" in Wien unter Schalk.

1920 Erste Reise nach Südamerika mit Schalk und den Wiener Philharmo-

1905 Robert Heger als Schüler. Tod von Felix vom Rath. UA „Dem Verklärten" für gemischten Chor, Baritonsolo und großes Orchester op. 21 auf dem Musikfest des A.D.M.V. in Graz.
1906 UA von „Moloch" in Dresden unter Schuch (komponiert 1903–05).
1907 Tod Ludwig Thuilles. „Einem Heimgegangenen" für tiefe Stimme und Klavier. Dem Andenken Ludwig Thuilles. „Glockenlieder" für eine Singstimme mit Orchester und Klavier op. 22.
1908 Musikalischer Leiter des Stuttgarter Hoftheaters. Aufführung von „Salome" in Stuttgart unter Schillings.
1909 45. Musikfest des A.D.M.V. in Stuttgart, Schillings 1. Vorsitzender als Nachfolger von Strauss.
1910 Aufführung der „Elektra" in Stuttgart unter Schillings. UA des Konzerts für Violine und Orchester op. 25 in Berlin durch den Geiger Felix Berber.
1911 Tod von Felix Mottl. Endgültiger Bruch mit Siegfried Wagner. Mitglied der Akademie der Künste in Berlin. Ehrendoktorat der Universität Heidelberg. „Jung Olaf" Ballade von Ernst Wildenbruch op. 28, Possart zum 70. Geburtstag.
1912 Einweihung der neuen Hoftheater in Stuttgart. Verleihung des persönlichen Adels für Schillings. Titel Kgl. GMD.
1914 Als Kriegsfreiwilliger mit seinem Auto beim Sanitätskorps.

1915 UA von „Mona Lisa" in Stuttgart unter Schillings mit Barbara Kemp. Es folgt Wien mit Jeritza, Berlin unter Strauss, Breslau, Hamburg, Budapest usw.
1916 Gastspielreisen der Stuttgarter Oper mit „Mona Lisa". Innere Entscheidung für Barbara Kemp, Frau Carola widersetzt sich der Scheidung. Strauss-Woche in Stuttgart. Tod von Emil Gerhäuser. Quintett für 2 Violinen, 2 Violen und Violoncello in Es-Dur op. 32.
1917 Konzertreisen. Verkauf des Gutes Römlinghoven. Schwierigkeiten mit Baron von Putlitz. Verhandlungen wegen Meisterklasse für Komposition an der Akademie der Künste Berlin.
1918 Weggang von der Stuttgarter Hofoper. Verkauf des Weyerhofs. Sein Bruder an Typhus erkrankt. Voranfrage der Wiener Oper.

1919 „Perle" Zwiegesang für Sopran und Tenor mit Orchester- bzw. Klavierbegleitung op. 33. Vier Zwiegesänge für Sopran und Tenor, Orchester- oder Klavierbegleitung op. 34, UA in Berlin unter Selmar Meyrowitz mit Kemp/Jadlowker. Durch Personalausschuß zum Leiter der Berliner Staatsoper gewählt.
1920 Vorsitz des A.D.M.V. niedergelegt. Berliner EA der „Frau ohne

nikern („Salome" und „Elektra"). UA der Orchestersuite „Bürger als Edelmann" in Wien.
1921 UA der Drei Hymnen von Friedrich Hölderlin für hohe Singstimme und großes Orchester op. 71 in Berlin unter Gustav Brecher mit Barbara Kemp. Münchner EA der „Josephs Legende".
1922 Als Mozart-Dirigent bei den Salzburger Festspielen. Zweite Nordamerikareise. Wiener EA der „Josephs Legende" unter Strauss.
1923 Ehrenmitglied der Wiener Philharmoniker. Zweite Reise nach Südamerika mit der Wiener Staatsoper („Salome", „Elektra" und „Bürger als Edelmann").
1924 UA von „Schlagobers" in Wien unter Strauss. Wiener Straussfest. In vielen Städten Strauss-Wochen zum 60. Geburtstag. Ehrenbürger der Stadt Wien. Demission von der Wiener Oper. UA von „Intermezzo" in Dresden unter Busch.
1925 Spanienreise. Strauss-Wochen in Hamburg und München. Berliner EA von „Intermezzo" unter Strauss. Tod von Friedrich Rösch.

1926

1927

1928 UA der „Ägyptischen Helena" in Dresden unter Busch. EA in Wien und Breslau.
1929 Tod von Hugo von Hofmannsthal.

1930

1931

1932

1933 UA der „Arabella" in Dresden unter Clemens Krauss.

Schatten" unter Leo Blech. Aufführungen von Pfitzners „Palestrina" und Glucks „Iphigenie auf Tauris".
1921 Tod seines Bruders Carl und von Engelbert Humperdinck.

1922 Schillings-Festtage in Rostock. Wachsende Verbürokratisierung des Theaterbetriebs.
1923 Scheidung von seiner Frau Carola. Hochzeit mit Barbara Kemp.

1924 Rücktritt vom Vorstand des A.D.M.V., wird Ehrenvorsitzender. Gastspielreise nach Amerika. Strauss-Wochen in Berlin.

1925 Gastspiel in Holland („Ariadne" und „Rosenkavalier"). Wegen langjähriger Differenzen mit dem zuständigen Kultusminister Dr. Becker von der Berliner Staatsoper fristlos entlassen.
1926 Von 1924 bis 1932 Musikalischer Oberleiter der Zoppoter Waldopern-Festspiele. GMD in Lettland.
1927 Gastspielreisen, u.a. Paris, Barcelona, Saarbrücken. Tod seines Sohnes Erich.
1928 Gastspielreise nach Spanien (Wagner-Opern).

1929 Erste Rundfunkaufnahmen. Gastspielvertrag mit der Berliner Staatsoper, vor allem für das Werk von Wagner und Strauss. Künstlerischer Berater der Städtischen Oper. Gastspielreise nach Spanien. Plan einer Oper „Karl V.".
1930 Als Nachfolger von Strauss Vorsitzender der Genossenschaft Deutscher Tonsetzer. Gastspielreisen.
1931 Gastspielreise nach Nordamerika mit deutschem Opernensemble. Am 12. September Aufführung der Neubearbeitung von „Pfeifertag" in Berlin unter Kleiber.
1932 Gastspiel in Turin (Wagner). Entlassung von der Zoppoter Waldoper wegen Differenzen. Als Nachfolger von Max Liebermann zum Präsidenten der Akademie der Künste in Berlin gewählt.
1933 Intendant der Städtischen Oper in Charlottenburg. Ehrungen zum 65. Geburtstag. Verleihung des Beethovenpreises und der Goethemedaille. Vier Klavierstücke op. 36. Tod am 24. Juli durch Embolie nach einer Darmkrebs-Operation.

(1) Richard Strauss und Max von Schillings. Die Aufnahme entstand anläßlich der Uraufführung von „Ariadne auf Naxos" am 25. Oktober 1912 im Kgl. Hoftheater in Stuttgart

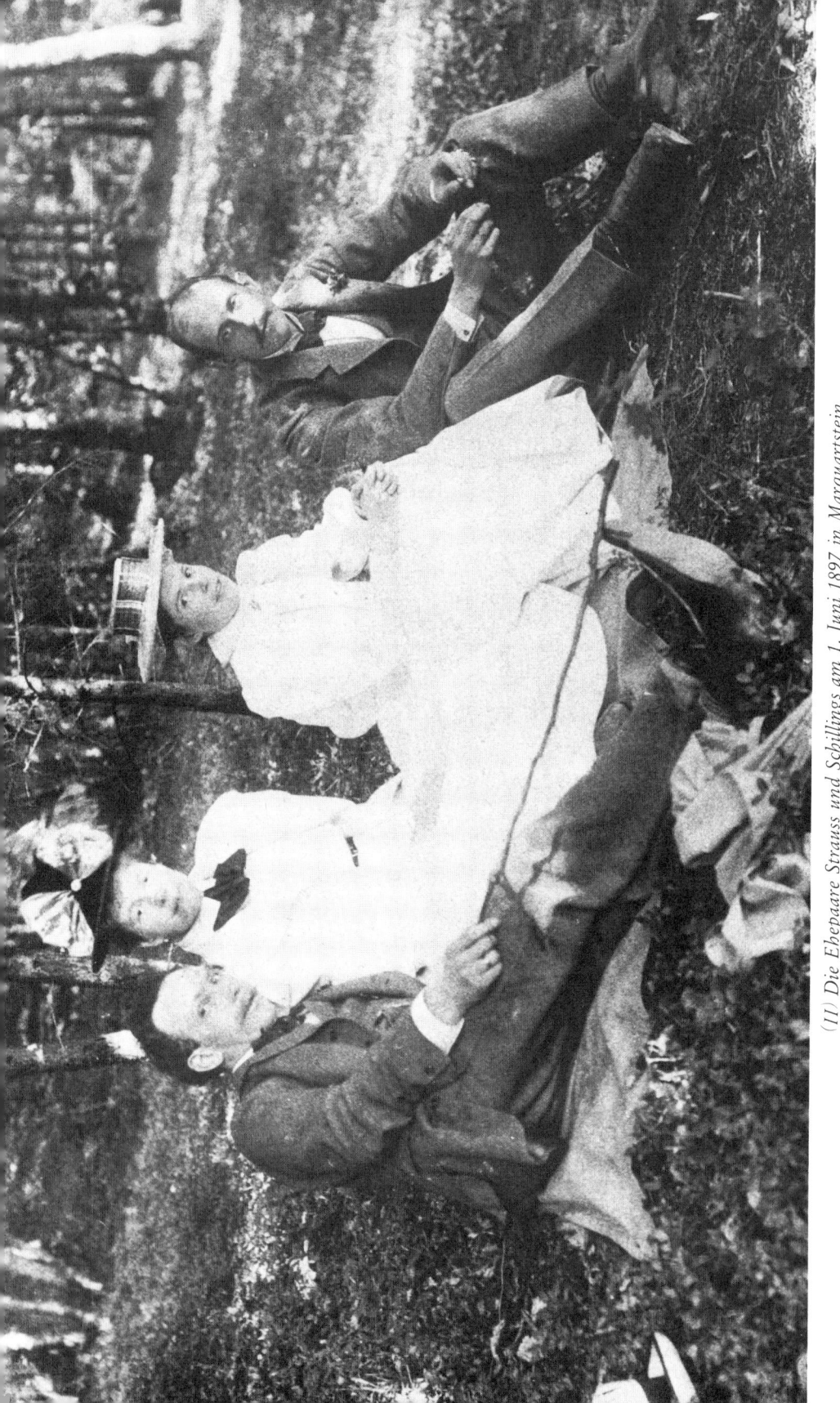

(11) Die Ehepaare Strauss und Schillings am 1. Juni 1897 in Marquartstein

(111) Schillings, Strauss und Baron von Putlitz in der Wilhelma beim 45. Tonkünstlerfest des Allgemeinen Deutschen Musikvereins 1909 in Stuttgart

(IV) Die neue Stuttgarter Theateranlage (Originalzeichnung Büro Max Littmann 1912). Im Kleinen Haus (links im Bilde) fand die Uraufführung von Strauss' „Ariadne auf Naxos" statt

Briefe und Regesten

Weimar, 24. April 1894
Gedruckte Einladungskarte zur ersten Aufführung des „Guntram" am 10. Mai 1894; Schillings' Name handschriftlich eingetragen.

[Postkarte]
Strauss.   *München, Neuhauserstr. 11/3 [3. 9. 1894]*
Bitte um Notenmaterial zum Vorspiel [des II. Aktes] von Schillings' Oper „Ingwelde".

[Postkarte]
                                   Marquartstein 7. September 94
Lieber Freund!
Ich mache Ihr Stück in Berlin wahrscheinlich im ersten Concert 15. Oktober und bitte Sie daher, die Partitur des Vorspiels schon jetzt sofort an Hermann Wolff zu schicken, da das Programm auch angefertigt wird. Tristan ist vorläufig tot, ich etwas unwohl, heirate aber trotz allem Montag 10. d.M.
Mit herzlichen Grüßen auch von meinem gegenwärtigen lieben Sekretär
                                            Ihr
                                            Richard Strauss

Neben seiner Tätigkeit als Kgl. Kapellmeister am Hoftheater in München leitete Strauss in der Saison 1894/95 als Nachfolger des verstorbenen Hans von Bülow auch die Konzerte des Philharmonischen Orchesters in Berlin, die von dem Konzertagenten Hermann Wolff veranstaltet wurden. Gleich in das erste Konzert am 15. Oktober 1894 nahm er das Vorspiel zum II. Akt von Schillings' Oper „Ingwelde", deren UA noch bevorstand.
„Tristan": Zu seiner Einführung in München war Strauss zugestanden worden, im Rahmen der sommerlichen Wagner-Aufführungen dreimal „Tristan und Isolde" zu dirigieren. Nach Antritt seiner Stelle blieb dieses Werk dann allerdings dem GMD Hermann Levi kontraktlich vorbehalten.
Am 10. September 1894 fand in Marquartstein die Trauung von Richard Strauss und Pauline de Ahna statt. Die Postkarte ist von Paulines Hand geschrieben.

[Postkarte]
                                   Berlin Montag [15. Oktober 1894]
Lieber Freund!
Ihr schönes Vorspiel hat, nachdem es mich und das Orchester schon in den Proben entzückt hatte, auch dem Generalprobenpublikum gefallen, ist gut gegangen und dürfte wohl auch heute Abend einem Erfolge schwerlich entrinnen!
Ich bin morgen Dienstag Früh 11 Uhr schon wieder in München!
Wollen Sie mich nach Tisch ein Viertelstündchen heimsuchen, Hilde-

gardstr. 2/I? Damit ich ein Paar kleine Instrumentationsänderungen, die ich mir erlaubt habe, persönlich vor Ihnen rechtfertigen kann?

Mit herzlichen Grüßen
Ihr Richard Strauss.

[Postkarte]

Donnerstag [15. November 1894]

Lieber Freund!

Habe nun heute glücklich Ingwelde *doppelt,* ist immer besser als gar nicht, wie in der gestrigen Probe.
Gratuliere von ganzem Herzen zu dem famosen Erfolge der Ingwelde, freue mich furchtbar darüber! Wann ist die 3. Aufführung? Vielleicht könnte ich zur III. kommen!
Wenn nicht, müssen Sie mir viel erzählen über die Aufführung, über Ihren eigenen Eindruck von der Bühnenwirkung, etc.
Bitte grüßen Sie alle Freunde, voran Mottl's, Gerhäuser etc.

In Treue
Ihr Richard Strauss

Strauss, dem seit 1894 in München auch die Leitung der Abonnementskonzerte der Musikalischen Akademie übertragen waren, dirigierte Schillings' „Ingwelde"-Vorspiel auch dort im 1. Konzert am 16. November 1894.
Die UA der „Ingwelde" hatte am 13. November 1894 in Karlsruhe unter Leitung von Felix Mottl stattgefunden.

[Postkarte]

Donnerstag [20. Dezember 1894]

Verehrter Freund!

Es ist mir leider unmöglich, Sonnabend unser projektiertes Rendezvous festzuhalten, wollen wir dasselbe *fest* auf Mittwoch 25. Abends ½ 9 Uhr im Weinrestaurant Grodemange Ecke Maximilianstr. und Canalstr. festsetzen? Meine Frau leider noch nicht wohl, daher muß ich auf die Freude verzichten, Sie und Ihre liebe Frau bei uns zu sehen, wie Sie uns auch das Vergnügen eines gemeinschaftlichen Gegenbesuches für die Zeiten besseren Wohlbefindens versparen müssen.
Sehe ich Sie im Concert?

Mit herzlichen Grüßen von Haus zu Haus
Ihr Richard Strauss

München, 8. Jan. 95.
Seestr. 3/0
Lieber Freund!
Sie sollen nicht umsonst meine Lieder und die „Abenddämmerung" gelobt haben – Sie müssen ihnen nun auch Hausrecht gewähren. (Die Lieder lasse ich Ihnen durch Seiling schicken.)
Da ich Sie nun doch einmal mit einem Briefe bombardiere, müssen Sie sich auch gefallen lassen, daß ich Ihnen einmal ernstlich und von Herzen danke für die Freundschaft, die Sie mir entgegenbringen seit dem Augenblicke, wo ich Sie kennen lernen durfte!
Ich bin stolz auf die Sympathie die ich bei Ihnen gefunden habe, und hoffe nur, daß wir uns recht oft sehen werden. Wir müssen den, bei mir zur „idée fixe" gewordenen Plan eines jour fixe ernstlich zu realisieren suchen. Lassen Sie mich doch darüber ein Wort wissen, wenn Sie aus Berlin zurück sind! –
Ihr „Eulenspiegel-Protheus" verfolgt mich!
Beste Empfehlungen an Ihre liebe Frau und herzliche Grüße.
Ihr ergebener
M. Schillings.

„Abenddämmerung" (H. Heine) für mittlere Stimme mit Violin- und Clavierbegleitung, komponiert 1885, herausgegeben 1889 bei Josef Seiling, München.
Eulenspiegel-Proteus: Strauss arbeitete in dieser Zeit an seinem „Till Eulenspiegel", der am 6. Mai 1895 vollendet und am 5. November in Köln uraufgeführt wurde.

Cortina, 12. Juli 95

Lieber Freund!
Wenn Ihnen was für Ihren See-Mittag und Abend einfällt, will ich Ihnen Ihr England verzeihen – im Übrigen aber, Verehrtester, gehören Sie eigentlich hieher: *Cortina d'Ampezzo*
   Hotel Bellevue.
Das ist einfach ein idealer Aufenthalt oder wenn Sie „ideal" langweilt, eine höchst *reelle* Lungen, Nerven- und *Muth*auffrischung, wie man sie für Dissonanzen Schillingscher Güte höchst notwendig braucht – lieber Freund, geben Sie Ihr weichliches Genußleben in England auf, verlassen Sie Ihre milde lydische Tonart am Rhein und eilen Sie schleunigst nach unserm herrlichen Ampezzothale, da regeneriert [vorher zweimal verschrieben, darüber „Esel!"] sich das Blut wieder so nach seiner uralten blutroten Farbe, wie es eben würdig ist, in „Ingwelde" oder (vivant!) sequentibus zu *fließen*.
Da aber bei Schillings die Entschlüsse länger dauern, als die Opern – so machen Sie sich schon heute mit dem Gedanken vertraut, nächstes Jahr,

auch so wohin zu gehen. Die Berge sind hier noch höher als die Tantièmen Humperdinks (ohne Neid: Herr Siegfried!) und noch wunderlicher in der „Form" als die Lieder von Rich. Strauss, die Luft balsamisch wie ein Mozartsches Fagottsolo (die Schwärmerei meines Vaters) und dabei so kräftig wie ein bonmot von Thuille.
Also es geht uns famos: ich lasse große Werke „innerlich reifen", was soviel heißt, als ich „thue gar nichts" und denke darüber nach, einen Fragebogen Dr. Hauseggers auszufüllen, zu welchem Behufe ich mein Gewissen erforschen soll, was an meinem Componieren Bewußtes und Unbewußtes ist.
„Zinnober" ist von Possart zur Aufführung angenommen. Meine Frau hat zu Ende der Saison sehr gut Elisabeth und Ada gesungen, ist aber „trotzdem" noch nicht dort engagiert – doch darüber wird Ihnen wohl Freund „Felix vom" berichtet haben.
Die Instrumentation des Ständchens durch „Felix ohne" (aber *mit* Frau) ist zum mindesten – – – merkwürdig. Eine Anfrage beim „Componisten", wenn auch nur per Karte, wäre ich doch wohl wert. Und bei der großen Berücksichtigung, die meine Arbeiten *sonst* in Carlsruhe finden – – – – na, Schwamm drüber! – –
Unser Hotel hier hat nicht weniger als 6 Verandas nach allen Windrichtungen – auf jeder könnte ein Anderer componiren – schade, daß Sie nicht da sind.
Viele schöne Muße für Ihr neues Werk!
Die herzlichsten Grüße von = an Mann und Frau!

Ihr
Richard Strauss

Strauss adressierte den Brief an: „Herrn Max Schillings per adresse: Madame Ingwelde". Schillings arbeitete an seinen „Zwei sinfonischen Fantasien" für Orchester op. 6, 1. Meergruß 2. Seemorgen.
Humperdinck und Siegfried: Anspielung auf den Erfolg der von Richard Strauss 1893 uraufgeführten Oper „Hänsel und Gretel" und auf Siegfried Wagner.
Friedrich von Hausegger, Verfasser des von Strauss sehr geschätzten Buches „Musik als Ausdruck" (Wien 1885), hatte an eine Reihe von Musikern und Musikschriftstellern Fragen über den künstlerischen Schaffensprozeß gerichtet.
Die Oper „Zinnober" von Hauseggers Sohn Siegmund v.H., wurde am 19. Juni 1898 durch Richard Strauss an der Münchner Hofoper uraufgeführt.
Pauline Strauss sang am 23. Juni in München die Elisabeth aus „Tannhäuser" und am 26. Juni die Ada aus „Die Feen".
„Felix vom" ist Felix vom Rath, Pianist und Komponist, der damals zum engen Freundeskreis gehörte. „Felix ohne" ist Felix Mottl, seit 1893 GMD in Karlsruhe. Er hatte Strauss' „Ständchen" aus op. 17 instrumentiert.

1. Allegro   Gürzenich b/ Düren
                                             (Rheinland)
                                             2. Aug. 95

Lieber Freund!
„Das ist des Lebens grausiger Fluch: ich streb' nach Cortina in redlichstem Wollen – an Gürzenich gebunden mit tausend Banden"! – Ich habe mir mein Schicksal für diesen Sommer selbst geschaffen, und muß es nun tragen. Übrigens wäre es gar kein so schlimmes Schicksal, wenn *Sie* es nicht dazu machten. Wissen Sie nicht, daß es grausam ist, einem Menschen zu beweisen, daß er ein Narr ist mit seiner Bescheidenheit? Und das thun Sie, indem Sie mir klar machen, was ich haben *könnte*, und was ich *habe!* Hier habe ich nämlich 3 Eichen, 2 Pappeln, 3 Haselnußsträucher, 4 Magdeburger Morgen Land, ein Gebirge von 52 meter Höhe, einen Hund, ein Arbeitszimmer in dem es nach Petroleum riecht, ein Pianonie [!] von Joh. Kuhse in Dresden, eine Photo von „Felix vom" und die „Deutsche Wacht". Und nun kommen Sie daher und schildern mir Ihr Ideal-Reich! Ich lasse meinen ganzen Jammer ausklingen in einen Pezzo elegiacosissimo das ausschließlich aus gänzlich verminderten Terzdecimenakkorden besteht; das spiele ich Ihnen nächstens vor, zur Strafe für Ihre grausame Ampezzo-Thal-Schilderung.
Das einzige was mir etwas mageren Trost verleihen kann, ist meine Überzeugung, daß ich hier in nächster Nähe doch ganz andere geistige Nahrung finde als Sie Ihnen blühen kann (– die Nahrung blüht = eine neue Akkordverbindung –). Bitte lesen Sie den beiliegenden Concertbericht und sagen Sie mir dann, ob Ihre illustre Umgebung (der ich die wertvolle Sammelkarte verdanke) Ihnen solche Genüsse ersetzen kann? Ich weiß: das ist ausgeschlossen! Aber im Ernst gesprochen: mir wässert das Mündchen nach einigen schönen Stündchen in *solcher* Gesellschaft in *solcher* Umgebung! Das muß erfrischen und „umkrempeln", während man in der hiesigen Weychlichkeyt doch nur bestenfalls *der* bleibt, der man ist, – und der ist eigentlich innerlich und äußerlich sehr erneuerungsbedürftig, wenngleich es ihm ganz gut geht. – Das „an-den-Fleck-Gebundensein" kommt aber mehr oder weniger doch – um ein „Paulinisches" Thema anzuschlagen, – davon daß der Mensch sich vervielfältigt – denken Sie sich einmal das Tableau, wenn wir wirklich
[neue Seite]
2. Adagio
eines Tages mit Sack, Pack und Kind im Ampezzothale angerückt wären, ich glaube Sie hätten bald von dem „Japanisch" das unser Herr Sohn jetzt redet genug gehabt und mich wieder in das Land, wo man „Musik als Ausdruck des Reichtums" liebt und pflegt (das ist sie nämlich i.e. England) zurückgewünscht. Wir würden aber trotz allem noch kommen, wenn Sie

bis Novbr. circa dort blieben, dann hätten wir doch Zeit, den nötigen Entschluß ordentlich zu fassen; nun bleiben Sie aber wohl nicht mehr lange, denn die Wagner-Festspielereien gehen ja bald los, also müssen wir die Hoffnung aufgeben. Wir wollen aber zeitig in München wieder einrücken, wenn dann noch recht herrliche Spätsommertage anbrechen, kaufe ich Sie bei Possart los und schleppe Sie auf Ausflüge nach Ampermoching, Geiselhöring, „Döring" etc. Dann hab' ich doch auch was von Ihnen! – Sie werden jetzt wirklich urgemütlich zusammensein, der ganze musikalische und litterarische Stolz Deutschlands! Bitte grüßen Sie jedes einzelne Mitglied des edlen Kreises herzlichst. An „Felix vom" ging unlängst ein imposantes Schreiben poste restante Cortina ab; ob er es genügend zu würdigen verstand hat er mir noch nicht mitgeteilt; auch an Gerh.[äuser] ließ ich per Karlsruhe ein gewichtiges Briefelein ab; dessen Schicksal mir gleichfalls noch unbekannt ist. Von Fefe erwarte ich aber jedenfalls baldigst eine ausführliche, dankbare Chronik seiner Reiseerlebnisse. Wollen Sie ihm das sagen?
Daß – um vom banal-menschlichen zu reden – Kunihild nun doch erst im Herbste darankommt ist „böshart" von Possart gehandelt. Spaßhaft ist zu lesen, was der große Kistler selbst darüber schreibt: „Die Intendanz fand, daß mein imposantes Werk besser am Anfang einer Saison erscheine, damit von seinem Lichte auch etwas auf die folgenden, kleineren Novitäten strahle." Also freuen Sie sich! Was sonst alles im Musikalischen Makrokosmus vorgegangen ist, davon darf in der Sommerfrische nicht geredet werden. Wir leben in einer „*großen* Zeit"; das sieht man aus den Journalen mit ihren herrlichen Kriegserinnerungen und dem Feuilleton „Über den Schwindel" das in der Köln. Zeitung einen würdigen Platz fand und das Fefe unbedingt lesen muß!
A propos –: Kennen Sie vielleicht einen H.W. Mauke in München? Derselbige hat in der „Rivista Musicale Italiana" einen großen Ingwelden-Artikel losgelassen, in dem er Ihnen auch die „Ehre" mehrfachen enthousiastischen Erwähntwerdens zu Teil werden läßt.

Von meiner Arbeiterei sage ich
[neue Seite]
3. Scherzo
Ihnen nichts; ich muß erst sehen, was dabei herauskommt. – Das große Werk das Sie in sich ausreifen lassen ist hoffentlich das mit den beiden großen „Melodien-Kränzen" in As-dur und C-moll? – Wie wäre es eigentlich, wenn Sie als Nachfolger Reinecke's nach Leipzig gingen? – Das ist eine Frage im Scherzo-Charakter die sich nicht überbieten läßt; das Stück muß also damit schließen. Nur ein kurzes Coda'chen enthaltend die

üblichen herzlichsten Grüße an Frl. de Ahna (Pardon die gewagte Harmonie) folgt hier noch; dann schließe ich die briefliche Symphonie ohne letzten Satz, für den mir bei der Hitze nichts einfällt, und indem ich so anderen durch „vornehme Selbstbescheidung" ein gutes Beispiel gebe bin ich

Ihr ergebener
M. Schillings

Die Familie Schillings verbrachte ihre Ferien auf dem angestammten Familiensitz Weyerhof am Rande des Dorfes Gürzenich: 800 Morgen Land mit dem Herrenhaus, einer aus Ästen und Rinde rohgefügten Hütte, die sich seine Mutter als Eremitage mitten in den Park hatte bauen lassen, drei Seen, Brücken usf.
"Deutsche Wacht": Dresdner Tageszeitung für nationale Politik, wirtschaftliche Reform und deutsche Kunst.
Weder beigelegter Konzertbericht noch Strausssche Sammelkarte sind erhalten.
Wagnerfestspielereien: Strauss hatte bei den Münchner Wagner-Festaufführungen im August und September insgesamt zwölf Vorstellungen zu dirigieren.
Fefe: Felix vom Rath.
„Kunihild", romantische Oper von Cyrill Kistler (UA 1884 in Sondershausen).
Wilhelm Mauke, Il primo dramma importante della scuola di Wagner. Rivista Musicale Italiana Vol. II (1895) 491–501.
Die „Melodienkränze" in As-Dur und c-Moll spielen auf die Tondichtung „Also sprach Zarathustra" an, an der Strauss gerade arbeitete.
Carl Reinecke, geboren 1824, mußte 1895 die Leitung der Leipziger Gewandhauskonzerte an Arthur Nikisch abgeben, behielt sein Lehramt am Konservatorium aber noch bis 1902 bei.

[Postkarte]   *Freitag [25. Oktober 1895]*
Schillings.
Anfrage, ob Strauss bei der morgigen Probe Schillings' „Seemorgen" durchspielen lassen könnte, damit er es selbst einmal hören würde.

[Postkarte]
Donnerstag [31. Oktober 1895]
Herrn und Frau Maxi die Nachricht, daß der Wortdichter Bierbaum morgen Freitag 4 Uhr (für die Seestrasse ½ 4 Uhr) bei uns Thee trinkt. Um pünktliches Erscheinen ersuchen

Herr und Frau Guntram

Otto Julius Bierbaum gehörte in dieser Zeit zu Strauss' Münchner Bekanntenkreis, bis es 1903 anläßlich einer spöttischen Kritik Bierbaums von „Taillefer" zum Bruch kam. Bierbaum hatte das Werk in dem im Brief vom 12. November 1903 erwähnten Konzert des Kaim-Orchesters in München gehört.
Die Familie Schillings wohnte damals in der Seestraße in München-Schwabing.

München, Sonntag, 10. Novb. [1895]
Lieber Freund!
Gestern machte ich die Guntram-Probe mit und hatte große Freude daran, wie sehr sich im Orchester schon vieles abgeklärt hat. Hoffentlich singt Herr Mikorey bei der Aufführung nicht mehr aus dem Clavierauszug – vielleicht streichen Sie den ganzen III. Akt bis auf den Schluß? – Beiliegend eine „Eulenspiegel"-Besprechung aus der Deutschen Wacht vom braven Aug. Lesimple, die Sie vielleicht interessiert. Wüllner scheint eine wirklich vortreffliche Aufführung herausgebracht zu haben und die „klugen Kölner" haben sich in Bez. auf die ihnen zugemutete Fassungskraft nicht lumpen lassen. – Interessant war mir, was der Correspondent der Frankfurt. Ztg. berichtet hat, nämlich: Eulenspiegel sei Ihr bestes Werk, weil Sie darin eine feste Form anstrebten; – leider hätten Sie aus den Themen nicht viel gemacht.
Kann *dem* Manne noch geholfen werden?
Leider sah ich Sie nach der Probe nicht mehr; ich wartete mit Rätchen bis 1 Uhr – fürchtete dann aber, Possart würde Sie nicht mehr herausgeben und ging betrübt. – Wie steht es diese Woche mit den Proben?
                              Auf Wiedersehen!
                              Ihr
                              M. Schillings.

Die Münchner EA von „Guntram" fand nach Überwindung endloser Schwierigkeiten schließlich am 16. November 1895 statt. Es kam aber zu keinen weiteren Aufführungen. Die beigelegte „Eulenspiegel"-Besprechung aus der Dresdner Tageszeitung „Deutsche Wacht" ist nicht mehr vorhanden.
Weil Strauss mit den Münchner „Guntram"-Proben beschäftigt war, dirigierte die UA des „Till Eulenspiegel" am 5. November 1895 in Köln Franz Wüllner.
Rätchen: Felix vom Rath.

[Postkarte]
                              Donnerstag [28. November 1895]
Lieber Freund!
Bei Eulenspiegel Freitag 10 Uhr willkommen!
Bestens grüßend schnupfenbehaftet
                              Rich. Strauss

Einladung zu einer Probe des „Till Eulenspiegel", den Strauss am 29. November 1895 im 2. Abonnementskonzert der „Musikalischen Akademie" in München zum ersten Mal selbst dirigierte.

München (23) Seestraße 3c
31. Dec. 95.

Lieber Freund!
Ein herzliches „Prosit Neujahr" von Haus zu Haus! Was ich Ihnen alles wünsche? – Es ist viel zu viel, um überhaupt gesagt werden zu können! – Einen persönlichen Wunsch habe ich nur, einen egoistischen, der muß gesagt werden: daß das neue Jahr uns recht schöne heitere und ernste Stunden des Verkehrs bringen möge! –
Ich bin noch immer kein ganzer Mensch, so sehr hat's mich z'samm' 'zwickt – sonst käme ich selbst, anstatt Schreibereien zu machen. Zu allem Ölend ist nun auch noch unser Erich unter dem Verdacht, Masern zu bekommen, erkrankt, doch will sich – leider – bisher kein rechtes Symptom zeigen.
– Ich weiß nicht, ob Sie infolge dieses Krankheitsverdachtes unser Haus meiden wollen – aber wenn Sie sich, vielleicht mit Thuille einmal bei mir ansagen wollten –, Sie würden mir eine *Riesen*freude machen, denn ich habe wahrhaftig Sehnsucht, Sie wieder einmal zu sehen – (ich heiße aber nicht Boy-Schillings!)
Räthchen schrieb nicht erfreut aus seinem Cölener Exil. Sie haben ihn zu sehr verwöhnt!
Einen Handkuß Ihrer Frau und seien Sie herzlichst gegrüßt von
Ihrem treu ergebenen
M. Schillings

Boy-Schillings: Anspielung auf die Schriftstellerin Ida Boy-Ed.

Strauss. *München, 8. Jan. 96*
Strauss berichtet von seiner Absicht, Schillings' Zwei sinfonische Fantasien für Orchester, „Meergruß" und „Seemorgen", im 5. Konzert der „Musikalischen Akademie" aufzuführen. [Nach diesem Konzert trug er sich am 7. Februar in seinen Schreibkalender ein: „Mißerfolg der Schillingsschen Tonphantasien, demonstrativer Erfolg des 17. Jahrhunderts. Auf diesem Niveau steht München im Jahre 1896".]

München (23) Seestr. 3c
9. Jan. 96.

Lieber Freund!
Ich traf gestern Abend im Kaim-Saal S. Wagner und habe ihm gegenüber eine Indiskretion begangen, die ich Ihnen mitteilen muß.
Er erzählte mir, daß Sie sich von ihm gekränkt zu fühlen schienen und erklärte, es sei ihm unfaßlich, was der Grund sein könne. Nach einigem

Hin und Wieder sagte ich ihm welche Äußerung Ihnen bekannt geworden sei und daß Sie auf Grund dieser alle Ursache hätten, so zu handeln d.h. zurückhaltend zu sein. Er erklärte alles als Zuträgereien und *Unwahrheiten* und wollte Sie so bald als möglich aufsuchen um Ihnen alles aufzuklären. – Ich habe nur den innigen Wunsch, daß ich mit meiner Offenheit, zu der ich vielleicht nicht berechtigt war, als ein Geist handele, der das Gute *will,* und auch das Gute schafft. Es war ja in der bew. Äußerung *nicht nur* von Ihnen die Rede und deßhalb ist meine Indiskretion wohl nicht unverzeihlich! Nehmen Sie mir sie nicht übel. – –
Unser kleiner Erich schwebte am Sonntag Abend in höchster Lebensgefahr. Von Masern, für die der erste Arzt die Erkrankung hielt war leider keine Rede – dagegen eine kleine Lungenentzündung! Wir dürfen seit gestern wieder außer ernster Sorge sein. Die Stunden der Gefahr waren fürchterlich!
Ich hoffe Sie bald und endlich einmal wieder zu sehen und darf mich ja nun auch unter Groß und Klein sehen lassen, da jetzt Baccillenzuträgerei ausgeschlossen ist. – Ihrer lb. Frau besten Dank für ihre Zeilen.
Auf Wiedersehen.
Ihr ergebener
M. Schillings

Vgl. hierzu Strauss' Eintragung in seinen Schreibkalender am 11. Januar 1896: „Denkwürdige Unterredung mit Siegfried Wagner. Zwar unausgesprochene, aber vollzogene Trennung von Wahnfried-Bayreuth. Nur indirekt meine Schuld."

[Beischrift zu einem Brief von Friedrich Rösch vom 13. Januar 1896]
Strauss.   *Dienstag [München, 14. Januar 1896]*
Günstiges Angebot von Partitur-Notenpapier.

[Postkarte]
Strauss.   *Freitag [17. Januar 1896]*
Einladung, mit Thuille zum Skat zu kommen.

[Postkarte]
Strauss.   *Sonntag [9. Februar 1896]*
Verlegung der Einladung in das Lokal Grodemange.

[Briefkärtchen]
Herzog Rudolfstrasse 8/III Dienstag [28. April 1896]
Lieber Freund!
Wir erwarten Sie also morgen Mittwoch ½ 2 Uhr zu Tisch. Wollen Sie Ihr liebenswürdiges Versprechen halten und mit meiner Frau ein bißchen Peri studieren, so wäre es reizend von Ihnen, wenn Sie sich zu diesem Behufe mit dem versprochenen Klavierauszug schon um 12 Uhr bei meiner Gattin einfinden würden.

                                        Herzlichst
                                        der Ihrige.
                                        Rich. Strauss.

Die Partie der Peri aus Robert Schumanns weltlichem Oratorium „Das Paradies und die Peri".

„Vertraulich"   München (23) Seestr. 3c
                                        29. Apr. 96

Lieber Freund!
In Eile, nach einem längeren Speach mit Dr. Possart möchte ich Ihnen nur sagen: Halten Sie fest P. gegenüber; er will Sie durchaus „behalten", aber natürlich „drücken"; Sie werden siegen, und zwar glänzend, wenn Sie den Kampf in richtiger Weise führen. Den Eindruck bekam ich aus den Äußerungen des sehr wortreichen Sohnes Possart's I. Schade daß ich ihn jetzt nicht noch mehrmals sehen kann – ich würde dann noch mehr wissen. O Guntram, – o Meergruß, o Seemorgen, o Göring, o Beer etc. – und – vivat Ingwelde und Consorten 1950. –

                                        Auf vergnügtes Wiedersehen
                                        Ihr
                                        M. Schillings
                                        Homo cromaticissimus antimelodicus.

Der Brief bezieht sich auf die zu diesem Zeitpunkt noch ungeklärte künftige Position von Strauss an der Münchner Hofoper. Sein Vertrag vom 1. Oktober 1894 als Kgl. Kapellmeister neben Hermann Levi lief aus und Levi war nun zurückgetreten. Vgl. auch Brief vom 7. September 1896.
O Göring, o Beer: Dr. Theodor Göring oder Goering war Musikkritiker und schrieb im „Sammler", dem Literarischen Beiblatt der München-Augsburger-Abendzeitung. Der Rhythmus des Quintenmotivs von Tenor- und Baßtuba im Abschnitt „Des Helden Widersacher" aus „Heldenleben" (2 Takte vor Z. 14) entspricht dem Sprachrhythmus von „Doktor Göring". Beer ist Anton Beer-Walbrunn, der aus der konservativen Rheinberger-Schule stammte und damals mit Unterstützung des Grafen Schack als Komponist in München lebte, bis er 1901 dort an der Akademie der Tonkunst Lehrer für Komposition, Kontrapunkt, Harmonielehre und Klavier wurde.

München, 2. Mai 1896
Lieber Freund!
Meine Frau und ich sind tiefbetrübt ob der Trauerkunde, die uns Gustav Schulze gestern Abend übermittelt hat und gedenke in treuster, aufrichtigster Teilnahme Ihrer, der uns so hoffnungsfreudig verlassen und nun so schnell von dem schweren und schmerzlichsten Verluste überrascht wurde.
Mit diesem Ausdruck meines herzlichsten Mitgefühles verbinde ich den freundschaftlichen Wunsch, daß Sie selbst die schwere Zeit der Prüfung und Verantwortung gut überdauern möchten und daß besonders Ihre Gesundheit keinen Schaden nehmen möge. Ihre liebe Frau, die Sie hoffentlich mit Erich in bestem Wohlsein angetroffen haben, wird uns Freunde wohl dieser Sorge überheben.
Ich habe mich heute erst Ihres schönen Nachrufes für Alexander R.[itter] erfreut, Sie haben eine so schöne, vornehme Art, sich schriftstellerisch zu äußern, daß ich immer bedaure, daß Sie sich nicht mehr nach dieser Richtung betätigen. Diese ruhige, sichere Ausdrucksweise, die Ihnen eigen, ist eine Wohltat für den, der seine eigene Überzeugung gern einmal schwarz auf weiß von Außen auf sich wirken sieht; ergo sind mir Ihre leider zu kurzen Artikel immer ein besonderer Genuß und da Sie das Glück *keiner* anderen Tätigkeit als der des Componisten haben, Ihre Zeit also nicht durch Taktschlagen unnütz vergeudet wird, hielte ich es für eine Sünde, wenn Sie die Muße, die Ihnen zwischen dem Componieren, das wirklich allem anderen vorgeht, bleibt, nicht recht eifrig dazu benutzten, schriftstellerisch den Leuten etwas zu sagen, was Sie und wir jetzt wollen, was jetzt nottut etc.
ergo: Münchner Musikzeitung!!! Nun darüber später!
Ich danke Ihnen herzlich für Ihre liebe Benachrichtigung in Betreff Possarts; ich will mir's angelegen sein lassen.
Sie werden wohl so bald nicht hieher kommen? Ich höre, daß Ihr Bruder in der Ferne und Sie allein? Wenn Sie nunmehr vielleicht aufs Musikfest auch nicht kommen, so teilen Sie mir vielleicht mit, wann und wo ich Sie sehen kann. –
Meine Frau grüßt auf's herzlichste und ist in innigster Teilnahme Eines mit Ihrem
treu ergebenen
Richard Strauss.
Viele Grüße an das Frauchen und Erich.

Kondolenzbrief zum Tode von Schillings Vater am 1. Mai 1896. Schillings' Bruder Carl war soeben auf eine Forschungsreise nach Afrika aufgebrochen.
Dr. Gustav Schulze war Arzt und zugleich ein guter Violinspieler; sein Haus bildete ein musikalisches Zentrum in München.

Schillings hatte in der Zeitschrift „Die redenden Künste", Zeitschrift für volkstümliche Kunst, Leipzig, Baden-Baden, Jg. 3 (1896/97) einen Nachruf auf den am 12. April 1896 verstorbenen Alexander Ritter verfaßt.
Münchner Musikzeitung: Strauss dachte damals daran, zusammen mit Schillings und Felix vom Rath eine fortschrittliche süddeutsche Musikzeitung herauszubringen, für die er bereits einen Plan hinsichtlich des Mitarbeiterstabs und der Programmpunkte ausgearbeitet hatte; als Zeichen für die fortschrittliche Haltung der Zeitschrift hatte er den Titel „Lisztzeitung" ins Auge gefaßt (vgl. „Plan für Münchner Musikzeitung" Sign. I/151 in der Stadtbibliothek München, Handschriftenabteilung). Vgl. auch Brief vom 21. Januar 1897.
Gemeint ist das Niederrheinische Musikfest vom 24. bis zum 28. Mai, das 1896 unter Leitung von Richard Strauss stand. Von ihm kamen „Don Juan" und „Till Eulenspiegel" zur Aufführung.

[Ansichtskarte aus Nürnberg]
Schillings   *24. Juni 96*
Auf dem Rückweg von Bayreuth Grüße mit Notenzitat c' g' c" [„Also sprach Zarathustra", beendet am 24. August 1896].

[Ansichtskarte aus Berlin]
Schillings.   *29. Juni 1896*
Gruß von der „Berliner Gewerbe Ausstellung 1896".

[Postkarte]
                                                                          Heyst sur mer, 4. Aug. 96
Lieber Freund!
Die Würfel sind gefallen: – wir sind statt in's Hochland in die tiefsten Meeresniederungen verschlagen worden und kneipen bis zum 14. August Meerluft, Crevetten, Thran und Seehundscoteletts, dazwischen arbeite ich an unnützen Dingen und würge an einem Bayreuth-Artikel für die Red. Künste [Zeitschrift „Redende Künste"] herum. Das Ganze bekommt uns herrlich. – Und Sie – sind Sie schon wieder im Joch? Ich hoffe noch nicht allzusehr! – Lessmann quälte mich ob ich ihm nicht bald etwas über Zarathustra verraten könnte –. Wie denken Sie darüber? Wollen Sie mir nicht dazu verhelfen, den Leuten ein wenig Sand in die Augen zu streuen? – Ich thäte es gerne!
Räthchen kraxelt wohl noch und springt jauchzend von Fels zu Fels – bald kommt er wohl „zu Vaters Hof an den Rhein". Die Bayreuther Eindrücke wühlen noch mächtig in mir. – Ich habe Sehnsucht, Sie und Ihre liebe Frau mal ein ½ Stünderl zu genießen. Weißt Du, wann das wird?
Schreiben Sie gelegentlich eine Karte
                                                                                         Ihrem treuen
                                                                                         M. Schillings
Otto Lessmann war von 1881 bis 1907 Herausgeber der „Allgemeinen Musikzeitung". Strauss hatte ihn schon bei seinem ersten Berliner Aufenthalt im Winter 1883/84 kennengelernt.

Marquartstein, 7. Sept. 96

Lieber Freund!
Auf 4 Tage luftschnappender Weise nach M. verzogen, erfahre ich von meiner Frau, die etwas unwohl in München zurückgeblieben, daß Sie, lieber Freund, immer noch krank und auch Ihr reizender Erich nicht wohl ist. Wie leid mir das tut! Haben Sie denn einen guten Arzt? Meine herzlichsten Genesungswünsche sind bei Ihnen und Erich!
Mir geht's trotz reichlichen Dirigierens merkwürdig gut; in Bayreuth habe ich mir eine Erkältung des Halses zugezogen, während man sonst daselbst mir anscheinend viel Wärme entgegenbrachte. Die Aufführungen waren, unter Richter (8 Tage vorher unter S.[iegfried] scheint's furchtbar zugegangen zu sein, trotzdem man in Wahnfried mit Chamberlain und den übrigen literarischen Lakaien fand, daß nun der Ring erst „gestellt" worden sei, die einzelnen Werke in ihrer Gegensätzlichkeit deutlicher würden etc. etc.) vortrefflich, bis auf die abscheuliche [Lilli] Lehmann. Freund Gerhäuser, dessen Frau mir sehr gut gefallen hat, war bis auf eine gewisse Weichlichkeit in Rytmus und Phrasierung und mangelnde Athemökonomie ein sehr sympatischer Siegmund, und hatte, zu meiner Freude, nach Vogl offenbar größeren allgemeinen Erfolg als bei dem ersten Cyclus. Possart war sehr entzückt von Gerhäuser und hoffe ich, ihn kommenden Winter einigemale in München gastieren zu sehen.
Wie freute ich mich, von den bevorstehenden Aufführungen der Ingwelde in Wiesbaden, Schwerin und Berlin zu hören; in München hoffe ich, wenn ich daselbst bleibe, Ihr Werk im Januar herauszubringen. Mein Contract ist zwar noch nicht und wird auch nicht erneuert; doch steht Levi's Pensionierung wie es scheint, unmittelbar bevor, umso mehr, als er wirklich Mary Fiedler heiraten wird und von Possart habe ich festeste Versprechungen, daß ich die Hofkapellmeisterstelle bekomme – Perfall hat sich allerdings noch nicht gerührt, kehrt erst 15. Sept. aus dem Urlaub zurück. Na, wenn's wirklich wird, dann – – – sollen Sie mich in München kennen lernen –.
In Berlin dirigiere ich am 2. Nov. ein Concert des Wagnervereins und hatte darin die Absicht, Ihren Meergruß zu machen; nun schreibt mir Dr. Sternfeld, daß Weingartner denselben annonciert hat; wenn dies wahr und es Ihnen recht, so führe ich dann Seemorgen auf. Denken Sie sich: mein armer Guntram wird „vielleicht" in Dresden aufgeführt, aus seinem Scheintod zu nochmaligem kurzen Leben erweckt worden – es geht nirgends toller zu, als auf dieser Welt, pflegte Freund Ritter immer bei der zweiten Flasche zu sagen. –
Neulich war Arthur Seidl kurz in München, derselbe wird jetzt aber so kritisch, daß man kaum mehr ein vernünftiges Wort, d.h. eines, was nicht

im Aussprechen schon auf seine Druckfähigkeit hin geprüft werden muß, mit ihm reden kann. Ach, diese Ästhetiker!
Bei jedem, was gerade geschieht, kommt's doch nicht in erster Linie darauf an, wie sich dasselbe nach 50 Jahren in irgend einer, nicht gelesenen Musikgeschichte ausnimmt!
A propos Lesen: empfehle Ihnen „französische Revolution" von Carlyle, ein eminentes Buch, sehr amüsant und belehrend.
Zarathustrapartitur ist, 108 Seiten stark, Ende August endlich fertig geworden mit ihr eine große Last und Plage. Jetzt geht's wieder an die Oper und Freund Spork's vortreffliches Buch fängt allmählich an, in meinen Kopfe und Herzen Widerhall und neue Gedanken zu wecken und „vielleicht" lebensfähig zu werden.
Was treiben denn Sie, läßt Ihnen das verfluchte Kranksein noch Zeit zu vernünftigerem, als da ist, seinen corpus sich immer, dabei nicht einmal vergnügender Weise, was ja auch zeitraubend, aber wenigstens amüsant ist, ewig in Erinnerung bringen zu müssen.
Kommen Sie wieder nach München und wann? Meine Frau und ich freuen uns so auf Sie und Ihre liebe Frau! Trotzdem denken Sie recht an Ihre Gesundheit und gehen Sie nicht von Luftgenuß und Körperpflege ab, bevor Sie nicht die Gewißheit haben, den speziellen Sauwinter, ein Schweinewetter ist's ja das ganze Jahr – o dieses Klima, wird nicht daraus klug, und hab's doch eigentlich – satt genug –, gut durchzu*kämpfen*. Wenn man nur in diesem Leben einmal zum Genießen käme. Dies ganze Leben ist doch eigentlich *ein* großer Leim, wie der Münchner sagt und dem lieben Gott geschieht schon recht, wenn der alte „Planer" nun endlich ganz abgesetzt wird. Er regiert zu schlecht und vollständiges Ignorieren ist schließlich die geringste Strafe, die man dem alten Trottel auferlegen kann. Sie sehen die Wirkung der – Guillotine! Nun verzeihen Sie den Quatsch! Aber bei dem miserablen Regenwetter, bei kalten Füßen – wo soll der Mensch gute Gedanken herhaben!
Die herzlichsten Grüße an Sie, Ihre liebe Frau, Erich und Tante Rath
Ihr
Richard Strauss.

Strauss hatte als Zuhörer, nicht als Dirigent an den Bayreuther Festspielen teilgenommen.
Freund Gerhäuser: Schillings hatte den Jurastudenten Emil Gerhäuser an der Münchner Universität kennengelernt und wegen seiner Naturstimme an Levi empfohlen. Daraufhin wurde Gerhäuser ein halbes Jahr bei Eugen Gura ausgebildet und ging dann bereits ins Engagement. In Karlsruhe sollte er 1894 unter Mottl die UA des „Guntram" singen, konnte die anstrengende Partie aber nicht durchhalten; aus diesem Grund übernahm Strauss die UA dann nach Weimar.
Wie in Schillings' Brief vom 29. April 1896, ist auch hier wieder von Straussens Münchner Position die Rede. Tatsächlich löste sich die Frage so, daß Levi im Oktober des Jahres von

Beilage zum 7. 9. 1896

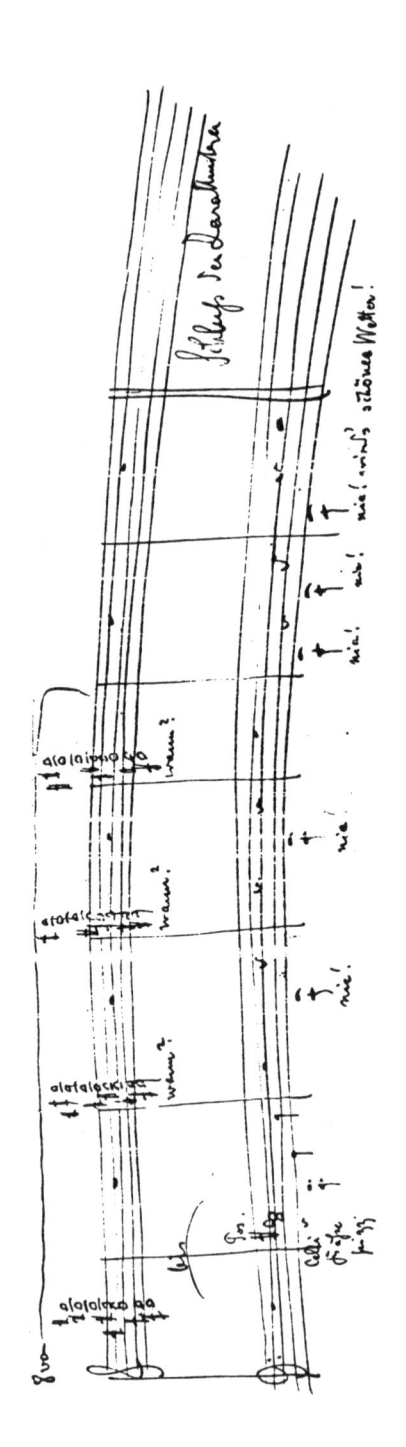

seinem Generalmusikdirektorposten zurücktrat und Strauss – allerdings nur als Hofkapellmeister – an seine Stelle rückte.
Arthur Seidl lebte 1893–98 als Feuilletonredakteur und Kritiker in Dresden und Hamburg. Die freundschaftliche Beziehung zu Strauss, der ihm 1895 den „Till Eulenspiegel" gewidmet hatte, war im Moment sichtlich etwas getrübt.
Thomas Carlyle, Die Französische Revolution (1837).
Strauss plante eine Oper „Schilda", zu der Graf von Sporck, der Textdichter von Schillings' „Ingwelde" und „Pfeifertag", das Buch verfaßt hatte. Außer geringfügigen Notizen ist aber nichts von diesen Arbeiten vorhanden. Diesem Opernplan ging 1893/94 ein anderes, ebenfalls nicht realisiertes Projekt einer „Till-Eulenspiegel"-Oper voraus, zu der Strauss selbst den Text schreiben wollte. Schließlich entstand dann 1894/95 die Tondichtung „Till Eulenspiegels lustige Streiche".
Das beigelegte Notenzitat mit den Schlußtakten des „Zarathustra" bezieht sich auf das gerade herrschende schlechte Wetter. „Wann? wann? wann? nie! nie! nie! nie! wird's schönes Wetter!

[Briefpapier mit Trauerrand]   Gürzenich b/ Düren
                                                                  25. Sept. 96
Lieber Freund!
Wie mag es Ihnen gehn seit Ihrem Brief vom 7. Sept. worin Sie den Lieben GOTT, von dem Sie doch auf dem Gymnasium so viel Gutes und Respekteinflößendes gelernt haben, „so ohne Scham" unter die Planer und Trottel geschickt haben? Sollten Sie je einmal unartig mit einem Menschen – das Publikum immer ausgenommen – sein, so werde ich Ihren Brf. Wüllnern mitteilen – da werden Sie ein „Tedeum op. 11" erleben, das sag' ich Ihnen!
Mögen Sie aus dieser aggressiven Einleitung entnehmen, daß ich wieder einigermaßen zu Kräften gekommen bin und der blinde Lärm in meinem s.v. Gedärm ziemlich still geworden ist. – Es war eine *böse* Zeit, und 3 Tage lang war ich ganz gefaßt darauf zum „alten Planer" einzugehn! Daß das nicht geschehn ist, und daß ich die Welt noch weiter mit meiner länglichen Anwesenheit beglücke verdanke ich nur meinem Frauchen, deren Umsicht und staunenswerter Energie. Sie wollte mich so rasch nicht abgeben – und was sie wollt' das konnt' sie! – Nun muß ich aber noch gehörig aufwärts kraxeln um die alte Höhe resp. Schwere zu erreichen – noch fehlen 10 Pfd. daran. Hier lebe ich nun nur in und von Feldhühnern, Hasen, Fasanen und einigen Zeitungskritikern, welches Gemisch aus Ideal- und Realismus mir nicht schlecht anschlägt. Doch thut man so, als ob man am 15. Oct. wirklich Ingwelde in Wiesbaden aus dem Häusl bringen wollte, – so werde ich denn nächstens auf Hilferufe des Hrn. s.v. Capellmeisters dahin eilen müssen, um unter Massage und Kaltwasserkur die „letzten Feilen" anzulegen. Da ja übrigens der Kaiser kommen soll steht ja die Qualität der Aufführung im toten Punkt des Interesses. – Auch Berlin macht Reclame daß es erbaulich zu lesen ist. Das kommt alles davon, daß ich „nach kurzer

Krankheit im Seebad Heyst fast gestorben" bin! – Daß ich mich so furchtbar viel um meinen elenden Corpus kümmern muß – ist auf die Dauer mehr als fad und nicht grade förderlich für Geist und Muse. Die letztere trägt sich mit 3 Kleinigkeiten für Orchester – doch rückt alles nur adagissimo vor!

Ihr „Zarathustra"-Schluß hat mich toll gemacht vor Begierde das ganze zu genießen. Ich werde Ihnen diesen Winter nachreisen um ihn zu hören und das Publikum zu sehen, wenn „die Erde tief unten liegen bleibt", worüber die „Neuesten Wurzeliaden" sich ja schon so gefreut haben. – Und Räthchen hat mir erzählt von all dem weiteren was Sie noch geschaffen haben –: Sopran-Scene, Apollochor – wer nennt die Namen! Sie sind wahrhaftig „alt und neu" zugleich – Mozart und Berlioz in einer Person (– mit Wagner haben Sie ja seit diesem Winter nichts mehr gemein!) – Aber – wüßte ich vor allem nur eines: Die Mary Fiedler wird geheiratet – und doch bleiben Sie nicht in München, – wenigstens zunächst nicht? Ist es denn wahr, daß Sie nach Florenz gehen?

Und mit den närrischen Schillings-Stücken wollen Sie auch Berlin berücken? Offengestanden fürchte ich ein wenig die Preß-Meute in Berlinusalem, wenn sie *vor* Ingwelde über den wehrlosen Meergruß herfallen kann. Weingartner wollte den Seemorgen machen – wenigstens sagte er mir selbst so. –

Wenn Schuch in Dresden mit Guntram nicht Wort hält wird er kurzweg in Schuft umgetauft werden. Das wird die Deutsche Wacht schon machen, – die übrigens von Bayreuth in Bann gethan wird, wenn Dr. Seidl *so* weiter ästhetisiert, er kündigt selbst sein Schicksal schon an. – Herr Batka giebt, wie Sie wissen, eine neue Musikzeitung für die „Neueste" heraus – ob man da einmal ein offenes Wort hineinbringen kann? – Haben Sie vielleicht zu Gesicht bekommen, was ich in den „Red. Künsten" über's Bayr. Orchester georakelt habe?

Jetzt brauchte ich nur noch über Bayr. und den Zaren anzufangen, dann wäre dieser gemischte Bericht voll – aber in vornehmer Selbstbescheidung (bitte nicht verdrucken) schließe ich vorzeitig.

Würde man Sie und Ihr besseres Ich Ende Oct. noch in München treffen? Lassen Sie mich bitte darüber einmal per Karte ein Wort wissen!

Indem der Gürzenicher Bauernstand den Münchener Künstlerstand von Herzen grüßt (in beiden Fällen pars pro toto!)

bin ich Ihr
M. Schillings.

„Zarathustra"-Schluß: bezieht sich auf die dem letzten Brief beigelegte Notenskizze. Die anderen erwähnten Werke sind: „Verführung" und „Gesang der Apollopriesterin" aus Vier Gesänge für eine Singstimme mit Orchesterbegleitung op. 33 (also kein Chorwerk!).

Anspielung auf Hermann Levis Hochzeit mit Mary Fiedler, geb. Mayer, und auf Straussens berufliche Situation. Vgl. Brief vom 7. September 1896.
Strauss machte im Oktober zusammen mit seiner Frau eine dreiwöchige Reise nach Florenz, wo sie mehrmals Böcklin besuchten.
Felix von Weingartner leitete damals die Symphoniekonzerte der Kgl. Kapelle in Berlin.
Arthur Seidl war Feuilletonredakteur der „Deutschen Wacht".
Richard Batka gab zusammen mit Hermann Teibler 1896–98 die „Neue musikalische Rundschau" heraus.
Der schon im Brief vom 4. August 1896 erwähnte Bayreuth-Aufsatz „Der orchestrale Teil der Festspiele 1896" erschien in „Redende Künste" 2 (1895/96) 1426–1428.

[Briefkärtchen mit Trauerrand]
Schillings.   *München Mittwoch [o.D.]*
Schillings berichtet über einen Fieberanfall. Außerdem legte er einen ihm charakteristisch erscheinenden Brief seines Förderers und Familienfreundes, des Universitätsprofessors Dr. Karl Koester bei, der aber nicht erhalten ist.

[Postkarte]

                                                                                 M. 24. XI. 96.

Also spricht der ZARATHUSTRA:
Wir hatten 's Pauxerl – und nicht frustra –
Gebeten um die hohe Ehr'
Daß heute *unser* Gast es wär'!

„Mit Wonne folgt ich diesem Ruf
„Zumal da er mir Freude schuf
„Und bin vergnügt im Freundeskreis
„Doch lieb ich steht's Dich treu und heiß.

Und Felix unser edler Ritter
Ist denn geneigt zu dichten mit er?

Das Dichten fällt mir recht beschwerlich:
Nach Tisch ist dies nur zu erklärlich!

Hoch der Erfolg – fort der Verdruß
Viel Herzensgrüße jetzt und Schluß.

Postkarte an Richard Strauss, der gerade zu Proben für die UA seines „Zarathustra" in Frankfurt weilte, von einer fröhlichen Tafelrunde bei Familie Schillings in München. Pauxerl war Paulines Kosename. Der zweite Vierzeiler ist von Paulines, der vorletzte Zweizeiler von Felix vom Raths Hand geschrieben, das übrige von Max Schillings.

München 21. Jan. 97

Lieber Freund!
Ich habe den Aufruf für die „Moderne Musik" einigermaßen durchcorrigiert, d.h. manches gestrichen und beanstandet und ihn dann Thuille gesandt der ihn dann wohl wieder Ihnen senden wird. Ich habe ferner Herrn Müller-Brauel geschrieben daß wir manches geändert zu sehen wünschen, daß er ferner die Herrn Wüllner Weingartner und Mahler zum „Mitthun" auffordern möchte und dann einen neuen Entwurf Ihnen senden möge. Auch daß wir nicht als „Redaction" „oben" prangen sollen schrieb ich ihm, ebenso, daß das erste Heft nicht wohl Stücke von den Redacteuren selbst enthalten dürfe. – Bitte schreiben Sie ihm nun selbst auch noch kurz – er wünscht ja einige Fragen aus dem beiliegenden Briefe an Sie von Ihnen beantwortet.
Der Aufruf ist im Ganzen und Einzelnen kein Meisterstück, zu lang, schwülstig und enthält einige Borstenvicher von Constructionen die zu enträtseln ich nicht imstande bin. Herr Müller soll aber nur selber die Sachen corrigieren, ich fühle keinen ausgesprochenen Beruf dazu.
Also sehen wir, wie's weiter geht.

Mit herzlichem Gruß
Ihr
M. Schillings

Vgl. Brief und Anmerkung vom 2. Mai 1896 und Brief vom 29. September 1896. Müller-Brauel nicht ermittelt.
Der beigelegte Brief fehlt.

M. 14. Apr. 97 Mittwoch

Lieber Freund!
Eben kommt meine Frau heim und schwärmt mir von Ihrem kleinen „Überbuben" vor! – Ein Telgr. an Sie nach Würzburg hat Ihnen schon von unserer Freude gesagt, die umso größer war, als wir doch wußten, wie schwere Stunden Ihre Frau hat durchmachen müssen. Nun ist alle Gefahr überstanden – Ihre Zuversicht, mit der Sie, das Geschick herausfordernd, die *glückliche* Geburt eines ⚥ schon vorzeitig feststellten, ist nicht getäuscht worden und: „Alles ist nun Glück und Glanz" – und als redlich anteilnehmende Menschenkinder freuen wir uns mit Ihnen. Nun schnell eine „Richard-Geburtssymbolie" geschrieben!
– Sobald ich hoffen kann Sie zu erwischen, werde ich erscheinen um Ihnen in Ihre Freude hinein etwas vorzujammern über die Herrlichkeit der Welt im Ganzen und die „Jemeinheit" der Primadonnen im Besonderen. Aber fürchten Sie nichts: ich habe meinem prätensiösen Kind ein still' Thränlein

nachgeweint und nun ist's schon wieder gut; nur die Art wie mir die Sache diesmal beigebracht wurde schmerzt noch ein wenig nach. –
Auf Wiedersehen!

> Von Herzen
> Ihr
> M. Schillings.

Strauss befand sich mit Possart auf einer Rezitationstournee, als sein Sohn Franz am 12. April 1897 zur Welt kam. Er hatte die Mitteilung schon vorher in München vorbereitet.
„Geburtsymbolie" nimmt Bezug auf eine Wortschöpfung des Musikschriftstellers Ernst Otto Nodnagel, der seit 1894 in seinen Schriften diesen Begriff eingeführt hatte. Leitmotiv = Symbol, leitmotivisch gearbeitete Symphonische Dichtung = Symbolie (vgl. E. O. Nodnagel, Jenseits von Wagner und Liszt. Profile und Perspektiven op. 35, Königsberg in Pr. 1902 S. IX).
Strauss hatte sich bei Possart eindringlich für die Münchner EA von Schillings' 1894 in Karlsruhe uraufgeführter Oper „Ingwelde" eingesetzt. Sie kam dann schließlich am 8. Mai 1897 zustande; es blieb allerdings bei insgesamt drei Aufführungen. Die Schwierigkeiten mit der Münchner Primadonna Milka Ternina sollten noch weiter andauern (vgl. Brief vom 24. Januar 1898).

[Postkarte]
Strauss. *Ostersonntag [18. April 1897]*
Absage eines Theaterbesuchs. Termin für „Ingwelde"-Probe.

> Herzog Rudolfstrasse 8/III. Ostermontag
> [19. April 1897]

Lieber Freund!
Ich habe jetzt angesetzt: Mittwoch Nachmittag 6 Uhr Klavierprobe
Donnerstag 10 Uhr Klavierprobe
Freitag 10 Uhr Arrangirprobe I. Act.
Es würde sich also empfehlen, wenn Sie außerdem mit Ternina Mittwoch Vormittag und womöglich schon morgen *Dienstag Nachmittag,* wenn's sie's thut, mit ihr studieren würden! Vielleicht senden Sie ihr morgen Dienstag Früh einen Boten, der auf Antwort wartet, ob sie schon Dienstag Nachmittag, oder erst Mittwoch Früh mit Ihnen arbeiten will.
Ich hoffe immer noch im Stillen, daß wir die Oper noch am 4. Mai herausbringen. Also seien Sie recht lieb mit ihr, schicken Sie ihr vielleicht Blumen zugleich mit Anfrage etc.
Bei mir im Hause, ich ausgenommen, Alles wohl!

> Herzlichen Gruß
> Ihr
> Richard Strauss.

Ich studiere morgen Früh mit Bertram!

Römlinghofen
Post Obercassel
Siegkreis
3. Sept. 97

Lieber Freund!
In meine Einöde dringen die lieben neuesten Nachrichten aus München und mit ihnen die Nachricht daß Du nun wohl endgiltig „Deinen" Münchenern den Rücken kehren und Herrn von Perfall in seiner ganzen Größe allein lassen willst. Ich würde mich unheimlich über diese frohe Trauerbotschaft für Dich freuen, wenn es nicht gleichzeitig hieße Du tauschtest Pollini gegen Perfall aus. Das könnte mir graue Haare machen wenn ich noch welche hätte zum Grauwerden, denn den Hofrat hasse ich mehr als alle Würmer der Welt, und solch ein Scheusal soll Dich nun haben! Aber ich habe gut reden, sitzend auf meinem Mist und in den Tag hinein componierend – das weiß ich, und wenn es Dir gelänge da oben den Stall zu reinigen und endlich das zu werden, was Du bist, dann soll alle Creatur sich freuen. Wenn ich in letzter Zeit die „Kritiken" in den N.[euesten] N.[achrichten] las, sagte ich mir oft, daß Du dergleichen wohl doch nicht mehr lange mitmachen könntest ohne zu Schaden an Dir selber zu kommen und deshalb bin ich nicht erstaunt zu hören daß Du rufst „Nicht weiter, – zum Schluß". München hat im Vertreiben schon Großes geleistet und will sich selbst treu bleiben, – das ist recht. –
Hoffentlich geht es Deinem künstlerischen und privaten Menschen gut während der Kapellmeister in der Öffentlichkeit herumgezerrt wird. Sind Franzl und Don Quixote so weiter gediehen wie sie begonnen hatten? Und was macht die zukünftige Hamburger Primadonna? –
Wir haben den Sommer über so „fortgewurschtelt", Kinder erzogen, componiert (1 ½ Akte Pfeiferkönig) wollten schließlich noch nach Bayreuth, allwo man uns aber keine Plätze mehr gewähren that, und wollen nun bald wieder in das Seeloch ziehen.
Hat Dich wohl Prof. Köster besucht? – er hoffte Dich in München zu sehen.
Im übrigen hasse ich die Welt und liebe nur den Lieben Gott der zu den Paraden so schönes Wetter macht.
Verzeih' das unnütze Geschreibsel und sei herzlich gegrüßt von
Deinem
getreuen und dankbaren
M. Schillings

Strauss hatte tatsächlich mit Bernhard Pollini, dem Intendanten der Hamburger Oper, verhandelt. Pauline Strauss sollte ebenfalls engagiert werden. Schließlich aber blieb das Ehepaar Strauss dann bis zum Ende der Spielzeit 1897/98 doch in München.
Professor Karl Koester vom Pathologischen Institut in Bonn, Schillings' väterlicher Freund

und leidenschaftlicher Anhänger von Strauss, hatte Strauss am 20. August mit seiner Tochter in München besucht.

[Beischrift zu einem Brief von Georg Hirth vom 13. Oktober 1897]
Strauss.   *[14. Oktober 1897]*
[Georg Hirth, Begründer der illustrierten Wochenschrift für Kunst und Leben „Jugend", bei der unter vielen berühmten Namen auch Böcklin vertreten war, veranstaltete zu dessen 70. Geburtstag einen „Böcklin-Abend". Strauss schlug Schillings vor,] bei dieser Veranstaltung nach einem Werk von Weingartner bei Bedarf noch das „Ingwelde"-Vorspiel oder „Eulenspiegel" auf dem Flügel vierhändig zu spielen.

Schillings.   *München, 2. Nov. 97*
Schillings bittet Strauss, sich bei Possart um weitere Aufführung der „Ingwelde" unter seiner oder Kapellmeister Röhrs Leitung zu bemühen.

Strauss.   *Samstag [7. November 1897]*
Possart hat abgelehnt, er möchte warten, bis Strauss von seiner Konzertreise nach Spanien zurück ist.

[Visitenkarte]
Strauss.   *[Visitenkärtchen o. D.]*
Schillings soll ganz im Interesse seines Werkes handeln; Strauss wird den 28. November vorschlagen.

                                                                Sonnabend [24. Januar 1898]
Lieber Freund!
Haben sehr bedauert, Euch heute verfehlt zu haben. So muß ich Dir schriftlich schnell noch die Hiobspost mitteilen, daß Ternina gestern officiell dem Intendanten erklärt hat, daß sie Ingwelde nicht mehr singen werde (zu Fuchs hatte sie gesagt, daß sie's einmal noch * thuen wolle.) Sie sagte, die Partie zerrisse ihr, da alle Accente in der Mittellage lägen, vollständig die Stimme, sie könne ohne größte Gefahr für ihr Organ die Partie nicht mehr weiter singen.
Da nun Possart mit der Einnahme und dem Erfolge vom Donnerstag sehr zufrieden war und die Absicht hat, das Werk weiter zu geben, müssen wir Ingwelde neu besetzen: Die Wahl schwankt zwischen

Bettaque und Frank. Bettaque ist sehr faul, wird's wahrscheinlich nicht thuen. Ich habe mehr Vertrauen zur Frank, die Du wohl dazu kriegen könntest und die Du Dir wohl bis Mitte März ** herrichten könntest. Ich rate Dir, sogleich bei Possart und Fuchs die nötigen Schritte zu thuen; wenn Du mit Possart einig, vielleicht persönlich zu Frank zu gehen und die Güte zu haben, in meiner Abwesenheit mit ihr die Rolle zu studieren.
Mittwoch Abend bin ich wieder hier!
      Mit herzlichen Grüßen von Haus zu Haus
      Dein treu ergebener
      Richard Strauss.
 * womit uns doch nicht gedient sein kann!
** Ich bin am 10. März von Madrid zurück. Sonntag d. 13. oder Dienstag den 15. könnte Ingwelde dann sein.

[Beischrift zu einem Programm des 21. Concert Classique des Cercle des Étrangers de Monaco am 28. April 1898]

                27. IV. 98
Lieber Freund!
Eben hat sich ein verkrachter Ton-Onkel zu den Klängen von Tod und Verklärung erschossen – ein höchst pikanter fin de siècle-Scherz. – Im übrigen war die Aufführung mehr tod als verklärt – hat mir aber einen riesigen Genuß bereitet für den ich Dir schnell danken muß. Herzliche Grüße vom Frauchen an Frau Pauxerl.
                Dein
                M. Schillings

[Briefkärtchen]
Strauss.   *Sonnabend [28. Mai 1898]*
Verabredung für eine gemeinsame Pfingstunternehmung.
[Thuilles, die beiden Schillings, vom Rath und von Hausegger trafen sich dann abends bei Familie Strauss zur Maibowle.]

[Ansichtskarte von Cortina]
Schillings.   *11. Juli 98*
Grüße von „Herrn und Frau Maxi".

24. 2. 99.
Charlottenburg

Lieber Fr.!

In aller Eile nur die Nachricht, daß ich letzten Sonntag mit Pierson eine längere, inzwischen noch zwei kürzere Unterredungen über Ingwelde gepflogen; deren positives Resultat, daß Ingwelde keinesfalls bis 15. April herauskommen kann. Es später vor den Ferien noch herauszubringen, habe ich selbst abgeraten. Pierson wünscht (?) das Werk zu Anfang der Herbstsaison zu geben, was ja an und für sich sehr wünschenswert. Als ich Pierson vorschlug, ich wolle deswegen mit Dir verhandeln, wünschte er, daß ich Dir noch Nichts mitteile – entnimm daraus, was Du willst. Wie schade, daß Du meinem Rat nicht gefolgt und einen Termin mit hoher Conventionalstrafe festgesetzt – jetzt hat mir Pierson das Blaue vom Himmel versprochen, ob er's hält, kann ich wieder nicht versprechen. Ich werde jetzt die Besetzung einreichen:
Bran – Kraus
Ingwelde – Reinl
Klaufe – Bachmann (Bulß derlernt's nicht!)
Gest – Hofmann
Gandulf – Mödlinger
Siwart – Slezak
Gorm – Berger
Ortolf – Grüning (wenn er's thut) sonst Sommer.
Ich glaube, daß dies eine sehr gute Besetzung wäre!
Ich werde nicht aufhören, zu bohren und habe das Gefühl, daß ich's doch durchsetzen werde, wenn Du überhaupt warten willst. Jedenfalls ist Ingwelde das erste, was ich, wenn überhaupt etwas, durchsetze. Soviel für heute zur Orientierung! Sei sicher, daß ich eifrig am Werke!
Mit herzlichsten Grüßen von Haus zu Haus

Dein R. Strauss.

Lobetanz war diese Woche zum 4ten Mal! Perfall hat mein Anerbieten, Zarathustra am 17. März selbst zu dirigieren, *abgelehnt!* Wie findest Du das? Possart, dem ich gestern sagte, daß Du sehr gekränkt seist, daß er Ingwelde nicht gebe, beschwor hoch und teuer, daß er's gebe, sobald die Ternina zurück!

Possart und Pierson
Pierson und Possart

etc. etc.

Verzeih das Geschmier!
Sonntag geht's nach Heidelberg!

Strauss, der seit Oktober 1898 an der Berliner Hofoper war, bemühte sich bei dem dortigen artistischen Direktor Georg Pierson intensiv um eine Aufführung von Schillings' „Ingwelde". Daß die Aufführung immer wieder hinausgeschoben wurde, lag aber letzten Endes an der Ablehnung Kaiser Wilhelms II., der das Werk in Wiesbaden kennengelernt und zu Strauss gesagt hatte: „Das ist eine Musik, gegen die man mit aller Energie Front machen muß." (Vgl. Brief vom 25. September 1896.)

„Lobetanz". Ein Bühnenspiel in drei Aufzügen von Ludwig Thuille, Text von Otto Julius Bierbaum; UA 1898 in Karlsruhe. Die Berliner EA fand am 10. Februar 1899 statt.

In dem Konzert der Musikalischen Akademie in München wurde u. a. Schillings' „Pfeifertag"-Vorspiel und Strauss' „Also sprach Zarathustra" aufgeführt. Die Leitung hatte Kapellmeister Fischer. Vorher war dort „Zarathustra" nur in einer Klavierübertragung durch Schillings und Röhr im Bayerischen Hof gespielt worden, vgl. Brief vom 22. August 1921.

[Briefkärtchen]
Strauss.   *Sonnabend [25. Februar 1899]*
Mitteilung, daß „Ingwelde" auf Herbst verschoben wurde.

Schillings.   *z. Z. St. Michael-Eppan*
                                                                     Eppanerhof
                                                                     14. April 1899
Kondolenzschreiben an Frau Pauline Strauss zum Tod ihrer Schwester Maria.

Strauss.   *16. April 99*
Dank für Beileid. – Frage, ob Schillings Piersons Telegramm erhalten habe.

                                                                   Eppan, Eppanerhof
                                                                   19. Apr. 99.
Lieber Freund!
Schönen Dank für Deine Zeilen. Ich dachte mir wohl, daß Deine Frau nach München geeilt sei um den Eltern in ihrem Leid nahe zu sein und zu helfen! Wir haben uns aus dem übervollen Bozen hierhin auf Bierbaum'sches Gebiet geflüchtet; leidliche Pension und miserables Wetter (2 Tage Schnee, fast der einzige des Winters) versüßen uns das Leben nicht allzusehr; trotzdem stehe ich ganz im Bann des Zaubers der Gegend (– unglaublich schöne alte „Edelsitze" haben wir aufgethan) und ich kann ruhig arbeiten, was mir gerade viel wert ist. – Mit der hinterwäldlerischen Idylle is 's übrigens schon „aus" hier: eine stolze Sekundär- oder vielmehr Tertiärbahn durchpustet die Gegend und dem Bahnhof gegenüber bauen geschäftige Judenhände ein enormes, „jetztzeitiges" Hôtel; dem reichen,

angenehmen Engländer ist also demnächst Lebensbedingung geboten. Bierbaums Scheunenschloß steht noch leer; er dichtet und trachtet noch in München. Die hohe Bergluft hat mir übrigens den mutigen Gedanken eingegeben den Revers mit Blut zu unterschreiben, – nicht gerne hab' ich's gethan – bin ein zu krasser, alberner Individualiste für solchen Massenzwang –, aber als armseliges Herdentier fühlte ich mich verpflichtet. Mögen die „Herren" Verleger nun schreien und quaaken wie Kälber und Frösch – ich bau' auf Gott und meinen . . .!

Kaum hatte ich mich hier breit gemacht, so traf mich Piersons Telegramm (mit letzter Post am 9ten da am zehnten der Termin ablief). Ich teilte es nach Schwerin mit, aber noch am 15. war keine Einladung dort angekommen; auf telegr. Ersuchen sagte dann Pierson die sofortige Einladung zu. Ob nun der Plan bei der Kürze der Zeit noch realisierbar ist, erscheint höchst fraglich. – Inzwischen amüsierte mich eine P'sche Notiz im „Tgbltt": „Ingw. wird bestimmt im Mai aufgeführt Dirigent und Besetzung sind noch unbestimmt". Wie köstlich! – Vor einigen Wochen kündigte er R. Strauss als Dirigenten an unter dessen Leitung die Proben den schönsten Verlauf nehmen.

Also einstweilen hoffe und harre ich hier und verlaufe mich nicht in zu hohe Illusionen trotzdem man hier zu Lande (wo selbst der Gemeinde-Kuhjunge seine Heerde mit dem Zarathustraruf anbläst) leicht zu hochfliegenden Ideen geneigt wird.

            Mit herzlichem Gruß
            Dein
            M. Schillings

Otto Julius Bierbaum, mit einer Italienerin verheiratet, besaß bei Eppan die Khuen-Hütte. Anstelle der Pünktchen ist der Name „Rösch" zu setzen. Der Komponist und Jurist Friedrich Rösch hatte 1898 zusammen mit Richard Strauss, Max Schillings und Hans Sommer die „Genossenschaft Deutscher Tonsetzer" (GDT) gegründet.
Zu Piersons Telegramm: Der Schweriner Plan konnte tatsächlich noch realisiert werden. Auf Anregung seines Generalmusikdirektors Herman Zumpe hatte nämlich Herzog Johann Albrecht von Schwerin die Berliner Hofoper für 14 Tage gepachtet, um dort mit dem Schweriner Ensemble Schillings' „Ingwelde" in 12 Aufführungen herauszubringen. Die Berliner Opernmitglieder waren während dieser Zeit an der seit 1896 der Berliner Hofoper angeschlossenen Krolloper beschäftigt, wo das 25jährige Jubiläum der „Fledermaus" (1874) von Johann Strauß gefeiert wurde.

[Postkarte]
Strauss.   *Sonnabend [13. Mai 1899]*
Strauss muß Schillings, der sich gerade in Berlin aufhält, wieder ausladen, weil er mit Rösch und Sommer zusammen eine Sitzung im Reichsjugendamt wegen Urhebergesetzfragen hat.

[Briefkärtchen]
                                            Dienstag [16. Mai 1899]
Lieber Freund!
Wenn Du morgen Früh erwachst, sollst Du wenigstens einen schriftlichen Glückwunsch von mir finden, nachdem es mir leider nicht vergönnt ist, Deinem sicher zu erwartenden Triumphe heute Abend beizuwohnen.
Ich *muß* die Fledermaus dirigieren; alle meine Bemühungen, mich loszueisen, waren vergeblich, da Pierson die Krollvorstellungen zu discreditieren glaubt, wenn er gleich die ersten vom Musikdirektor dirigieren läßt. So muß ich leider ferne bleiben und kann mich Deines Erfolges nur aus der Ferne freuen. Auf meinen Plätzen sitzt Hans Sommer und Frau.
Mit herzlichsten Grüßen von Haus zu Haus
                                            Dein stets getreuer
                                            Richard Strauss

Glückwunsch zu dem „Ingwelde"-Gastspiel der Schweriner Oper in Berlin. Vgl. Anmerkung zum Brief vom 19. April 1899.

                                            Ch.[arlottenburg] 22. 6. 99
Lieber Freund!
Ich mache Dein Vorspiel, wenn es Dir recht ist, am 4. Dezember im Concert des „Wagnervereines". Solltest Du jedoch ein besonderes Interesse daran haben, Dein Stück Wolff zu geben, der Dir mit Nikisch zusammen auch noch anderweitig nützlicher sein kann als meine Wenigkeit, so bitte ich Dich, es ruhig zu sagen, ich trete dann, ohne beleidigt zu sein, zurück, da mein Wunsch, Dir stets nützlich zu sein, immer größer sein wird, als meine Eitelkeit. Kommst Du zur Generalversammlung am 27. nicht hierher? Gratuliere zu „Bock": Das bedeutet, daß man auf der hiesigen Generalintendantur an den Erfolg Deiner Ingwelde zu glauben gelernt hat!!!
Mit herzlichen Grüßen von Haus zu Haus (meine Frau ist schon im Gebirge, ich dirigiere diese Woche zum *1. Male prima vista* den „Ring")
                                            in Eile
                                            Dein Rich. Strauss

Arthur Nikisch leitete die Konzerte des Philharmonischen Orchesters Berlin, die von dem Konzertagenten Hermann Wolff veranstaltet wurden, seit 1895. Das „Pfeifertag"-Vorspiel wurde dann aber doch durch Strauss im Wagner-Verein und nicht von Nikisch aufgeführt. Es war die erste Generalversammlung der Genossenschaft Deutscher Tonsetzer in Berlin. Der Verlag Bote & Bock, Berlin, hatte Schillings' Oper „Pfeifertag" verlegt.

[Ansichtskarte aus Danzig]
Strauss. *[26. 10. 1899]*
Dank an Frau Caroline Schillings für schöne, in ihrem gastlichen Haus verbrachte Stunden. Berichtet, daß Possart versichert habe, daß die Sängerin Milka Ternina im Frühjahr die Ingwelde singen müßte.

[Postkarte] Mittwoch – Knesebeckstr. 30
[29. November 1899]
Lieber Fr.!
Unsere herzlichsten Glückwünsche zum großen, schönen Erfolge: es tut mir sehr leid, daß ich nicht dabei sein konnte!
Ich habe gestern Früh zum ersten Male Dein Vorspiel probiert: weitere Proben sind in der Philharmonie (morgen Donnerstag Nachmittag 3 Uhr), Sonnabend 10 Uhr – Generalprobe Sonntag 12 Uhr – für den Fall, daß Du auf der Durchreise vielleicht einer oder der anderen Probe beiwohnen willst und kannst. Wann sind die nächsten Aufführungen des Pfeifertag in Schwerin?
Mit schönsten Grüßen von uns Beiden an Dich und Deine liebe Frau
Dein
Richard Strauss.

Die Glückwünsche gelten der UA des „Pfeifertag" in Schwerin am 26. November 1899. Wie schon am 22. Juni 1899 angekündigt, dirigierte Strauss am 4. Dezember im Wagner-Verein in Berlin Schillings' Vorspiel zum 3. Akt des „Pfeifertag": „Von Spielmanns Leid und Lust".
Strauss fuhr am 13. Dezember 1899 zu einer Aufführung des „Pfeifertag" nach Schwerin.

Max Schillings. München (19) 9. Dec. 99
Aiblingerstrasse 4
Lieber Freund!
Es drängten sich in dieser Woche so viele dringliche Angelegenheiten für mich zusammen, ich mußte mich außerdem mit einer schlimmen und traurigen persönlichen Sache so hart herumschlagen, die notgedrungen durchgekämpft sein wollte (– Du ahnst sie wohl –) daß ich erst heute dazu komme, Dir zu danken für Deine liebevollen Bemühungen um mein Pfeifertag-Vorspiel, das durch Dich, einen, wie ich allgemein höre, so schönen Erfolg in Berlin errungen hat. Es war mir so sehr leid, daß ich nicht wenigstens zur Gen. Probe dort habe bleiben können, aber mein Eintreffen hier war so dringend notwendig, daß ich nicht bereuen darf mich losgerissen zu haben. Du wirst es mir nicht verargt haben. – Wie ich hörte, ist in der Aufführung nach dem C-dur fff wieder applaudiert worden; ich

bin eigentlich trostlos darüber und weiß mir nicht recht zu helfen. Es liegt also doch wohl ein Fehler im Aufbau des Stückes vor; die Wirkung an falscher Stelle. Vielleicht wirkt auch der Titel dabei mit: Von Spielmanns Leid und Lust – man faßt den Cdur-Jubel als die „Lust" auf und glaubt das Stück beendigt; daß ein Halbschluß auf der Dominante vorliegt kann ja das Publikum nicht empfinden. Bei den Aufführungen im Theater lasse ich das Stück beim fff schließen und durch die Rufe hinter der Scene und einige Takte gleich in die I. Scene übergehen, bei Sonderaufführungen kann ich aber dem Schaden wohl nicht abhelfen. – Nun scheint das Werk ganz schön seinen Weg gehen zu sollen; wir haben schon 8 Annahmen; Carlsruhe ist am 17. Dec., dann Dresden und – München. Possart ist nun Feuer und Flamme, er übernimmt selbst die Regie, ich soll die Prem. dirigieren – ich könnte fast übermütig werden.

– Hast Du zufällig den Artikel Zöllner's über Deine Männerchöre im Mus. Wochenblatt gelesen, wo Dir der neue Titel „Hofbusenschlage S.M. des Kaisers" offiziell zugelegt wird? Es ist köstlich.

Hier scheinen sich allerhand Dinge vorzubereiten in der Theaterwelt, – aber es heißt abwarten.

Die „Denkschrift" eröffnet ja wirklich große Aussichten; mancher Kampf ist aber sicher noch bevorstehend.

Nochmals: nimm vielen, herzlichen Dank und sei mit Deiner lieben Frau vielmals gegrüßt vom Frauchen und

Deinem getreuen
Max Ss.

Heinrich Zoellner, Über Strauss' Männerchöre. Musikalisches Wochenblatt XXX (1899) 683.
Zoellner, ein Chorspezialist, berichtet anläßlich der Besprechung zweier neuer Männerchöre op. 45 von Strauss, daß Kaiser Wilhelm II. beim Gastmahl nach dem Gesangswettstreit in Kassel den Preisrichtern empfohlen habe, auf die Komponisten einzuwirken, nicht gar so schwierig zu komponieren. Dabei sei sein Blick zufällig auf den neben ihm stehenden Richard Strauss gefallen und er habe gesagt: „Mit dem habe ich mir auch eine Schlange an meinem Busen ernährt."
Die „Denkschrift" war verfaßt von Hans Sommer und Friedrich Rösch: Vorschläge zum Schutze des geistigen Eigentums, insbesondere der lebenden Komponisten. Juli 1898.

München (19) 26. I. 1900
Aiblingerstrasse 4

Lieber Freund!
Zum ersten male kam ich in die Lage als Ritter von der Genossenschaft in den Verlagskampf zu ziehen. Bitte übergib Herrn Rösch die beiligende Correspondenz die in mancher Hinsicht interessant ist, und die Du mir dann zurücksenden willst.

Ich bot Herrn Siegel die 2 Stücke an, er sandte sofort das verlangte Honorar und den Verlagsschein. Ich verlangte dessen Abänderung in Bez. auf das Aufführungsrecht, darauf traf sein Brief vom 22. ein; ich machte darauf den mit N.B. bezeichneten Zusatz im Verlagsschein, der den Veleger gegen jede „Vergewaltigung" schützt. Seine Antwort vom 25. machte dann der Sache ein Ende.

Also *so* denkt Leipzig – und wenn mir gegenüber so „aufgedacht" wird, wie mögen sie dann erst die noch kleineren Leute „bedenken". –

Um gelegentliche Zurücksendung dieser „Staats-Akten" bittet mit herzlichen Grüßen an Dich und Deine Frau

Dein
M. Schillings.

Beigelegt waren ein Verlagsschein und zwei Briefe von J. Schuberth.
Der Verlagsschein vom 20. Januar 1900 des Verlagsinhabers Felix Arthur Siegel besagte, daß Schillings das unumschränkte Verlags- und Aufführungsrecht an den Verlag verkaufen würde. Schillings seinerseits forderte in einem Zusatz, daß das Aufführungsrecht Eigentum des Komponisten bleiben, das Material aber kostenlos zur Verfügung gestellt werden sollte, wenn es rechtmäßig erworben worden war. Da der Verlag auf diesen Vorschlag nicht einging, nahm Schillings seine Kompositionen „Kassandra" und „Das Eleusische Fest", Zwei Melodramen nach Fr. v. Schiller, op. 9, zurück. Sie wurden 1906 dann bei Bote & Bock gedruckt.

Charl. 3. 2. 1900
Lieber Freund!
Der hohe geschäftsführende Ausschuß hat von beiliegenden Akten Kenntnis genommen. Dieselben erscheinen dem Eingeweihten allerdings nicht so sehr unglaublich. Wir kennen jetzt die Leipziger Sippe. Zu machen dagegen ist vorläufig gar Nichts weiteres, als den Herren Nichts mehr zu geben: es sind ja genug Verleger da, die auf das Aufführungsrecht verzichten: Bock, Fürstner, Simrock, Leuckart, Forberg, Schott, Kranz etc.
Aber gerade Siegel gehört zum engsten Kreise des Herrn von Hase und seiner „letzten Goten"!
Für Musikfest in Aachen habe ich beantragt, eines Deiner Opernvorspiele aufs Programm des III. Tages zu setzen: allem Anschein nach werde ich beim „hohen" Comitée mit meinem Antrag durchdringen! Meine Frau war leider gar nicht wohl; nachdem sie ihre Rheintournee siegreich zu Ende geführt, mußte sie sich, mit starker Bronchitis behaftet, legen und ist bis heute noch nicht ganz auf dem Damm! Meine besten Wünsche für Pfeifertag in München!
Mit herzlichsten Grüßen an Dich, Deine liebe Frau und alle Freunde

Dein
Richard Strauss.

„Beiliegende Akten" waren: Ein Brief des Verlegers J. Schuberth vom 22. Januar 1900 wegen des umstrittenen Aufführungsrechts, ein weiterer vom 25. Januar mit dem Vorschlag, sich mündlich zu besprechen und als Beischrift der Entwurf einer Antwort von Schillings: „26. I. 1900. Also das Prinzip soll über unsere beiderseitig guten Absichten siegen. Sie genehmigen meine Forderung, nur soll sie nicht contractlich ausgemacht werden dürfen. Ein drolliger Kriegszustand, dem ich ein Ende mache indem heute das gezahlte Honorar an Sie zurückgeht. M.S."
Woldemar Felix Arthur Siegel: Inhaber der Verlagsfirma J. Schuberth & Co.
Oskar von Hase: Inhaber der Verlagsfimra Breitkopf & Härtel.
Das erwähnte Musikfest war das Niederrheinische Musikfest in Aachen unter Leitung von Eberhard Schwickerath vom 1. bis 5. Juni 1900.
Richard und Pauline Strauss hatten im Januar eine gemeinsame Konzertreise unternommen: am 20. Januar in Krefeld dirigierte er „Heldenleben" und „Wandrers Sturmlied" und sie sang 3 Orchesterlieder und Lieder mit Klavierbegleitung von Strauss, im 1. Gürzenichkonzert am 23. Januar in Köln dirigierte er „Macbeth" und sie sang Lieder.

[Charlottenburg 21. 2. 1900]
L. Fr.!
Ingweldevorspiel am Anfang des II. Theiles am III. Tag des Aachener Musikfestes auf meinen Vorschlag vom Comitee soeben „freudigst acceptiert".
Mit schönsten Grüßen von Haus zu Haus
nach 10tägiger gräulicher Influenza soeben wieder
von den Krüppeln auferstanden
Richard Strauss.
Sonntag nach Paris: Concerte 4. und 11. März bei Lamoureux (am 4ten ebenfalls Ingweldevorspiel).
Frau und Bubi husten noch! Schweinerei!

[Postkarte]   *[Charlottenburg] 22. 2. 1900*
Strauss.
Bitte um einige einführende Notizen zum Lamoureux-Konzert für Programm und Presse.

Obercassel-Siegkreis,
29. Aug. 1900
Lieber Freund!
Ich glaube Dir schon davon gesprochen zu haben, daß ich für die vom Akad. Verein f. Kunst und Litteratur in Berlin geplante Aufführung der Orestie begleitende Musik schreibe. Heute möchte ich nun Dein Interesse auf das mutige und schöngedachte Unternehmen des Vereins lenken und

Dich bitten, durch einige praktische Winke der Sache Deine Unterstützung zu schenken. Die Seele des ganzen Unternehmens ist Herr Dr. Oberländer, der mit rührendem Eifer und seltener Energie sich der Aufgabe widmet. Er möchte Dich nun gerne aufsuchen, in der Hoffnung, daß Du ihm einige praktische Winke bezgl. des Orchesters, eines Chordirigenten, u.s.w. geben möchtest. Er wird Deine Zeit nicht sehr in Anspruch nehmen und ich wäre Dir sehr dankbar wenn Du ihn empfangen und seine Wünsche anhören wolltest; durch einige empfehlende Worte könntest Du ihm sehr förderlich und nützlich sein. Er wird Dich um ein Rendezvous bei Dir brieflich bitten; ich glaubte ihm sagen zu dürfen, daß Du ihn empfangen wirst. Nimm besten Dank im voraus.

Wir sind unlängst auf Euren Spuren im Engadin gewandelt; man zeigte mir das historische Zimmer in Pontresina, wo Du à la Strauss musiziert hast. Eine unerlaubt „schöne Gegend", das Engadin, allein schon die Reise wert wegen der internationalen Judenausstellung.

Vor einigen Tagen lernte ich Charpentier's Louise kennen. Der Mensch ist ja wahrhaftig ein Kerl und der erste Franzose der für seine Nation etwas von Wagner gelernt hat, ohne ihn zu viel zu citieren.

Ob wir Dich im Herbste wieder in München sehen und hören?
Herzliche Grüße an's Frau Pauxerl und Dich

Dein ergebener
M. Schillings

Musik zu Aeschylos' „Orestie" op. 12, 14 Musikstücke für die Bühnenaufführung im Theater des Westens in Berlin.
Richard und Pauline Strauss hatten vom 13. bis zum 30. Juli ihre Ferien in Pontresina, Hotel Saratz, verbracht.
„Louise" von Gustave Charpentier war am 2. Februar 1900 an der Opéra Comique in Paris uraufgeführt worden.

Strauss. *Charlottenburg 19. Juni 1901*
Knesebeckstr. 30
Vertrauliche Mitteilung, daß Strauss mit dem auf 85 Mann vergrößerten Berliner Tonkünstlerorchester sechs Novitätenkonzerte in Berlin dirigieren werde und Anfrage bei Schillings und Thuille wegen neuer Werke. Hinweis auf eine Tenorszene aus einer Oper von Taubmann für Krefeld.

[Postkarte]
Strauss. *Donnerstag [27. Juni 1901]*
Verabredung mit Schillings und Thuille bei einem kurzen Aufenthalt in München. Konferenz mit dem Frankfurter Intendanten Jensen.

[Postkarte]
Strauss.   *Marquartstein, 17. 8. –1*
Anfrage, ob Schillings ein neues sinfonisches Werk zur Aufführung in Berlin habe oder eine andere interessante Novität nennen könne. Ankündigung der Sitzung des Allgemeinen Deutschen Musikvereins und der Generalversammlung der Genossenschaft Deutscher Tonsetzer in Berlin.

[Postkarte]
                                               München, 23. Aug. 01
Lieber Freund!
O weh, o weh; nun soll ich Farbe bekennen; mich Ärmsten hatten aber die symphon. Musen arg im Stiche gelassen; zwei Pläne lagen sich in den Haaren und keiner hat Gestalt gewonnen, so daß er schon ankündbar wäre. Wolltest und könntest Du mir auf dem Programm des *10. März* – Concertes kurze Zeit noch einen Raum offenhalten, so wäre ich sehr froh und die Musen sollten bald standhalten. Ich gehe morgen wieder auf 3 Wochen nach Cortina und da soll mir das Rechte einfallen. Hab' vielen Dank, daß Du mich so „reizest"! – „Wir" haben nun hier fest festgespielt und einen ehrlichen Sieg errungen. Wer weiß, was in dem neuen Hause – trotz Bayreuth – in Zukunft noch wird! – Bitte um zeitige Mitteilung der Berliner Sitzungen, ich möchte hinkommen!
                         Herzl. Grüße Dir und den Deinen
                         Dein ergb.
                         Max Schllgs.

Wie aus Strauss' Brief vom 28. Februar 1902 hervorgeht, dirigierte Schillings in diesem Konzert selbst und führte seinen „Meeresgruß" und drei Lieder aus den „Wanderliedern" auf. Mit dem „neuen Hause" ist das neuerbaute Prinzregententheater in München gemeint, das am 20. August 1901 mit Festspielen eröffnet worden war. Schillings gehörte dem unterstützenden Komitee an, worüber Cosima Wagner, die in den neuen Festspielen eine Konkurrenz für Bayreuth sah, sehr indigniert war.

Allgemeiner Deutscher Musikverein

Lieber Freund!   Charlottenburg 15. Okt. 1901
Es war sehr schade, daß Du am 30. September nicht dabei sein konntest. No. I. Lisztausgabe ist aufgehoben, scheitert an der Weigerung der übrigen Originalverleger. Breitkopf zahlt alle Gelder zurück. –
Von den Dir genannten Novitäten ist bis jetzt fest in Aussicht genommen: Taubmann – Schluß des I. Aktes: Sopran, Tenor, Bariton und Chor. Auch Neff hoffen wir einschieben zu können.

Kochs Sonnenlied diesmal unmöglich, zu lang und außerdem in *Cöln* schon aufgeführt, derselbe Grund, weswegen ich auch Räthchens Concert für Crefeld nicht durchbringen konnte.
Thuilles Quintett sicher. Steinbach empfahl weiter ein Clarinettenquintett von Krehl. Diese 2 Stücke genügen!
Violinconcert schwankt zwischen Sinding, Dalcroze und Tor Aulin.
Klavierconcert ist bis jetzt gar keines da.
Wenn Dir ein Herr Lünemann aus Annaberg Sachen einschickt, ein braver tüchtiger Musiker, dem man ein Stipendium zuwenden könnte, daß er ab und zu aus Annaberg ein bißchen herauskommen könnte.
Programm also bis jetzt:

I. Concert mit Chor: Christus [Liszt]
II. Concert mit Chor: Hackelberend von Müller-Reuter (40 Minuten)
Neff [Chor der Toten]
Taubmann [Fragmente aus „Sängerweihe"]
dazu ein Violin- oder Klavierconcert
und ein kürzeres Orchesterstück (Kaiser Rudolfs Ritt)

III. I. Orchesterconcert: III. Sinfonie von Mahler

IV. II. Orchesterconcert: Monolog und Schluß aus Feuersnot (Scheidemantel) (12 Minuten)
Klavier- oder Violinconcert
eine Sinfonie? Gesänge mit Orchester? oder mehrere Orchesterstücke?

Waldemar von Baußnern wird Dir eine Sinfonie, Gesänge mit Orchester für Sopran und Zigeunerlieder für Soloquartett, Geige und Klavier [vorlegen]
(letztere vielleicht für die Kammermusik zu brauchen).

V. Kammermusikmatinee:
Thuille
Krehl dazwischen Lieder

VI. Liedermatinee: circa 20 Lieder der verschiedensten Zungen

---

Von Solisten haben bereits zugesagt: Frl. Destinn und Scheidemantel, heute Abend werde ich noch auffordern: Frau Geller-Wolter und Dr. Walter.

Von Instrumentalisten sind bis jetzt genannt: Busoni, Marteau und das Heermannquartett, aber noch nicht fest.
Bitte schicke jetzt die Novitäten zur weiteren Beurteilung herum, damit ich bald (pro forma!) alle Urteile darüber beisammen habe und definitiv Beschluß fassen kann.
Einstweilen herzlichst grüßend
Dein
Rich. Strauss.

Bringst Du mir sicher eine Novität zu Weihnachten? Bravo!

Die geplante Gesamtausgabe der musikalischen Werke von Franz Liszt, um die sich der Allgemeine Deutsche Musikverein schon seit vielen Jahren bemühte, kam erst ab Dezember 1907 zustande, herausgegeben von der Franz-Liszt-Stiftung durch E. d'Albert, F. Busoni, F. Mottl, Ed. Reuß, B. Stavenhagen, F. von Weingartner und Ph. Wolfrum.
Am 5. Juni 1900 war Strauss auf dem Tonkünstlerfest des A.D.M.V. in Heidelberg zum 1. Vorsitzenden ernannt worden. In dieser Eigenschaft hatte er auch die Programme der alljährlich stattfindenden Tonkünstlerfeste festzulegen. Schillings war ihm bei Sichtung der eingereichten Werke ein wichtiger Helfer. In diesem Brief galt die Planung dem Tonkünstlerfest von 1902 in Krefeld.

[Postkarte]
Strauss. *Mittwoch [16. Oktober 1901]*
Hinweis von Strauss, daß Schillings „offenkundigen Schund" sofort ausmerzen solle.

München (19) 5. Nov. 1901
Aiblingerstrasse 4

Lieber Freund!
Die vollgepropfte „schwarze Mappe" cursiert nun und ich hoffe sie bald wieder begrüßen zu können; im Januar wird wohl die definitive Beschlußfassung erfolgen können. Besondere Überraschungen habe ich nicht mehr zu melden. Dalcroze's bizarres Violinconcert scheint interessant, soweit eine unleserliche Bleistiftpartitur darüber Aufschluß gab; es ist ja übrigens in Berlin gespielt worden. 3 Gesänge mit Orchester von W. von Baußnern kämen vielleicht in Betracht; ein Clavierconcert von M. Puchat ist gut gemachte aber nicht ungewöhnliche Musik. –
A. Beer-Walbrunn, hier, spielte mir in Deinem Auftrage ein Clavierquintett vor; gediegene, sehr gut klingende Musik, geschickt eklektisch mit einem wirkungsvollen 2ten Satz. Käme es denn noch neben dem Thuille's in Betracht? Genügt denn überhaupt *ein* Kammermusikconcert?

Es ist eine ganz gute Violinsonate von Stenhammar und ein recht gutes Str.-Quartett von Hugo Kaun vorhanden. Sollte nicht die Liedermatinée noch ein Kammermusikstück enthalten? Das von Steinbach empfohlene Krehl-'sche Quintett ist nicht eingesandt worden.
Bitte sage mir gelegentlich per Karte, wann die Dresdener Première der „Feuersnot" ist; von der Frankfurter hörte ich schon und möchte dort gleichfalls dabei sein! Der großartige Erfolg Deines Berliner I. Concerts hat mich unbändig gefreut! Die Berliner sind doch Menschen!
Mit herzlichen Grüßen
Dein
M. Schillings.

Die UA der „Feuersnot" in Dresden fand am 21. November 1901, die Frankfurter EA am 2. Dezember 1901 statt.
Schillings erwähnt hier das außerordentlich erfolgreiche I. Konzert Straussens mit dem Berliner Tonkünstler-Orchester am 21. Oktober 1901, bei dem er Liszts Bergsymphonie und Bruckners 3. Symphonie dirigiert hatte. Die VI Modernen Konzerte, wie die Reihe hieß, fanden in der Kroll-Oper statt.

[Postkarte]
Strauss.   *8. Nov. [1901]*
Weitere Festlegungen von Programmnummern und Solisten für das Tonkünstlerfest 1902 in Krefeld. Erkundigung nach Kompositionen von Schillings.

[Postkarte]
Strauss.   *Freitag [21. Februar 1902]*
Einladung, daß Schillings seinen „Meergruß" in Berlin selbst dirigieren solle. Hinsichtlich des Musikfestes in Krefeld: „Pfitzner werde ich mit Vergnügen berücksichtigen".

Freitag [28. Februar 1902]
Lieber Freund!
Ich rechne bestimmt darauf, daß Sie am 10.ten selbst dirigieren: Sonntag den 9.ten 12 Uhr ist Generalprobe.
Ihre Proben sind Donnerstag den 6.ten (Deutscher Hof)
                      Freitag den 7.ten
                      Samstag den 8.ten
Außerdem finden noch 3 Vorproben statt.
Scheidemantel singt 3 Wanderlieder von Ihnen: die müssen Sie selbst begleiten.

Und dann wollen wir am 9.ten Nachmittags Sitzung des Musikvereins halten, wo ich Sie unbedingt gerne dabei hätte.
Auf Wiedersehen!
Beste Grüße von Haus zu Haus
                                        Ihr
                                        Rich. Strauss.
Entschuldige, daß ich Dich den ganzen Brief in der Zerstreutheit ge*sie*tzt habe. Ich schrieb gerade an Mahler, da stak mir das „Sie" noch in der Feder!

Schillings dirigierte im VI. der „Modernen Konzerte" seinen „Meeresgruß" und 3 Wanderlieder: aus Schillings, Vier Lieder aus der Wanderzeit (Karl Stieler) für mittlere Stimme und Klavierbegleitung op. 2.

                                        München (19) 2. März 02.
                                        Aiblingerstrasse 4
Lieber Freund!
Euer Hochwohlgeboren beehrt sich der ergebenst unterzeichnete mitzuteilen, daß er doch am alten lieben „Du" festhalten muß, auch wenn Du ihn wieder in den Pluralismayestatisstand erhoben hast. Die Sietzung wirkte köstlich – ich wußte nicht, wie mir geschah!
Also: wenn Du mir erlaubst zu der Probe am 8.ten erst dort einzutreffen und diese so einrichten könntest, daß dem Meergruß ausgiebig Raum darin geschafft wäre, (das übrige Programm aber in den beiden vorhergehenden Proben fest durchgearbeitet wäre) so würde ich Deiner lieben Einladung gerne und mit Freuden folgen. Früher schon nach B. zu kommen wäre mir nicht möglich, da ich sonst mit dem Hexenlied, das mir unter den Händen brennt, nicht fertig werde. Aber es ginge ja wohl, wenn Du Dich des Meergruß schon etwas annehmen und ich ihn am 8. (u. 10.) *ordentlich* vornehmen könnte. Auch die Begleitung der Lieder für Scheidemantel übernähme ich dann mit größter Freude!
Ich bitte um eine telegraphische Antwort, damit ich mich einrichten kann.
Zur Sitzung am 9.ten bringe ich alles notwendige mit.
                                        Mit den besten Grüßen
                                        herzlich ergeben
                                        Dein
                                        M. Schillings.

Schillings arbeitete an seinem Melodram „Das Hexenlied", Text von Ernst von Wildenbruch, mit begleitender Musik für Orchester oder Klavier, op. 15.

Charlottenburg, den 14.ten März 1902
Knesebeckstr. 30

Lieber Freund!
Heute Früh ließ mich Graf Hochberg kommen, um mir zu sagen, daß Du Unrecht tatest, mir zu sagen, daß er den Pfeifertag nicht geben wolle. Er wollte ihn nur jetzt am Schlusse der Saison, wo Alles schon müde, und noch dazu in der schlechten Jahreszeit, nicht geben. Dafür, wenn Du das wolltest, genüge schließlich die für Juli projektierte Aufführung des Pfeifertages durch das Stuttgarter Ensemble. Ich persönlich hatte in der heutigen Unterredung das Gefühl, daß er sich von der Aufführung nicht eigentlich losschrauben wollte, wenn er auch, der modernen Musik und der kaiserlichen Antipathie wegen, nicht mit großem Feuereifer daran ginge. Edm. von Strauss hat sich seine Sache einfach aus den Fingern gesogen: Hochberg betrachtet's als selbstverständlich, daß ich dirigiere. Wenn Du also das Werk nicht selbst zurückziehst, wird Hochberg (der doch den Anschein erweckt, daß er – im Gegensatz zu Pierson – alle einmal übernommenen Verpflichtungen auch wirklich einlösen will), sich schließlich um den Pfeifertag nicht herumdrücken. Eine Aufführung durch die Stuttgarter halte ich in diesem Sinne allerdings nicht für vorteilhaft. Ob wir's dann noch herausbringen werden, scheint mir sehr fraglich. Ich wußte gar nicht, daß die Stuttgarter es bringen wollen. –
Dies zur Aufklärung und Beruhigung!
Bitte, laß Thuille den Kistnerschen Brief sofort an Rösch schicken.
Das Programm für Crefeld lautet nun:
Sonnabend: Meergruß [Schillings]
           Olaf (Scheidemantel) [op. 20 von Pfitzner]
           Klavierconcert vom Rath (Ansorge?)
           Ouverture Improvisator [d'Albert]
           ―――
           Waldwanderung v. Leo Blech
           Duett von H. Sommer (Destinn, Dr. Walter)
           Pan v. Bischoff
           Feuersnot [Monolog und Schluß]

(Orgelvortrag v. Reger)

Sonntag: Liedermatinee (Schindler, Ansorge, Mikorey, Pfohl, Brecher, Naumann, Hausegger, Weingartner, Baußnern, Reisenauer)

         Christus [Oratorium von Liszt 1872]

Montag: III. Sinfonie Mahler
         Vorstandssitzung und Generalversammlung

Dienstag: Fragmente Sängerweihe v. Taubmann
Märchensuite von Humperdink [Dornröschen]
Hackelberend ['s Begräbnis von Müller-Reuter]

Chor der Todten v. Neff
Violinconcert v. Dalcroze
Ballade v. E.H. Seyffardt
Kaisermarsch [R. Wagner]

Kammermusik: Trio von Juon
Lieder v. Volbach etc. (Eva Lessmann)
Cellosonate Thuille
Klavierquartett v. G. Schumann

In Eile! Schönste Grüße!

Dein
R. Strauss

[Beischrift von Pauline Strauss]
Auch von mir alles Schöne an Sie, Frauchen und Erich! Vielleicht bekomme ich auch mal ein Lebenszeichen!

Pauline.

Die EA des „Pfeifertag" an der Berliner Hofoper kam dann am 17. September 1902 zustande. Als Höhepunkt des 38. Tonkünstlerfestes des A.D.M.V. vom 7. bis 10. Juni 1902 in Krefeld galt die erste vollständige Aufführung der III. Symphonie von Mahler. Beschlossen wurde das Fest traditionsgemäß mit dem Kaisermarsch von Richard Wagner.

Charlottenburg, den 1. April 1902
Knesebeckstr. 20

Lieber Freund!
Anbei Delius, den ich inzwischen verbummelt hatte. Ich bin gern bereit, ein Paar von den Orchestergesängen Baußnern's noch ins Programm aufzunehmen, wenn sich ein Sänger findet. Für welche Singstimme sind denn die größeren 2 Gesänge: dramatischer Sopran? Übrigens ist Baußnern ein schrecklicher Schreier und so ein absolutes Bedürfnis, daß die Werke der staunenden Mitwelt nicht vorenthalten werden dürfen, scheint mir doch nicht vorzuliegen. Also nur hübsch kalt!
Pfeifertag ist erste Novität der nächsten Saison: 20. [17.] September.

Schönsten Gruß
Dein
Rich. Strauss.

München (19) 9. April 1902
Lieber Freund! Aiblingerstrasse 4
Ich habe mich mit vieler Mühe und mit Hilfe eines hoch- und tiefstellbaren Zahnarztstuhles in die Delius'sche Partitur vertieft und muß Dir nun sagen, daß ich im allgemeinen Dein Urteil teile. Nicht die Tollheit und Überladung der Instrumentation, auch nicht die Nonchalance der Faktur nimmt mich gegen das Stück ein, sondern die Abwesenheit jeglichen künstlerischen Formensinns. Haben dergleichen Impressionen, dergleichen Jongleurkünste wirklich künstlerischen Wert, der bei einer festlichen Gelegenheit ernstlich diskutiert werden kann; entschädigt die (zweifellos) geschickte Milieu-Schilderung und die Stimmung, die Buths so hoch schätzt wirklich für die in die Augen springenden Mängel? Da spricht zu mir aus Hausegger's Barbarossa doch eine ganz andere Kraft. Daß ich persönlich gegen das sinnlose Ineinanderschachteln von Motiven und Motivchen mehr und mehr eingenommen bin, die im Hörer nur noch die Vorstellung eines qualligen, knochenlosen Körpers erzeugen oder an einen ineinandergeflossenen Farbkasten erinnern, will ich beiseite lassen. Die Jungen gehen bei Dir in die Schule, erheben Ausnahmefälle in Deinen Werken, denen Du wohlerwogene plastische Gegensätze giebst zur Regel; es mag aber sein, daß andere Ohren 5 bis 6 gleichzeitig vorgetragene Märchen zu verstehen vermögen, auch ohne daß man sie vorher über den Grundgedanken jedes einzelnen klar informiert hat. Delius könnte sich darauf berufen, daß man aus dem Straßenlärm auch selten ein bestimmtes Geräusch heraushören kann – dann bin ich mit meinen antiquierten aesthetischen Anschauungen in's Schach gestellt. – Daß Delius ein Prioritätsrecht vor Charpentier geltend machen kann, scheint ja sicher, da läge also kein Hinderungsgrund für die Aufführung; auch Talent steckt ja ohne allen Zweifel in dem Stücke; daß es an Parteigängern nicht fehlen wird beweisen die Briefe Buths' und Dr. Haym's; kurz: ich möchte mich nicht gegen eine Aufführung in Crefeld steifen, und meine, daß Deine Ansicht entscheidend sein soll. An Stelle welchen Stückes aber könnte „Paris" noch treten? Du weißt, daß ich gegen die Aufnahme des Meergruß in diesem Jahre manche Bedenken habe und „mein' Stell und Platz laß ich ihm gern". Sieh Dir das Notturno molto furioso noch einmal an und entscheide dann. Meine Ansicht kennst Du nun. –
Wenn Du noch ein Paar von den Orchestergesängen von Baußnern placieren willst so wirf noch einmal einen Blick hinein; ich ließ die Partitur (Mscrpt.) bei Dir.
Bitte veranlasse auch, daß die Partituren, die ich bei Dir ließ, an mich zurückgehen. Es waren etwa 5–6, darunter Schjelderup, die ich am 11. März zu Dir trug; ich bin gerade dabei die teueren Lasten zurückzusenden und da fehlen mir die bei Dir deponierten.

Die Pfeifertag-Aussichten für nächsten Herbst freuen mich herzlich. Nun *Du* es schreibst, glaube ich daran!
Wie geht's dem G-moll-Fugenthema? – Ich habe inzwischen mit Possart die Hexe von Wildenbruch verbrannt.

Herzliche Grüße
Dein
M. Schillings.

Es ist die Rede von Frederick Delius' Komposition „Paris, the song of a great city. Nocturne" von 1899. Sie kam in Krefeld aber nicht zur Aufführung.
„Mein Stell und Amt laß ich ihm gern": Meistersinger I. Akt, 3. Szene, Beckmesser zu Kothner.
Im Sommer 1902 wandte sich Strauss wegen der schulgerechten Beantwortung eines g-Moll-Fugenthemas auch an Ludwig Thuille. Dieses Thema gehört aber nicht, wie in der Literatur immer wieder fälschlich angegeben, zu den Vorarbeiten für die „Symphonia domestica", sondern für „Der Antichrist. Eine Alpensinfonie", die aber nicht ausgeführt wurde (vgl. Strauss Skizzenbuch 9).
Schillings hat sein Melodram „Das Hexenlied" nach einer Ballade von Ernst von Wildenbruch in einem Akademiekonzert in München zunächst mit Klavierbegleitung aufgeführt; Rezitator war Ernst von Possart, dem das Werk gewidmet ist. Mit Orchester wurde es zum ersten Mal auf dem Tonkünstlerfest in Basel 1903 gespielt.

[Postkarte]

[Wien], Samstag, 21. 6. 02.

Lieber Maxi!
Ich saß hochbegeistert über das wundervolle Ingwelde Vorspiel heute früh in der Probe und heute Abend im Concert, es wurde so schön gespielt und hatte einen großen, warmen Erfolg. Ich freue mich riesig, Ihnen das gleich mitteilen zu können und wollte, Sie schrieben bald wieder so herrliche große Musik, lieber Maxi! Wirklich, es klingt großartig und wir alle wünschen Sie hierher. Sie hätten große Freude gehabt. 1000 Grüße Ihrer lieben Frau und Ihrem Bubi. Richard ist recht müde von den vielen anstrengenden Proben, aber [es war] glänzend.

Alles Schöne treu
Pauxerl.

Richard
Ebenfalls hochentzückt Schalk.
Schönaich.
Rosek Franz.

Strauss gab am 21., 25. und 26. Juni Konzerte im Wiener Prater, in denen er u.a. das „Ingwelde"-Vorspiel und den „Sinfonischen Prolog zu Sophokles' König Ödipus" op. 11 von Schillings aufführte. Pauline Strauss schrieb aus Wien zwei Karten an Schillings (vgl. 30. Juni 1902).

[Postkarte]
Schillings. München 23. Juni 02
Dank an Strauss für Wiener Aufführungen, zu denen Schillings wegen Keuchhusten seines Sohnes Erich nicht kommen konnte.

[Postkarte]
Marquartstein 30. 6. 02.
Lieber Freund!
Im letzten Wiener Concert war ich leider durch meine Schneiderin verhindert Oedipus zu hören, doch soll ich Ihnen sagen, daß derselbe *sehr* gefallen hat und sich Richard 3mal verneigen mußte. Ingwelde gefiel womöglich im II. Concert noch mehr als im ersten, es klang wundervoll und Richard hat Wunder mit *dem* Orchester gewirkt, ist aber auch jetzt noch halbtot! Aber schön war's auch in Wien und im Prater! Herzlichste Besserung Erich, wir bedauern solch eine Störung für Euch und besonders für den lieben Buben. Trotzdem die Concerte im Freien, war es Elite Publikum (Statthalter Graf Kielmansegg etc etc.). Sie sind nun in Wien nicht mehr unbekannt.
1000 herzliche Grüße aus der Villa de Ahna.

Zweite Karte von Pauline Strauss.

[Postkarte]
[München, 4. Juli 1902]
Liebe Frau Pauline!
Ihre zwei lieben Karten über die Wiener Concerte haben mir die größte Freude gemacht. Vielen Dank! Daß Ihr großer Richard sich nicht umsonst geplagt und das schwierige Unternehmen mit Energie zu großem Erfolg geführt hat freut mich fortissimo! Wie sehr sein Triumph und die wachsende Popularität die Nörgler ärgerte, das ging aus einigen Zeitungsschmierereien (Frankfurter!) köstlich hervor. – Gönnt sich Rich. nun einige Ruhe bei Ihnen? Ich meine, er hätte sie verdient!! Unserem Bubi geht's ein ganz klein wenig besser; wir hoffen ihn morgen an den Rhein bringen zu können. Mit allseitigen herzlichen Grüßen und Empfehlungen
Immer Ihr getreuer
M. Schillings.

Strauss. *Charlottenburg 1. Sept. [1902]*
Genauer Probenplan für „Pfeifertag"-Aufführung in Berlin;
Premiere am 17. September. „Deine Musik ist famos: wollte Gott, ich
könnte von Herzen dasselbe von den Sporckschen Versen sagen".

                                                            Gürzenich b/ Düren
                                                                  4. Sept. 02

Lieber Freund!
Ich brauche Dir kaum zu sagen, wie sehr mich Deine Pfeifertag-Nachricht gefreut hat und wie ich mich auf das Kommende freue!! Leider ist es mir nun aber unmöglich, schon zu den ersten Arrangierproben zu kommen. Eine Verabredung, die ich, wie die Dinge liegen und die Fäden verschlungen sind, *nicht* rückgängig machen *kann*, zwingt mich, am 8.ten und 9.ten in Düsseldorf zu sein, so daß ich erst am 10.ten dort sein könnte. Mir bliebe ja dann immer noch die Möglichkeit, mich ausführlich mit Herrn Dröscher zu besprechen, und wenn er in den Arrangierproben den Schweriner Regie-Auszug, der gedruckt und peinlich ausgearbeitet ist, zur Hilfe nimmt, kann's ja an Wesentlichem nicht fehlen, nach Allem, was ich über Herrn Dröscher hörte. – Nenne mich keinen Fahnenflüchtling, daß ich's nicht anders einrichten kann!
Daß Du mit der Musik, auch bei intimer Beschäftigung damit, zufrieden bist, bläst mir Wind in die Segel des Stolzes. Über die Schwächen des Textes bin ich mir, zur eignen Qual im Lauf der Zeit und bei den Eindrücken der verschiedenen Aufführungen mehr als klar geworden. Würde es sich nur um einige wenig witzige Redewendungen handeln (– welche „Oper" lebt nicht von solchen? –), so wäre leicht zu helfen. Jetzt aber muß der Rock getragen werden, wie er geschnitten ist und es gilt, seine *guten* Nähte recht hell, die fadenscheinigen um so weniger zu beleuchten.
In großer Vorfreude und mit herzlichsten allseitigen Grüßen
                                                                            Dein
                                                                      M. Schillings.

Eventuelle Abänderung der Proben lasse mich bitte wissen!

Vgl. Anm. zum Brief vom 14. 3. 1902
Der Regie-Auszug der Schweriner UA von „Pfeifertag" am 26. November 1899 stammte von Hermann Gura, der schon „Ingwelde" bei der UA in Szene gesetzt hatte und 1907 den „Moloch" szenisch betreuen sollte. In Berlin führte Georg Dröscher Regie.

Montag [30. September 1902]
Lieber Freund!
Melde Dir hocherfreut, daß Pfeifertag Freitag [2. Aufführung] famos ging, großen Erfolg hatte und große Einnahme (nur 50 Mark weniger als Premiere) 3300 M gebracht hat. Gott sei Dank! Denk Dir, zu Montag waren nur 800 M Vorverkauf und der Abend wäre schlecht geworden. Die Absage war also ein Glück. Da es sich darum handelt, das Werk zu halten, war Dröscher so vorsichtig und ich gab nach dieser Erfahrung Recht, die 3. Aufführung statt morgen erst auf nächsten Samstag (bester Theatertag) zu legen, damit die Einnahme auf gleicher Höhe bleibt, sich womöglich noch steigert und Du bist mit dieser (nur aus diesem Grunde erfolgten) Verschiebung hoffentlich einverstanden. – Der Strich im Vorspiel III. Akt ist sehr glücklich und wird beibehalten. Ich glaube, Dir nach Freitag erst ganz aus vollem Herzen zum Erfolg gratulieren zu können. In der Vorstellung war der New Yorker Gran hochbegeistert und wäre wohl im Stande und wenn Bock ihn genügend bearbeitet, auch gewillt den Pfeifertag drüben aufzuführen. –
Wenn Du Neff siehst, sei doch so gut, ihm zu sagen, – ich weiß seine Adresse nicht – daß ich seinen Totenchor auf mein Cölner Programm 2. Dezember gesetzt habe. Die Gürzenichgesellschaft hat acceptiert. Hoffentlich ist das Material fertig, vielleicht schickt Neff privatim eine Partitur zu unserer Information.
So, nun schlaf gut auf Deinen Lorbeeren! Montag geht das Zwiegespräch von Stapel.
Schönste Grüße allerseits
Dein Rich. Strauss.

Hugo Bock war seit 1871 Verlagsleiter von Bote & Bock in Berlin, wo Schillings' „Pfeifertag" erschienen war.
Strauss probte Schillings' „Ein Zwiegespräch", Tongedicht für kleines Orchester mit Violin- und Violoncello-Solo op. 8, das er im I. seiner „Modernen Konzerte" am 6. Oktober 1902 aufführen wollte.

[Beischrift zu einem Zeitungsausschnitt aus dem Berliner Lokalanzeiger]
Charlottenburg, 3. Oktober [1902]
Lieber Freund!
Morgen Sonnabend III., nächsten Mittwoch den 8.ten IV. Aufführung des Pfeifertag! „Zwiegespräch" geht schon ganz gut und wird, hoffe ich, gute Wirkung machen. Herzlichen Gruß Dein RStr.

Der Zeitungsausschnitt kündigt die Aufführung von „Zwiegespräch" an: „Max Schillings' ‚Zwiegespräch' figurierte bereits vor 2 Jahren auf einem Programm der Königlichen Kapelle, wurde aber, da es in der Generalprobe nicht gefiel, noch in letzter Minute durch Weingartner vom Programm gestrichen und durch die Tannhäuser-Ouverture ersetzt." Strauss war seinerzeit darüber empört gewesen und sah deswegen diese Aufführung als Ehrenrettung an.

               München (19) 23. Oct. 02
Lieber Freund!   Aiblingerstrasse 4
Wie verhält es sich denn eigentlich jetzt mit der hohen Musikkommission des A.D.M.V.? Allerhand maestri fragen bei mir an, an wen sie ihre Werke einsenden sollen, andere schicken auf's geradewohl. Es müßte doch jetzt ein Circular erscheinen mit der Angabe der Einsendungstermine die neuerlich festgesetzt wurden, sonst weiß ich Unglücklicher „überhaupts" nicht mehr was ich machen oder lassen soll. Willst Du mir nicht die Sachen, die Du für den A.M.V. bekommen hast schicken, damit ich sie dann weiterbefördern kann? Besonders Dr. Louis bat mich seine „Symphonische" anzusehen, die Steinbach an Dich zurückgesandt habe. Unter den Sachen, die ich erhielt ragen die von Aug. Reuss (einem Thuille-Schüler) hervor.
Mit Stolz und Freude hatte ich den Pfeifertag am verg. Sonntag auf dem Repertoire gesehn – an einem Sonntag! Nun behauptet aber mein lieber Onkel Possart er sei auf den Montag verschoben worden, ein anderer schrieb mir, er habe die Sonntagaufführung „mit Entzücken" gehört. Ist das am Ende ein Gegenstückler zu der Gräfin, die mich hier zum Erfolge des „Fliegenden Holländers" beglückwünschte, den sie für die „Ingwelde" angehört hatte? War vielleicht Evangelimann statt Pfeifertag? Einige Zwiegespräch-Kritiken habe ich gelesen. Nicht wahr, dem Stück mangelt es etwas an Gegensätzlichkeit oder besser Deutlichkeit der Linie, die bei der Ausdehnung des Stückes verloren geht?
Possart firnißt in genialer Weise hier sämmtliche Spielopern aus der Zeit von 1800–1830 auf und hofft so das Deficit von 120 000 M das heuer wieder die Festspiele gebracht haben, einzubringen. Sonst ist alles beim besten alten und ich werde demnächst hier Intendanzrat I. Classe.
                 Herzlich ergeben
                 Dein M. Schillings
Bitte um eine Postkarte. Die Wacht am Rhein steht fest und treu seit dem Steinbach Hüter des Hiller'schen Erbes geworden ist!
Herzliche Grüße an Monsieur, madame et bébé!

Fritz Steinbach wurde 1902 Städtischer Kapellmeister und Konservatoriumsdirektor in Köln. Das Kölner Musikleben war bis 1885 entscheidend von Ferdinand Hiller, einem Gegner der neudeutschen Schule, geprägt worden.
Die Grüße an Monsieur, madame et bébé spielen auf Strauss' im Entstehen begriffene „Symphonia domestica" an.

Sonnabend [26. Oktober 1902]
Lieber Freund!
Pfeifertag war richtig Sonntag, brachte 4500 M und hatte ein sehr beifallsfreudiges Publikum! Alle Einnahmen waren famos, ich denke wir werden ihn eine hübsche Zeit lang auf dem Repertoir halten können. Was an uns liegt, wird geschehen. Dröscher ist sehr brav, der Graf [Hochberg] willig. Ernst der T-Räumer [Ernst von Possart] ärgert sich wohl?
Die 6.te Aufführung ist Dienstag den 4. November und so weiter! Die Aufführung des Zwiegesprächs war leider nicht so gut als ich gewünscht hatte, Sologeige etwas schwach und in dem großen unakustischen Krollsaale ist das Ganze etwas verflattert und so ist mir die Ehrenrettung nur halb gelungen.
Vielleicht ist das Stückchen ein bischen zu lang. Sonst wüßte ich nichts auszusetzen!
Nächstens kommen die Noten! Steinbach hat Louis's Proteus und Metzdorffs Sinfonie zur Aufführung in Basel begutachtet! Da ich mit Basel noch nicht ganz im Reinen bin, können noch keine Mitteilungen erscheinen und muß daher der allgemeine Einlieferungstermin auf 1. Jan. verlegt werden.
Stark erkältet und ganz kaput von all den Proben

herzlich grüßend
Dein
Rich. Strauss.

Ehrenrettung: vgl. Anmerkung zum 3. Oktober 1902
Rudolf Louis, „Proteus", Tondichtung (1903)
Richard Metzdorff, „Künstlers Erdenwallen".

Strauss.   *[24. November 1902]*
Suche nach einem eingereichten Werk mit Titel „Reinhart". Freude über bevorstehende siebte Aufführung von „Pfeifertag".

München (19) 26. Nov. 02.
Lieber Freund!   Aiblingerstrasse 4
Mir ist „Reinhart" nie unter die Hände gekommen; ein einziges kindisches Machwerk einer Compositeurin erhielt ich als zur Concurrenz eingesandt; da der Termin schon verstrichen war konnte ich es gleich retournieren. Sollte sich Reinhart nicht unter Deine Musikalienfächer verkrochen haben? Es [ist] doch das einzig denkbare.
Daß der Berliner Pfeifertag schon die heilige Zahl 7 erreichen soll macht mich wirklich *glücklich,* – viel mehr kann ich nicht sagen. Ich habe eine

mühsam bezwungene Sehnsucht in mir das Stückchen noch einmal von Dir zu hören – zu Freitag ist es unmöglich, aber ich bin so kühn frechweg auf später zu hoffen, da ich in Schwerin Ingwelde einmal dirigieren soll und dann Berlin ja so wie so unsicher machen würde. Wenn Pfeifertag es auf 100–90 in Berlin bringt, werde ich wieder ganz Preuße, denn immer mehr sehe ich ein, wie richtig Du vom Bierbajuwarentum denkst. Nach „Tod und Verklärung" im Akad. Concert sprach ich mit Perfall und da mußte ich sagen: früher fand ich die Strafpredigt in der Feuersnot zu derb, – diese Exemplare von exzellenzischen Botokuden verdienen sie noch ganz anders. Am besten aber einfach eine Käseglocke über diese Kerle, damit sich ihr Geruch noch bis in's 21. Jahrhdrt. erhält. – „Tod und Verklärung" war übrigens wirklich gut, was man vom Zarathustra im verg. Jahr nicht sagen konnte.
Herzliche Grüße an die dreieinige Sinfonia familiaris

Dein
M. Schillings.

Akad. Conzert: Im 2. Konzert der Musikalischen Akademie hatte Herman Zumpe Schumanns Es-Dur-Symphonie und Straussens „Tod und Verklärung" dirigiert.
Botokuden: primitiver Indianerstamm in Ostbrasilien.

Charlottenburg, den 18. Dez. 1902
Knesebeckstr. 30

Lieber Freund!
Von Vignau wird Dir demnächst Partituren von Arnold Schönberg zur Prüfung übersenden. Ich habe den Mann, der in bitterster Not und *sehr* talentvoll ist, dringend zu mehrjährigem Stipendium von je 1000 M. empfohlen. Bitte unterstütze mich und schreibe ihm auch Du ein glänzendes Zeugniß. Du wirst ebenfalls finden, daß die Sachen, wenn auch noch überladen, doch von großem Können und Begabung zeugen.
Pfeifertag, dessen Einnahme vom 28. Nov. etwas nachgelassen hatte, liegt jetzt vor Weihnachten und soll im Januar wieder drankommen.
Letzten Samstag wurde in großer Sitzung mit Berliner und Leipziger Verlegern und populären Componisten die sofortige Gründung einer Tantièmenanstalt beschlossen und zwar aus Privatmitteln von Mitgliedern der Componistengenossenschaft. Willst nicht Du und vom Rath sich mit je 10 000 Mark oder mehr (das zu 4% verzinst und langsam amortisiert werden soll) an der Gründung beteiligen?
Rösch und ich steuern je 20 000 Mark bei, Sommer 10 000. Es ist sehr

wichtig, daß wir kein fremdes Capital hereinlassen, um immer das Übergewicht in allen, besonders künstlerischen Fragen, zu behalten.
In Eile herzlich grüßend
Dein
Rich. Strauss.
Steinbach empfiehlt 2 Chorwerke von Wilh. Berger zu Basel.
Sonnenlied von Fr. E. Koch hast Du doch als aufführungswürdig begutachtet?
Was ist sonst eingeschickt?

Arnold Schönberg lebte von 1901 bis 1903 in Berlin, wo er als Kapellmeister an Wolzogens „Überbrettl", mit Instrumentieren von Schlagern und Operetten, und dann als Lehrer am Stern'schen Konservatorium tätig war. Auf Antrag von Richard Strauss erhielt er den Liszt-Preis des Allgemeinen Deutschen Musikvereins.
Die Programmplanung bezieht sich auf das nächste Musikfest des A.D.M.V. in Basel.

München (19) 27. Dez. 02.
Aiblingerstrasse 4
Lieber Freund!
Die Überpartitur von A. Schönberg ist nun bei mir eingetroffen. Mein erster Eindruck war ein echter Schrecken. Ich kam mir so winzig vor angesichts dieser Notenbilder, daß ich an meiner Länge zweifeln wollte. Nein, wohin führen die mißverstandenen Partituren von R. Strauß diese Überjünger!! Überall Farben, Farbenklexe, Farbenwirrwarr – und fast keine Zeichnung, keine Linie, keine Natur. Du „komponierst" zunächst ein musikalisch-poetisches Gebilde und aus ihm wachsen die üppigen Farben heraus, bei den Überjüngern aber ist alles Gewand und Kostüm und darinnen steckt kein anatomisch richtig gestalteter Körper. – Ich glaube nicht, daß ich mich für diese Kunstäußerung, diese Instrumentations-Akrobatie erwärmen könnte, wenn ich sie unter meinem gewöhnlichen Gesichtswinkel sähe. Nachdem ich aber die Lebensschicksale und die Situation des „Angeklagten" Schönberg kenne, imponiert mir der in der Partitur zu Tage tretende Idealismus und auch das selbsterrungene Können derartig, daß ich nicht zögere Deine glänzende Empfehlung beim Lisztcuratorium nach Kräften zu unterstützen. Im Sinne Liszt's verdient Sch. jedenfalls alle Förderung! –
Gestern war der Componist Zilcher persönlich bei mir, um sich nach dem Schicksal seiner verlorenen Partitur des zur Concurrenz eingereichten Chorwerkes zu erkundigen. Ich konnte ihm nur versichern, daß ich sie nie bekommen und nie in der Hand gehabt habe. Es giebt nur 3 Möglichkeiten 1) sie liegt noch versteckt bei Dir 2) Du hast sie jemandem (nicht mir)

übergeben (Humperdinck, Steinbach, Lessmann?) 3) sie ist auf dem Wege zu mir (wenn sie nicht eingeschrieben war) verloren gegangen. Was soll aber nur geschehen? Dem Ärmsten, der mir persönlich sehr gut gefiel, muß doch offiziell irgend etwas mitgeteilt werden, denn er hat juristisch Anspruch darauf. Es liegt ihm aber hauptsächlich daran sein Werk wieder zu bekommen, das nur in dem einzigen Mscrpt. nebst Clavierauszug existiert hat.

Du fragst nach den Einsendungen. Du lieber Himmel! Diese Menge und dieses Zeug; es ist unmöglich, das alles auch nur annähernd genau zu prüfen.

In Betracht kann gezogen werden

Klose Symphonie (1 Stde.) oder Messe D-moll (gut bachisch-lisztig)

Aug. Reuss (Schüler Thuilles) Symph. Phantasie Henrik Ibsen. (Sehr düster, aber ehrlich empfunden und gut gemacht)

R. Louis Proteus. Nicht eigentlich „schöpferisch" aber der Intention und dem Style nach gut, nur entschieden zu lang (– ich fordere ihn zu Kürzungen auf)

Löffler-Tornow La Mort de Tintagiles
  Interessant-bizzar-französisch.

(Metzdorff „Künstlers Erdenwallen")
  brav und ehrlich, *für mich* aber uninteressant.

Boehe Aus Odysseus Fahrten
  Macht dem Meister Thuille Ehre.
  B. schickte Dir die Part. Ich empfehle sie sehr als kräftige Talentprobe.

B. Horwitz Dämonion, Symph. Dichtung
  ungeheuer dick und mit vielen achtundvierzigsteln instrumentiert

(Ludw. Hess An den Tod (Boeklin)   [Handschrift Strauss']
  M. E. leider nicht „festreif".   Kraus Düsseldorf!?

Chorwerke:
  Wie erwähnt Klose: Messe [von Strauss durchgestrichen]

Koessler, à capella-Chöre [von Strauss eingeklammert]

Volbach-Mainz „Raffael" 3 Phantasien über Madonnenbilder (kurz)
  Gute Capellmeistermusik. Bittet dringend um Gehör.

W. *Berger* Die Tauben – Der Totentanz
  Gute links-conservative Musik; jedenfalls ein Compromiss-Erfolg.

F. Delius (Componist von „Paris") Das trunkene Lied
  (Nietzsche) Jedenfalls eigenartig.
  (Männerchor und Bariton)

(Lorenz Golgatha [Oratorium])
  Immer wieder dasselbe auf ähnliche Art.

F. Pfohl Twardowsky, Rhapsodie, Männerchor mit Orch. und Sopran
  Ordentlich aber nicht ungewöhnlich [von Strauss eingeklammert]

(Stehle, ‹Schweizer› Frithjofs Heimkehr)
   Zum 100. male eingesandt.
   M. E. nicht für den A.D.M.V. geeignet.
E. Heuser, Cöln „Zum Licht"
   sehr braves As-dur-Stück.
Dann *Kammermusik* von
Max Reger Clavierquintett [op. 64 c-moll]
   Ein mir unverständliches Phänomen aber für Tonkünstlerohren geeignet [von Strauss durchgestrichen]
E. Straeßer Streichquartette
   gut „Simrockisch"
Koessler Sextett [von Strauss angestrichen]
   ganz gut
Aug. Reuss Clav.Quintett [von Strauss angestrichen]
   dto.
Wolf-Ferrari Clav.-Trio
   (äußerlich)
   Clav.-Vl.-Sonate g-moll op. 1 [von Strauss angestrichen]
   bizarr aber interessant
Dazu ein Ballen Lieder.
Und Ed. Reuss-Dresden stellt eine symphon. Phantasie „Franz Liszt" nach Liszt'schen Claviermotiven in Aussicht. Um Gotteswillen!! Fr. E. Koch's Sonnenlied ist gut, aber von einer bedenklichen Sprödigkeit. Ochs hat's ja unlängst aufgeführt. Ich schicke nun nach dem 1. Jan. die Sachen an die übrigen Herrn Kommissare. –
Deine Mitteilung über die Gründung der Tantièmen-Anstalt hat mich auf's höchste interessiert. Ich bitte um nähere Mitteilung über die Organisation; erst dann kann ich mich über meine pekuniäre Beteiligung schlüssig machen, ebenso vom Rath. Ich komme Anfang Januar jedenfalls nach Berlin, da ich in Schwerin Ingwelde dirigieren soll. Können wir uns dann mündlich über die Angelegenheit aussprechen, bist Du dann in Berlin? Vielleicht läßt es sich dann auch ermöglichen, daß ich noch einen Pfeifertag mitmache! Hoffentlich hat der kleine Kassenausfall am 28. dem Werk noch nicht endgiltig das Lebenslicht ausgeblasen. Herr von Strauß soll ja übrigens seinem bürgerlichen Collegen doch nicht ganz in der Leitung des „Pf." gewachsen gewesen sein. Wenn ich also einem Triumph „bürgerlicher Kunst" Anfg. Jan. beiwohnen könnte wäre ich sehr glücklich!
Hier wurde im Weihnachtsconcert der Akademia das Pftg.-Vorspiel stürmisch da capo verlangt. Ich mußte bei dem Hallóh an das Hóllah bei den Seestücken denken!! Die Fortsetzung folgt nun – nächsten Winter da die Ausstattung 20 000 M kostet (!), die in diesem Jahre der „Prinzregentenring" verschlingt.

Mit unseren allerbesten Wünschen daß die liebe Strauss-Dreieinigkeit einen recht guten und gesunden Jahresring 1903 ansetzen möge bin ich
immer Dein
M. Schillings

Schönberg hatte die Partitur der „Gurrelieder" für Soli, gem. Chor und Orch., W.o.O. eingereicht.

Strauss. *Montag [29. Dezember 1902]*
Bitte, daß Schillings unbedingt zur Generalversammlung des A.D.M.V. nach Berlin kommen solle. „Pfeifertag" für den 16. Januar 1903 angesetzt.

Berlin. 8. Jan. 03.
Lieber Freund!
Gestern Abd. habe ich als zweiter Velten wohl mein eigenes Begräbniß erlebt! O weh, was war aus dem Pfeifertag geworden!
Lieban hat keinen annähernden Schimmer mehr von der Partie, alle anderen „schwammen" in den unklaren Tonfluten herum, die Herr von Strauß geschäftsmäßig, ohne irgend welche Anteilnahme oder gar Verständniß „da unten" losließ. Ich habe nur den ersten Akt hören können, mußte dann gehen und habe mich niemandem gezeigt. Die schöne Erinnerung an das Erlebniß im Sept. mochte ich mir nicht für alle Zeit verwischen.
Nun habe ich heute Nacht einen infamen Influenza-Anfall (fast Ohnmacht) gehabt. Da ich unter keinen Umständen jetzt hier krank liegen darf, meiner Frau wegen fahre ich schleunigst heim, so brennend gerne ich Dich auch noch gesehen hätte.
Ob ich am 14. kommen kann hängt davon ab, ob ich dann noch lebe. Verzeihe die Schrift; mir wackelt's vor den Augen.
Dein
M. Schillings.

Weil Strauss bis zum 12. Januar 1903 auf Konzertreise in Warschau und Lemberg war, wurde die Aufführung des „Pfeifertag" von Kapellmeister Edmund von Strauß geleitet. Schillings spielt hier auf die Hauptfigur Velten Stacher in seinem „Pfeifertag" an, der sich scheintot stellt, um seine geliebte Herzland zur Frau zu bekommen. „Pfeifertag" erlebte insgesamt 11 Aufführungen.

München (19) Aiblingerstraße 4, 25. II. 03.
Lieber Freund!
Da Du bis Ende des Monats die Gutachten über die Einsendungen für den A.D.M.V. zu haben wünschtest, bat ich Humperdinck und Müller-Reuter

ihre Meinungen Dir bis morgen mitzuteilen und ich schicke Dir selbst noch einmal einen Zettel mit kurzen Andeutungen der Möglichkeiten. Nicodé konnte nicht mitmachen da er seit Wochen im Süden ist und erst im März zurückkommt. Ich hoffe, daß unsere Ansichten sich ziemlich begegnen werden. – Daß Du mich an Stelle Steinbachs zu Deinem Adjudanten berufen hast, danke ich Dir sehr; ich will immer vereinstreu und fleißig sein und Dir gerne abnehmen was mir möglich ist bei der örtlichen Trennung. – Nun gehst Du ja auf die große Reise; wann soll denn eine Besprechung sein? Am 15. März bin ich in Leipzig, Du aber wohl noch nicht in Berlin zurück? Zilcher hat mir seinen lange verlorenen „Reinhart" geschickt und mitgeteilt, daß Du die Concurrenz für ihn noch einmal bis 1. April eröffnet hast. Ich finde das Stück nicht schlecht und einer Anerkennung, wennauch nicht des ganzen Preises wohl wert. Ich sende es nun den anderen beiden Herrn. Ich stehe noch ganz unter dem Zeichen meiner neuen Würde. Ein staatsgefährlicher Secessionist ist zum staatserhaltenden Kgl. Professor geworden – nun schreibe ich aber auch keinen übermäßigen Dreiklang mehr. – Wenn es übrigens auch eine Äußerlichkeit ist: im Interesse aller Jungen und Lebenden lasse ich mir meine Anerkennung gerne gefallen. – Wir besprachen in Berlin einmal die Eventualität, daß ich während Deiner Abwesenheit den „Pfeifertag" einmal dirigieren könnte. Kann sie noch in Erwägung gezogen werden oder gestatten die neuen Verhältnisse es nicht?
Mit herzlichen Grüßen von uns vieren, denen es allen gut geht
stets Dein
M. Schillings.

Fritz Steinbach trat im Frühjahr 1903 die Nachfolge Wüllners als Leiter der Gürzenichkonzerte und als Direktor des Konservatoriums in Köln an.
Strauss stand vor einer vierwöchigen Konzertreise mit dem Berliner Tonkünstlerorchester nach Österreich, Oberitalien, Südfrankreich, Schweiz und Paris.
Zilchers Oratorium „Reinhart" op. 2 war das unauffindbare eingereichte Werk, das von Zilcher so bitter vermißt wurde. Vgl. Regest vom 24. November 1902, Briefe vom 26. November und 27. Dezember 1902.
Das Bayerische Staatsministerium des Innern für Kirchen- und Schulangelegenheiten hatte Schillings den Titel „Königlicher Professor" verliehen.
Die neuen Verhältnisse: Ende 1902 hatte Graf Hochberg in Zusammenhang mit der Berliner Aufführung der „Feuersnot" seinen Abschied von der Berliner Hofoper nehmen müssen und Graf Georg von Hülsen-Haeseler war sein Nachfolger geworden. Pierson war schon im Februar 1902 gestorben.

18. April 1903
Lieber Freund!
Ich habe noch keinen Bescheid aus Basel und konnte daher noch keinen definitiven Entschluß fassen. Wenn Basel acceptiert, möchte ich unser Programm nicht gern mehr umstoßen.
Mahler [2. Symphonie] und Graner Messe [Liszt] ist zu lang für einen Abend, Mahler wird dies nie acceptieren. Auf die Pfitznerschen Lieder, die *sehr* der Propaganda bedürfen und ihrer würdig sind, möchte ich ungern verzichten, da wir die Chance haben, in Frau Knüpfer bereits eine fertige Interpretin dafür gefunden zu haben.
Wolf Ferarri möchte ich nicht ausschließen; daß er in München auch eine „Richtung" hat, ist doch kein Grund für den A.D.M.V. ihn auszuschließen.
Aug. Reuss will ich im Auge behalten und hoffe, daß wir nächstes Jahr was für ihn thun können.
Zum Schluß: wegen des längeren Urlaubes von Lieban und Krasa kann Pfeifertag im April leider nicht mehr sein, doch Anfang Mai (mit einem Ersatz für Krasa, der in London singt) soll von meiner und Dröschers Seite das Möglichste für Dein Werk geschehen.
 Mit bestem Gruß in Eile
 Dein
 Rich. Strauss.

Diesen Brief schrieb Strauss auf die freie Seite eines Briefes von Otto Urbach, der Werke an den A.D.M.V. eingesandt hatte und um sachliche Begründung ihrer Ablehnung bat. Auch Schillings entwarf seine Antwort gleich auf diesem Brief: „Clav. Stücke paßten nicht in's Programm, Lieder haben nur wenige Raum, die stärkere Sympathien fanden als die Ihrigen. Der Musikausschuß hält sich nicht berechtigt sachliche Kritiken zu fällen, er wählt nur nach den gegb. Verhältnissen aus. Nicht alle berechtigten Wünsche können befriedigt werden." Beim Basler Musikfest wurden sechs Lieder von Pfitzner aufgeführt, darunter „Frieden" op. 5 Nr. 1, das wiederholt werden mußte.

[Postkarte]
Strauss. *Montag 20. 4. 1903*
Nachdem Basel als Austragungsort der 39. Tonkünstler-Versammlung des A.D.M.V. festgelegt war, Anweisung von Strauss, daß die verschiedenen Chor-Notenmaterialien sofort dorthin gesandt werden sollten.

 München (19) 29. Apr. 03.
 Aiblingerstrasse 4
Lieber Freund!
„Basel und kein Ende." Ich muß heute mit einer persönlichen Angelegenheit kommen: Possart freut sich sehr das Hexenlied in Basel mit Orch. zu

experimentieren; nun kommt aber eine Schwierigkeit. Er traf vor kurzem in Rom mit Siegfried Wagner zusammen, der ihn sowohl wie seine Frau bei zwei Gelegenheiten in der *schärfsten Art* schnitt und ignorierte. Mag S. W. künstlerisch über P. und seine Unternehmungen denken, wie er will, einen Grund, der ihn berechtigen könnte zu dieser persönlichen Brüskierung seines „Concurrenten" wird man nicht finden. Sie zeigt ganz einfach S.'s Mangel an politischem Takt und seine Unerzogenheit, bezw. Genialität. – Wenn nun aber „Fidi" mit „Südwind-Südwind" nach Basel eilt um den erstaunten Kollegen die Geheimnisse seines Herzog Wildfang neu zu eröffnen, so ist es doch nicht angängig, Possart eine Mitwirkung im *selben* Concerte zuzumuten, denn es könnten allzu unbequeme Situationen entstehen, wenn Fidi den Intendanten dort öffentlich in „römischer Art" behandelte! Auch ich möchte mich dieser mehr als ungemütlichen Lage nicht gerne aussetzen. – Nun *bittet Dich Possart freundlichst* zu erwägen, was zu tun wäre um trotzdem das Hexenlied zu ermöglichen, – das könnte eigentlich nur geschehen indem Hexenlied und Wildfang in verschiedenen Concerten darankämen. Nun paßt aber weder das eine noch das andere in den Münster; das Hexenld. ist zwar textlich religioso, aber akustisch wird es in der Kirche schwer zu machen sein.

Ich bitte Dich mir Deine Meinung zu sagen. – Daß ich es sehr bedauern würde das H. zurückziehen zu müssen, das durch P.'s Mitwirkung, der in Basel sehr bekannt ist, wohl die „Attraktion" des I. Concertes bilden würde, ist selbstredend; aber Seite an Seite mit Freund Fidi könnte ich das arme Hexlein nicht jammern lassen; Fidi war der „erstgebetene" folglich hätte ich zurückzutreten wenn sich ein anderes Arrangement absolut nicht treffen ließe.

Hilf, Herr!
Herzlichst Dein
Max Schllgs.

F. Pfohl hat mir über „Ablehnung seines Twardowsky für Basel einen „*harten*" Brief geschrieben, auf den zu schweigen schwer ist. „Überhaupts" dieses Scharfrichteramt!!!

„Hexenlied" vgl. Anmerkung zum 9. April 1902.
„Herzog Wildfang", Oper von Siegfried Wagner, 1901 in München uraufgeführt.
Das Problem löste sich dadurch von selbst, daß Siegfried („Fidi") Wagner nicht persönlich nach Basel kam (vgl. Regest vom 1. Mai 1903).

[Postkarte]
Strauss. *Donnerstag [1. Mai 1903]*
Mitteilung, daß Siegfried Wagner nicht nach Basel komme und damit das Programm bleiben könne.

[Telegramm]
9. Juni 1903 3⁴⁵ nachm.
Leider erkrankt und reiseunfähig. bitte mich Basel vertreten. Rösch hat alle nötigen Informationen.
Strauss.

London   London 11. Juni 1903
                                          46, Grosvenor Street, W
Lieber Freund!
Besten Dank für Deine freundlichen Glückwünsche, bitte diesen Dank auch den mitunterzeichneten Freunden Ibach, Huber und Suter mit meinen herzlichsten Grüßen übermitteln zu wollen. Es tut mir aufrichtig leid, nicht kommen zu können: ich hatte fest geglaubt, die verehrlichen Körperkräfte würden trotzdem sie diesen Winter arg strapaziert worden waren, bis zum 17. Juni noch vorhalten, nun hat leider ein kaum kurierter, heftig wiederkehrender Darmkatarrh die Sache um 7 Tage zu früh zusammenklappen lassen und ich muß Ruhe geben und darf mich den Strapazen der 22stündigen Reise und 6 Concerten, Versammlungen und Festbanketten nicht mehr aussetzen. Schade, ich hatte mir ein schönes Fest versprochen, bis auf die Absage der Schumann Heink und die Erkrankung Knüpfers war, glaube ich, Alles bestens vorbereitet und kann ich nun den Lohn für die vielen geschriebenen Briefe, die abgesessenen Sitzungen nicht mal mehr einheimsen und mich daran freuen, daß wieder ein paar tüchtige junge Talente ans Tageslicht befördert und noch nicht genug gewürdigte Leute noch mehr zur verdienten Anerkennung kommen. Du bist also so gut, mich zu vertreten, wirst die Festreden wahrscheinlich viel schöner vom Stapel lassen, als es meiner toastwidrigen Zunge gelingt. Die Generalversammlung wird ja programmäßig verlaufen, die Statuten sind in Ordnung. Über die Lisztgesamtausgabenfragen wird Dich Rassow und Rösch unterrichten, denen Du hier vielleicht das Referat übergibst (!). Ich wünschte dringend, daß die Generalversammlung mein Vorgehen gegenüber dem Lisztcuratorium (das sich von Breitkopf und Härtel einfach über das Ohr hauen ließ) billigt und den Vertrag nicht zu unterzeichnen uns oder den neuen Vorstand ermächtigt. Denn ich bin fest überzeugt: v. Hase wird noch viel bessere Bedingungen bewilligen. Außerdem eilt die Sache nicht: wenn jetzt nur tüchtig revidiert wird, der Druck braucht ja doch nicht vor 1909 zu beginnen!
Meine besten Wünsche für schönes Gelingen des Hexenliedes! Daß der reiche Possart uns armen Musikanten so eine lumpige Reiseentschädigung abverlangt, finde ich schofel. Hättest Du ihm das nicht ausreden können?.

Morgen geht's nach Sandown (Insel Wight, Ocean Hotel). Dort hoffe ich die langersehnte Ruhe und Erholung zu finden.
Herzliche Grüße auch von meiner Frau und Deinem altergebenen
                                                                Richard Strauss.
Pfeifertag war im Mai leider nicht mehr möglich, da Rezniceks Eulenspiegel den durch Kraus' Beurlaubung stark in Anspruch genommenen Grüning vollständig absorbiert. Im Herbst dann!

Strauss befand sich in London anläßlich einer Strauss-Woche vom 3. bis 9. Juni mit dem Amsterdamer Concertgebouw-Orchester. Anschließend ging er dann mit seiner Familie zur Erholung nach Sandown auf der Insel Wight.
Das erwähnte Glückwunschschreiben zu Straussens Geburtstag ist nicht erhalten.
Liszt-Gesamtausgabe: vgl. Anmerkung zu Brief vom 15. Oktober 1901.

Ocean Hotel
                            Sandown, Isle of Wight, 19. Juni 1903
Lieber Freund!
Herzlichen Dank für Deinen lieben Brief: freue mich sehr, daß das Fest so glänzend gelungen ist und wie es scheint, allgemeines Interesse erregt hat. Dies ist gewissen „Musikfesten in Frankfurt" gegenüber gerade sehr wichtig. Daß das Hexenlied so eingeschlagen hat, freut mich sehr: gratuliere schönstens!
Nun wüßte ich gerne näheres über die Zusammensetzung des neuen Vorstandes.
Warst Du so liebenswürdig mit Lessmann zusammen die offiziellen Dankesbriefe an die Festdirigenten, Festcomitée, die Städte Basel und Luzern und auch Dr. Bürklin abzufassen? Bitte darum! Wie ist das finanzielle Ergebnis des Festes? Wie war's in Carlsruhe? Du siehst, ich wüßte gerne noch Manches!
Wie ist die Angelegenheit Zilcher: Preischor erledigt worden? Ich habe noch nicht einmal ein Festprogramm erhalten! Wer hat statt Knüpfer gesungen? Wie waren überhaupt die Solisten?
Bitte opfere mir noch einmal ein Viertelstündchen für diese Fragen, die mich lebhaft interessieren.
Ich habe mich in den acht Tagen schon recht gut erholt: diese Meerluft ist das Lebenselexier: leider viel Regen!
Viele Grüße an Dich und Deine liebe Familie
                                                            Dein Rich. Strauss

Der erwähnte Brief von Schillings fehlt.
Mit den gewissen „Musikfesten in Frankfurt" war sicher das Preissingen der deutschen Männergesangvereine gemeint, das vom 4. bis 6. Juni in der soeben vollendeten riesigen Festhalle (7664 Sitzplätze) stattgefunden hatte. Kaiser Wilhelm II., Stifter des seit 1895

existierenden Wanderpreises, hatte hierbei in seiner Ansprache vor der Preisverteilung für eine einfache und volkstümliche Musik plädiert. (Vgl. auch Anmerkung zum Brief vom 9. Dezember 1899.)

München 25. Juni 03.
Lieber Freund!
Gestern kam ich vom Berner Oberland zurück, von vielem Regen angefeuchtet aber doch erfrischt. – Dein Brief sagt vor allem daß Du Dich rasch erholst in der ruhigen Meerluft; ich hatte mir im stillen Angst um Dich gemacht, denn Du hattest Dir doch unmenschlich viel zugemutet in diesem Winter. Aber der „große Alliierte" (wie der neueste Allerhöchste Ausdruck für den allerhöchsten lautet) verläßt ja die guten Deutschen nicht, – und das sind wir doch, trotzdem wir den Simplicissimus halten und nur alle ¾ Jahre einmal „wer hat dich du schöner Wald" singen.
Also ich darf Dir noch über Basel berichten; ich hatte geglaubt, daß Rösch Dich über alle Einzelheiten informiert hätte, hörte aber gestern, daß er in Wien in Geschäften der „Genossenschaft" war, also wohl nicht Zeit zu einem Bericht an Dich gefunden hat.
Der Vorstand ist nun so zusammengesetzt: 1) Strauss, 2) Schillings, 3) Rösch, 4) Rassow. Beisitzer: Mottl, Lessmann, Hans Sommer. Musikausschuß: Schillings (bravo!), Humperdinck, Hausegger, Wolfrum, Dr. Obrist. Bevollmächtigter in Weimar (Lisztstiftung): Rösch.
Die Vorschläge gingen aus von Marsop, der wieder *kräftig* mitgearbeitet hat. Er hatte Lessmann ganz hinausdividiert, trotz meines Widerspruchs. Lessmann legte uns in der Vorstandssitzung ein Schreiben vor, in dem das Ehrengericht (!) des Ver. Berliner Presse erklärt, seinen „Fall" eingehend untersucht und gefunden zu haben, daß nur verlogener Pharisäismus gegen ihn etwas vorbringen könne und ihm eine einstimmige Ehrenerklärung zuteilwerden läßt. Ich erklärte ihm darauf, daß der A.D.M.V. angesichts dieser offiziellen Thatsache auch seinerseits den „Fall Lessmann" für erledigt halte. Als nun Marsop seine Liste vorschlug und bemerkte, Lessmann habe erklärt das Schriftführeramt sei ihm zu zeitraubend, stellten einige Mitglieder die Anfrage ob er auch die Wahl zum Beisitzer ablehne; als L. das nach einigen Phrasen verneinte, wurde er *einstimmig* gewählt; auch Nro 1, 2, 3, 4 waren durch Akklamation gewählt worden. Für den Musikausschuß war Zettelwahl erforderlich, die das obige Resultat hatte. Bist Du damit zufrieden? – Einzelne Punkte der Statuten stießen auf Widerspruch (nicht ganz mit Unrecht) es gelang mir aber ihm zu begegnen, mit dem Hinweis, daß Verbesserungen nächstes Jahr erfolgen könnten, es handele sich darum die neue Basis zunächst einmal zu schaffen. Nun ist

auch noch die Zustimmung der Weimarischen hohen Regierung erforderlich, die hoffentlich glatt erfolgt.

Die Dankesbriefe sind abgegangen. Suter, der ganz *außerordentliches* in jeder Hinsicht geleistet hat und nebenbei eine sehr sympathische, schlichte Persönlichkeit ist, erhält eine Ehrengabe von 500 M. Zilcher in Anerkennung seiner Leistung mit seinem nicht praemierungsfähigen Chorwerk 200 M. Diesem Antrage folgend votierten wir für die durch Joachim empfohlene Geigerin (den Namen habe ich vergessen) 500 M (statt 1000 was uns zu hoch erschien).

Statt Knüpfer hat Messchaert gesungen; die Baseler hatten ihn für 1500 fr. engagiert, was ich principiell zu hoch fand. Hoffentlich zahlen die Baseler, die sicher kein Deficit haben werden, (denn die 3 großen Concerte waren *vollständig* ausverkauft) aus ihrer Tasche dieses Honorar. M. hat natürlich seine Sache famos gemacht und hat an Stelle des Quartetts von Straeßer 5 Lieder von Dir gesungen. Das Straeßersche Quartett war nicht zu retten, Marteau *wollte* es nicht spielen, der Baseler Primarius erkrankte, dann übernahm es der als Ersatzkonzertmeister berufene junge Klingler aus Berlin (Du kennst ihn wohl, ein außerordentlich tüchtiger Kerl und sympathischer Künstler); im letzten Moment erkrankte dann noch sein 2ter Geiger. Ich habe Straeßer den Hergang mitgeteilt. Die übrigen Solisten waren recht ordentlich; Herr Könnecke ist indessen kein Könner; er kapierte das „Nachtlied" von Delius (sehr talentvolles Stück) absolut nicht; Herr Boepple aus Basel übernahm es in wenigen Stunden und rettete sehr glücklich die Situation. Auch Fischer aus Frankfurt hat sich *sehr* bewährt; Marteau hat das entsetzlich langweilige und unnütze Concert von Marteau über Gebühr schön gespielt. Wie ich Dir schon schrieb: die Chorleistungen waren allerersten Ranges. Deine Hymne wird mir und allen unvergeßlich bleiben; sie bildete absolut *den* Höhepunkt des Festes. Wie sie in dem herrlichen Münster wirkte!! Ich drücke Dir in Gedanken dankbar begeistert die Hand!

Doch nun eine wichtige Sache, über die Du mir so bald als möglich Deine Meinung sagen magst: der *nächste Festort*. Lessmann teilte mit, daß *Graz* eingeladen habe; eine definitive Einladung lag aber nicht vor und wir waren der Meinung, daß es ratsam sei nicht zwei Feste nacheinander im „Ausland" zu halten; Dr. Obrist wollte in Weimar sondieren, ob der junge Großherzog-Protektor nicht den Verein im nächsten Jahre in Weimar empfangen wolle. Nun fand ich aber gestern hier ein erst am 20. Juni abgesandtes Telegramm *Dr. Kienzl's* vor: „Im Sinne eingeleiteter Verhandlungen erbitten Drahtnachricht ob nächster Versammlungsort Graz gewählt weil bezüglicher Antrag Gemeinderates Sitzung 24. Juni gestellt wurde".

Ich telegraphierte ihm, daß Entscheidung noch nicht habe getroffen werden können und daß ich sofort Schritte dazu tun werde. Nun bitte ich Dich um Deine Meinung. Weimar ist höchst unsicher, eine andere Einladung liegt nicht vor; so sehr es für viele Mitglieder ratsam wäre das Fest wieder einmal in Mitteldeutschland (oder einmal im Nordosten wo eine Propaganda sehr viel für sich hätte) zu halten, sprechen doch auch viele Umstände (bes. auch künstlerisch-politischer Natur) für Graz, (wo man auch auf Mahlers Hilfe rechnen könnte). Bitte lies was Marsop in seinem Artikel, (den ich Dir nebst den Programmen etc. heute sende) darüber ganz zutreffend sagt. Vielleicht sagst Du mir zu meiner vorläufigen Orientierung *telegraphisch* ein Wort und lässest brieflich Deine Ansicht folgen. An Rösch schrieb ich ebenfalls. Er müßte evt., wenn Du Deine Entscheidung getroffen hast, die 3 Beisitzer um ihre Meinung fragen, oder ist das nicht nötig?

Ich erwarte also Deine Nachricht, was ich tun soll.

Nimm die herzlichsten Grüße von Deinem
       getreu ergebenen Generaladjudanten
       M. Schillings.

[seitlich am Rande]
Im deutschen Blätterwald hat es erfreulich kräftig über das Fest gerauscht.

„Fall" Lessmann: Die Neue Zeitschrift für Musik 69 (1902) 519–521 veröffentlichte wegen des großen Aufsehens, den der Prozeß Otto Lessmann, Herausgeber der Allgemeinen Musikzeitung, contra Heinz Wolfradt, Vorsitzender des Vereins zur Förderung der Kunst, erregte, einen vierspaltigen zusammenfassenden Bericht. Demnach hatte Lessmann Privatklage erhoben, weil Wolfradt ihn in einem Artikel beschuldigte, in der Allgemeinen Musikzeitung Kritik und Reklame in „ekelerregender Weise" zu verbinden. Nach Verurteilung Wolfradts zu 300 Mark Geldstrafe durch das Charlottenburger Schöffengericht legte dieser aber Berufung ein, worauf der Fall von der 5. Strafkammer des Landgerichts II mit vielen prominenten Sachverständigen und Zeugen noch einmal aufgerollt wurde. Die Strafe wurde wegen nicht ausreichender Tatsachen auf 100 Mark oder 10 Tage Haft ermäßigt, die Verwischung der Scheidegrenze zwischen redaktionellen Artikeln und Reklame zugleich aber auch als bedenklich befunden.

Hermann Suter war Festspieldirigent des Basler Musikfestes.

Von Strauss wurde in Basel die „Hymne" nach Friedrich Rückert für 16st. gemsichten Chor a cappella op. 34 Nr. 2 sowie „Das Tal", Gesang für eine tiefe Baßstimme mit Orchesterbegleitung op. 51 Nr. 1 aufgeführt. Die „Hymne" sang der Basler Gesangverein unter Suters Leitung. Sie mußte des Erfolges wegen wiederholt werden.

Welcher Artikel des Münchner Musikschriftstellers Marsop hier gemeint ist, konnte nicht festgestellt werden.

Allgemeiner Deutscher Musikverein

Lieber Freund! Ocean Hotel, Sandown 29. Juni 1903
Besten Dank für Deinen ausführlichen, interessanten Bericht, der mich mit einem gleichzeitig von Suter eintreffenden auf's höchste erfreut hat. Rösch, der wie es scheint in Wien wohl alle Hände voll zu thun hat, ließ leider noch gar nichts von sich hören. –
Zur Sache: war ich von Anfang an sehr für Graz und war erst etwas unsicher geworden, als verschiedene Stimmen aus dem Verein den Wunsch laut werden ließen, die Musikfeste nicht immer so an die Peripherie von Deutschland zu legen. Man ist nur leider in Deutschland immer gleich an der Grenze und kann sich die Orte nicht immer so aussuchen. Wie gesagt: ich finde Graz vortrefflich, kenne die dort an der Spitze stehenden Leute, obenan Kienzl, Dr. Decsey als sehr eifrig und nett und glaube, daß Graz ein vortrefflicher Boden für uns ist in Opposition gegen das noch sehr rückständige Wien. Wichtig wäre nur, daß Graz auch die Mittel aufbringt, wie Basel, daß ein genügend großes Orchester und wie in Basel zu ausreichenden Proben genügend lange am Festort gewährleistet wird, ebenso der Chor und die Frage des Festdirigenten! Kienzl ist, *unter uns*, kein berühmter Dirigent, könnte aber mit Hausegger zusammen, ebenso wie Huber und Suter', die Festleitung übernehmen. Wenn das Löwesche Orchester aus Wien beigezogen werden soll, könnte auch Ferdinand Löwe (hauptsächlich für Bruckner), wohl in Betracht kommen, für Liszt eventuell Göllerich aus Linz. Obenan natürlich Hausegger!
Weimar ist unmöglich: hat kein Geld, kein Publikum, keinen Saal, keinen Chor und nur ein kleines Orchester mit einem sehr bescheidenen Dirigenten! Paßt nicht mehr auf das Niveau, auf dem sich doch von jetzt ab, womöglich immer aufsteigend, die Feste bewegen sollen. Von Chemnitz war nur die Rede: besitzt ein gutes Orchester mit sehr tüchtigem Dirigenten d. h. Subalterndirigenten!
Für 1905 ist Nürnberg eventuell angeboten! Also los auf Graz! Mahler muß aber jedenfalls ein oder 2 Festopern bieten auf der Hin- und Rückreise! Ich höre, er studiert den Corregidor [H. Wolf] ein! Das wäre ja höchst passend! Auch der Einacter: der dot man [Josef Forster], und eventuell was Neues! Sonst schimpft Marsop, wenn's nicht genügend Opern gibt.
Mit seinem Artikel bin ich nicht so ganz einverstanden: er ist mir ein bißchen zu wenig objektiv, ein bißchen zu sehr aus der „Ortsgruppe München" geschrieben, und scheint mir die starke Betonung des doch arg rückständigen Bruckner nicht recht zur Fortschrittsparole zu stimmen. Wir müssen uns überhaupt vor Cliquenprotektion hüten und dürfen, nachdem *ich* doch gerade als überzähliger Münchner es in den 2 Jahren ausgiebigster Förderung aller Münchner Talente gewiß nicht habe fehlen

lassen, doch auch nicht mal den Anschein der Einseitigkeit auf uns zu laden. Ich bemühe mich wenigstens auf das redlichste, sine ira et studio Jeden, der nur einigermaßen Berechtigung hat, zu Wort kommen zu lassen und bitte Dich dringend, mich hierin zu unterstützen, so sehr Dich vielleicht ab und zu persönliche Neigungen anders locken. Siehe Fr. E. Koch! (den ich, unter uns, auch nicht übermäßig liebe). Nach den großen Erfolgen von Klose können wir vielleicht in Graz seine Sinfonie machen. Hausegger hat eine neue sinf. Dichtung fertig. Die IX. Bruckner wird vermutlich diesen Winter überall gespielt werden, darauf wollen wir uns heute noch nicht festlegen. Das Tedeum finde ich fürchterlich, gehört in eine Bauernkirche und nicht ins Concert, aber wer weiß, vielleicht ist's mir nur zu hoch – im Himmel drin und ich bewege mich vorerst mit Vorliebe noch auf dieser schönen Erde. – Da ich über die Generalversammlung nicht informiert bin, kann ich auch keine Auskunft geben, ob Du die Beisitzer fragen mußt: ich glaube die Wahl des Festortes steht uns Vieren zu, bitte frage Rösch! Du behältst wohl vorerst die Zügel alle in Deiner Hand: da ich am 12. Februar nach Amerika gehe, muß ich Dich so wie so bitten, das nächste Fest so gut wie allein zu arrangieren! Ich lasse mich dann auf der Rückkehr in Graz überraschen! Schönsten Dank und beste Grüße von Haus zu Haus
                                        Dein Rich. Strauss.

(Abgedruckt in: Richard Strauss Autographen in München und Wien, S. 350–352.)
Die Wahl für das Tonkünstlerfest 1904 fiel schließlich auf Frankfurt a. M.; in Graz fand es erst ein Jahr später, 1905, statt.
Sonst schimpft Marsop: Marsop hatte bei der Tonkünstler-Generalversammlung 1902 in Krefeld einen Antrag auf Statutenänderung gestellt, daß vom A.D.M.V. auch das Musikdrama ernstlich zu pflegen sei.
Die Partitur der IX. Symphonie von Bruckner war 1903 gerade erstmals bei Doblinger in Wien erschienen, herausgegeben von dem schon vorher im Brief genannten Dirigenten und Bruckner-Schüler Ferdinand Löwe.

                                        München (19) 6. Juli 1903
                                        Aiblingerstraße 4
Lieber Freund!
Nimm für den ausführlichen Brief, den Du Deiner Ruhe abgerungen hast herzlichen Dank. Ich habe Rösch über Deine Ansicht und Wünsche informiert, da ich aber noch ohne Nachricht von ihm bin, konnte ich noch nicht nach Graz schreiben, tue es aber *in Deinem Namen* sobald als möglich. – Du hast vollkommen recht: überwiegende Gründe sprechen für Graz, da Weimar unmöglich ist und Chemnitz – so viel ich weiß – auch fallen gelassen werden mußte. Bitte teile mir nun mit, wann Du Sandown

verläßt und evtl. die Sache selbst weiter führen willst. Mit Mahler könntest ja nur Du etwas erreichen. – Dich im nächsten Winter nach besten Kräften zu vertreten werde ich versuchen, so gut es geht; alle wichtigen Direktiven wirst Du uns ja hinterlassen.

Du hast nicht unrecht mit Deiner Warnung vor Cliquenprotektion im Verein; ich selbst machte Dr. Marsop auf die Gefahr aufmerksam und betonte das „Allgemein" in dem Namen des Vereins gegenüber seinem Radikalismus der sich nicht auf durchaus richtigen Praemissen aufbaut. Daran, daß der Münchener Winkel im vergangenen und in diesem Jahre auf den Festen stark vertreten war, bin ich gewiß nicht unschuldig; es wäre aber sehr erfreulich wenn sich auch ein kräftiger Berliner oder Cölner oder was weiß ich für ein Winkel regen würde; ich habe nichts davon gemerkt und Du würdest mich doch gewiß darauf aufmerksam gemacht haben, wenn Du der Ansicht gewesen wärest daß ich aus persönlicher Neigung unwürdige Talente zu protegieren versuchen wollte. Die Neulinge, die ich Dir empfahl haben mit Ehren bestanden, mein' ich. Aber Du hast recht: auch der Anschein einer Clique sollte vermieden werden.

Daß man es den ganz gescheudten Menschen niemals recht machen kann, weiß ich Dummer längst und bin, wie so mancher, mit meiner Dummheit ganz zufrieden. Hier und da geht aber doch die G'scheidtheit etwas zu weit: Ich kenne Deine Ansicht über Dr. Arthur Seidl's öffentliche Tätigkeit der letzten Jahre vollständig; ob Du aber schon die neueste Phase seiner Entwicklung zum frechen und gewissenlosen Revolverjournalisten kennst, weiß ich nicht und bitte Dich daher Einsicht von dem Artikel in der „Freistatt" zu nehmen, den ich Dir mitsende. Das zerfahrene Gefasel und Gequassel das er in den letzten Jahren trieb hat man belächelt. Darf aber der Mann, der mich noch in Basel mit süßlicher Freundlichkeit belästigte, meinen Charakter verleumden, nur um sich in ekliger Art wichtig zu machen und darf er Dich zum Zeugen seiner Gesinnung anrufen? Hättest Du nicht in einem heiteren Momente Lust ihm in einigen Zeilen zu sagen, daß Du ihm untersagst sich weiterhin „freundschaftlich" an Deine Rockschöße zu hängen?! Da er sein Elaborat an Gott und die Welt verschickt, wäre ich Dir für ein kurzes energisches Wort an ihn *sehr dankbar* und mit mir die anderen gegen die er seine Intriguen spinnt! Nicht jeder durchschaut die Haltlosigkeit seines Gefasels und so treibt er einen Keil in unsere redlichen Bestrebungen im Verein. – Satis satisque! Nimm die herzlichsten Grüße mit denen ich bin

Dein
M. Schillings

Der erwähnte Artikel Arthur Seidls war: „Die ‚Münchner Schule' im ‚Allgemeinen Deutschen Musikverein'. Ein Epilog zur 39. Tonkünstler-Versammlung." In: Die Freistatt. Kritische Wochenschrift für Politik, Literatur und Kunst. Nr. 27 (1903) 525–529. Seidl wendet sich zunächst gegen einen gehässigen Artikel „Musikalische Cliquenwirtschaft" in der „Münchner Post" und fühlt sich dann zu allgemeiner Stellungnahme zu dem vielgebrauchten Schlagwort „Münchner Komponisten-Schule" bewogen. Er weist nach, daß München zwar ein Sammelpunkt für Komponisten, in den wenigsten Fällen aber wirklich ihr Herkunftsort sei. Als er dann die kritische Kernfrage stellt, wie sich nun die Werke dieser Komponistengruppe beim Basler Fest bewährt hätte, müsse er leider bekennen, daß sie nicht nach Erwarten abgeschnitten hätten. Die wirklich großen und bedeutenden Werke seien von Strauss, Mahler, Pfitzner, Reger und Wolf-Ferrari gekommen, und die Thuille-Schillings-Schule habe nichts mehr gemein mit diesen Komponisten. Eine neue Gruppierung des lebendigen Fortschritts habe sich angebahnt. Nachdem er sich weiter gegen Rudolf Louis' Mahler-Ablehnung in dessen Artikel in den M.N.N. (vgl. Anmerkung zum Brief vom 12. Juli 1903) gewandt hatte, betonte er, daß Strauss dagegen „neidlos stets, ja, gar oft selbst gegen hartnäckigen Einwand nächster Freunde und Kampfgenossen, diesen nicht ungefährlichen Rivalen in musicis unaufhaltsam, ehrlich-anerkennend, schon seit Jahren zu allererst gefördert hat".

                                                  Ocean Hotel 12. Juli 1903
                                                  Sandown
Lieber Freund!   Isle of Wight

Dein Brief vom 7.ten setzt mich einigermaßen in Erstaunen. Was würdest Du sagen, wenn ich von Dir verlangte, Herrn Dr. Louis zu verleiten, in den Münchn. Neuesten Nachrichten die Aufnahme der Mahlerschen Sinfonie in unser Programm zu bemängeln, noch dazu gelegentlich eines Festes, wo Louis selbst doch sich gewiß nicht über Musikkommission und Leitung des Vereins zu beklagen hatte. Du würdest mir wahrscheinlich antworten: „für die Artikel des Herrn Louis bin ich, M. Schillings, nicht verantwortlich. In ähnlichem Falle bin ich mit A. Seidl: derselbe, seit langen Jahren mit mir persönlich befreundet, vertritt seine eigene Meinung auf sein Risiko, ohne jegliche Direktiven meinerseits und würde sich schön bedanken, wenn ich es mir einfallen ließe, ihm etwas zu befehlen oder zu „untersagen".
Ich kann begreifen, daß Du über Seidls Artikel etwas gereizt bist, kann aber, denselben so objektiv betrachtend, als es einem Menschen überhaupt möglich ist, ihn nicht als Erzeugniß von Revolverjournalismus [sehen], noch auch wesentlich hinausgehend über das Maß berechtigter Kritik, wie wir sie uns ja schließlich Alle gefallen lassen müssen. Was die Wahl für das Basler Programm betrifft, so trägst Du ja dafür nicht die alleinige Verantwortung: die ganze Musikkommission und der Ausschuß stehen neben und hinter Dir. Wenn nun Einer die Auswahl aus der Reihe der Münchner Componisten-Erzeugnisse nicht so glücklich findet, als er Persönlich vielleicht gewünscht hätte, so ist an sich weiter Nichts dagegen zu sagen, wenn er dies auch öffentlich ausspricht. So weit mir aus der Ferne und in Unkenntniß über alle jetzigen Münchner Verhältnisse überhaupt ein Urteil zusteht, habe ich den Eindruck, als ob die Auswahl und die doch auch von mir gebilligte Bevorzugung der sogenannten Münchner allein den Seidlschen

Artikel auch nicht hervorgerufen hätte. Wenn ich mich mancher Äußerungen von Dir gegenüber Lessmann über die Aufnahme der II. Mahlerschen Sinfonie in unser Fest, Bemerkungen über diese „Parteien": Wolf-Ferrari, Reger, des Urteils von Freund Thuille über Mahler, mancher Vorkommnisse in Crefeld gelegentlich der III. Mahlerschen Sinfonie entsinne, damit jetzt Louis's Auslassungen in den M.N.N. zusammenhalte, werde ich die Vermutung nicht los, daß hinter den Culissen in München und Basel wohl so manches gespielt haben mag, was den Zorn Andersgläubiger, als die Bekenner Deines Freundes- und Thuilleschen Schülerkreises sind, erregt und diesen etwas prononcierten Protest Seidls verursacht haben mag. – Du wirst mir daher nicht verübeln, wenn ich auch weiterhin mich in diese Münchner „Inselbildungen" mit ihren sich begegnenden und bekämpfenden Ober- und Unterströmungen nicht einmische: wenn Du Dich von Seidl unberechtigt angegriffen glaubst, ist es Dir doch viel leichter als mir Fernstehendem, Seidl über seine irrige Meinung aufzuklären, was bei dem guten Willen und der stets anständigen Gesinnung, die ich an dem ideal denkenden Seidl trotz mancher Schwächen zu constatieren hatte, so oft ich selbst mich in Meinungsverschiedenheit mit ihm befand – nicht schwer fallen dürfte. Wie gesagt, ich selbst habe in den letzten 3 Jahren mehr „Münchner Componisten" aufgeführt oder ihnen zu Aufführungen verholfen als je ein Anderer, trotzdem ist mir noch nie ein Vorwurf einseitiger Bevorzugung der Münchner Gruppe gemacht worden. Du hinwiederum kannst auch nicht verantwortlich zeichnen, was Deine Freunde und Thuilleschen Schüler im Gegensatz zu Wolf-Ferrarischen und Regerschen „Bayern" herumpolemisieren. Oder doch?

Es scheint, daß auch Marsop, der schon nach Berlin im April mit ganz bestimmten Münchner Parolen bewaffnet ankam, auch in Basel sich etwas radikal gebärdete: das erzeugt eben Alles Gegendruck, wie figura zeigt. – Ohne von Seidlschen An- und Absichten eine Ahnung zu haben, war mir schon aus dem Marsopschen und Louisschen Artikel heraus in meiner zu Objektivität vereidigten Vereinsvorstandsseele nicht ganz wohl geworden, darum erlaubte ich mir, Dich in meinem letzten Briefe so bescheiden als möglich zu monieren und freue mich aus Deiner freundlichen Antwort zu ersehen, daß Du mir Recht gibst und meinen gutgemeinten Rat so freundschaftlich aufgenommen hast. Der Seidlsche Artikel verschärft ja nun etwas die Situation. Ohne Dir vorgreifen zu wollen, hielte ich es für das Beste, dazu ruhig zu schweigen und künftighin in der Würde eines Vereinsvorstandes noch um einen Grad vorsichtiger zu sein, als man es ja als Privatmann nötig hat.

Wenn Du Seidl persönlich erwidern willst, genügt vielleicht der Hinweis, daß dem Musikausschuß des Vereins keine Auswahl unter der gesamten zeitgenössischen Produktion zusteht, sondern daß derselbe wesentlich auf

die Einsendungen angewiesen ist, die die Herrn Componisten selbst dem Verein zu übermitteln für gut finden. –
Na, Nichts für ungut: Du weißt, hoffe ich, wie ich's gut meine und mich redlich bemühe, jedem Talente und Können nach Kräften gerecht zu werden: unter diesem Gesichtspunkt wirst Du mir auch die Offenheit verzeihen, mit der ich Dir diesmal leider Deinen Wunsch versagen muß. Wie steht's mit Graz?
Haben Rösch und Rassow schon dorthin correspondiert? Ich bin am 18.ten Juli in München von Früh 7.45 bis 11.30 Vormittags. Willst Du mir zu meiner Orientierung über den Stand der Vereinsangelegenheiten in der Stadt ein kurzes Rendezvous geben, so bitte ich Dich, mir telegrafisch Ort und genaue Stunde in der Nähe des Bahnhofs anzugeben.

                    Mit besten Grüßen
                      Dein stets aufrichtig ergebener
                      Richard Strauss.

Louis Auslassungen: In seinem 1. Bericht über die 39. Tonkünstler-Versammlung des A.D.M.V. in Basel in den Münchner Neuesten Nachrichten vom 19. Juni 1903 meldet Louis Bedenken gegen die Aufführung von Mahlers 2. Symphonie in Basel an, wie man denn bei ihrer Aufführung vielleicht auch mehr den Dirigenten als den Komponisten Mahler zu bewundern gehabt hätte. Er bedauert, daß wegen der Mahler-Symphonie Kloses große Symphonie „Das Leben ein Traum" abgesetzt wurde, an deren Stelle allerdings seine Oper „Ilsebill" vom Karlsruher Hoftheater als Gastspiel aufgeführt wurde. In einem weiteren Bericht, einer „Kritik der 39. Tonkünstler-Versammlung des Allgemeinen Deutschen Musikvereins zu Basel" in den Münchner Neuesten Nachrichten vom 24. Juni 1903 heißt es dann u.a.: „. . . ebenso auffallend wie für uns erfreulich, das hohe Kontingent, das die Münchner Komponisten stellten".
Strauss bewahrte sich eine „nur wenig und unwesentlich veränderte Abschrift" dieses Briefes auf.

[Postkarte]
Strauss.   *Mittwoch [15. Juli 1903]*
Verabredung zum Würstelessen im Franziskaner auf der Durchreise nach Marquartstein.

[Postkarte]
Strauss.   *Marquartstein 28. Juli 1903*
Auf eine nicht erhaltene Anfrage von Schillings teilt ihm Strauss mit, daß er die „Modernen Konzerte" mit dem Berliner Tonkünstlerorchester aufgegeben habe und verweist ihn deswegen an Arthur Nikisch und die Berliner Philharmoniker. Überlegung, das nächste Musikfest nach Frankfurt a.M. zu legen.

[Ansichtskarte]   *Marquartstein*
Strauss   *11. Aug. Oberbaiern 1903*
Die Tonkünstlerversammlung 1904 mit Frankfurt als Austragungsort abgemacht, für 1905 für Graz geplant.

                         Charlottenburg, den 7. November 1903
                         Joachimsthalerstr. 17

Lieber Freund!
Gegen Göhler und Kunstwart haben Rösch und ich heute gerichtlich Klage wegen Verleumdung und Beleidigung erhoben. Auch sonst sind Schritte dagegen eingeleitet: Simrock geht nach Leipzig in die Versammlung der Musikalienhändler. Eine Erwiderung des Vorstandes ist gleichfalls im Gange. Übrigens wird der „faule Guatsch" des Grammophons der Firma Breitkopf den Gang der Ereignisse, die im besten Zuge sind – der Vertrag mit den Österreichern ist nahe dem Abschluß – nicht aufhalten. Nur keine Angst und fest aufrecht bleiben!
Ich habe Jensen bewogen, Guntram noch um ein Jahr zurückzustellen: er hat fest den Bundschuh für 5. Juni, die Rose im L. für 9. Juni zugesagt. Bitte notiere Dir einstweilen für unser Festprogramm eine sinf. Dichtung von Wolfrum: „Im Heidelberger Schloß", die bis Weihnachten fertig wird und Tenorgesänge von Reznicek, die Dir noch vor 1. Januar zugehen werden. Hausegger hat gleichfalls die Uraufführung seines Wieland für das Fest zugesagt.
Ich denke als Grundgerippe:
6. Juni Wolfrum
       Tenorgesänge (Reznicek)
       ein Stück von Aug. Reuss
       etc.
Andrä. [Andreae] Siegfried Wagner?

---

7. Juni Sinfonie von Klose

       domestica Strauss
       (sonst nichts)

---

8. Juni Dein Monolog aus Teut [richtig: *des* Teut aus „Moloch" op. 20]
       Wieland (Hausegger)
       Paris von Delius (oder sein neues Stück)
Eventuell noch ein paar Sätze aus der 2stündigen neuen Sinfonie von Nicodé, wenn wir nicht die Aufführung des ganzen Werkes auf Graz verschieben wollen.

Ist Euch Heidelberg gut bekommen? Es war sehr nett und gemütlich dort. Bei uns Alles wohl! Herzlichste Grüße von Haus zu Haus
                                                    Dein R. Strauss.
Wie geht es Räthchen?

Dr. Georg Göhler, Kapellmeister und Komponist, hat im Novemberheft 1903 der Münchner Zeitschrift „Kunstwart" einen Artikel „Tantièmen für Konzertaufführung?" geschrieben (S. 123), der sich gegen das von Strauss, Rösch und Sommer initiierte neue Urheberrechtsgesetz vom 1. Januar 1902 richtet, das dem Komponisten, vertreten durch die 1903 gegründete „Anstalt für musikalische Aufführungsrechte" das alleinige Aufführungsrecht zuspricht. Für jede Aufführung sind an diese Anstalt Tantièmen abzuführen. Göhler sah darin eine „unter dem Schutze des Gesetzes ausgeführte Schädigung der deutschen Kunstpflege". Jeder, der moderne Werke aufführe, tue das ohnehin unter Opfern, er sollte deswegen nicht noch mit Tantièmenzahlungen bestraft werden. Sein Vorschlag sei eine freiwillige Gabe an den Komponisten. Außerdem arbeite die Tantièmenpartei am meisten für Leute, die sowieso schon genug mit ihrer Kunst verdienten. Auf diesen Aufsatz hin erhoben Strauss und Rösch Beleidigungsklage „wegen verleumderischer Verdächtigung".
Der Frankfurter Theaterintendant Jensen plante anläßlich des Tonkünstlerfestes als Festopern Baußnerns „Bundschuh" und Pfitzners „Die Rose vom Liebesgarten".
Vom 24. bis 26. Oktober 1903 hatte in Heidelberg in Zusammenhang mit der Einweihung der neuen Stadthalle ein Musikfest stattgefunden, bei dem zum ersten Mal „Taillefer", Strauss' Widmungsgabe an die Universität für seine Ehrenpromotion am 3. August, und Schillings „Hexenlied" aufgeführt wurden.

[Beischrift an einen Brief des Agenten Hugo Görlitz vom 6. November 1903]
Strauss.   *[ca. 8. November 1903]*
Bitte, daß Schillings analytische Notizen über das „Ingwelde"-Vorspiel und biographische Angaben mit Photographie an Görlitz übersenden solle.

                                                München (19) 12. Nov. 03.
                                                Aiblingerstrasse 4
Lieber Freund!
Nimm vielen Dank für Deine Nachrichten. Das Frankfurter Programm ruht ja schon auf Säulen, die man sich gefallen lassen kann und auch an Ornamenten fehlt's schon nicht mehr. Bundschuh und Rose, dazwischen die geplanten „Kleinigkeiten" in 3 Etappen! Wird sich da noch ein hungriges Ohr beklagen können?
Andräe's Stück erweist sich leider bei näherem Zusehen als *bedenklich* schwach an eigenen Gedanken; doch will ich nicht allein darüber urteilen. Gemeldet hat sich noch Ansorge (den man wohl kammermusikalisch berücksichtigen sollte, auch möchte er gerne spielen), Straeßer (dessen

Quartett in Basel in letzter Minute ausfallen mußte und dem man wohl Revanche geben müßte) und einige andere, über die noch zu reden wäre. – Daß Du das Ingwelde Vorspiel mit nach England nehmen willst, freut mich herzlich; hoffentlich macht es Dir auch dort einige Ehre. Ich glaube, es ist bisher nur in London gespielt. Herrn Görlitz habe ich mit dem gewünschten Material versorgt. –
Und klagen mußtet Ihr gegen Göhler; giebt es dazu genug Handhabe? Ich hoffe es aufrichtig, denn der Artikel ist *infam* und gefährlich. Auch die Österreicher müssen bald brav gemacht werden: sie verlangten (und bekamen) von Stavenhagen für *eine* Aufführung von Bruckners „Neunter" 100 M (für jede weitere 50 M)!!! Das ist auch infam. Morgen (Freitag) Abend feiern wir eine Erinnerung an das gemütliche Heidelberger Fest: Bruckner IX., Hexenlied und Taillefer, der im Kaimsaal einen unglaublich schönen Lärm macht!
Zum Schluß bekommst Du von mir noch 20 M Heidelberger Spielschuld – aber erst, wenn Du mir sagst, warum der garstige Pfeifertag vom Berliner Repertoir-Zettel auch unter dem Strich nun verschwunden ist. Will's nicht mehr gelingen? Na, wartet, wenn ich im Dec. nach Berlin komme!

Allseitige herzlichste Grüße!
Dein
M. Schillings

Räthchen ist besser!

Strauss brach zu einer Konzertreise nach England und Schottland auf.
Bruckners Neunte, „Hexenlied" und „Taillefer" wurden in der 1899/1900 von Siegmund von Hausegger eingeführten und geleiteten Münchner Konzertreihe des Kaim-Orchesters, „Moderne Abende", gespielt; Dirigent war Bernhard Stavenhagen.

Schillings.   *München 18. Nov. 03*
Bitte um Empfehlung des jungen Dirigenten Hans Schilling-Ziemßen. Bericht, daß die „Taillefer"-Aufführung wegen zu kleiner Chorbesetzung nicht ganz befriedigend war.

München (19) 21. Dec. 03.
Aiblingerstrasse 4

Lieber Freund!
Neulich war ich Dir in Berlin ganz nah; sah Dich im Kreise Deiner hohen Collegen in der Conditorei ratschlagen, wagte Dich nicht zu stören, gab einem famulo eine Karte mit ein paar verlegenen Worten, verschwand und harrte und hörte dann nur, daß Du zur Belagerung Warschaus abgefahren seist.

Da floh auch ich, schrieb an 2 Zeitungen miserable Vorbesprechungen über die Sinfonia domestica, die nun ein für allemal unmöglich ist und schicke Dir nun einen Brief Wolfrums über Charpentier.

Ja, was soll nicht alles in Frankfurt drankommen; ich weiß mich nicht mehr zu retten. Auch Hans Sommer möchte seinen ganzen Meermann als Oratorium hören. Ich plaidiere für ein 14tägiges Musikfest mit Lebensversicherung für das Publikum. Aber Charpentier ist gewiß interessant. Bitte lege [sende?] eine Karte an mich und sage mir, ob Du *1.–6. Jan.* in Berlin bist. Ich komme durch das Nest und möchte Dich gerne sehen.

Herzliche Grüße
Dein
M. Schillings

Aus England hörte ich sehr schönes. Vielen Dank!!

Beigelegter Brief Wolfrums über Charpentier nicht vorhanden.
Notenzitat nicht eindeutig geklärt: Es stammt weder aus „Ingwelde", „Taillefer", „Hexenlied", „Pfeifertag" noch aus Charpentiers „La vie du poète". Im „Pfeifertag", dessen musikalischer Duktus dem Zitat am nächsten kommt, weist der Marsch der 1. Szene einen fast gleichen Rhythmus auf.
Hans Sommer, „Der Meermann", Eine nordische Legende in einem Aufzug, (1896), Gustave Charpentier, „La vie du poète" für Soli, Chöre und Orchester, Symphonie-Drama in 4 Abteilungen (1892).

[Postkarte]

Charlottenburg 23. 12. 03

Lieber Freund!
Habe bedauert, Dich neulich verfehlt zu haben: wärst Du doch einfach hereingekommen. Ich bin 1. bis 6. Januar hier und bitte nur um rechtzeitige Anmeldung, damit ich gleich Rösch zur Sitzung bestellen kann. Kannst Du alle „Eingesandt" so weit überblicken, daß man ungefähr ein definitives Programm zusammenstellen kann? Mit Hausegger habe ich neulich in Frankfurt schon einen dreitägigen Entwurf besprochen.
Für Charpentier habe ich persönlich die größte Vorliebe, meine aber doch, daß wir unsere deutschen Collegen in erster Linie berücksichtigen müssen.

Beste Grüße Deines
R. Strauss

Allgemeiner Deutscher Musikverein

München, 5. Jan. 04

Lieber Freund!
Vielen Dank für Deine Zeilen und das Telegramm Hülsen's. Schade, daß man es nicht veröffentlichen darf. Das wäre eine bessere Antwort auf den Löwenpferdchen-Rummel als alle elegischen Artikel.
Ich schweige mich auch in der Preuss. Correspondenz aus. Der Sache ruhig ihren Verlauf lassen und durch Taten zeigen, was man kann, das ist das richtige.
Deine Avertissements für Graz werden in's Hauptbuch eingetragen. Corregidor in guter Wiener Aufführung wäre, glaube ich, ganz begrüßenswert. Ich hatte sonst an Wolffs Streichquartett gedacht. Bruckner ist ja wohl in Graz ganz populär und nichts mehr an ihm zu entdecken? Hegar *„geht"*, nach meinem Dafürhalten aber auch nicht mehr. Reznicek's Fuge wird zwar ein Schlag in's Wasser sein, wie seine Gesänge in Frankfurt, ist aber mit ihrem Thema   (auf Naturhörnern zu blasen) im Verein nicht fehl am Ort.
Und Du glaubst Herr S.M. könne eines besseren belehrt werden? Ich meine, es müßte leichter sein im Automobil an den Nordpol zu fahren. Hast Du schon einen Blick in den neuen Band Bülowbriefe geworfen? Da ist ihm einmal eine Londoner Lohengrinauffhrg. „unter jedem Perfall". Was war dem Manne eigentlich heilig?

                                                                          Herzlichst
                                                                          Dein
                                                                          M. Schillings.

Strauss' Brief und Hülsens Telegramm sind nicht vorhanden.
Löwenpferdchen-Rummel: Leoncavallo = Löwenpferd hatte die von Kaiser Wilhelm II. in Auftrag gegebene Oper „Der Roland von Berlin" soeben vollendet und die Partitur dem Kaiser überreicht. Die UA fand am 13. Dezember 1904 an der Berliner Hofoper statt.
„Corregidor", Oper in 4 Akten von Hugo Wolf. (UA 1896 in Mannheim unter Röhr).
Preussische Correspondenz: konnte nicht ermittelt werden. Möglicherweise eine Nachrichten-Agentur.
Herr S.M.: Seine Majestät, ironisch als Siegfried Meier gedeutet.
Die Briefe Hans von Bülows, in 8 Bd. herausgegeben von Marie von Bülow, erschienen zwischen 1896 und 1908.

Allgemeiner Deutscher Musikverein
                                                Charlottenburg, 16. 1. 04.
Lieber Freund!
Die sinf. Dichtung von Bruno Walter ist ein außerordentliches Stück, groß im Styl, reich und vornehm in der Erfindung, von starker Empfindung und großzügig. Das Stück müssen wir unbedingt bringen, es wird Sensation machen, Walter hat es mir gestern vorgespielt. Es muß in der Mitte des I. Programms zu stehen kommen. An Heermann, Forchhammer, S. Wagner habe ich geschrieben. Ich bin wahrscheinlich nächsten Feitag und Sonnabend in München, um meinen Vater zu besuchen, da können wir eventuell Nötiges weiter besprechen.
                                                Bestens grüßend
                                                Dein
                                                Rich. Strauss.

Einige Unterstreichungen und handschriftlicher Zusatz von Schillings: „Das Stück von Walter erwies sich als Niete. Schllgs." Bruno Walter selbst schreibt in „Thema und Variationen", Frankfurt 1950, S. 235, daß die Aufführung seiner „Symphonischen Phantasie" beim Musikfest in Frankfurt „eine geteilte, aber erregte und daher nicht entmutigende Aufnahme" gefunden habe. – Beim Musikfest in Essen im nächsten Jahr wurde Walters Klavierquintett aufgeführt.

[Postkarte]
Strauss.   *Charlottbg. 18. 1. 04*
Wird incognito nach München kommen, um den Vater zu besuchen, steht aber zur Besprechung wichtiger Vereinsangelegenheiten zur Verfügung.

[Postkarte]
Strauss.   *30. 1. 04*
Strauss hat wegen Festopern an Intendant Jensen in Frankfurt geschrieben [vgl. Brief vom 7. November 1903]. Weiterhin schlägt er – übrigens genauso erfolglos wie auch mit anderen Briefpartnern! – vor, bei Geschäftskorrespondenzen alle Formalitäten, Anreden usw. wegzulassen.

                                                Charlottenburg, 4. Febr. 04
Lieber Freund!
Ich bitte Dich dringend, wenn Du irgend eine Einladung annimmst, um Dein Hexenlied oder sonst eines Deiner Werke, dessen Aufführungsrecht der „Anstalt" gehört, zu dirigieren – sofort der betr. Gesellschaft [mitzuteilen], daß nicht Du, sondern die Anstalt allein das Aufführungsrecht zu vergeben [hat].

Es könnte uns bei der Rechtsverfolgung (z.B. im Falle Fernow) eventuell Schwierigkeiten bereiten, wenn der Concertveranstalter sich daraufhin ausreden möchte, „er habe geglaubt, auch das Aufführungsrecht zu besitzen", wenn der Componist selbst die Direktion übernommen habe.
Ich bitte Dich dringendst, jetzt gerade recht stramm zu bleiben, und lieber auf eine oder die andere Aufführung zu verzichten, als jetzt lax in der Handhabung des Rechtes zu sein. Je schroffer wir jetzt sind, desto kürzer dauert der Kampf.
Auf mein Haupt regnet es Absagen: Gewandhaus, H. Wolff haben Heldenleben abgesetzt, Gürzenich den Taillefer etc. etc. Was liegt mir daran? Ich antworte auf all dies „Lecco liegt etc."
Wollte Gott, meine Herren Collegen hätten auch ein bißchen mehr Charakter. Die Jammerbriefe, die ich ab und zu auf der Genossenschaft lese, könnten Einen mit tiefstem Ekel erfüllen. Die Verleger haben recht, wenn sie solchem Gesindel auf den Köpfen herumtanzen. „Jeder Componist hat den Verleger, den er verdient!"
Wenn ich was Anderes gelernt hätte, als Noten schmieren, weiß Gott, ich sattelte heute noch um, nur um aus der Collegenschaft herauszukommen. Die Broschüre zur Abwehr hast Du wohl erhalten? Übrigens wird's Dich interessieren, daß Steinbach-Gürzenich wegen Abschluß eines Pauschalvertrages bereits mit uns verhandelt. Also nur fest bleiben!
Eine Versammlung rheinischer Musikdirektoren, die gemeinschaftlich sich dem Gewandhausprotest gegen uns anschließen wollte, hat diesen Protest sistiert, als Müller-Reuter ihnen die ihm zur Verfügung gestellten Correkturbogen der Broschüre vorlas. In 8 Tagen ist eine II. Versammlung, in der Rösch persönlich den Herren Vortrag halten wird.
Jensen hat mir bis Ende der Woche endgiltigen Bescheid zugesagt.
Mit bestem Gruß
Dein
R. Strauss

Vgl. auch Brief und Anmerkung vom 26. Januar 1900.

An Bord des Schnelldampfers Moltke
den 22. Febr. 1904

Lieber Freund!
Morgen Abend werden wir nach guter Fahrt glücklich in New York sein: meine Frau war ziemlich seekrank, ich absolut seefest trotz starkem Sturm gestern. Du weißt, daß Jensen uns den Bundschuh abgesagt hat. Die Rose will er machen. Nun möchte ich um keinen Preis gerade auf den Bundschuh verzichten und habe gestern an Geheimrat Winter, den Darmstädter

Intendanten geschrieben, ob er uns nicht während des Festes, sei es als Abend- oder Nachmittagsvorstellung den Bundschuh machen will. Ich habe ihn gebeten, die Antwort an Dich zu senden, damit Du Alles weitere dann in die Wege leiten kannst.
5. bis 9. Juni kann also das Fest nicht sein wegen des Ingenieurtages. Ich wäre dafür, daß man es nun vom 1. bis 5. Juni mache, damit erstens bei uns die Frankfurter nicht festmüde seien, zweitens Anfang Juni größere Chancen bestehen, daß Darmstadt noch spielt. –
So eine Seefahrt ist doch scheußlich langweilig. Auch wenn man nicht seekrank, ist man doch unfähig zu einer wirklichen menschlichen Tätigkeit. Sogar das Briefschreiben ist eine Mühe.
Beste Grüße, auch an Deine Frau und Felix vom Rath

Dein
Richard Strauss.

Meine Adresse in New York:
Henry Wolfsohn, Nr. 131 East, 17th Street.
Kabeladresse: Labiated, New York.

Strauss befand sich auf der Überfahrt nach Amerika, wo er, zusammen mit Pauline Strauss als Sängerin, in 2 Monaten 35 Konzerte und Liederabende absolvierte.
Jensen, Bundschuh, Rose: vgl. Anmerkung zum Brief vom 7. November 1903

München (19) 17. III. 04.
Aiblingerstrasse 4

Lieber Freund!
Also Du hast die neue Welt glücklich entdeckt! Inzwischen wursteln wir in der alten weiter und haben nun das Programm für Frankfurt entworfen und Sitzung dort gehalten mit den Stadtvätern.
Mit Jensen habe ich einen Kampf auf's Messer ausgefochten. Ich erklärte ihm der A.D.M.V. könne sich sein Verhalten Dir gegenüber *nicht bieten lassen,* da er Dich in einer unqualifizierbaren Weise i. S. Bundschuh desavouiert habe. Unter diesen Umständen müßten wir überhaupt auf eine Festoper verzichten. Da er eine öffentliche Blamage und ein Zerwürfniß mit Dir scheute, hat er nun erklärt den Bundschuh doch noch zu bringen!! (Darmstadt hat kurzer Hand bedauernd abgelehnt.) Also ist das edle Glied gerettet und ich fühle eine aufrichtige Befriedigung J. einmal die Wahrheit haben sagen zu können. Ich bitte Dich auch Deinerseits ihm zu betonen, daß Du die Sache im höchsten Grad ernst genommen habest, damit mir meine wichtigste Waffe nicht genommen wird. Tatsächlich war sein

Verhalten ja unglaublich und ging über das Maaß von Unwahrhaftigkeit hinaus, das man einem Intendanten zubilligen darf. – Wegen der „Rose" habe ich mich nun nach Mannheim gewandt, damit auch sie dem Progr. erhalten bleibt. Diese lautet nun:

27. Mai Abds. Bundschuh [Baußnern]
28. Mai I. Concert:
1) *Liszt* An die Künstler!
2) Delius, Paris
3) Rezniçek 3 Monologe (Hess)
4) Zilcher Violinconcert. (Heermann?)

5) Bruno Walter. S.D. [sinfonische Dichtung]
6) Schattmann Bischoff, 2 Baritonges.
7) Andreae. S.D. [sinfonische Dichtung] (Dauer 2 ½ St.)
29. *Mai Vm.*   I. Kammermusik
          1) Thuille, Viol. Sonate
          2) Scheinpflug, „Worpswede" (Ges. Clav. Viol. Engl. Horn)
          3) Reger, Streichquartett
    Abds.: Concert in Heidelberg (Wolfrum)
          1) Klose, Symphonie. [„Das Leben ein Traum"]
          2) Charpentier, Vie du poête.
30. *Mai* Abds. II. Concert
          1) Nicodé, Symphonie
          2) 3 Chöre a) W. Berger
                    b) G. Schumann
                    c) H. Zöllner.
31. *Mai* Vm.   2. Kammermusik
          1) W. Lampe. Serenade f. 12 Bläser
          2) Lieder v. Verschiedenen
          3) Clav. Quintett v. Dirk Schäfer
    Abds: in Mannheim „Rose" (?)
1. *Juni*   III. Concert
          1) Reuss, Johannisnacht.
          2) Hausegger a) Gesänge f. Ten. u. Orch.
                    b) Wieland
          3) Strauss „Domestica".

So wäre alles untergebracht außer Neitzel, den niemand im Musikausschuß verantworten will, und Straesser mit seinem unglücklichen Quartett. – Durch Wolfrum's Einladung ist es noch möglich Klose das Versprechen einzulösen. – Bist Du im übrigen einverstanden?

„Im Jenseits" begleiten Dich unsere besten Wünsche!
Auf frohes Wiedersehen!
Mit allseitigen herzlichen Grüßen

                                                    Dein
                                                    M. Schillings.
P.S. Bist Du dafür, daß der Verein Baußner'n einen Zuschuß zu den Materialkosten Bundschuh gewährt? Er ist eine „Kirchenmauß" und Jensen müssen wir doch auch ein wenig entgegenkommen, wenn er schon eine Festoper auf Bestellung giebt.   U.A.w.g.

In Verbindung mit dem Frankfurter Tonkünstlerfest wurden in Mannheim Pfitzners „Rose vom Liebesgarten" unter W. Kähler und in Heidelberg Friedrich Kloses „Das Leben ein Traum" und Gustav Charpentiers „La vie du poète" in einem Konzert unter Universitätsmusikdirektor Ph. Wolfrum aufgeführt.

Hotel Manhattan
                                        Milwaukee, 31. März 1904
Lieber Freund!
Soeben Deinen freundlichen Brief erhalten: besten Dank! Ich finde alle Arrangements mit Jensen, Mannheim und besonders *Heidelberg* ausgezeichnet und habe an dem ganzen Programm nur Eines auszusetzen: das letzte Concert! Haueggers Wieland vor Domestica geht unmöglich.
1.) wie ich mir Haueggers Stück vorstelle, ist es ein vollkräftiges sehr brillantes Stück, *nach* dem die ganze erste Hälfte der domestica, die ganz in Wasserfarben und Pastell gemalt ist, gar nicht wirken kann.
2.) nimmt Hausegger stets sein Orchester her, forciert alle Kraft aus den Leuten heraus, die dann hinterdrein unmöglich die 41 Minuten dauernde, kolossal schwere und anstrengende Domestica spielen können, noch dazu am Schluß des ganzen Festes.
Ich würde folgenden Tausch vorschlagen:

I. Concert	Liszt	III. Concert	Reuss
	Delius		Zilcher Violinconcert
	Hausegger: Gesänge		Recznicek
	Wieland		
Pause	-----		-----
	B. Walter		Domestica
	Schattmann		
	Andräe		

Die Dauer ist wohl dieselbe: aber das Violinconcert ist doch leichtere Kost als der schwere Hausegger.

Wenn Hausegger damit einverstanden ist, bitte ich so zu ändern. Wenn nicht, bitte domestica vom Programm zu streichen, um so mehr, als das Werk viel, viel schwerer ist, als ich vermutet. Ich habe gestern Hausegger eine neue Probenliste geschickt, die er, wie ich fürchte, mir kaum wird geben können. Andererseits kann ich vor all den boshaften Mäulern einer Tonkünstlerversammlung, wo die werten Freunde nur lauern, wie sie Einem was versetzen können, die *Erst*aufführung nicht unfertig herausstellen. Domestica ist in New York nach *15* anstrengenden Proben mit einem qualitativ guten, aber schlecht disciplinierten Orchester sehr gut gegangen und hat mir viel Freude bereitet. Anscheinend auch dem Publikum! Wir sind voller Hetze und haben in 4 Wochen 21 Concerte mit circa 20 Orchesterproben absolviert. Dazu Reisen Tag und Nacht, Festdiners und alles Teufelszeug. Ich bin bis jetzt riesig zufrieden mit der ganzen Reise, meine Frau singt heute ihr 27.tes Concert, ist immer frisch und hat sehr großen Erfolg, in jedem Concert 4 bis 5 da capos. –
Besten Dank für all Deine Bemühungen um das Fest, das sehr schön werden wird. Herzliche Grüße Dir und Deiner lieben Frau, auch Freund Felix.
In Eile
Dein Rich. Strauss.

15. April [1904]

Lieber Freund!
Wir rasen durch Amerika: ich schreibe im Zuge von Chicago nach New York.
Es ist mir leider unmöglich Deinen Wunsch bez. des Hexenliedes zu erfüllen. Ich habe das Regensburger Programm ziemlich unverändert von Zumpe übernommen, hatte nur Taillefer noch hinzugefügt, den ich aber vor 14 Tagen auch wieder streichen mußte, da Herr Perfall und das Münchner Orchester dem Regensburger Comitee erklärt hatten, die Programme seien zu lang und das Orchester könnte die anstrengenden Proben nicht bewältigen. Du siehst, hier walten höhere Mächte als mein Wunsch und Wille. –
Die Programmfrage ist auch in Frankfurt sehr schlimm. Ich habe Hausegger einen genauen Probenplan für domestica geschickt. Wenn Herr Jensen die von mir gewünschten Extraproben für mein Werk nicht bewilligt, muß ich leider darauf bestehen, daß domestica vom Festprogramm gestrichen wird.
Ferner ist mir sehr fatal, daß Wolfrums sinf. Dichtung nicht Platz finden sollte, bitte dieselbe an Stelle der domestica zu setzen oder wo sonst Platz ist. Warum macht Wolfrum sein Werk nicht selbst in Heidelberg?

Wir haben 29 Concerte glücklich hinter uns, noch folgen 6 und am 26.ten werden wir in Washington im Senate vorgestellt und vom Präsidenten in Privataudienz empfangen.
Erfolg überall kolossal, wir sind wohl und munter und riesig befriedigt.
Beste Grüße von Haus zu Haus

Dein
Rich. Strauss.

Zuerst ist vom 2. Bayerischen Musikfest in Regensburg die Rede, dessen Leitung Strauss für den am 4. September 1903 verstorbenen Herman Zumpe übernommen hatte, dann vom Frankfurter Tonkünstlerfest.
Philipp Wolfrum war eine prägende Persönlichkeit des Heidelberger Musiklebens. Die Aufführung seiner Tondichtung „Im Heidelberger Schloß" war von Strauss schon im Brief vom 7. November 1903 geplant. Möglicherweise wurde die Komposition aber gar nicht vollendet, denn sie findet sich nirgends in den Werkverzeichnissen der maßgebenden Lexika.

München (19) 16. Apr. 04.
Aiblingerstrasse 4

Lieber Freund!
Gestern traf Dein Brief an Hausegger, (der hier war) und heute der an mich ein. In der Hoffnung, daß Dich diese Zeilen vor Deiner Abreise noch erwischen, sage ich Dir schnell: Ich bitte Dich inständigst es bei dem Programm des 1. Juni in Frkft. zu belassen. Wenn Du an Jensen schreibst oder Dich nach Deiner Rückkehr an ihn wendest (wir hatten Dir deshalb gekabelt) wird er noch weitere Proben ermöglichen, so daß allen Deinen Anforderungen genügt werden wird und Deine Domestica wird würdig und ganz nach Deinen Intentionen herauskommen. Hausegger setzt seine ganze Kraft, allen Ernst und Eifer dahinter und Du weißt doch, daß das etwas bedeutet. –
Wir alle wissen doch, was gerade die Europäische Urauffhg. der Domestica für das Fest bedeutet und gerade deshalb haben wir das letzte Programm künstlerisch würdig gestalten wollen: Reuss' anständiges Stück als bescheidener Vorklang (15 Min.) dann Hauseggers Gesänge und sein Wieland zus. (40 Min.) dann längere Pause und als Krönung des Festes dann Dein Werk! Deine Befürchtung: das Werk könne nach dem H.'schen nicht wirken ist nicht stichhaltig, – gerade die Gegensätzlichkeit wird die Wirkung heben, und was käme dem Schluß der Domestica an glanzvoller Wirkung gleich?! Hauseggers Opera ins's I. Progr. zu nehmen ist absolut unmöglich: welches Orch. der Welt und welches Publikum sollten einem solchen Progr. auch nur halbwegs standhalten?
Fürchte auch nicht Übermüdung des Orchesters: 27. Fest-Oper, 28. Probe und Concert 29. ganz frei, 30. Probe und Concert, 31. ganz frei (für eine

Probe für Dich) 1. Juni Schlußconcert und Probe. Das ist doch nicht zu arg! Wir haben mit *großen* Mühen (allen voran Hausegger und ich) an den Programmen gearbeitet; vor 3 Tagen endlich sind sie in die Welt gegangen; alles ist gespannt und voll freudiger Erwartung auf Dein Werk, und nun willst Du's uns nehmen! H.'s Vorschlag seine Werke zurückzuziehen, darf nicht ernst genommen werden, ich würde unter diesen Umständen dem Feste und den weiteren Verhandlungen fernbleiben.

Ich bitte Dich nochmals: belasse es bei den Programmen und verlasse Dich auf H.'s aufopfernde Tätigkeit für Deine Domestica. Und noch eins: unter das Schlußprogramm in der Gruppierung 1) Reuss, 2) Zilcher 3) Reznicek 4) Domestica könnte ich nie meinen Namen setzen! 2 solche Outsider und ein Prestidigitateur vor Deinem Werk – was würde man später über einen solchen „Geschmack" sagen! –

Da Du ja schon 5. od. 6. Mai wieder bei uns sein wirst, magst Du alles dann endgiltig entscheiden. Hausegger bereitet alles, wie abgemacht war, vor und in die Öffentlichkeit kommt von den Fragen nichts, denn das Fest wäre damit a priori ruiniert.

Vor einigen Tagen kabelte ich auch an Dich, ob Du einverstanden seist, daß in's 2te Progr. von Regensburg noch das „Hexenlied" aufgenommen werden könnte. Ich wäre Dir sehr dankbar wenn das noch ginge, Possart's wegen, dem damit aus einer Verlegenheit geholfen wäre. Das Regensbgr. Comitée ist, soweit ich weiß, sehr einverstanden. Freilich gingen die Programme inzwischen schon hinaus und ich weiß nicht ob Du das Progr., mit dem 30minütigen Stück noch dazu, für zu lange hältst. Bei Deiner Rückkehr magst Du entscheiden, wenn Du mir nicht ein Wort kabeln willst.

Daß Du die Eroberungsfahrt im bussiness-Land so gut und mit Vergnügen aushältst, freut uns alle herzlich, vor allem aber der Triumph der Domestica, hinter dem der in Frkft. nicht zurückbleiben soll!!

An Frau Trilby-Pauxerl herzliche Glückwünsche zu ihren riesigen Erfolgen und ihrer Ausdauer!

Entzieh' uns nicht Deine Freundschaft – noch weniger aber Deine Domestica!

Herzlich
Dein
M. Schillings

Prestidigitateur: veraltet für Gaukler, Taschenspieler
trilby: engl., weicher Filzhut, Schlapphut

Hotel Manhattan

New York, 27. April 1904

Lieber Freund!

Bevor ich morgen Blücher besteige, noch schnell als Antwort Deines freundlichen Briefes, daß es mir diesmal absolut unmöglich ist, Eurem Wunsche Folge zu geben. Ihr kennt Alle domestica nicht, wie ich sie in 15 New Yorker Proben kennen gelernt habe. Die Probenfrage mit Jensen ist zu illusorisch.
Wieland vor domestica geht aus den bereits kund gegebenen Gründen absolut [„durchaus" durchgestrichen] nicht.
Wieland muß bleiben und durchaus würdig zur Darstellung kommen. Hausegger ist Festdirigent, hat das Opfer gebracht, daß er mit der Erstaufführung wartet, bis zum Fest, also hat er Allem Anderen vorzugehen.
Ich habe domestica bereits gehört, unterjoche mich nur sehr ungern nach all meinen Amerikastrapazen und Regensburg nochmals den anstrengenden Proben, bin Vereinspräsident, komme also zuletzt, wenn man auch nicht von mir verlangen kann, daß ich reinen Selbstmord übe. Daß die von mir gewünschten Proben im Rahmen eines solchen Festes unmöglich sind, glaube ich gern, kann aber ohne [mit!] weniger Proben nicht durchkommen, also wozu plagt Ihr mich und wollt mich zu etwas verleiten, wodurch ich in irgendeiner Form Schaden leide?
Wenn also Programmänderung unmöglich,
wenn nicht alle meine Proben zu bewilligen sind,
dann zum letzten Male: weg mit der Domestica. Die „Outsiderstücke", wie Du sie nennst, kenne ich nicht, warum sucht Ihr Stücke aus, die Nichts taugen, da kann doch ich Nichts dafür.
Ich weiß nur Eines, daß ich vor domestica nur ein ganz leichtes Programm haben kann, des Publikums und des Orchesters wegen. Macht wenn ihr wollt, ein Concert mehr, aber wenn, vor domestica nur ganz leichte Kost, aber nicht 2 sinf. Dichtungen und darunter einen neuen Hausegger. – Hexenlied in Regensburg leider unmöglich, wie Du aus meinem letzten Brief wohl bereits ersehen hast, bedauere herzlich. Programme nach Anschauung des Münchner Orchesters jetzt schon zu lang und anstrengend.
Ich bin am 9.ten in Berlin!

Bestens grüßend
Dein
R. Strauss.

Am Bord des Schnelldampfers Blücher
den 7. Mai 1904

Lieber Freund!

Ich habe also Euerem Wunsche folgend an Hofrath Jensen geschrieben und um ein Paar Extraproben gebeten, muß aber, nach reiflicher Überlegung darauf bestehen, daß Domestica vom Programm abgesetzt wird, wenn die Separatproben und erste Gesamtprobe nicht in der Zeit vom 12. bis 17. Mai und die 3 letzten Gesamtproben und Generalproben nicht während der Zeit vom 25. Mai bis 1. Juni stattfinden können.

Bei reiflicher Überlegung weiterhin hätte ich an den Programmen manches auszusetzen: 28. Mai ist viel zu lang
        31. Mai überhaupt ein sagen wir, Unicum, aber wegen der Chorwerke wohl unabänderlich etc. etc. Ich habe Hausegger vorgeschlagen 4 Concerte zu machen, wobei das II.^{te} am 30.ten unverändert bliebe, die 3 anderen vom 28.ten, 31.ten und 1. Juni aber höchstens 1½ Stunden enthalten dürften; dies ist die einzige Möglichkeit, wie die Werke gut probiert, gut gespielt und gut genossen werden können.

Nochmals: Wieland vor Domestica unmöglich, schon der Hornisten wegen!

        Bruno Walter muß der Höhepunkt des I.^{ten}
        Nicodé   des II.^{ten}
oder umgekehrt! { Wieland   des III.^{ten}
Nach Belieben { Domestica   des IV.^{ten} sein.
Darum rum gruppiert die anderen kleineren Werke.

Bei dritter reiflicher Überlegung darf der domestica nicht mehr als 35 Minuten nicht anstrengender Musik vorausgehen; Johannisnacht und Gesänge von Reçnizek ist reichlich genug. Denn domestica dauert ohne Unterbrechung 41 Minuten!!!

Wenn irgend möglich soll Wolfrum's sinf. Dichtung noch ins Programm! Es geht doch nicht, daß W. Berger und Zöllner gespielt werden wenn Wolfrum zurückstehen muß.

Also Programm etwa: 28. Mai   Liszt (an die Künstler)
                                                   Delius
                                                   Schattmann Bischoff
                                                   Wolfrum

                                                   – – –

                                                   Pfitzner Heinzelmännchen
                                                   Bruno Walter

>
> | 31. Mai | Andrää [Andreae] |
> | | Zilcher Violinconcert |
> | | Hausegger Gesänge |
> | | Wieland |

1. Juni	Reuss Johannisnacht
	Reçnizek
	Domestica

Wird denn aus der Rose v. Liebesgarten in Mannheim überhaupt etwas, diese Aufführung kann doch ruhig auf 2. Juni gelegt werden oder am 29. abends und das Heidelberger Concert als Matinée. Na, das alles könnt Ihr arrangieren, wie Ihr wollt und wie's geht. Bezüglich der Domestica muß ich diesmal, mit großem Bedauern, daß ich Euch Störung verursache, auf dem bestehen, was ich bis jetzt geschrieben. Daran ist leider nichts zu ändern.

Ich vergaß neulich noch zu schreiben, daß ich selbstverständlich mit dem Zuschuß für Baußnern einverstanden bin.

Bischoff und Wolfrum dürfen keines Falles vom Programm gestrichen werden.

Wir hatten famose Überfahrt. Ich lag 4 Tage mit Fieber und Halsentzündung zu Bett! Morgen, Sonntag Nachmittag 4 Uhr sind wir in Berlin!

Beste Grüße
Rich. Strauss.

Hotel Paoli
Lung'Arno Zecca
                                              Florenz, 10. Mai 04

Lieber Freund!

Zunächst herzlichen Glückwunsch zu Deiner glücklichen und ruhmreichen Rückkehr! –

Seit einigen Tagen gönne ich mir eine Erholungstour hierher, nachdem, wie ich hoffte, alle Frankfurter Festschwierigkeiten, die sich berghoch getürmt hatten, erledigt waren. Aber das Festkind scheint absolut diesmal nicht mit heilen Gliedern zur Welt kommen zu wollen. Gestern erreichte mich ein Brief Nicodé's, nach dem er seine Gloriasymphonie zurückziehen will, da die angesetzten Proben nicht genügten und soeben kommt Dein Brief v. 7., in dem Du nochmals eine gänzliche Umstellung der Programme wünschst. Deine Wünsche sind nun wohl freilich zum Teil durch unsere Abänderungen überholt, die Dir noch nicht bekannt waren; schlimm aber steht's um den Fall Nicodé.

Da ich *bis 16. incl.* noch hier bleibe, kann ich bei der weiten Entfernung kaum bei den letzten Verhandlungen mitwirken und muß Dich bitten, die nötigen Entscheidungen zu treffen. Du wirst inzwischen erfahren haben, daß wir bei endgiltiger Überlegung der Programme Liszt, Bischoff, Delius und die Gesänge von Hausegger vom Programme gestrichen haben, damit die übrigen Werke in den zur Verfügung stehenden Proben bewältigt werden können. Jetzt noch die Haupteinteilung des Festes zu ändern und statt 3 Concerten 4 anzusetzen, nachdem mit *tausend* Schwierigkeiten das Heidelberger Concert und die Aufführung der „Rose" in Mannheim gesichert sind, scheint *mir* ganz und gar unventilierbar. Dein Wunsch, Wolfrums Werk noch eingefügt zu sehen, ist wohl unausführbar. W. hat in der ersten Sitzung *strikte* erklärt, daß er in diesem Jahre mit einem großen Werke *nicht* zu Worte kommen, sondern zu Gunsten anderer Berechtigter verzichten wolle. Sein Werk ist außerdem nicht fertig, die Frage also wohl erledigt. – Wir hatten also nun „gereinigte" und möglichst kurze Programme zusammengestellt, die Rösch Dir mitgeteilt haben wird, in denen z. B. Deiner „Domestica" die 3 Chorwerke, als leicht, gleichgiltig und kurz vorangestellt sind. Nun tritt aber die neue Schwierigkeit auf, daß sich Nicodé's Symphonie (die weder Hausegger noch ich kannte) als so *ungeheuer* schwierig erweist, daß sie in den dafür berechneten Proben nicht zu bewältigen ist. Nicodé will sein Werk daraufhin zurückziehn. Ich bin ganz entschieden dagegen und bitte Dich lieber andere unbedeutendere Werke der Notlage zu opfern, aber an dem Prinzip festzuhalten, daß Nicodé's Werk und die Domestica (für die Hausegger sich mit aller Aufopferung in's Zeug gelegt hat) unter allen Umständen dem Fest erhalten bleibt. Dagegen müßte evtl. noch Andreae (und Rezniçek) fallen (Andreae allein genügt wohl).

Meine Meinung schreibe ich auch an Nicodé und Hausegger.

Bitte triff Du nun die Entscheidung.

Mit besten Grüßen
Dein
Max Schillings

Ich entschließe mich eben, Dir meine Meinung auch zu telegraphieren, da die Zeit drängt.

Die 2sätzige Sinfonie mit dem Schlußchor „Gloria", Nicodés Lebens- und Bekenntniswerk, an dem er fünf Jahre gearbeitet hatte, wurde schließlich doch noch auf dem 40. Tonkünstlerfest in Frankfurt uraufgeführt. Das Werk, dem Nietzscheschen Gedankenkreis zugehörig, war von gigantischen Ausmaßen: Es hatte eine Dauer von 2½ Stunden und sein Orchester umfaßt u.a. 12 Hörner, 7 Trompeten, 4 Pauken, 5 kleine Trommeln, 6 Paar Kastagnetten, 8 Glocken und 12 Trillerpfeifen.

Frankfurt, 13. Mai 1904

Lieber Freund!
Habe gestern selbst hier den unglaublichen Wirrwarr geordnet, bei Jensen und dem Comitee noch 5 weitere Proben erobert (mit geringem Geldopfer von Seite des Vereins) und mit Hausegger das Programm nun definitiv so angeordnet:

28. Mai   Andräa [„Schwermut, Entrückung, Vision"]
          Zilcher [Konzert für 2 Violinen und Orchester]
          Schumann [„Totenklage"]
          – – –
          Br. Walter [„Symphonische Phantasie"]
          Recnizek [„Ruhm und Ewigkeit", 4 Gesänge für Orchester]
          W. Berger [„Totentanz"]

31. Mai   Reuss [„Johannisnacht"]
          H. Zöllner [„Hymnus der Liebe"]
          Nicodé [„Gloria"-Symphonie]

1. Juni   Wieland [v. Hausegger]
          Schattmann Pfitzner
          Domestica [Strauss]

Bundschuh- und Concertproben sind mit dem Opernrepertoir zusammen aufs genaueste geregelt. Das Orchester hat sich heute Früh nach Kenntnißnahme der ganzen Arbeitslisten bereit erklärt, Alles zu leisten.
Das Fest ist also gerettet und Du kannst Dich beruhigen.
                                        Besten Gruß
                                        Dein Dr. Richard Strauss.

Bin am 18. Mai in München ([Hotel] 4 Jahreszeiten)
Nicodé erhält nun allein 27 Stunden Probezeit!

Im dritten und letzten Konzert wurde dann tatsächlich gespielt:
Hausegger, „Wieland der Schmied"
Schattmann, „An Schwager Kronos"
Pfitzner, „Die Heinzelmännchen" op. 14
Strauss, Symphonia domestica op. 53

München (19) 10. Juni 04.
Aiblingerstrasse 4

Lieber Freund!
Heute erst vom Rhein hierher zurückkehrend (– ich mußte in letzter Stunde in Frkft. meine Dispositionen ändern –) finde ich die beiliegende Karte Kaehler's. Ich habe den betr. Artikel Dr. Louis' in den M.N.N. eben nachgelesen und finde ihn in der Tat so „courtoisielos" und von einem unrichtigen Standpunkt aus über die Rose-Aufführung urteilend, daß ich verstehe, wie die Mannheimer sich gekränkt fühlen müssen. Zweifellos kann die Vereinsleitung im allgemeinen auf Kritiken nicht reagieren, in diesem Falle wäre ich aber doch dafür, daß man dem Intendanten Bassermann ein Pflaster auf die Wunde legt, indem Du ihm kurz Deine Anerkennung über die Aufführung und alles, was er unserer guten Sache getan hat, aussprächest. Man soll gewiß die Pfitzner-Bacchanten in ihrem Rausche nicht stören (und ich persönlich versuche mir die Freude an dem was Pf. leistet durch diese Treibereien nicht nehmen zu lassen.) Also nicht gegen diese Messiaszüchter brauchst Du Deine Feder zu richten, Du solltest sie nur eintauchen um einen gutwilligen Intendanten und einen tapferen Capellmeister bei gutem Mute und dem Verein geneigt zu erhalten: Beide haben es verdient. Warum im richtigen Augenblick den Mund nicht auftun?
(Im Musikal. Wochenblatt steht zu lesen: es sei ein Skandal, daß man die Rose überhaupt anderswo als in Bayreuth und im Regententheater aufführe; nur dort könne der neue Stil und die Größe der Dichtung geahnt werden. Gez. Ehlers, Gruppe Marsop!)
Der „Tages"-Artikel über die Zukunft der deutschen Operncompositeurs war nicht schlecht. Ja, es ist wahr: schreibt ein Ausländer eine noch so miserable Oper, sie darf bei uns durchfallen und wird beweint; kommt aber einmal ein Deutscher daran und bietet etwas ehrliches, wenn auch nicht ganz gelungenes (Bundschuh) so wird er und alle, die dazu geholfen haben gröblich beschimpft. Deshalb wäre ein Prohibitivgesetz wirklich noch das mildere Mittel. Und darum: ich componiere nicht mehr und werde attaché diplomatique in Serbien oder sonst einem Culturland.
Recht glückliche symphonia pastoralis wünschend und noch ganz erfüllt von der „erfindungsarmen" Domestica

Dein
M. Schillings

Die Karte Willibald Kählers fehlt.
Rudolf Louis fand in seinem Zeitungsbericht (Münchner Neueste Nachrichten vom 4. Juni 1904) Dirigent und Sänger der Mannheimer Aufführung von Pfitzners „Rose vom Liebesgarten" nicht ganz befriedigend, attestierte der Aufführung im ganzen aber einen „starken und spontanen Erfolg".

Paul Ehlers, 40. Tonkünstlerfest in Frankfurt a. M., Leipziger „Musikalisches Wochenblatt" Jg. 35 (1902) 439.
„Tages"-Artikel: Gustav Dippe fordert in einer ironisch-sarkastischen Glosse „Die Zukunft der deutschen Opernkomponisten" (in der Berliner Tageszeitung „Der Tag" vom 1. Juni 1904, Illustrierte Ausgabe) für alle deutschen Komponisten, die weiterhin deutsche Opern komponieren, eine Gefängnisstrafe, um die nutzlose Arbeit zugunsten der ausländischen Komponisten zu verhindern. Auch im Bunten Feuilleton der obengenannten Nummer der Münchner Neuesten Nachrichten findet sich ein Auszug aus einem Artikel von Maximilian Harden, in dem ebenfalls angegriffen wird, daß Kaiser Wilhelm II. an den welschen Komponisten Leoncavallo den Auftrag ergehen hatte lassen, aus Willibald Alexis' Rolandsroman eine Oper zu machen, obwohl man im eigenen Lande Komponisten wie Strauss, Pfitzner, Humperdinck, Weingartner und Schillings habe.
Die ironische Anspielung auf die „erfindungsarme Domestica" bezieht sich ebenfalls auf die Kritik von Rudolf Louis in den Münchner Neuesten Nachrichten.

[Ansichtskarte]
Marquartstein, 13. Juni 1904
Lieber Freund!
Besten Dank für Deine freundlichen Glückwünsche, durch die Du mich sehr erfreut hast. Möchten wir auch in der zweiten Hälfte so einträchtig schön zusammenarbeiten wie bisher! Ich verspreche dann auch, nie mehr Herrn v. Str.[auß] den Pfeifertag dirigieren zu lassen! Hast Du diesmal Arthur Seidl in den Berl. Neuesten Nachrichten gelesen? Da hast Du, Herr College, Dich doch baß gefreut? Nun geht's nicht mehr auf Dich allein, sondern auf die Machthaber, die diesmal nicht wieder eine 2stündige Mahlersche Sinfonie aufführten, weil sie (ausgerechnet ich gegenüber Mahler) für „ihren eigenen Besitzstand" fürchten! Nun bist Du glänzend gerächt! Reger habe ich zuerst an Aibl empfohlen, aber ich werde ihn und Pfitzner wohl nächstes Jahr „kalt stellen"! Schön, nicht wahr!
Herzlichen Gruß und nochmals schönsten Dank!
Dein
Richard Strauss.
Schillings' Glückwunschbrief zum Geburtstag ist nicht erhalten.
A. Seidls Artikel konnte leider nicht eingesehen werden, weil die Berliner Neuesten Nachrichten von 1904 in den Bibliotheken der Bundesrepublik Deutschland nicht vorhanden sind.

[Postkarte]
Strauss.
Marquartstein 26. Juli 1904
Anfrage wegen Vereinbarung von Spesen für Ludwig Heß.

Strauss. *Charlottenbg. 14. Oktober 04*
Bitte, ein unbedeutendes, für das nächste Musikfest eingesandtes Werk zurückzuschicken.

Allgemeiner Deutscher Musikverein
              25. Dez. 1904
Lieber Freund!
Habe mit Vergnügen von Deinen russischen Erfolgen gelesen: gratuliere herzlich! Dir und Deiner Familie gute Feiertage und ein fröhlich 1905! Beiliegender Brief wird Dich in eventuellen Programmcombinationen fürs Grazer Fest etwas unterstützen. Mit der Orchesterfrage scheint es bei den lieben „alldeutschen" Brüdern etwas windig bestellt zu sein! Was nützt mich da das viele „Gemüth" und der große Patriotismus! Haben wir denn von Chorsachen gute Einsendungen?
Bist Du mit Deiner Musterung schon zu Ende? Willst Du mir gelegentlich davon etwas verraten? –
Bezüglich Deines Pfeifertages habe ich bei Hülsen schon ein Paar Mal energisch angebohrt, ihn auch für die Wiederaufnahme des Werkes nicht abgeneigt gefunden; leider liegt aber jetzt schon so viel zum Einstudieren vor: Sommers Rübezahl und Humperdinck's Heirat wider Willen, nachdem sich das arme Personal kaum vom Roland [Leoncavallo] erholt hat, dessen Hauptproben von 11 Uhr bis ½ 6 Uhr gedauert haben, daß erst vor April an eine etwaige Wiederaufnahme des Pfeifertag wohl kaum zu denken ist. Jedenfalls bin ich stets auf dem Posten, auch Dröscher unterstützt mich hierin bestens und er hat mehr Einfluß aufs Repertoir als ich.
          Beste Grüße von Haus zu Haus
          Dein Rich. Strauss.

Der ursprünglich beigelegte Brief ist nicht vorhanden.
Schillings hatte Anfang Dezember 1904 zusammen mit Ernst von Possart als Rezitator eine Konzertreise nach Rußland gemacht. Auf ihrem Programm stand das „Hexenlied" (Ernst von Wildenbruch) und die zwei Possart zugeeigneten Melodramen „Kassandra" und „Das Eleusische Fest" (Friedrich von Schiller).
Sommers „Rübezahl" hatte am 15. Februar und Humperdincks „Heirat wider Willen" am 14. April 1905 in Berlin Premiere.

          München (19) 27. Dec. 04.
          Aiblingerstrasse 4
Lieber Freund!
Du nimmst so freundlich teil an meinen bescheidenen Erfolgen in Rußland. Wie soll ich das erwidern? Darf man Dir noch Glück wünschen zu dem

immensen Erfolg der Domestica? Ich glaube, dergleichen Zeitvergeudung verbittest Du Dir. So bleibe ich also wieder einmal der Beschenkte und beschränke mich nur darauf Deine Wünsche für ein fröhliches 1905 allseitig von Herzen zu erwidern. Es soll uns eine ganz besonders pervers-schöne Salome bescheren! So etwas „fröhliches" können wir brauchen.
Ich hatte schon in Fft. den Eindruck, daß der A.D.M.V. von Grazern zwar unendlich viel alldeutsche Herzensseligkeit und Bruderkußstimmung, nicht aber ein gleiches Maaß künstlerischer Leistungen verlangen dürfe. Aber schließlich werden sie sich wohl doch noch zusammenraffen und die Kienzl'schen Vorschläge zeigen doch guten Willen.
Die Wiener Opernfrage bitte ich Dich in die Hand zu nehmen. Salome wird wohl nicht ausschreibbar sein bis zum Mai? Und Humperdinck? „Eingereicht" ist nur ein Einakter „Die Freier" von Schattmann; talentvoll und mit Bühnensinn geschrieben aber in der musikal. Diktion noch wenig wählerisch. Ob Sch. später feiner wird wählen können weiß man noch nicht. Für Graz hätte man *ev.* an das kleine Werk denken können aber nicht in Wien. Graz bietet aber ja nun den Don Quixote. Gott will es. – Übrigens, ich vergaß: Ein Neuling G. v. Keußler sandte ein merkwürdiges phantastisch-allegorisch-dramatisch-undramatisch-philosophisch-episches Gesamtkunstwerk „Wandlungen" ein. Er spielt es mir z.T. vor, denn die Part. ist zu dick, als daß ich sie allein enträtseln könnte. Für Graz und Wien aber jedenfalls nicht denkbar.
Und die Einsendungen! Die reiche Post und der arme Schillings! Ich konnte nur flüchtig in die meisten Sachen hineinsehen. Ein Genie habe ich nicht entdeckt aber um so mehr abscheuliche oder absurde Überreiztheit. Chorwerke ziemlich viel.
Josef Reiter „Requiem" (Wiener Parteisache. Merkwürdiges Ragout Bruckner-Berlioz-Liszt und Selberaner. Immerhin zu überlegen.
Hegar, „Ahasvers Erwachen" (Stünde mir H.'s Musik so hoch wie seine Persönlichkeit, für die ich gr. Sympathie habe.)
Dann ein *höchst* talentvolles Chorstück von Jul. Weismann, von dem auch ein reizendes Stück für Orch., Bariton und Frauenchor da ist. (Ferner Männerchöre von R. Buck etc.)
Von Orchestersachen:
Reznicek, Praeludium und Fuge (mit der ich nicht „mitkann")
Guido Peters (Grazer) Symphonie (mit 2 ganz guten Sätzen)
H. Kaun, Clav. Concert (ganz gut)
        Symph. Dichtungen (äußerlich gut)
J. Lauber, Rhapsodie (Französisch-bizarr)
Böhe, Odysseus Heimkehr. (Abschluß der Stücke, deren erstes wir in Basel brachten. Recht gut.)
Marteau, Celloconcert (Vielleicht möglich)

Und sonst eine Menge von Dingen und Dingerchen, ohne die man leben kann.
Kammermusik, Lieder und dram. Scenen genug für 10 Feste.
Erst nach dem 1. Jan. kann ich die Herren Collegen um ihre Meinung bitten. Nimm also einstweilen mit diesen Notizen Vorlieb.
Ich versuchte Dich neulich auf der Rückreise von Rußld. zu treffen. Leider warst Du gerade Engländer. Im Febr. komme ich noch einmal durch Berlin. Hoffentlich treffe ich Dich alsdann.
Für Deine Bemühungen um den „Pfeifertag" nimm herzlichen Dank. Ich weiß, wie schwer es ist ein modernes Werk aus der Versenkung zu holen, selbst wenn es nicht durch eigene Schwere hineingesunken ist. Deine Zeilen geben mir Hoffnung. Könnte man die Handlung (die schöne) nicht nach Italien verlegen?
A propos Italien: Die Preuss. Correspondenz schickt mir ein Rundschreiben die lasciven Äußerungen Leoncavallos über die deutschen Musiker betreffend. Wer sind oder was ist die Preuss. Correspondenz? Du kennst ja jedenfalls die Anfrage. Soll man, darf man antworten? Ich hätte nicht übel Lust! Bitte um eine Postkarte.

        Mit herzlichen Grüßen von Haus zu Haus
        Dein getreuer
        M. Schillings

Wilhelm Kienzl lebte seit 1894 wieder in Graz, wo er schon seine Jugend verbracht hatte; er übte einen bestimmenden Einfluß auf das dortige Musikleben aus. Mit „Don Quixote" ist hier seine gleichnamige Tragikomödie gemeint, die damals am Grazer Stadttheater gespielt wurde.
„Wandlungen" war das erste von vier „Symphonischen Dramen", Bühnenwerken von Gerhard von Keußler. Keußler verband in seiner Persönlichkeit Züge des Denkers, Dichters und Musikers.
Schillings' ironische Frage, ob man die Handlung des „Pfeifertag" nach Italien verlegen solle, deutet auf das gespannte Verhältnis hin, in dem zu dieser Zeit die deutschen Komponisten zu ihren italienischen Kollegen, allen voran Mascagni und Leoncavallo, standen. Seit der UA 1890 in Mailand hatte „Cavalleria rusticana" in allen Ländern geradezu einen Sensationserfolg zu verzeichnen. So veranstaltete beispielsweise Angelo Neumann im Lessing Theater in Berlin Serienaufführungen dieser Oper unter Mucks Leitung. (Vgl. auch Briefe vom 5. Januar und 10. Juni 1904, wie auch die späteren vom 2. Januar 1905, 14. September und 17. Dezember 1924.)
Preussische Correspondenz: vgl. Brief und Anmerkung vom 5. Januar 1904.

Allgemeiner Deutscher Musikverein
        Berlin, 2. Jan. 05
Lieber Freund!
Wäre nicht für Wien der Corregidor was? Dann könnten wir uns wenigstens für Graz die Wolffsimpelei abwimmeln; bliebe dann nur mehr die Brucknertrottulose übrig. O Du mein Österreich! Für Deine übrigen interessanten Mitteilungen besten Dank!

Hegar müssen wir machen, wenn es nur irgend möglich. Hegar ist persönlich so ein Prachtkerl und hat sich trotzdem er von Geburt Brahmsianer, der jungen Schule stets so voll Sympathie gezeigt, daß wir ihn kaum umgehen können.
Auch Reznicek, der ein geborener Grazer und dort auch erzogen, möchte ich gerne berücksichtigen.
Reiters Requiem, wenn es nicht zu lang und Weismann famos als Chorconcert mit Hegar zusammen.
Aus beiliegender Antwort Herrn von Hülsens auf meinen schriftlichen Neujahrsglückwunsch magst Du Dir den Inhalt meines Briefes selbst zusammenreimen.
Dem Kaiser sagte ich gestern im Zwischenakt des ehernen Pferd's, daß Wagner einerseits, der Schund andererseits (wörtlich) sich von selbst durchsetze, daß nur die Talente zweiter Ordnung, so etwa wie Cornelius ein schweres Dasein hätten und daß die deutschen Componisten ihre Sache nicht so gut zu „servieren" verstünden, als die routinierten Franzosen. Er war übrigens sehr nett und bin ich fest überzeugt, daß man ihn zu Manchem bringen könnte, wenn man öfters Gelegenheit hätte, mit ihm zu reden.
Auf Leoncavallo erwiedere ich in der Preuss. Correspondenz gar nichts! Ist, glaube ich, das beste. Alles andere vermehrt nur die Reklame für ihn, worum es ihm ja einzig nur zu thun ist.

                                      In Eile herzlich grüßend
                                      Dein
                                      Dr. Rich. Strauss.

Der beigelegte Antwortbrief Hülsens fehlt.
„Das eherne Pferd", Märchenoper von E. Humperdinck, Bearbeitung von F. Aubers komischer Oper „Le cheval de bronze".

Allgemeiner Deutscher Musikverein
                                      München, 30. Jan. 05.
Lieber Freund!
Das Naumann'sche Stück wird sicher sehr des Interesses würdig sein; wenn er zu seinem Können sich seit Heidelberg noch mehr auf sich selbst besonnen hat, muß etwas Gutes entstanden sein. Ich sehe es jedenfalls warmherzig an. Wie aber: Reiter complet 2 Stunden, Naumann 1 Stunde, Hegar 1 Std.??
Ich erwarte nun täglich die Urteile der H.H. Commissionäre. Können wir uns dann am *12.* oder *13. Febr.* in Berlin besprechen oder kann gleich eine Vorstandsitzung gehalten werden? Wenn das Fest schon Anfg. Mai sein soll müssen alle Hauptsachen bis Mitte Febr. doch wohl feststehen.

Ich bin 8.–10 Febr. in Wien; soll ich dort irgendwelche Schritte tun; giebt es etwas in Deinem Namen zu erledigendes?
Bitte um Informationen darüber. (Vielleicht könntest Du Dr. Kienzl nach Wien bitten, falls er mit mir sich dort besprechen sollte und ich könnte Dir 12. od. 13. berichten?)

                                Mit herzlichem Gruß
                                Dein
                                M. Schillings.

Von Otto Naumann wurde „Der Tod und die Mutter" auf dem Tonkünstlerfest in Graz aufgeführt.

[Postkarte]
Strauss.   2. 2. 05
Terminplan für Sitzung in Berlin. In Wien soll Schillings mit Kienzl, „vielleicht zusammen mit Mahler", alle wichtigen Fragen wegen des Grazer Musikfestes besprechen.

[Rohrpostkarte]
Strauss.   Sonntag [19. Februar 1905]
Einladung zu einer Sitzung der Genossenschaft Deutscher Tonsetzer mit der Bitte auch Rösch zu informieren.

[Beischrift zu einem Brief von Max Puchat aus Milwaukee vom 28. März 1905]
Strauss.   Berlin, 14. 4. 05
Schillings möge sich dafür einsetzen, daß Puchat die Leitung des Porges'schen Gesangsvereins in München erhält.

                                        München [19] 9. April 1905
Schillings.   Aiblingerstrasse 4
Schwierigkeiten mit Graz. Schillings berichtet kurz über eine Aussprache mit Dr. Marsop. Essen bietet sich evt. als Tagungsort für 1906 an.

[Postkarte]
Strauss.   Berlin, 28. 4. 05
Vorschläge, welche Sänger für Graz engagiert werden könnten.

Berlin W. 15, den 7. Mai 1905
Joachimsthalerstr. 17

Lieber Freund!
Da Mahler für seine 30 Minuten dauernden Gesänge einen kleineren intimeren Saal wünscht und da ich hier am 5. Juni Kronprinzenfestvorstellung dirigiere und daher schon am 3. Juni Nachmittags von Graz abreisen muß, habe ich die Programme folgendermaßen umgestellt und erbitte hierfür Dein Einverständniß:
I. Concert im kleineren Saal mit Orgel.
    Ertel [„Der Mensch" Symphonische Dichtung]
    Weismann [Fingerhütchen op. 12]
    Peters [2 Sätze aus der 2. Symphonie]
    ―
    Mahler [Gesänge mit Orchester]
    Moisisowic (meinetwegen die ganze Orgelei!)

II. Concert Naumann [„Der Tod und die Mutter"]
    ―
wie lange? Schillings [„Dem Verklärten"]   oder umgekehrt???
    Heldenleben   wie schließt Dein Stück?

III. Concert 4. Juni: Ideale [Liszt]
    7 Gesänge Hausegger (30 Min.)
    ―
    Böhe [„Odysseus' Heimkehr"]
    Streicher Männerchöre
    Kaisermarsch. [R. Wagner]
Ich glaube, die Programme sind so gut: höchstens das zweite Concert etwas zu lang. Die beiden anderen sind normal. Auch Böhe wäre somit gut placiert.

Schönsten Gruß
Dein Rich. Strauss.

Handschriftliche Anmerkungen Schillings': „1. Juni" zum 1. Konzert und „2. Juni [Theodor] Streicher" zum 2. Konzert.
Von Mahler wurden die Gesänge mit Orchester (Des Knaben Wunderhorn) von 1899 und die Kindertotenlieder (Friedrich Rückert) von 1902 aufgeführt.

[Maschinenschriftlich]
Strauss.   *Berlin, den 8. Mai 1905*
Bitte, daß die Anzahl der Dirigenten auf möglichst wenige beschränkt werden solle.

Allgemeiner Deutscher Musikverein

München, 10. Mai 05

Lieber Freund!

Mit Herrn *Boehe* habe ich gesprochen. Er ist sehr unglücklich sein Stück nicht selbst dirigieren zu dürfen und bat inständigst darum. Ich motivierte ihm eingehend unseren Wunsch und ersuchte ihn schließlich, *Dir* persönlich *sofort zu schreiben,* da von *Dir* die *Entscheidung* abhängen müsse. Er macht quasi zur „Bedingung", daß auch *Weismann* als Nicht-Berufskapellmeister Dir. Löwe den Dirigentenstab für sein „Fingerhütchen" überlasse. Weismann ist nun leider nicht hier und ich konnte seine Adresse nicht erfahren.

Ertl, Peters und Streicher dirigieren ja nicht selbst, so bliebe als Nichtberufskapellmeister nur ich am Pult, wenn man mir diese „Vergünstigung" gewähren will! Ich glaube, die Grazer rechnen darauf. Wenn Du Boehe erklärst, ihn um Überlassung seines Werkes an Dir. Löwe bitten zu müssen, wäre es am besten Du schriebest gleichzeitig an Herrn Julius *Weismann,* Componist, Mchn., Friedrichstr. 15/III (mit der Bem. sofort nachsenden) daß auch er sich von Dir. Löwe dirigieren lassen müsse, da die Staatsraison es erfordere.

Im anderen Falle blieben ja allerdings für Löwe nur Ertl, Peters und Streicher, von denen nur Streicher ihn wirklich interessieren wird, ferner Ideale und Kaisermarsch. –

Schwierig ist auch die *Frage Dressler.* Er sang gestern das Solo in meinem Chor gut im Ausdruck aber punktiert da es ihm eben zu hoch liegt, rechnet aber auch darauf es in Graz zu singen. Loritz läge es vorzüglich; dagegen bat Weismann mich, das Fingerhütchen, (das übrigens fast 20 Min. dauert) *nicht* Herrn Loritz zu geben, der keinen Humor habe, sondern Herrn *Dressler.* Nun hatte ich *Dressler* anfangs hauptsächlich für die *Hugo Wolf-Lieder* vorgeschlagen, an denen ihm am meisten liegt. Fallen die für ihn fort?? Wer soll sie dann singen? Ist noch an Herrn Noë (Tenor) (gleichfalls „Wolfianer") gedacht worden? Ehe ich *Dressler* abzusagen versuche bitte ich mir darüber *Mitteilung von Dir.*

Mit b.Gr. Dein
M. Schillings.

[Postkarte]
Strauss. Berlin, 14. Mai 1905
Entscheidung, daß der Grazer Dirigent Ferdinand Löwe die fraglichen Werke dirigieren soll.

[Maschinenschriftlich]

Berlin, 18. Mai 1905

Lieber Freund!
Der Brief des Grazer Festkomités mit meinem Kommentar scheint Dich noch nicht erreicht zu haben. Es handelt sich darum, daß das Grazer Komité in letzter Minute eine inoffizielle Aufführung der Bruckner'schen 8. Sinfonie am 1. Juli quasi als Geschenk für den Musikverein einschieben will. Motiviert ist dieses Anerbieten mit einer großen Bewegung in Wien. Maßgebende einflußreiche Kreise hätten sich darüber beschwert, daß kein Bruckner auf dem Programm sei und hätten gedroht, daß ein furchtbarer Lärm darüber in Graz geschlagen würde. Ich habe nun bei allen Vorstandsmitgliedern Umfrage gehalten, und mit Ausnahme von Mottl, haben alle einstimmig geantwortet, daß das Anerbieten der Bruckner'schen Sinfonie abzulehnen sei. Es ginge absolut nicht an, auch nur den Anschein zu erwecken, als ob von dem Vorstand des Allgemeinen Deutschen Musikvereins Bruckner nicht ins Programm aufgenommen werden sollte, und als ob man ihn jetzt quasi gegen unseren Willen hereinschmuggeln müßte, Du weißt ja selbst, daß wir Bruckner bringen wollten, und daß das Grazer Komité daraufhin das Te deum ausdrücklich wünschte. Daß aus dem Kirchenkonzert nichts geworden ist, ist nicht unsere Schuld, und daß es unmöglich war, das Kirchenprogramm in das übrige Fest noch einzureihen, weißt Du auch. Also formell wären wir jetzt kraft der Majorität im Vorstand berechtigt, das Anerbieten der Bruckner'schen Sinfonie glatt abzulehnen. Skandal in der Presse und Interpellation bei der Generalversammlung fürchte ich persönlich nicht im geringsten, da die Schuld, warum Bruckner verbummelt worden ist, ja nicht an uns liegt. Um aber auch nur den Anschein zu vermeiden, als ob irgend eine Mißstimmung gegen Bruckner bei uns herrsche, habe ich heute Herrn Lessmann und Rösch folgenden Kompromißvorschlag unterbreitet: da es nicht angängig ist, Bruckner inoffiziell auf dem Feste zu bringen, kann er nur in einem der drei Orchesterconcerte untergebracht werden. Da es unmöglich ist, einen Komponisten außerhalb des Vorstandes jetzt aber aus dem Programm herauszuwerfen, und die Programme reichlich komplett sind, bliebe nichts anderes übrig, als die Bruckner'sche Sinfonie ins zweite Concert nach Naumann zu stellen und dafür Deine Hymne und mein „Heldenleben" einfach zu eliminieren. Beide Werke zusammen entsprechen ungefähr der Dauer der Bruckner'schen 8. Sinfonie.
Bist Du damit einverstanden? Wenn ja, erbitte eine ganz kurze Depesche an Rösch (Genossenschaft), welcher sofort dann den Grazer Herren unser Definitivum übermitteln wird. Die ganze Sache ist unglaublich und diese

Lösung schließlich noch die einzig mögliche, will man den Frieden erhalten und jeden unnötigen Skandal vermeiden.

Mit herzlichem Gruß
Dein
Dr. Richard Strauss.

Strauss hatte an Schillings den Brief des Grazer Festausschusses sowie sein eigenes Schreiben an die Mitglieder des A.D.M.V. geschickt. Wie daraus hervorgeht, war tatsächlich ein geplantes Kirchenkonzert, in dem u.a. Bruckners „Te deum" gespielt werden sollte, vom Grazer Festausschuß zurückgewiesen worden, weil eine geeignete Kirche fehle. Gelöst wurde das Problem schließlich dadurch, daß Bruckners 8. Symphonie im 2. Orchesterkonzert anstelle von Strauss' und Schillings' Werken aufgeführt wurde, und „Dem Verklärten" und „Ein Heldenleben" in einem eingeschobenen Sonderkonzert.

[Postkarte]

Dortmund, Hotel römischer Kaiser
Strauss.   *27. Mai 05.*
Definitives Programm für Graz: 2. Konzert: Naumann und Bruckner
Extrakonzert am 3. Juni: Schillings, „Dem Verklärten" [für gemischten Chor, Baritonsolo und großes Orchester op. 21]
Strauss, „Ein Heldenleben" [op. 40]

München (19) 14. Juni 05.
Aiblingerstrasse 4

Lieber Freund!
Über den Verlauf der Grazer und Wiener Tage wird Dir Herr Rösch berichtet haben. Die etwas wahllose Begeisterung hüllte alle Veranstaltungen in einen festlichen Mantel und hatte, ebenso wie der enorme Zudrang zu den Concerten etwas rührendes. – Heil! Heil! – Daß alles noch so glücklich abgelaufen ist, freut mich im Interesse der Alldeutschen Bewegung, die der Erfüllung durch das Fest entschieden näher gerückt ist.
Ich war bemüht Dich in den Dir so schweren Tagen so gut als irgend möglich zu vertreten. Wenn mir nicht alles geglückt ist, so liegt es nicht am Mangel an gutem Willen. Am meisten hat das Heldenleben unter Deiner Abwesenheit gelitten. Es war eine schwere Enttäuschung.
Über die neue Vorstandzusammensetzung wird Dir gleichfalls Rösch berichtet haben. Lessmann und Marsop brachten gegenseitig sich um. – Mit Witte wurde das Wichtigste besprochen; als Termin käme am ehesten 20.–24. Mai in Betracht. 2. Juni ist Pfingsten mit dem Aachener Musikfest, dem das unserige nicht zu nahe rücken sollte.

Ich habe angeregt ob nicht eine Festoper zur Eröffnung oder zum Schluß in *Cöln* sein könnte. Das Essener Theater ist zu klein um etwas zu leisten. Willst Du die Frage jetzt bei Deiner Anwesenheit in *Cöln* in Fluß bringen? Ich glaube sie wird dort sicher Sympathien finden! Die Nachfeiertage in Wien waren sehr genußreich. Hut ab vor Mahler als Opernleiter! Feuersnot kennst Du ja in der dortigen „Fassung", aber auch „Elisabeth" kam im Wesentlichen ergreifend schön heraus.

          Mit herzlichem Gruß
          Dein
          Max Schillings

Strauss' Vater war am 31. Mai 1905 dreiundachtzigjährig gestorben; deswegen mußte Richard Strauss das Grazer Musikfest vor dem 2. Orchesterkonzert überraschend verlassen.
Das nächste Musikfest des A.D.M.V. fand in Essen statt; Georg Hendrik Witte war der Festdirigent.
Im Anschluß an das Grazer Musikfest fanden an der Wiener Oper zwei Festvorstellungen mit „Feuersnot" und Liszts „Legende von der heiligen Elisabeth" unter Mahlers Leitung statt.

Strauss.   *Cöln 25. Juni 1905*
Anfrage, ob Schillings' neue Oper „Der Moloch" für das Essener Musikfest fertig werden könnte. Oder sonst „Walhall in Not" von Neitzel?

Grand Hôtel de Russie
          Berlin, den 11. Oktober 1905
Lieber Freund!
Kennst Du was von Schulz-Beuthen?
Ich habe Dich unlängst in München vergebens antelefoniert! Höre durch Deinen Bruder mit Vergnügen, daß Moloch fertig! Gratuliere!
Ich bin der Ansicht, daß der alte vom Rath das Andenken seines armen Sohnes durch die Stiftung von einer Million Mark an die Genossenschaft Deutscher Tonsetzer zu ehren hat. Der arme Felix hat so wenig Freude am Leben gehabt; es wäre ein schöner Gedanke, wenn ein großer Stipendienfonds: Felix vom Rathstiftung der Genossenschaft deutscher Tonsetzer dem Andenken unseres geliebten Freundes auch in breiter Öffentlichkeit Ehre und Dank brächte. Wäre es Dir möglich, dem alten vom Rath, der ja jetzt absolut nicht weiß, wohin mit dem Vermögen seines Sohnes, das beizubringen? Oder welche Mittel und Wege wären sonst einzuschlagen? Thuen muß der Alte Herr etwas für das Andenken seines armen, braven Sohnes.

      Herzlichen Gruß Dir und Deiner lieben Frau
      auch von der meinigen
      Dein
      Rich. Strauss.

Der Brief ist mit ausgedehnten stenographischen Notizen von Schillings versehen. Es ist sichtlich das Konzept eines Antwortbriefs an Strauss, in dem er auf die völlig anderen Absichten Herrn vom Raths hinweist. Am seitlichen Rand quer: „12. X. 05 beantwortet. Gerhäuser [?]".
Felix vom Rath, der als „eine Hoffnung der Münchner Schule" galt, war am 25. August 1905 39jährig nach einer Operation plötzlich gestorben.

[Kartenbrief]
                                              Würzburg, 12. Oct. 05.
Lieber Freund!
Ich konnte in der Eile der Abreise von München nur noch einige Zeilen an Dich diktieren. Hier in W., wo ich auf Anschluß warte möchte ich Dir, um meine Gedanken zu neutralisieren, sagen, daß ich von Schulz-Beutten nichts kenne aber stets von ernsten Leuten ihn nur als tragikomische Figur schildern hörte. Als Mitarbeiter des Brockhaus-Convers.-Lexikon soll er sich in der Rubrik „Musik" tolle Sachen geleistet haben: Symphonie, Beethoven, Brahms, Schulz-B., Kammermusik: dito, Oper: Weber, – Wagner, – Schulz-Beutten etc. – Trotzdem sollte man sich etwas von ihm ansehen. Willst Du mir etwas schicken lassen? Der Brief des H. Hornickel ist rührend aber der Name verdächtig. – Mit Herrn von Rath stehe ich in Verbindung. Wenn uns das Schwerste mit unserem Kind erspart bleibt, kehre ich bald nach München zurück und sehe ihn dort. – Auch wegen Essen habe ich Dir manches zu schreiben. – Moloch ist wirklich fertig und ich bilde mir natürlich ein es tauge etwas.
                                                             Herzlich Dein
                                                             M. Schllgs.

Schillings, in größter Sorge um seine schwer erkrankte Tochter, schrieb die Karte auf dem Weg nach Gürzenich im Rheinland.
Heinrich Schulz-Beuthen hatte zunächst Ingenieurwesen studiert und widmete sich erst später ganz der Musik. Seine zahlreichen Werke (u. a. 5 Opern, 8 Programm-Symphonien, Symphonische Dichtungen) blieben großenteils ungedruckt.

                                                           München (19) 10. Nov. 05
                                                           Aiblingerstraße 4
Lieber Freund!
Es ist Zeit sich dem Essener Fest zu nähern. – Ende Sept. war ich in Essen und habe mit Witte und einigen maßgebenden Herren allgemeine Fragen besprochen. Auch prinzipielles besprach ich mit Witte. Du kennst ihn; er ist kein Jüngling mehr und nimmt die Dinge nicht leicht. Allzuviel darf man ihm wohl nicht zumuten. – Wir müssen unbedingt trachten dem Essener

Fest einen bestimmteren Charakter als dem Grazer und auch Frankfurter zu geben, sonst erfüllt der Verein keinen vernünftigen Zweck mehr und uns alle muß die Zeit reuen, die er uns abnimmt. Ich meine vor allem: Beschränkung des Musizierens auf das *notwendig* erkannte Maß und ferner: *nur Uraufführungen* (abgesehen von *besonderen* Ausnahmefällen).
– Auf Witte's Wunsch fragte ich bei *Mahler* an, ob er etwas zur Uraufführung habe. Er bietet seine *6. Symphonie* an, betont aber daß sie *sehr* große Besetzung und ein eigenes Concert braucht und ferner 7 Vollproben (mit evt. 2 Specialvorproben). In dankbarer Erinnerung an Crefeld willige er *mit Freuden* ein, gebe aber zu bedenken, ob seine Bedingungen nicht das Fest zu sehr belasteten. Ich bin für Annehmen des Werkes und schlage vor, daß ich die Musikausschußmitglieder jetzt schon schriftlich um ihre Meinung befrage. Bitte hierüber Deine umgehende *Anweisung*. Ich habe gedacht, ob wir uns diesmal auf 2 Orchesterconcerte beschränkten; wenn für Mahler eines reserviert wird, ist es wohl nicht so durchführbar, denn es liegt manches Brauchbare und Interessante vor. *Reger* meldete ein Orchesterstück zur Uraufführung an; eine „Deutsche Messe" (auf moderne Texte!) von *P. Fassbaender* verdient Interesse, ferner eine „Sinfonie mit Gesang" von *J. Doebber* u.a. dazu einige brauchbare Kammermusik. – Hast Du mit d. *Cölner Theater* noch verhandelt, Baußnern hat die *Gunlöd* von Cornelius „neu vollendet", sie ist in Cöln angenommen (mit Pomp ausgestattet); sie käme entschieden in Betracht. (*Moloch* ist nicht zu haben; die Part. wird nicht fertig) Für *Neitzels* „*Walhall*" stimme ich *nicht*. Der M. V. kann wohl eine gute Parodie aber keine Blasphemie protegieren. Weißt Du ein *modernes* Werk? Willst Du nicht Deinen *Guntram* leiten und diese wichtige Episode aus Deinem Leben einmal in guter und würdiger Gestalt zeigen?
Für *Essen (kleines* Theater) schlägt *Pfitzner* seine Ausgrabung der „*Melusine*" von *Amadeus Hoffmann* vor. Ich finde es interessant. Willst Du nicht mit ihm darüber sprechen?
Soweit für heute der M. Verein, der mich geradezu „greulich" plagt. – Herr vom Rath will eine Stiftung von 100,000 M (3½%) errichten, zur Unterstützung von Musikern. Ein Curatorium von 5 Musikern soll *ganz frei* die Zinsen verteilen (bis zu 3 Jahren im voraus). Er wünscht daß der Sitz der Stiftung München sei, daß ich den Vorsitz im Curatorium führe und hofft, daß Du eine Wahl in dieses annehmen würdest. Bist Du geneigt dazu?
Für eine Stiftung in dem von Dir gedachten Sinne ist kein „Sinn" in ihm zu erwecken. Er glaubt im Sinne seines Sohnes zu handeln, wenn er Künstler unterstütze, deren „schweres Loos" dieser ihm oft geschildert habe. Er hat außer dieser Stiftung noch in schöner Weise für einige Freunde seines Sohnes gesorgt.

Ich bedauere, daß Dein Wunsch jetzt nicht zu erfüllen ist und bitte Dich *mir zu sagen* ob Du mit dem anderen Plan sympathisieren willst. Mit 3500 M. im Jahr läßt sich immerhin manches heute tun.
Und zum Schluß noch eine Frage: Ist Möglichkeit vorhanden, den im verg. Jahr gehegten Plan einer Wiederaufnahme des *Pfeifertag* in Berlin aufzunehmen?
Unserm Mädel geht's immer noch wenig gut; meine Frau ist noch mit ihm am milderen Rhein.

Mit allseitigen herzlichen Grüßen
Dein
Max Schillings

Feuersnot ist hier im Studium. Klose's „*Ilsebill*" hatte starken und sicher bleibenden Erfolg hier. Das großangelegte Werk wäre Deiner Sympathie ganz und gar würdig und würde auch der Berliner Oper Ehre machen.

Beim Musikfest des A.D.M.V. in Krefeld 1902 war Mahlers III. Symphonie aufgeführt worden.
Waldemar von Baußnern hatte soeben das fragmentarisch hinterlassene letzte Opernwerk von Peter Cornelius, „Gunlöd", ergänzt und vervollständigt; Hans Pfitzner die von C. M. v. Weber hochgeschätzte romantische Oper E.T.A. Hoffmanns „Undine" (nicht, wie irrtümlich von Schillings angegeben, „Melusine") bearbeitet.
Mottl, der schon die UA 1903 in Karlsruhe herausgebracht hatte, führte Kloses Oper „Ilsebill; das Märlein von dem Fischer und seiner Frau. Eine dramatische Symphonie", auch im Münchner Hof- und im Prinzregententheater auf.

[Telegramm]

München, 18. 11. 1905

deine darlegungen erheischen laengere ueberlegungen. bedauern alle sehr deinen ruecktritt von unternehmung die nur nach form von deinem wunsche abweicht. brief folgt tunlich bald. bitte auch roesch benachrichtigen. schillings.

Der dem Telegramm vorausgegangene Brief von Strauss fehlt. Er muß sich auf die geplante Felix-vom-Rath-Stiftung bezogen haben, die Strauss der Genossenschaft Deutscher Tonsetzer angegliedert sehen wollte. Vgl. Brief vom 11. Oktober 1905.

[Postkarte]
Strauss. *Berlin, 25. Dez. 05*
Strauss meldet seinen Besuch in München an und schlägt Besprechungstermine vor.

[Kartenbrief]
München, 3. Jan. 05 [1906]
Lieber Freund!
Wir sind sehr stolz in's neue Jahr getreten: 1700 m hoch auf dem Hirschberg; eben ohne erfrorene Zehen wieder eingerückt voller herrlicher Eindrücke. – Daß ich Dir eben erst telegrafieren konnte, tut mir bei der Dringlichkeit Deines Wunsches doppelt leid! Die Rathstiftung ist noch nicht im Blei, d. h. funktioniert noch nicht, da die Genehmigung erst jetzt nachgesucht werden konnte. Ich garantiere Dir aber daß 500 M. für Deinen Schützling Fr. Wagner, zahlbar sobald die Stiftung „arbeitet", d. h. hoffentlich in einem Monat. Willst Du bis dahin die Summe Deinem Schützling vorstrecken? es wäre wohl das einfachste. Ich schicke dann *Dir* die 500 M. und Herr F. W. quittiert sie aus der Rathstiftung erhalten zu haben. – An die Äußerung in Deinem Briefe, daß Du „*noch nicht*" in unserem Curatorium sitzest, knüpfe ich die Hoffnung daß es bald „doch" heiße. – Wenn Du Hülsen das Moloch-Buch geben willst, bitte ich sehr darum.
Wir denken der Stunden, die Du bei uns warst mit Freuden!
Herzlichst Dein
Max Schillings.

Anläßlich der EA von „Feuersnot" am 23. Dezember 1905 und weiterer Aufführungen hatte sich Strauss in München aufgehalten.

Strauss.   *Berlin W. 15, den 3. Jan. 1906*
Joachimsthalerstr. 17
Dank für die rasche Hilfeleistung aus der Rath-Stiftung. Vorgespräch mit Hülsen wegen EA von Schillings' neuer Oper „Der Moloch".

[Ansichtskarte von Göttingen]
Strauss. [Göttingen] 6. Februar 1906
Aufführung von Schillings' „Pfeifertag" in Berlin am 16. Februar festgesetzt.

[Postkarte]
Strauss. 11. 2. 06
Mitteilung über Proben zu „Pfeifertag".

[Postkarte]
Strauss. [11. Februar 1906]
Aus bühnentechnischen Gründen Verschiebung um 14 Tage notwendig.

[Postkarte]
Strauss. Berlin, 14. Febr. 06
Vereinbarung einer gemeinsamen Reise nach Leipzig.

[Postkarte]
Strauss. Berlin, 10. 3. 06
Aufführung am 18. März, letzte Proben am 16. und 17. März.

[Postkarte]
Strauss. Berlin, 11. 3. 06
Anfrage, ob Schillings seinen „Pfeifertag" während Straussens Paris-Aufenthalt selbst dirigieren wolle.

München (19) 13. III. 06
Aiblingerstrasse 4

Lieber Freund!
Besten Dank für Deine frohe Nachricht über den Pfeifertag. – Leider ist es mir nicht möglich zu den letzten Proben und der Aufführung am 18. zu kommen. Ich stecke tief in den Arbeiten an der Moloch-Partitur, die mir nun pflicht- und *contrakt*gemäß unter den Händen brennt. Wenn sie rechtzeitig fertig werden soll, muß ich jetzt tunlich am Schreibtisch bleiben um so mehr, als ich im April noch Concerte angenommen habe. Eine Aufführung in Deiner Abwesenheit, etwa am 24. dirigieren zu dürfen, wäre mir natürlich eine ebenso große Freude als Ehre. Wenn ich aber den Proben unter Dir nicht beiwohnen kann, ließe sich dann eine *Verständigungsprobe* ermöglichen, in der ich die schwierigsten Partien durchnehmen könnte? Etwa am Tage selbst? – Bitte sage mir darüber ein Wort. – Das „Essen" ist wieder einmal nicht leicht zu verdauen. Der gute Witte hat sich über einen Brief Rösch's aufgeregt, daß er ganz die Fassung verloren hat. Ich schrieb ihm beruhigend und zur Vernunft à la Algeciras mahnend. Die Verhältnisse liegen dort eben kleinstädtisch verzwickt und Witte wittert hinter allem Verrat und Intriguen der Partei Hehemann-Hagemann. Ganz außer sich ist er über das Stück von Neitzel, das ein Mitglied des Essener Comitées als einen „zum Himmel stinkenden Regenwurm" zu bezeichnen wagt. Ich habe ja in der Sitzung betont, daß das Stück jedenfalls bei Witte Entsetzen erregen wird, nachdem s. Z. Hausegger es ablehnte, es zu dirigieren, und der hat doch einen stärkeren Magen. – Schwierig ist auch die Frage Pfitzner. Pf. hat eben den Fehler gemacht, Witte nicht zu

besuchen, obgleich ich ihn darum gebeten und Witte den Besuch angekündigt hatte. Nun sieht Witte darin eine Absicht Pf.'s ihn zu brüskieren, da er (Pf.) in Essen Gast der Herren Hehemann und Hagemann war, die dem tüchtigen Witte ja allerdings hart und bösartig mitspielen. – Ich glaube sicher, einige freundliche Zeilen von Dir bringen den guten Witte, der seine Existenz bedroht glaubt, zu Ruhe und Annahme unserer Wünsche. Ein gewisses Entgegenkommen verdient doch sicher der mit der höchst undankbaren Festdirigentenrolle betraute. Er soll in Gottesnamen doch die „Tageszeiten" aufmarschieren lassen als Gastgeschenk für den Verein. Durchaus müsse er etwas Bedeutendes für seinen Chor haben, z.B. ein Molochfragment; ich habe ihm das ausgeredet und betont, daß er mir selbst gesagt habe, es sei ihm unmöglich, ein großes Chorwerk nach seiner anstrengenden Concertsaison einzustudieren.

In Deiner Hand liegt nun all unser Glück! Schreib ihm nur bald ein paar Zeilen.

Vor allem aber bitte ich um ein Wort wegen Pfeifertag, und nimm heute schon für Deine rührende Mühe um das Werk Dank der vom Herzen kommt!

Mit wärmsten Grüßen
Dein
Max Schillings

[Von Strauss' Hand]
Lieber Freund!
Was ist da zu machen?
Ich reise am 18.ten also Sonntag nach Paris; Schillings kommt am 24.ten hieher, um seinen Pfeifertag zu dirigieren. Willst Du da alle brennenden Fragen mit ihm besprechen?
Was hast Du Witte geschrieben, das ihn gar so sehr aufgeregt hat?
Soll ich in Paris irgend etwas bei der Société bestellen? Hast Du eine Mission dort für mich?
Wennmöglich, komme ich morgen oder Sonntag nochmal bei Dir vorbei oder telefoniere an.
Hast Du den Urheberpassus an Herrn von Hülsen geschickt? Bitte dies nicht zu vergessen, er mahnt mich immer!

Herzlichen Gruß
Dein eiliger
Rich. Strauss.

Wie soll ich die Essener Wohnungsfrage entscheiden? Wollt Ihr mit mir bei Sölling wohnen?

Schillings hatte wegen der UA von „Moloch" inzwischen mit Dresden fest abgeschlossen.
Mit „Vernunft à la Algeciras" spielt Schillings auf die 1906 tagende Konferenz im südspanischen Algeciras an, bei der über die Marokkofrage verhandelt wurde.
Max Hehemann: Feuilletonredakteur der „Essener Allgemeinen Zeitung", Musikkritiker, sowie Begründer der von 1904–1907 bestehenden „Musikalischen Gesellschaft" in Essen.
Carl Hagemann: Intendant des Nationaltheaters in Mannheim.
Das umstrittene Musikstück war „Walhal in Not" des Kölner Musikschriftstellers und Komponisten Otto Neitzel.
„Von den Tageszeiten", Oratorium für Chorgesang, Einzelstimmen, Orchester und Orgel op. 29 von Friedrich E. Koch.
Strauss hat diesen Brief mit angefügten handschriftlichen Bemerkungen sichtlich an Hans Rösch weitergeleitet.

Hôtel Bellevue
                                          Paris, 21. März 1906
Lieber Freund!
Pfeifertag ist vor vollem Hause letzten Sonntag (bis auf einen falschen Einsatz Hoffmanns im II. und einige Unsicherheit Knüpfers im III. Akt) sehr gut gegangen und hat wieder schönen Beifall gefunden. Ich muß Dir, damit du Samstag keine Accidents erlebst, einige Merkzeichen geben, die Dir dienlich sein können. Chor ist sehr sicher, ebenso Orchester. Dirigent der Bühnenmusik hinter der Scene nimmt stets Deinen Takt ab, also ruhig und fest weiterdirigieren! Die Sänger dagegen brauchen viel Zeichen und gute Unterstützung. Frl. Ekeblad ist sehr sicher, aber fast blind, sieht kein Zeichen und keinen Takt: Du mußt Dich also durchaus nach ihr richten und nach ihrem Mund gucken. Alle colla parte's und Modifikationen der Sänger sind in der Partitur durch c. p. oder — eingezeichnet. Wo × stehen, sind unsichere Einsätze der Sänger, die Du besonders im Auge behalten mußt. Grüning setzt gern etwas zu früh ein, ebenso Jörn. Grünings Gdur ⁶⁄₈Lied möglichst alla breve dirigieren, nur die ³⁄₈ und wo der Sänger viel ⁶⁄₁₀tel hat, etwas Achtel ausschlagen! So, das wäre wohl das Wichtigste! Also all Heil! Hier ist's herrlich, wir amüsieren uns nach Kräften! Hoffentlich bleibst Du zu den Versammlungen der Genossenschaft noch in Berlin und sehen wir Dich dann!

                                          Mit herzlichen Grüßen
                                          Dein
                                          Richard Strauss
Wir sind am 27. Früh wieder zu Hause!

Auf dem Brief handschriftlicher Vermerk von Schillings: „Ende März dirigierte ich den ‚Pfeifertag' in der Berliner Kgl. Oper, Ss."

[Maschinenschriftlich]   *Berlin, den 2. April 1906*
Strauss.   *W. 15, Joachimsthalerstr. 17*
Anfrage wegen d'Alberts Oper „Flauto solo" [1905 bei Bote & Bock], die Strauss im Rahmen des Musikfestes in Essen, und wegen Peter Cornelius' Oper „Gunlöd" [1874], die er in der Bearbeitung von Waldemar von Baußnern [1905] in Köln aufführen wollte [vgl. Brief und Anmerkung vom 10. November 1905].

                                           Obercassel-Siegkreis,
                                                    9. April 06
Lieber Freund!
Seit dem 4. Apr. bin ich von München abwesend; ich hatte einen Musikfest-Tag in Osnabrück zu dirigieren und heute erreicht mich erst die Post der letzten Tage, darunter Deine (– Gottlob: Schreibmaschinen)-Zeilen vom 2., denen ich entnehme, daß noch Unsicherheit mit Flauto solo herrschte. Ist sie inzwischen gehoben, oder soll ich noch an Bock schreiben?
Ich bin von heute Abend an bis über die *Ostertage* in *Gürzenich bei Düren* also nahe bei Cöln und Essen. Soll ich persönlich in Deinem Auftrage mit Martersteig etwas besprechen oder mit Witte, mit dem ich mir Rendezvous in Cöln geben könnte? Wenn Du es wünschst rufe ich Dich aus Düren telefonisch an, wenn Du mir telegraphisch nach Empfang dieser Zeilen eine Zeit angeben willst. Adresse einfach Schillings Gürzenich.
Ich könnte dann alle Deine „Ordres" empfangen; es wird wahrhaftig Zeit, daß das Programm veröffentlicht wird. Witte hat ja nun die „Tageszeiten" [Koch] wieder fallen lassen. Vorgetan und Nachbedacht!!
Über die Solisten schreib ich noch aus München an Roesch. Ist das Pfitzner-Trio nun mit Pfitzner am Clavier sicher?
Ich erwarte also Deinen Bescheid.
Daß Pfeifertag noch einmal war hörte ich mit größter Freude!
                                                        Herzlichst
                                                        Dein
                                                        Max Schillings

[Maschinenschriftlich]
                                               Berlin, den 15. April 1906
                                               W. 15, Joachimsthalerstr. 17
Lieber Freund!
Hoffentlich kommt nun die flauto solo-Sache definitiv in Ordnung. Cöln hat an mich geschrieben, daß sie von der Gunlöd-Aufführung absehen und die Absicht hätten, zu der Festvorstellung „Die Widerspen-

stige" von Götz zu geben. Ich hatte bereits zugesagt, bekam aber einen Tag danach ein Telegramm von Lohse, daß wegen der Salomevorbereitungen auch diese Festvorstellung unmöglich sei und wir demnach auf einen Opernabend in Köln ganz verzichten werden müssen.
Wenn Witte ausdrücklich wünscht, die Symphonie von Bischof selbst zu dirigieren, trete ich selbstverständlich zurück und bitte das gelegentlich auch Bischof mit meinem aufrichtigen Bedauern mitzuteilen.
Wegen der Mahlerproben kann ich natürlich Witte keinen Rat geben; das muß er sich schon mit Mahler selbst zurechtlegen.
Bezüglich des Solisten hätte ich gern Vorschläge von Witte selbst, um dann die Sache mit Rösch definitiv zu regeln. Hättest Du nicht Lust, selbst für einen Tag nach Essen zu fahren, um alles Nötige mit Witte persönlich zu besprechen?
Pfeifertag wurde neulich leider in letzter Minute wegen Heiserkeit von Grüning abgesagt; doch werde ich mich selbstverständlich bemühen, ihn im April vor meiner Abreise noch einmal herauszubringen. [Handschriftlicher Zusatz] Ist bereits für nächsten Freitag angesetzt.

                                  Mit schönstem Gruß
                                  Dein aufrichtig ergebener
                                  Dr. Richard Strauss.

[Handschriftlich angefügt]
[Hans] Sommer-Lieder [„Letztes Blühen"] und Delius [„Sea drift"] singt also der Braunschweiger Bariton.
Marteaulieder Frl. Lessmann
1. Kammermusik das Cossmannquartett
2. Die Münchner mit Walter [Klavierquintett] und Pfitzner [Klaviertrio] selbst am Klavier
Fehlt noch der Sopran für Humperdinks Chor [„Hymne"]
und der Mezzosopran für Braunfels [Szene aus der Oper „Falada"] Drill-Oridge?
Mit Fr. Metzger Froitzheim wäre ich sehr einverstanden. Willst Du Witte darüber befragen und Frau Metzger dann sofort auffordern?
Bitte Flauto solo mit Hochdruck zu betreiben, da Bock offenbar (unbegreiflicher Weise) keine Lust hat, das Werk für Essen herzugeben!

Der Dirigent Otto Lohse war damals Operndirektor der vereinigten Stadttheater in Köln. Von Gustav Mahler wurde auf dem Essener Tonkünstlerfest die 6. Symphonie uraufgeführt. Bei Pfitzners Klaviertrio op. 8 sprang für den erkrankten Komponisten der Pianist August Schmid-Lindner ein.

Gürzenich b. Düren, 18. Apr. 06
Lieber Freund!
Es ist sehr schade, daß mit Cöln nichts „zusammengeht". Haben die Cölner denn gar keine „passende" Novität? Die Hauptsache ist nun, daß „Flauto solo" in Essen zustande kommt. Auf meinen dringlichen Brief an Bock habe ich noch keine Antwort. B. ist im Süden; ich ersuchte aber um sofortige Nachsendung des Briefes. Kann denn d'Albert in der Sache nichts tun, der doch selbst die Aufführung sehr wünschte?
Herr Witte ist zur Erholung nach Boppard gereist. Auf meiner Rückreise am Sonntag werde ich ihn dort aufsuchen, noch einmal mit ihm das nötige besprechen und dann an Roesch berichten, da Du ja wohl inzwischen auf Reisen sein wirst.
Von Solisten sind bisher fest: die beiden Quartette, Neitzel, der Braunschweiger Bariton, Frl. Lessmann, Frau Drill-Oridge. Nun schreibst Du von Fr. Metzger-Froitzheim. Sollen denn Lieder von *Wetzler* definitiv gemacht werden? Die Programme werden, fürcht' ich zu lang. Und sollte nicht, wenn's sein muß, Fr. Drill Wetzler übernehmen? Sie kommt sonst für eine Nummer extra von Wien. – Ich schrieb Wetzler daß die Entscheidung über seine Lieder in Deiner Hand läge.
Bischoff werde ich in der Directions-Frage verständigen, falls Witte dirigieren will. Soll denn keiner der Componisten selbst dirigieren, auch Braunfels nicht, der sehr darum bat und seine Sache gut vertreten würde?
Daß dem Pfeifertag am Freitag alle Tenöre gnädig sein mögen hoffe ich sehr.

Mit besten Grüßen
Dein
Max Schillings

[Maschinenschriftlich]
Strauss. *Berlin, den 22. April 1906*
Letzte Direktiven für das Essener Musikfest Ende Mai. Wetzlers Lieder entfallen aus Zeitgründen.

[Beischrift zu einem Brief von Albert Fuchs vom 30. Juni 1906]
Lieber Freund! Marquartstein, 6. 7. 06
Willst Du Dir dies Oratorium gelegentlich ansehen? Von Dresden habe ich nichts mehr gehört, außer daß Schuch und die Hofkapelle nicht mitthun wollen. Was ist da zu machen?

Bestens grüßend
Dein
Dr. Rich. Strauss.

Der Komponist Albert Fuchs hatte Strauss sein neues Oratorium „Selig sind, die in dem Herrn sterben" zur Aufführung im Rahmen des Tonkünstlerfestes von 1907 in Dresden angeboten und Schillings sollte es begutachten.
Die Einladung an den A.D.M.V., das nächste Tonkünstlerfest in Dresden abzuhalten, war von dem Dresdner Oberbürgermeister ohne vorherige Rücksprache mit Ernst von Schuch, dem GMD der Dresdner Hofoper, ausgesprochen worden. Das wäre aber nötig gewesen, da die Stadt Dresden weder ein eigenes Orchester noch ein eigenes Theater, aber auch keinen geeigneten Konzertsaal besaß, und Schuch mit der Königlichen Kapelle an der Hofoper nur bedingt und zu bestimmten Zeiten zur Verfügung stehen konnte.

[Kartenbrief]
                                                    Dresden 31. Oct. [1906]
Lieber Freund!
Alle Versuche Deiner telefonisch habhaft zu werden waren umsonst. Die Herren der Stadt und des Theaters hatten Dich erwartet, damit eine Besprechung der Musikfestfrage stattfinden könne und ich wollte mir Vollmacht von Dir erholen Dich zu vertreten; da ich sie nicht erlangen konnte, wohnte ich denn der Besprechung quasi inoffiziell bei und konnte doch einige Fragen aufklären. Demnächst wird man sich nun weiter an Dich wenden. Die Aussichten sind nun gut und es wird alles ordentlich zusammengehen. Schuch hat etwas Angst vor den Programmen; ich habe ihm versprochen, daß wir ihm lauter Elite-Novitäten vorschlagen. Freilich woher nehmen? Mit der Individualität Sch.'s ist jedenfalls zu rechnen. – Chorverhältnisse recht mau. Alle Concerte müssen außerdem im Theater stattfinden. Gestern 28te Salome! – – Moloch wird nun Anfg. Dec. lebendig.
                                                    Herzliche Grüße Dein
                                                    Max Ss.
Die 28. „Salome"-Aufführung in Dresden seit der UA am 9. Dezember 1905

[Postkarte]
Strauss.   Berlin [durchgestrichen] Cassel, 7. 12. 06
Strauss meldet sein Kommen zur UA von Schillings' „Moloch" am 8. Dezember 1906 in Dresden an.

Schillings.   München, 18. Apr. 07
Einladung zu einem Strauss-Konzert der Ortsgruppe München, das Strauss dirigieren möge.

                                                    Berlin, 19. April 1907
Strauss.   Joachimsthalerstr. 17
Absage für diesen Winter, Zusage eines kostenlosen Konzerts im nächsten Jahr.

Gürzenich b. Düren 23. Sept. 07

Lieber Freund!

Es giebt ein altes Jägerlied vom Hasen, den alles fressen will. Ich fühle mich zuweilen ganz hasig den Zeitschriften gegenüber. Denn alle behaupten ich könne und müsse die Feder führen und wenn ich ihnen nicht schleunigst Beiträge liefere, so fräßen sie mich. – Du machst es gnädiger für „Morgen" und sagst mir sehr ehrenvolle Dinge und ich glaube, das fesselt mich mehr, als das Drohen mit dem Gefressenwerden. Übrigens hatte ich Herrn Dr. Landsberg s.Z. schon zugesagt energisch an meinen schriftstellerischen Kopf zu klopfen in der Hoffnung daß es nicht allzu hohl wiedertöne. Und ich will auch mein möglichstes tun und versuchen meine abscheuliche Abneigung gegen das Artikelschreiben zu bezwingen, die aus der Ansicht entspringt, daß bei dem entsetzlich großen Zeitungsgeplärr von heute nur der gesund bleibt, der das Maul (pardon: den Mund) halten kann. Auf dem Herzen hat man ja freilich mancherlei; aber man muß ja nicht jedem sagen, was einen plagt.

Was hilft's aber? – Du rufst: so versuche ich sobald als möglich mein Herz zu erleichtern auf die Gefahr hin, andere Zeitungen die längst etwas von mir erwarten, zu erzürnen. Hätte ich nur auch die Zeit wie Du hoffst. Aber meine Amtlosigkeit muß ich damit büßen, daß, wie eingangs gesagt, alle mich fressen wollen. Übrigens droht auch der Amtlosigkeit wieder einmal eine ernste Gefahr (diesmal ernster als die Schweriner).

Kurz und gut: noch im October hoffe ich Dir für „Morgen" etwas brauchbares zu liefern.

Mit allseitigen besten Grüßen bin ich
Dein
Max Schillings

Bitte auch Herrn Dr. Landsberg von meiner Zusage Mitteilung zu machen der nochmals an mich schrieb.

Der vermutlich vorausgegangene Brief von Strauss fehlt.
Im Juni 1907 war die erste Nummer des „Morgen" herausgekommen, einer „Wochenschrift für deutsche Kultur", bei der Strauss im ersten Jahrgang für die Musik verantwortlich zeichnete. Dr. Artur Landsberger hatte die gesamte Redaktion inne.
Zu Schillings' „Amtlosigkeit": Nachdem sich früher schon die Theater von Weimar, Schwerin und München für ihn als Kapellmeister interessiert hatten, wurde er 1908 Hofkapellmeister und später Generalmusikdirektor am Hoftheater in Stuttgart.

Berlin, 16. 4. 08.

Lieber Freund!
War heute wegen Röschs „Titel" im Kultusministerium. Geheimrat Schmidt bedauert, mit Titelfragen nicht in die Competenzen anderer Bundesstaaten eingreifen zu können und rät, wenn wir auf dem Titel bestehen, daß Du zuerst in Bayern mit dem Professor für Rösch Dein Glück versuchen mögest. Geht das nicht durch, ist Schmidt sehr gerne bereit, Rösch für einen preußischen Orden vorzuschlagen.
Versuche also, bitte Du zuerst Dein Glück in München und gib mir von dem Erfolg Kenntniß.

Mit bestem Gruß
Dein
Richard Strauss.

Friedrich Rösch: Jurist und Komponist; vgl. die Anmerkungen zum 19. April 1899, 9. Dezember 1899 und später zum 23. Oktober 1908. Der Ausgang der Bemühungen wurde nicht eruiert. Jedenfalls verlieh ihm 1913 die Universität Jena den Dr. jur. h.c., 1919 wurde er als Nachfolger Schillings' 1. Vorsitzender des A.D.M.V.

Strauss.   *Kasten's Hotel Hannover, den 24. April 1908*
Empfehlung eines Liederzyklus von Johannes Döbber.

Stuttgart Hôtel Marquardt
28. 9. 08

Lieber Freund!
Ich habe nun meine Kraft an Deiner Salome erproben können und darf Dir berichten, daß sie gereicht hat. Ich glaube es war Geist und Zug oben und unten. Nun mir diese Aufgabe geglückt ist, wüßte ich nicht, was mich schrecken könnte. Auch die „Electra" nicht, an deren Clavierauszug (erster Teil) ich eben sitze. Mit welcher entsetzlichen Kühnheit gehst Du da Deinen Weg weiter! Du kannst Dir vorstellen, wie ein langsamerer Geselle, wie ich es bin, staunt und zaudert. Aber Deine Kraft ist so groß, daß sie einen zwingt an die Möglichkeit des scheinbar Unmöglichen zu glauben. Man darf nicht versuchen, die Musik auf dem Clavier sich vorzuführen; nur beim Lesen versteht man sie, wenn man die orchestralen Werte sich vorzustellen versucht. – Ich möchte *gerne* das Werk bald bringen, wenn Du es mir anvertraust. Nur eine wichtige Frage: *Welches Orchester* (minimal) *verlagst Du*? Ich muß wissen, ob wir das setzen können in dem infamen Interimskasten. Und dann: Ob die Bettaque (hiesige „Prima"!) eine Ahnung von der Klytemnestra wird geben können??

Die Suter würde, glaub' ich, die Electra künstlerisch genügend andeuten können.
Bitte um eine Zeile.
Hoffentlich war Deine Operation nicht von Belang?
Mit herzlichem Gruß
Dein
Max Schillings
Der Holländer ist mir sehr geglückt und die Leute gehen mit. Gerhäuser bewährt sich *famos*.

Als neuer GMD hatte Schillings in Stuttgart die schon laufende „Salome" mit Anna Sutter in der Titelrolle dirigiert und war an einer möglichst baldigen EA der „Elektra" interessiert. Die UA der „Elektra" fand am 25. Januar 1909 als Eröffnungsvorstellung einer Richard-Strauss-Woche in Dresden unter Leitung von Ernst von Schuch statt.
Nachdem 1902 das Stuttgarter Hoftheater abgebrannt war, stand während der Bauarbeiten am neuen Stuttgarter Hoftheater, das 1912 fertiggestellt war, nur ein Interimstheater zur Verfügung.
Emil Gerhäuser, ursprünglich Sänger, betätigte sich in Stuttgart mit Erfolg als Regisseur. Schillings hatte ihn auch schon zur Mitarbeit am Text seines „Molochs" herangezogen.

Hotel Schaumburg
Osnabrück den 23. Okt. 1908
Lieber Freund!
Musikdirektor Wiemann läßt Dich grüßen!
Für heute eine Frage: wie steht es mit Rösch's Professor? Hast Du Aussichten, es in München durchzusetzen? Wenn nicht, erbitte umgehend Nachricht nach Berlin 10 Hohenzollernstr. 7.
Ich werde dann in Berlin unverzüglich Schritte beim Cultusministerium thun. Kannst Du jetzt in Deiner neuen Machtstellung nicht mal was für Hans Sommer thun? Der Arme schmachtet nach Aufführungen seiner Werke. Vielleicht kannst Du den hübschen Einakter: St. Foix zur Feuersnot geben. Sonst empfehle ich Dir den wirklich ganz famosen Rübezahl, den ich mit viel Freude in Berlin dirigiert habe. Du tätest wirklich ein gutes Werk!
Mit besten Grüßen
Dein stets aufrichtig ergebener
Dr. Richard Strauss
Röschs Professor: vgl. Anmerkung zum Brief vom 16. April 1908.
Hans Sommer, „Saint Foix" (UA 1894 in München) und „Rübezahl und der Sackpfeifer von Neisse" (UA 1904 in Braunschweig).

[Maschinenschriftlich mit handschriftlichen Anmerkungen am Rande]

Berlin, den 2. November 08
Hohenzollernstr. 7

Lieber Freund!

Bezüglich Rösch werde ich nunmehr beim hiesigen Kultusministerium mein Glück versuchen. Ich bin eben daran, den Arbeitgeberverband c/a Musikerverband zu inscenieren und unterhandle morgen mit dem hiesigen Syndikus des Bühnen-Vereins, Dr. Felisch. Vorgestern in Dresden sprach ich darüber mit dem Grafen Seebach, der Feuer und Flamme dafür ist, und mir mitteilte, daß er der Kommission angehört, die vom Bühnenverein auserwählt ist, um mit dem Münchner Verband über verschiedene strittige Fragen zu unterhandeln. Die Kommission ist beauftragt, mit dem Musikverband zu unterhandeln, sobald derselbe sich an sie wendet. Dies ist bis jetzt nicht geschehen, und der Bühnenverein auf verschiedene wichtige Anfragen von Seiten des Musikerverbandes sogar ohne Antwort geblieben. Graf Seebach ist der Ansicht, daß die Kommission möglichst schnell ausgeschaltet werden müsse, bevor evtl. eine Anfrage des Musikerverbandes doch noch erfolgen könnte, und Seebach hält es für sehr wichtig, daß in seinem Vorgehen gegen den Musikerverband der Bühnenverein sich möglichst bald mit dem von uns zu inscenierenden allgemeinen Arbeitgeberverband verschmelze. Graf Seebach wünscht infolgedessen, baldmöglichst von dem Präsidium des Bühnenvereins, dessen momentaner Stellvertreter, glaube ich, Baron Puttlitz ist, den Auftrag, in keine weitere Unterhandlung mit dem allgemeinen Musikverband einzutreten. Also sei so gut, Herrn Baron v. Puttlitz unter Darlegung der allgemeinen Sachlage zu bestimmen, daß er diesen Auftrag möglichst bald an den Grafen Seebach und die übrigen Mitglieder dieser Kom-

[Randbemerkungen:]
Heute geschehen, die Sache wird!

Heute geschehen!

Ich stelle dem Herrn Baron v. Putlitz anheim, ob er dies noch thuen will, nachdem die Verhandlungen mit dem Musiker-Verband doch eingeleitet werden.

mission, die Herren Gregor, Berlin, und Skraup, Erfurt, abgehen läßt.

Mit Geheimrat Felisch habe ich projektiert, die erste Vorsitzung Bühnenvereinscommission und die 5 größten Concertgesellschaften auf Anfang Dezember einzuberufen.

Mit bestem Gruß
Dein
Dr. Richard Strauss.

Wegen zunehmender Schwierigkeiten mit den Orchestern (Streiks, Kämpfe um beschränkte Probenzahl und Dienste) wollte Strauss dem Musikerverband einen mit dem Bühnenverband verschmolzenen allgemeinen Arbeiterverband gegenüberstellen.

Stuttgart, 8. 6. 09
Lieber Freund!
Eben schickt mir ein Aachener Festgast folgende Erinnerung an seine Eindrücke vom Pfingstfest:

Ist's nicht ganz lustig?
Nimm nochmals vielen Dank daß Du hier „zu richten kamst". Nun ist ja alles ganz schön in Ordnung. Das Rathausfest und Brambilla, ebenso

der Marbacher Ausflug verliefen noch gut und alles war sehr befriedigt. Im Münchener Wetterwinkel zuckt's noch (Antrag auf Ausschluß Istels aus dem A.D.M.V. und Protest Gutmanns gegen den Vorwurf der Intrigue ‹!›).
Aber auch das wird zu Ruhe kommen. Ebenso morgen Dein
allseits von Herzen grüßender
Max Schillings

Pfingstfest: Das 45. Tonkünstlerfest des A.D.M.V. fand 1909 in Stuttgart statt. Bei der Jahresversammlung trat Strauss vom Vorsitz zurück und Schillings wurde als Nachfolger gewählt. Das Notenbeispiel ist eine Kombination der Hauptthemen von Strauss' „Symphonia domestica" im Baßschlüssel und von Schillings' „Moloch" im Violinschlüssel (die aber beide beim Musikfest nicht aufgeführt worden waren). Als Festoper dirigierte Schillings „Prinzessin Brambilla" von Walter Braunfels.
Münchner Wetterwinkel: Bei der Hauptversammlung des A.D.M.V. war es zu erregten Auseinandersetzungen zwischen den Münchner Musikschriftstellern Dr. Paul Marsop und Dr. Edgar Istel gekommen. Istel war nämlich Autor der Parodie „Die 144. Kakophonikerversammlung in Bierheim" im Faschingsheft der „Musik" (8. Jg. 1909 S. 225 ff.), durch die sich Marsop persönlich und für den Verein beleidigt fühlte.

Allgemeiner Deutscher Musikverein
Gürzenich b. Düren (Rhnld)
27. Juli 1910
Lieber Freund!
Sehr ungern störe ich Dich brieflich in Deiner arbeitsreichen Ruhezeit, die zu etwas besserem als dem Lesen weitschweifiger Briefe da ist. Ich fasse mich sehr kurz, da die Beilagen sehr lang sind, die ich Dich bitten möchte in einigen ruhigen Minuten einmal zu lesen. Der Vorschlag Dr. v. Hase's ist von solcher Wichtigkeit, daß ich – zum *ersten* Male – Dich als unseren Ehrenvorsitzenden in Anspruch nehmen muß mit der Bitte um eine Meinungsäußerung. – *Meine* Meinung geht dahin: Der große Liszt verdiente an seinem 100jährigen Geburtstage etwas mehr als ein Festconcert des A.D.M.V. Ob aber der Hase'sche Plan ausführbar ist, bezweifle ich. Wieder ein neuer Verein zu allen Bach- Mozart- Gluck- Wagner- etc- Vereinen und allen Musikgesellschaften pp. Unter den Musikern herrscht zudem viel weniger, ja fast gar kein philologisch-historischer Sinn, der bei den Literaten eine Goethe- und Shakespeare-Gesellschaft möglich macht. Wie schwer ist's schon Arbeitsleute für den Vorstand des A.D.M.V. zu finden heutzutage, wo jeder nur mit Maschinenschnelligkeit an's kochen für die eigenste Küche denkt. – Früher hatte ich allerhand Idealismus, – jetzt glaube ich nicht mehr daran. Glücklich wäre ich aber, wenn ich zu schwarz empfinde und wenn Du anderer Meinung bist. Bitte gieb mir mit einigen orientierenden Worten den Brief Dr. H.'s und seinen

Entwurf zurück. – Über Einzelheiten desselben sich jetzt schon zu äußern hätte keinen Zweck.

Uns geht es nach der schweren Zeit nun wieder ordentlich; meine Frau hat nur noch manche Folgen der Krankheit zu tragen. Deiner Münchener Sieger-Woche konnte ich leider nur in Gedanken beiwohnen, sprach aber manchen begeisterten Pilger.

Nimm mit den Deinen unsere herzlichsten Grüße mit denen ich bin
Dein alter
Max Schillings

Die erwähnten Beilagen, ein Brief und ein Entwurf für einen zu gründenden Liszt-Verein von Oskar von Hase, dem Inhaber der Verlagsfirma Breitkopf & Härtel, fehlen. Der Verein wurde nicht gegründet.
In München hatte vom 23. bis 28. Juni 1910 eine Richard-Strauss-Festwoche stattgefunden.

Stuttgart, Am Hohengehren 2
17. Oct. 1910

Lieber Freund!
Morgen ist die Hauptprobe zu „Electra" und am 19. die erste Aufführung. Wir haben mit Daransetzung aller Kräfte und ganzer Hingabe gearbeitet und ich hoffe wir bleiben nicht allzuweit hinter Deinen Intentionen, wenigstens dem Stile nach, zurück. Unter Heranziehung der Prosceniumslogen ist es mir gelungen, die volle Besetzung der Partitur zu erreichen (natürlich mit bescheideneren Streichern, denn die volle Zahl giebt's im gesamten Schwabenländle nicht). Es klingt aber nicht schlecht. – Zu unserer Freude beherrscht Frau Cordes die Electra-Partie *stimmlich* so, wie ich sie noch nicht gehört; sie hat ein eisernes Organ; käme dazu die Natur der Fassbender so wäre es die Vollendung. Aber auch darstellerisch leistet sie, von Gerhäuser famos gedrillt, ungewöhnliches. Weil als Orest sehr bedeutend. Chrysothemis-Briegelmann ganz am Platz, weiblich, schöne warme Stimme.

Baron Putlitz hat Dich telegraphisch „eingeladen". Ich weiß, daß Du nicht daran denken kannst, Deine Zeit in Nestern à la Stuckart zu verplempern. Es sollte nur das Zeichen sein, daß wir über der Hingabe an das Werk nicht seinen Schöpfer vergessen haben, der aus seiner stolzen Höhe am Mittwoch Abend uns einen fördernden Gedanken schenken möge in unseren „traurigen Winkel".

Sei in alter Freundschaft von Herzen gegrüßt von Deinem
Dich bewundernden
Max Schillings

Strauss.   *Hotel Adlon Berlin W 18. Okt. 1910*
Dank für die Einladung zur „Elektra"-Premiere am 19. Oktober in Stuttgart, der Strauss aber wegen eigener Dirigierverpflichtungen nicht nachkommen kann.

                                        Stuttgart, Am Hohengehren 2
                                          19. Oct. 1910

Lieber Freund!
Daß Du uns wirklich die Ehre und Freude Deines Besuches geschenkt hättest, wenn die Zeit es erlaubt hätte, rührt uns kleine Schwaben sehr. Wir konnten Dich nicht früher einladen, da ich zur Bedingung gemacht hatte, solange probieren zu dürfen, bis ich die Überzeugung hätte, das mit den vorhandenen Mitteln erreichbare auch wirklich zu erreichen, – und diese Überzeugung gewann ich erst nach der Probe vor 4 Tagen. Baron Putlitz läßt Dich nun sehr bitten uns doch zu sagen, wann Du einmal einen Abstecher nach Stuttgart planen könntest, damit wir Dir Dein Werk vorführen können. Ich schließe mich der Bitte herzlich an.
Der Eindruck der gestrigen Hauptprobe war gewaltig. In unserem kleinen Haus und halbverdeckten Orchester hat sich eine große Deutlichkeit des Wortes erreichen lassen, was zur Unmittelbarkeit des Eindrucks wohl beitrug. Frau Cordes-Electra ging ganz in der Riesenaufgabe auf. Ein Weinkrampf nach Schluß der Probe war der Beweis ihrer seelischen Verfassung!
Also ich hoffe, daß wir auch heute Abend Deiner würdig musizieren. Mit der Gesundheit geht's bei uns leidlich. Ich muß mich noch sehr schonen und habe fast alle Excursionen aufgegeben, obgleich es keine unbedingte Wonne ist ganz Schwabe zu sein.
Meine Frau sendet Dir einen herzlich begeisterten Gruß
(Du kennst ihre Wahrhaftigkeit!)

                                                              Dein
                                                    alter Straußianer
                                                    Max Schillings

Regie
des Kgl. Württ. Hoftheaters
                                         Stuttgart, den 20. Okt. 1910
Lieber Freund!
Etwa 20 Hervorrufe waren das äußere Zeichen eines *großen* und *echten* Erfolges Deiner Electra!

Nun hoffe ich daß Du uns bald einmal die Freude Deines Besuches machen kannst.

Von Herzen
Dein
Max Schillings

Gürzenich b. Düren (Rheinld.)
20. Juli 1911

Lieber Freund!
Man zieht mich in den Zeitungen herum als „Candidat" für München. Freilich geht's vielen anderen ebenso; wie das gemacht wird weiß man ja. Ich nehme an, daß wenn Baron Speidel überhaupt außer der Presse irgendwen fragt, er sich an Dich wendet; er hat das wohl schon wegen der „Festspiele" getan. Nun bitte ich Dich mir kurz zu sagen: Glaubst Du daß ich für München überhaupt in Betracht käme? (Ob ich der Frage dann näher treten könnte ist eine Sache für sich). Ich darf Dir die Frage so offen stellen da Du mein Verhältniß zu Dir kennst und weißt, wie hoch ich Deine Meinung schätze. Wenn Du mir daher sagen würdest, daß Du jemanden weißt, der diese wichtige Position voll erfüllen kann, so ist die Sache für mich erledigt. Daß man sich wegen der Festspiele nicht an mich wandte, giebt mir eigentlich schon einen deutlichen Fingerzeig. Immerhin bitte ich Dich um ein paar Worte, denn ich möchte nicht mit der ganzen Sache unnütz in Zusammenhang gebracht werden und evtl. meine Münchener Freunde und Bekannten bitten, sich ruhig zu verhalten. – Mottls Ende ist mir sehr nahe gegangen. Er gehörte zu den Künstlern und Menschen, denen man ob ihrer großen Eigenschaften ihre Fehler verzeihen *mußte*. – Ich verdanke ihm sehr viel. – An Weingartner habe ich mich wegen Heidelberg gewandt; blieb aber ohne Antwort. – Übrigens verriet mir Klatte vertraulich, daß W. wahrscheinlich Istel's Hintermann sei. – Wohl möglich. – Wer könnte nun Faustsymphonie übernehmen?

Allerseits herzliche Grüße
Dein
Max Schillings

Felix Mottl, dem die Münchner Hofoper eine Glanzzeit verdankte, war am 2. Juli 1911 gestorben. Er hatte am 21. Juni während einer „Tristan"-Aufführung eine Herzattacke erlitten, von der er sich nicht mehr erholte.
Bei den Festspielen dirigierte Otto Lohse aus Köln anstelle von Mottl. Vgl. Anmerkung zum Brief vom 5. August 1911.
In Heidelberg fand vom 22. bis 25. Oktober eine Feier des A.D.M.V. zu Liszts 100. Geburtstag statt, bei der in Erinnerung an das erste Musikfest im Jahre 1861 Liszts Faust-Symphonie aufgeführt wurde. Offenstehend war nur noch, wer sie dirigieren sollte.
Istel: vgl. Brief vom 8. Juni 1909.

[Maschinenschriftlich]
                              Garmisch, den 2. August 1911
Lieber Freund!
Ich danke Dir herzlich für das Vertrauen, das Du in mich setzest, kann Dir aber eigentlich eine nähere Auskunft nicht geben. Ich habe mich in die Festspielfrage schon nicht weiter eingemischt, als sie bei dieser Hitze leider mich selbst betrifft und glaube auch nicht, daß Baron Speidel bei der Besetzung der Stellung meinen Rat befolgen dürfte. – Auch Dir zureden, ob Du eventl. die Stellung in München annehmen sollst, wenn sie Dir angeboten wird, kann ich schon aus diesem Grunde nicht, weil Du durch Deine lange Vertrautheit mit den Münchner Verhältnissen die Mühe und Schwierigkeiten der dortigen Stellung wohl noch besser kennen wirst als ich selbst nach 13-jähriger Abwesenheit. Ob Du diese Mühe auf Dich laden willst, kannst Du nur selbst entscheiden. Solltest Du jedoch den Wunsch haben, die prachtvolle Stuttgarter Stellung mit dem Dornenweg eines Münchner Hofopern-Direktors zu vertauschen und kann ich Dir dabei behilflich sein, so bitte ich Dich über meine bescheidenen Kräfte zu verfügen und mir zu sagen, was ich für Dich tun kann.
In der Hoffnung, daß Du und Deine liebe Familie sich trotz der großen Hitze wohl befinden, bin ich mit herzlichem Grüße wie stets
                              Dein aufrichtig ergebener
                              Richard Strauss
Bei den Festspielen im Münchner Prinzregententheater dirigierte Strauss am 9. August „Tristan" und am 10. August „Figaro".

                              Gürzenich b. Düren 5. Aug. 1911
Lieber Freund!
Nimm herzlichen Dank für Deine mir sehr wertvollen Zeilen. – Ich hatte tatsächlich geglaubt daß diesmal das ganz Unwahrscheinliche wahr würde und Baron Speidel aus seiner adeligen Intendantenwolke sich zu einem Mann und Künstler von Deinem Range herablassen und Dir für Deinen Rat *dankbar* sein würde. Wenn's nicht der Fall ist so trägt es dazu bei, mich über Baron Sp. noch klarer denken zu lassen. – Es hat sich inzwischen offiziell nichts ereignet; die üblichen Agenten-Belästigungen und Anzapfungen von Freunden und Bekannten dauerten dagegen natürlich trotz der Hitze an. – Du hast ja so recht, mich auf den „Dornenweg" aufmerksam zu machen, der mir in München blühen würde, ich kenne ihn ja mit allen Nüancen. Und doch ist's etwas merkwürdiges um Dein Vaterstädtchen: man weiß, daß seine Umarmungen oft giftig sind und widersteht ihnen doch nur schwer. Und dann die großen Mittel und Möglichkeiten und das etwas exaltierte Pflichtgefühl, für die Kunst alles herzugeben u.s.w.

147

Aber ich höre viele warnende Stimmen in mir. Eine Stellung à la Mottl, (eigentlich ganz ohne Urlaub) würde ich überhaupt gar nicht ventilieren können in meinen Erwägungen, und ob ein anderes Arrangement denkbar wäre, weiß ich nicht. In Stuttgart habe ich auch in meiner wirklich „prachtvollen" Stellung manches erreichen und noch mehr anbahnen helfen können, und es wäre ein Jammer, jetzt, kurz vor Eröffnung der neuen Theater und Erfüllung meiner Orchester-Wünsche etc. dem Schwabenstädtle den Rücken zu kehren, wo es ja auch Dornen giebt, die aber nicht so spitzig und überallhin sichtbar stechen.
Und endlich: wer weiß überhaupt, ob Se. Excellenz an mich denken. Also ich warte ruhig zu und weiß nun, wie Du über die Sache denkst. – Einstweilen kanzelt Herr Dillmann Herrn Lohse wie einen Anfänger in den N.N. ab; ergötzlich! –
Wir haben die Hitze leidlich überdauert; in etwas geröstetem Zustande sind wir freilich alle, – und doch ist's was schönes um so viel Sonne. Ihr zuliebe wird man ganz gerne etwas mager.
Wolfrum wird Dir unser Heidelberger Programm im nunmehr endgiltigen Entwurf gesandt haben. Ich meine es sähe ganz stattlich, würdig und interessant aus; Liszt in internationaler Beleuchtung von allen Seiten. Deplaciert komme nur ich mir mit der Faustsymphonie vor; ich hätte so sehr gehofft, daß Du sie noch übernommen hättest. Weingartner sagte ab; er sei in Holland im October. Wenn Du irgend einen Vorschlag wüßtest, wer statt meiner in Betracht kommt, bitte ich um eine *Postkarte*. Wolfrum (der übrigens zäh und *rührend* für das Fest schafft) hat mich auf den Zettel gesetzt; ich habe mir aber Rücktritt vorbehalten. –
Nochmals: Dank für Deine Zeilen. Den Deinen, Dir und Deinem Schaffen unsere herzlichsten Grüße und Wünsche
            Dein Dir ergebener
            Max Schillings
„Frauchen" grüßt immer besonders herzlich; sie verehrt Dich nun mal auf ihre Art – ohne Salongeschwätz – aber wahrhaftig. –
Ich lege zur Sicherheit einen Programmentwurf Heidelberg bei.

Der beigelegte Programmentwurf fehlt.
Otto Lohse, musikalischer Leiter der Kölner Oper, hatte an Stelle Mottls die Festspiele im Prinzregententheater am 31. Juli mit „Tristan und Isolde" eröffnet und anschließend den „Ring" dirigiert. Nach Max Steinitzers Mitteilung war ihm für die „Götterdämmerung" nicht viel über eine Stunde Zeit zur Verfügung gestanden, sich mit den ungewohnten räumlichen und klanglichen Verhältnissen des Prinzregententheaters und dem verdeckten Orchester vertraut zu machen. Alexander Dillmann weist in seiner Kritik in den Münchner Neuesten Nachrichten vom 2. August 1911 auf die Einmaligkeit der Persönlichkeit von Mottl hin; nur wenn man die Erinnerung an ihn ausschalte, könne man auch von Lohse einen sehr guten Eindruck gewinnen.

Schillings dirigierte bei der Liszt-Feier in Heidelberg die Faustsymphonie, Strauss die Bergsymphonie, Zwei Episoden aus Lenaus Faust, „Tasso", „Totentanz" und das Klavierkonzert in A-dur.

Landhaus Richard Strauss

Garmisch, den 9. Oktober 11

Lieber Freund!
Besten Dank für Deine freundlichen Zeilen: es ist sehr liebenswürdig von Dir, sogar meines Knopflochs zu gedenken. Du weißt aber, daß ich mir gar Nichts aus Orden mache, sie nicht einmal trage. Es ist ein Anderes, wenn ich Deinem lieben Chef und Dir gerne einen Gefallen erweisen möchte. Ich fürchte nur, es wird wegen des leidigen Datums nicht gehen. Stuttgart die 2.te Aufführung zuzusagen, sofort nach Reinhardt, geht ohne weiteres. Ich glaube nur, daß eine Première in Berlin im September unmöglich ist, abgesehen davon, daß ich selbst da noch in Ferien bin und bleiben will, sintemalen meine Saison erst Mitte Oktober beginnt. Immerhin werde ich in 8 Tagen mit Reinhardt selbst sprechen und sehen, was sich machen läßt. Genügt es Euch denn nicht, Ende Oktober oder Anfang November mit dem kleinen Werk herauszukommen. Die Eröffnung des kleinen Hauses bis dahin zu verschieben, geht wohl nicht? Werden die Theater wirklich 15. September eröffnet? Es gab auch schon Theater, die nicht zur bestimmten Zeit fertig waren.
Ich glaube nicht, daß Reinhardt sich zur Première *vor* Ende Oktober entschließen wird. Darüber gebe ich Dir sofort von Berlin aus Nachricht oder in Heidelberg.
Für Elektra (Stuttgart) hätte ich nur mehr den 25. Oktober frei. 26. bin ich zum Concert in Frankfurt, 27. wieder in Berlin.
Wenn die Generalversammlung in Heidelberg vorzuverlegen wäre, auf 23. oder 24., könnten wir doch ruhig am 25. Mittags nach Stuttgart fahren.

Mit schönsten Grüßen
Dein aufrichtig ergebener
Dr. Richard Strauss.

Viele herzliche Empfehlungen an Baron Putlitz.

Schillings' vorangegangene Zeilen fehlen.
Mit diesem Brief beginnen die Verhandlungen wegen der Aufführung von Strauss' neuem Werk „Ariadne auf Naxos. Oper in einem Aufzuge von Hugo von Hofmannsthal zu spielen nach dem ‚Bürger als Edelmann' des Molière". Zu diesem Zeitpunkt war die UA noch in Reinhardts Deutschem Theater in Berlin geplant. Da aber nicht genügend Raum zur Aufstellung des Orchesters vorhanden war, dachte man dann an Dresden, die traditionelle Uraufführungsbühne von Strauss. Dort aber schien weder das große Haus noch das kleine Schauspielhaus geeignet (vgl. Brief vom 23. Januar 1912). So kam es am 25. Oktober 1912

schließlich zur UA in Stuttgart im neueröffneten Kleinen Haus mit Max Reinhardt und seinem Berliner Ensemble und von Strauss bestimmten Sängern der Hauptpartien.
Die Generalversammlung des A.D.M.V. fand am 23. Oktober in Heidelberg statt.

            Stuttgart, Am Hohengehren 2
            17. Dec. 1911

Lieber Freund!
Otto Klemperer wird gleich auf eine besondere Liste für den A.D.M.V. geschrieben. Ich vergesse nicht Dein Urteil über seine Sachen.
Wir sind noch im Unklaren über das nächste Fest. Prof. Niemeyer wollte uns nach Kiel haben, wo ich jüngst war; doch hapert es, da die finanzielle Sicherung auf der bisherigen Basis fraglich scheint. – Mit Weimar hatte ich schwierige Verhandlungen wegen des Verhaltens unseres Protektors. Herr von Schirach kam zu einer Besprechung hierher. Dabei kam wunderliches genug an den Tag. Ich habe für Wolfrum eine nachträgliche Auszeichnung verlangt; sie scheint indessen auch jetzt noch verweigert zu werden. – Soweit ich mich erinnere warst auch Du der Ansicht, daß der A.D.M.V. ruhig das nutzlose Protectorat entbehren könne.
Unsere Rosenkavalier-Aufführung würde Dir, ich glaube es sicher, manche Freude machen. Alle haben ihr Bestes hergegeben und die Besetzung ist in vielen Rollen eine recht glückliche. Gerhäuser hat sich famos bewährt. Ochs-Swoboda hat süddeutsche Komik, was für den 3. Akt so viel bedeutet. Gestrichen habe ich sehr wenig; mehrere der Münchener Striche konnte ich nicht gutheißen. – Ich habe die sichere Hoffnung, daß Du irgendwann einmal Station bei uns machst, nicht wahr? Wäre ich übermütig so würde ich wagen Dich zu bitten in einem Dir gewidmeten Concert-Abend für *ein* Stück auf's Podium zu kommen, am Vor- oder Nachabend dann Rosenkavalier! Sagst Du ganz und gar nein dazu?? – Freilich, augenblicklich bist Du nicht wohl, aber hoffentlich handelt es sich nur um eine ganz gemeine Wintererkältung!
Und dürfen wir bald auf Entscheidung über Dein neues Werk für unsere Eröffnungsfeier hoffen?
Baron Putlitz erzählte mir, wie es nun mit der Uraufführungsfrage steht.
Von Haus zu Haus die herzlichsten Grüße

            Dein
            Max Schillings

Im Dezember 1911 hatte Schillings am Stuttgarter Hoftheater die dortige EA des „Rosenkavalier" herausgebracht; Regie führte Gerhäuser.

Grand Hotel St. Moritz

[St. Moritz-Dorf] 23. Jan. 1912

Lieber Freund!

In Dresden scheint die geplante Uraufführung der Ariadne daran zu scheitern, daß das kleine Schauspielhaus von Graf Seebach als für die Aufführung ungeeignet erklärt wird.

Bevor ich nun selbst in direkte weitere Verhandlungen mit Dresden und anderen Bühnen eintrete, bitte ich Dich, mir heute unverbindlich folgende Fragen zu beantworten: Gesetzt den Fall, ich käme auf die mir von Baron Putlitz so liebenswürdig angebotene Uraufführung im September zu Stuttgart zurück – ist es in Stuttgart möglich, daß Max Reinhardt (dies auch die bereits von Graf Seebach acceptierte Conditio sine qua non) offiziell, als unumschränkter Herrscher Regie führt (sein Honorar 5–6000 Mark), daß von mir ausgesuchte Künstler wie

Hempel (Zerbinetta, kostet circa 2000 M. pro Abend),

Destinn (Ariadne, kostet circa 3000 M. pro Abend),

ein hoher, schöner junger Tenor (etwa Huth, Frankfurt) oder ein sonst noch zu findender als Bacchus genommen wird und was sonst von den 7 kleineren Rollen Stuttgart nicht etwa ganz erstklassig besitzt. Daß Reinhardt Euer Schauspielpersonal für den Molière nach eigenem Gutdünken completiert und die Dekorationen und Kostüme von einem von Hofmannsthal zu bestimmendem Maler entworfen werden, etc. etc. In dieser Elitefestspielbesetzung etwa I. und III. Aufführung, II. Aufführung ausschließlich mit Eueren einheimischen Künstlern besetzt, die 3 Aufführungen an 3 Tagen hinter einander.

Die Kosten wären durch internationale Premièrenpreise wohl zu decken, würdet Ihr Euch so weit herbeilassen, mir sowie Hofmannsthal und Reinhardt für diese Uraufführung plein pouvoir bezüglich Besetzung, Engagements etc. etc. kurz, Alles, was ein übermütiges Künstlerherz für so eine Sache sich ersehnt, einzuräumen – ich glaube, dann wäre eine Möglichkeit. Verzeih meine Unbescheidenheit: auch Baron Putlitz ist großherzig und intelligent genug, um eine solche Anfrage als nicht von vornherein vollständig indiscutabel zu verwerfen – willst Du Dich über die Sache näher mit mir unterhalten, so kommst Du vielleicht mit Baron Putlitz auf ein Paar Tage hierher, wo es übrigens sehr schön. Vielleicht gibst Du mir telegraphische Antwort, ob Ihr die Frage überhaupt discutieren wollt und dann können wir weitersehen. Ganz verrückt bin ich noch nicht, aber die hohe Luft steigt mir immerhin zu Kopf. Ich bin bis 9. Februar hier. Mit schönsten Grüßen und der Bitte, mich auch Excellenz Putlitz bestens zu empfehlen

Dein
Dr. Richard Strauss

[Seitlich am Rande]
Ich komme besonders darauf, weil Frl. Hempel und Destinn nur im September eventuell zu haben sind, Oktober gehen sie nach Amerika.

(Abgedruckt in: Richard Strauss, Autographen in München und Wien, S. 354/355).

Grand Hotel St. Moritz
[St. Moritz-Dorf] 26. Jan. 1912
Lieber Freund!
Herzlichen Dank für Deinen hochwillkommenen Brief! Ich wußte voraus, daß Baron Putlitz und Du alles Verständniß für meine Bitte haben werdet und freue mich, daß ich Recht hatte.
Deine Gründe bezügl. 15. September sind absolut stichhaltig: ich kam nur darauf, weil Baron Putlitz s.Z. selbst von der Eröffnungsvorstellung gesprochen hatte. Ich brauche auch nicht zu versichern, daß ich keine Zweifel hege, daß Ihr mit Gerhäuser und Euern einheimischen Kräften nicht eine famose Wiedergabe der Ariadne zu Stande bräcktet.
Mir handelt es sich hier aber darum, für dies kleine sehr difficile Werk das Allerbeste, was an Besetzung etc. in Europa überhaupt aufzutreiben ist, zu finden und an einem Ort zu vereinigen und ich bin herzlich dankbar, Baron Putlitz und Dir, daß Ihr mir so lieb entgegenkommt.
Ich denke, Hempel und Destinn gehen circa 1. November nach Amerika: 2 Aufführungen mit Beiden wären also im Laufe des Oktober, etwa vom 15.ten ab wohl zu realisieren. Ich schreibe noch heute an Hempel nach Berlin und Destinn nach New York und frage an.
Wir sind also vollkommen d'accord; aber es wäre doch das Beste, wenn wir uns mündlich weiter verständigen könnten und ich Dir und Baron Putlitz hier das Werk selbst vorspielen könnte. Könntet Ihr nicht auf 3 Tage hieherkommen? Mit anschließender Strauss-Woche wäre ich natürlich einverstanden: bin bereit dabei zu dirigieren (ohne Honorar), was Ihr wollt etc.
Mit herzlichen Grüßen und der Bitte, Baron Putlitz meinen allerschönsten Dank für seinen hochherzigen Entschluß zu übermitteln
Dein aufrichtig ergebener
Dr. Richard Strauss

Schillings' Brief vom 25. Januar 1912 siehe Nachtrag S. 231.
Tatsächlich kam Schillings, mit allen Vollmachten von Baron Putlitz ausgestattet, für drei Tage zu Besprechungen nach St. Moritz. Er wurde von Geheimrat Levin, der die Verhandlungen im Namen von Strauss, Hofmannsthal und Reinhardt führen sollte, begleitet.

Hôtel Blauer Stern

Prag, 19. 2. 12

Lieber Freund!
Besten Dank für Deine freundlichen Zeilen: ich verstehe die Meldung bezügl. Hempel nicht recht. Habt Ihr in New York angefragt? Sobald die prinzipielle Zustimmung (Destinn reiste meines Wissens immer erst am 1. November aus Europa ab) von dort eingetroffen ist, kann ich mit Hempel verhandeln, es ist aber auch hier besser, ebenso wie mit Destinn direkt von Stuttgart aus festen Vertrag zu machen. Beide Damen 2000 M. pro Abend, die 3 genauen Daten und Verpflichtung 10 Tage vorher zu Proben anwesend zu sein.
Destinn hat einen amant protégé Gilly, Bariton, soll recht gut sein, den möchte sie anbringen. Er verlangt kein Honorar, nur einen Orden. Wenn es Dir gelänge, den mit unterzubringen (eventuell als Jochanaan), dann wäre das Kommen von Destinn, *die sehr unzuverlässig ist,* gesichert. Daß in Ariadne keine nennenswerte Baritonpartie enthalten ist, habe ich ihr schon brieflich mitgeteilt. Was meinst Du?
Hofmannsthal ist in Schwierigkeiten bezüglich der Balleteinlagen zum Molière und wünscht die Grete Wiesenthal als Solovortänzerin dafür zu engagieren. Sie ist gerade Ende Oktober noch frei; er hat, damit uns diese Attraktion nicht entgeht, mit ihr vorläufig abgeschlossen und hofft sie für 500 M. pro Abend (sie tanzt sonst nicht unter 1000) zu gewinnen. Da Destinn 1000 M. pro Abend weniger verlangt hat, als ich gefürchtet und vorangeschlagen hatte, sind die 1500 M. Tänzerin leicht zu placieren!
Ich finde überhaupt, Ihr seid bezüglich der Financierung der Sache zu ängstlich. Je höher der Eintrittspreis, desto größer ist bei so einer Gelegenheit der Zudrang und desto besser gefällt es den Leuten. Es ist nun mal so! Man muß nur annoncieren, der Parkettsitz kostet 20 Mark mehr als bei Caruso und das Haus ist gestopft voll.
Die Höhe der Eintrittspreise muß eben mit den Unkosten balancieren. Daß es kein Defizit gibt, darauf lasse ich mich hängen. Bisher hat noch bei all meinen Premièren der betreffende Herr Generalintendant bedauert, daß er die Eintrittspreise *zu niedrig angesetzt habe.*
Dies ist auch der Grund, warum ich Baron Putlitz' Wunsch auf Tantièmenverzicht nicht erfüllen kann. Erstens kann ich es prinzipiell nicht thuen, zweitens ist auch Hofmannsthal dagegen, drittens ist Max Reinhardt mit einem Privathonorar von 10 000 M., das wir Stuttgart gar nicht in Anrechnung gebracht haben, *„zu unseren Lasten"* und schließlich habe ich mich deßhalb bereit erklärt, vor- und nachträglich 4 bis 5 mal gratis zu dirigieren, womit doch auch ein eventueller Ausfall behoben werden soll. Diesen Wunsch kann ich also leider nicht erfüllen und bitte dies Baron Putlitz mit aufrichtigem Bedauern mitzuteilen.

Zuletzt habe ich noch die Bitte, daß Schuchs wegen, bis die 2. Dresdner Aufführung im Reinen, was bisher noch gar nicht der Fall, auf dieser ersten Vornotiz Dein Name als Mitdirigent der Ariadne vorerst noch nicht genannt werde. Ich hatte ihn nicht vergessen!!! Dies, sowie die Erwähnung der nachfolgenden Strausswoche möchte ich späteren Notizen vorbehalten. Ist es Dir recht? Wenn nicht, will ich's Dir zu Liebe thuen, auf die Gefahr hin, daß mir Schuch dann abspringt, der jetzt Wert darauflegt, daß er als Erster nach mir das Werk dirigiert.
Diese erste Notiz sollte möglichst allgemein gehalten sein, um vorerst alle anderen vorhandenen Empfindlichkeiten: Reinhardt – Berlin, Seebach – Dresden möglichst zu schonen. Das verstehst Du!
Deine freundlichen Nachrichten nach wie vor nach Berlin erbittend, mit schönsten Grüßen und Dank für Alles

Dein
aufrichtig ergebener
Dr. Richard Strauss.

Viele Empfehlungen an Baron Putlitz!

Der vorausgegangene Brief von Schillings fehlt.
Schillings dirigierte dann doch die zweite Aufführung der „Ariadne" am 26. Oktober; die Dresdner EA unter Ernst v. Schuch fand erst am 14. November 1912 statt.

[Maschinenschriftlich]
Stuttgart, 24. Februar 1912
Am Hohengehren 2
Lieber Freund!
Wenn ich mit Beantwortung Deines Briefes vom 20. [19.] d.M. ein wenig zögerte, hat das seinen Grund darin, daß wir uns jetzt mit Excellenz Putlitz ja immer nur brieflich verständigen können, da er noch auf mindestens 4 Wochen in Ebenhausen sein wird, von wo wir ihn hoffentlich gekräftigt und in voller Leistungsfähigkeit zurückkehren sehen.
Darf ich Dir also zunächst chronologisch Folgendes sagen:
1. Wegen Hempels und Destinns Urlaub bezw. Abreise am 30. Oktober ab Cherbourg haben wir uns per Kabel an die Metropolitan Opera gewandt. Nach längerem Zögern kam endlich gestern die Antwort, daß sie auf die Sache brieflich zurückkommen würden. Sie wollen jedenfalls noch einen Druck ausüben, um einen abermaligen Urlaub für Weil zu erhalten. Auch diesen hat Baron Putlitz in der Hoffnung, Deiner Sache dienen zu können,

principiell schon genehmigt und so hoffe ich, daß die infamen Amerikaner den Bogen des Neinsagens unter Ausplünderung Europas in diesem Falle nicht überspannen.

2. Die Frage, ob der Protegé der Destinn als Bariton bei den 3 Festspielen mitengagiert werden könne, hat Baron Putlitz als absolut unmöglich erklären müssen. Ich konnte ihm darin nicht Unrecht geben und möchte Dich daran erinnern, daß wir ausgemacht hatten, es dürften bei den Festspielen nur Kräfte von internationalem Rufe beteiligt werden, damit wir unserem Personal gegenüber nicht in eine prekäre und nichtdurchzufechtende Lage versetzt würden. Ich bitte Dich also sehr, von der Unmöglichkeit dieses Wunsches der Destinn in geeigneter Form Kenntnis zu geben.

3. Wenn Herr von Hofmannsthal auf der Wiesenthal besteht, ist Baron Putlitz bereit, auch diese Bedingung zu gewähren, obgleich er bedauert, unsere Solovortänzerin ausschalten zu müssen, die eine reizende, reichbegabte Persönlichkeit ist und auf Grund ihrer Schulung durch Dalcroze hochkünstlerische Leistungen fern allem Ballettwesen zu bieten vermag. Aber wiegesagt, da Herr Hofmannsthal sie ja nicht kennt, wird er die Wiesenthal vorziehen, von der ich bei einem hiesigen Gastspiel, ich muß es gestehen – äußerst gemischte Eindrücke empfing.

4. Mit der Financierung der Sache müssen wir sehen, wie wir durchkommen. Daß Du darauf hältst, daß die Sache großzügig angepackt wird, und vom Publikum von vorneherein viel verlangt werde, ist sicher der durchaus richtige Standpunkt. Nur kommen eben Verhältnisse wie sie in einer so ausgezeichnet gelegenen fast Millionenstadt wie Dresden, hier leider doch nicht in Betracht, da wir vor Allem auch zu weit von Berlin abliegen. Doch wiegesagt soll das eventuelle Risiko vor Allem dem König und der Hofkammer gegenüber durch einen Garantiefond balanciert werden.

5. Von Deinen Gründen, die es Dir unmöglich machen, auf Baron Putlitz' Wunsch betr. den Verzicht auf die Tantiemen für die 3 ersten Vorstellungen einzugehen hat er Kenntnis genommen und bittet Dich, auf die Sache nicht mehr zurückzukommen. Also auch hier großzügiges Denken!

Nun aber zur allgemeinen Lage eine wichtige Mitteilung:

Aus einer Berliner Quelle, die wir nicht eruieren konnten, ist in die Neuesten Nachrichten eine Mitteilung über unseren hiesigen Plan gelangt, welche Halbrichtiges, Falsches und Richtiges durcheinandermischte. Die Folge war eine ungeheure Aufregung der hiesigen Presse, die sofort die Beleidigten spielen wollten, weil man ihr die Sache verheimlicht habe. Aus den Neuesten Nachrichten gieng sie natürlich in die Deutsche Presse und wurde eine Situation geschaffen, die es uns ganz *unmöglich* machte, länger zu schweigen. Wir haben daher eine officielle Mitteilung an die hiesige Presse gelangen lassen, obgleich ja der Vertrag formell noch nicht vollzogen ist. Wir *durften* es aber auch tun, weil nur noch ein einziger Punkt des Vertrags der Festsetzung bedarf, worüber Du nach Deiner Rückkehr nach Berlin mit Fürstner Dich zweifellos auch noch verständigen wirst. Wir haben gleichzeitig dem Feuilletonredakteur des Neuen Tagblatts hier eine Mitteilung über die Vorgeschichte des ganzen Unternehmens zugehen lassen, aus der dieser dann einen Salat zusammengebraut hat, z.T. recht komisch. Es kommt aber darauf an, allen Quertreibereien den Weg zu verlegen und klipp und klar auszusprechen, daß es sich darum handelt, Dir als dem großen schöpferischen Künstler einen Wunsch zu gewähren, der Dich, die Sache und auch unseren warmherzigen König auszeichne. Du glaubst nämlich gar nicht, welche Erregung die Münchener Notiz hervorbrachte. Die hiesigen Zeitungen wollten sie zunächst als böswilligen Carnevalsscherz auffassen und über Dich, Reinhardt und Fürstner wegen dieser unerhört neuesten Reklame herfallen, die sich nicht scheue zu behaupten, das Stuttgarter Theater sei im Begriff, sich und sein gesamtes künstlerisches Personal vor aller Welt zu degradieren, indem es fremde Kräfte über die hiesigen stelle. Was ich mit dem Personal schon für Kämpfe in den letzten Tagen habe ausstehen müssen, kann ich Dir im Einzelnen nicht schildern. Ich scheue sie nicht, führe sie durch und es bleibt dabei, daß der große Plan ungeschmälert Dir zu Ehren hier verwirklicht wird, auch wenn 20 Sängerinnen und 10 Sänger die sofortige Entlassung einreichen. In der Münchener Notiz hieß es, Du würdest 3 Aufführungen und ich die weiteren dirigieren: mein Name war also schon vorher ohne mein Zutun mit der Sache öffentlich in Verbindung gebracht. Demgemäß hielten wir es nicht mehr für möglich, auf Schuch in dieser Hinsicht in unserer Veröffentlichung die von Dir gewünschte Rücksicht zu nehmen. Die nähere Untersuchung ergab aber auch, daß es unmöglich sei, daß wir uns hier verpflichteten, ich dürfe das Werk nicht vor Schuch dirigieren. Denn wenn die Dresdener sich nicht verpflichten, unmittelbar nach uns das Werk herauszubringen, würden wir ja gezwungen sein, das Werk einfach liegen zu lassen – ich finde auch, daß der Wunsch Schuchs doch wohl etwas weit geht. Warum hat denn Dresden nicht Deine Bedingungen erfüllt, nachdem Du ihnen bisher zum Mindesten mit Deinen beiden letzten Werken großen künstlerischen Ruhm und enorme Einnahmen verschafft hast? Ich glaube darauf rechnen zu dürfen, daß Du mir darin Recht giebst, Du weißt ja, daß ich bei Allem nur die Sache im Auge habe, aber es bestand hier bis zur höchsten Stelle hinauf der Wunsch, ich dürfe in der Angelegenheit nach Außen hin nicht ganz ausgeschaltet werden. Im Übrigen sieht der König der Sache mit wirklich herzlichem und rührenden Interesse entgegen. Uns allen und vor Allem mir wäre es natürlich viel lieber, wenn die Veröffentlichung in der von Dir vorgeschlagenen Art schrittweise hätte erfolgen können. Die Verantwortung dafür, daß es

anders kam, trägt der Berliner Anonymus, der sich bemüßigt fühlte, in den Neuesten Nachrichten den Alarmartikel zu bringen.
Für heute laß mich schließen und empfange die herzlichsten Grüße
von Deinem Dir treu ergebenen
[Max Schillings.]
[Unterschrift fehlt, weil Durchschlag]

Ebenhausen: Sanatorium bei München.
Zu 2: Bei der Generalprobe zu „Ariadne auf Naxos" kam es dann tatsächlich zu offenen Schwierigkeiten mit dem Stuttgarter Personal der Oper. Vgl. Strauss, Betrachtungen und Erinnerungen, Zürich ³1981 S. 240.
In den Münchner Neuesten Nachrichten vom 18. Februar 1912 stand unter den Theaternachrichten eine Notiz, daß Strauss die UA sowie die 2. und 3. Aufführung selbst dirigieren, die späteren Aufführungen Schillings übernehmen würde, weiterhin, daß die Regie Max Reinhardt und die Hauptrollen Frieda Hempel und Emmy Destinn anvertraut seien und daß das kleine Kammerorchester der besten Solisten der Stuttgarter Hofoper durch erste Kräfte der Berliner Hofoper ergänzt würde. Schillings ließ daraufhin am 24. Februar in der gleichen Zeitung folgende „Offizielle Mitteilung" erscheinen:
Über die Uraufführung des neuesten Werkes von Richard Strauß und Hugo v. Hofmannsthal „*Ariadne auf Naxos*", ein Divertissement, zu spielen nach dem „Bürger als Edelmann" von Molière sind in diesen Tagen von nicht genügend informierter Seite Nachrichten in die Presse gebracht worden, welche wie folgt richtig zu stellen sind: Die Uraufführung soll Ende Oktober d.J. in Stuttgart stattfinden. Dort werden bekanntlich im September die nach Plänen von Professor Max Littmann in München errichteten beiden neuen Hoftheater eröffnet werden, ein kleines Haus für alle Werke intimen Charakters und ein großes Haus für solche, die monumentale Wirkungen erheischen. Im kleinen Haus wird „Ariadne auf Naxos" zuerst erscheinen, da dieses Haus in seinen Größenverhältnissen den Absichten der Autoren am meisten zu entsprechen schien. Richard Strauß hat der K. Hoftheater-Intendanz gegenüber den Wunsch ausgesprochen, ihm auf ihrer Bühne die Möglichkeit einer den höchsten Anforderungen entsprechenden Durchführung seiner künstlerischen Ideen zu gewähren, und so werden auf Grund der betroffenen Vereinbarungen die drei ersten Aufführungen des Werkes in besonders festlicher Ausgestaltung vor sich gehen. Auf Einladung des Generalintendanten Baron Putlitz wird das Ensemble des Deutschen Theaters in Berlin in diesen Aufführungen gastieren. Professor Max Reinhardt hat die Gesamt-Regie übernommen. Das Werk ist nemlich Max Reinhardt zugeeignet und seine Uraufführung war ursprünglich dem Deutschen Theater in Berlin zugedacht, hat sich aber dort nicht vollkommen den Intentionen der Autoren gemäß verwirklichen lassen. Der Festspiel-Charakter der Veranstaltung gelangt auch darin zum Ausdruck, daß für die beiden weiblichen Hauptrollen der einaktigen Oper auf Vorschlag des Komponisten Emmy Destinn und Frida Hempel gewonnen worden sind; in anderen Rollen wird das Ensemble der Stuttgarter Hofoper und der Hofkapelle mitwirken. Er Komponist wird die erste und dritte dieser Aufführungen selbst dirigieren, während die zweite von Prof. Dr. Max Schillings geleitet wird. An diese Vorstellungen werden sich weitere festliche Aufführungen Strauß'scher Werke mit dem geschlossenen Ensemble der Stuttgarter Hofoper (Regie: Oberregisseur Gerhäuser) anschließen und zwar solche von „Salome", „Elektra" und „Der Rosenkavalier", teilweise ebenfalls unter Leitung des Komponisten.

Hotel Adlon
                                                    [Berlin] 29. Februar 1912.
Lieber Freund!
Für heute nur – streng vertraulich – nur für Baron Putlitz – den Grund, warum Fürstner von der von mir von Anfang an genannten Summe fürs Material der Ariadne nicht abgehen kann. Der Brave hat nämlich das Privathonorar für Reinhardts Regie in Stuttgart (10 000 M.) aus seiner Tasche übernommen; da kann ich ihm wirklich nicht zureden, auch seinen Verlegerpreis noch zu ermäßigen. Bitte stelle dies – vertraulich – Baron Putlitz vor.
Warum seid Ihr nur so schrecklich ängstlich mit dem Geld? Der Preis des Parkettsitzes muß eben nach der Höhe der Kosten aufgestellt werden! Und die Presse muß gleichfalls ihre Sitze bezahlen!
Also bitte, drücke Fürstner nicht noch mehr: laß es doch lieber das Publikum bezahlen!
                                                    In Eile mit schönstem Gruß
                                                    Dein
                                                    [Dr. Richard Strauss.]
                                                    [Unterschrift ausgeschnitten]

Hotel Adlon
                                                            [Berlin] 7. 3. 12
Lieber Freund!
Deinen Brief soeben erhalten. Du bringst mich zwar in keinen geringeren Verdacht als den eines Schwindlers. Aber da man das unter Geschäftsleuten nicht als eine große Beleidigung betrachtet, will ich in Anbetracht Alles dessen, was Du in der Ariadnesache an Gutem und Freundschaftlichem für mich getan hast, die Geschichte nicht allzu krumm nehmen, sondern muß mich, da Du nun einmal anscheinend sehr genau nachrechnest, noch genauer erklären. Tatsache ist, daß Fürstner vor seiner Abreise nach Ceylon sich zur Übernahme von Reinhardts Honorar (6000 M.) bereit erklärt hat. Eines Honorars, das eigentlich auch von Stuttgart zu tragen wäre, das in erster Linie geschäftlich die Früchte von Reinhardts Arbeit genießt. Inzwischen hat Reinhardt's Bruder das Honorar auf 10 000 M. erhöht, wir haben diese Forderung schlankweg acceptiert, ohne heute noch zu wissen, wer sie begleicht. Fürstner ist noch auf Reisen, konnte sich noch nicht äußern, wenn er sich weigert, muß eben wahrscheinlich doch ich die 4000 M. schwitzen.
Heute ist die Situation jedenfalls so, daß ich neue Abstriche (an Honorar für Fürstners Notenmaterial, an unseren Tantièmen) nicht mir aufmutzen kann, da man doch nicht mit minus arbeiten will, noch dazu bei einer Sache,

bei der wir Alle fest überzeugt sind, daß Stuttgart nicht nur kein Defizit, sondern, wenn die Sache richtig gemacht wird, mit einem Überschuß arbeiten kann.
Die Kosten haben wir doch schon so weit berechnet:

Ensembles des Deutschen Theaters:	15 000 M.
Hempel und Destinn	12 000 M.
Notenmaterial	5 000 M.
Dekorationen, Kostüme	15 000 M.

Rechne ab, was Ihr beim gewöhnlichen Erwerb des Werkes bezahlen müßtet, so kämen die Noten vielleicht auf 2000 M., die Dekoration aber jedenfalls höher, da Baruch für die Uraufführung jeden denkbaren Rabatt gibt.
Bleiben wir bei obigem Etat, rechnen noch
Grete Wiesenthal mit 1500 M.
10 Berliner Kammermusiker à 560 M. = 5600 M. *(höchstens)*
dazu, so stellen sich die 3 Aufführungen auf: 54 000 M.
Parkettsitz zu 50 M. müßte pro Abend eine Einnahme von mindestens 30 000 M. ergeben.
Wenn man den Parkettsitz für 2. und 3. Vorstellung herabsetzt, was ich für unnötig halte und die 2. und 3. Vorstellung ergeben nur 20 000, wären's immer noch 70 000 M.
Warum sollen wir da auf unsere Tantièmen verzichten?
Vor Allem müssen wir jetzt wissen, ob Hempel und Destinn uns für 26. 27. und 28. Oktober sicher sind und dann muß möglichst bald Annonce und Kartenverkauf in die Wege geleitet werden. Dann wird man ja gleich sehen, wie die Sache läuft.
Ich sage nochmals: Ihr seid viel zu ängstlich und grüße Dich
      als Dein stets freundschaftlich ergebener
      Dr. Richard Strauss
[Seitlich am Rande] Bitte die Reinhardsache wie überhaupt Alles streng vertraulich!

Der vorangegangene Brief von Schillings ist nicht vorhanden.

      Stuttgart, Am Hohengehren 2
      8. 3. 1912
Lieber Freund!
Der Vertrag über „Ariadne" ist nun mit Fürstner vollzogen, mit Ausnahme einer ganz geringfügigen Einzelheit (Loge für Fürstner und Plätze für die Presse) ganz nach seinen Vorschlägen und Forderungen. Damit ist nun das

großgedachte Unternehmen endgültig gesichert und es ist eigentlich Zeitverschwendung wenn wir die bereits erledigten Details des Vertrags nochmals berühren. Lasse mich Dir nur noch sagen, daß ich wirklich darauf rechne Du mögest mir in meinem Verhalten in der ganzen Angelegenheit nichts krumm nehmen. Baron P.'s Wünsche, Erleichterungen der pekuniären Bedingungen zu erreichen, *mußte* ich sachgemäß vertreten; Ihr habt sie nicht gewähren können, und damit ist diese Sache praktisch erledigt. Wenn ich in meinem Reisebrief scherzhaft noch einmal auf den Tantième-Nachlaß anspielte, so glaubte ich das tun zu dürfen, weil Du mir am 19. 2. geschrieben hattest, der Hauptgrund, weshalb Du keinen Nachlaß gewähren könntest, sei der, daß Hofmannsthal und Du ein Honorar von 10 000 M. zu Eueren Lasten übernommen hättet. Am 29. 2. sagtest Du mir dann daß Fürstner dieses Honorar auf seine Tasche übernommen hätte (und daher nicht weiter belastet werden dürfe). Wenn ich daraufhin ein „Bitte schenk' mir was" nochmals anklingen ließ, so habe ich sicher nicht vorgehabt den Verdacht des Schwindelns gegen Dich anzudeuten. Du weißt, daß meine Gesinnung gegen Dich mir das verbietet. Deine gestrige detaillierte Darlegung der Angelegenheit erledigt sie endgültig. Erwähnen will ich nur noch, daß ja ursprünglich von Dir ein Honorar für Reinhardt in Rechnung für uns gestellt war, daß dies aber dann gestrichen wurde, nachdem die Möglichkeit festgestellt war für Reinhardt eine *sehr* ehrenvolle und auch für seinen Bruder eine entsprechende Auszeichnung seitens unseres Königs zu erhalten. Daß die beiden außerdem doch noch ein volles (und hohes) Honorar Euch anrechnen mußten, davon war in St. Moritz noch nicht die Rede. Wenn Du diese Tatsache erwägst, wirst Du vielleicht auch leichter verstehen, daß ich einen Augenblick überrascht war. Für uns bist Du und Dein Werk die Hauptsache und alle anderen Faktoren nur „Mittel zum Zweck" – womit ich dem ganz und gar eminenten Bühnengestalter Reinhardt nicht zu nahe treten will. –
Der Vertrag für Frl. Hempel ist auch abgegangen, der für Destinn noch nicht, da kein Bescheid von der Metropolitan Opera zu erlangen war bisher. Es handelt sich um *25. 26. 27.* Oct. – nicht 26. 27. 28.!) Hierbei eine Frage: Glaubst Du daß alle Mitwirkenden die Werke (Molière und Ariadne) an 4 Abenden nacheinander singen resp. darstellen können (Hauptprobe und 3 Aufführungen)? Oder muß nach der Hauptprobe nicht wenigstens ein Ruhetag sein?
Wegen Liefertermin des Materials gibt uns wohl Fürstner Bescheid? Die Annoncen betr. Kartenverkauf können wohl erst in ca. 14 Tagen hinausgehen, da Baron Putlitz so lange noch seine Kur fortsetzen *muß* und nicht eher hierher zurückkehren kann. 30 000 M. für den ersten Abend zu erzielen halten unsere Kassenleute für unmöglich; eine *sichere* Berechnung

hat bis jetzt für die 3 Abende 54000 M. ergeben. Aber Baron P. erklärt nichts bei den Unternehmungen verdienen zu wollen; er sieht den Verdienst in der Mehrung des Prestiges seiner Bühnen nach außen durch das Vertrauen, das Du uns schenkst. Ein Garantiefonds für alle Fälle ist bereits mit 20000 M. vorhanden; er soll auf 50000 erhöht werden. –
Du sprichst in Deinem gestrigen Brief von 10 Berliner Kammermusikern. In dieser Hinsicht möchte ich Dich nochmals bitten: Behalte Dir die Entscheidung über diese Frage vor, bis Du einer Probe des Werks hier angewohnt hast (möglichst nach Ende dieser Saison) Ich bin (ohne jede Überhebung) einstweilen fest überzeugt, daß Du keine 10 Ergänzungen für nötig erklären wirst, denn wir haben einige *wirklich* erstklassige Künstler im Orchester, denen ich einen Todesstoß versetzen würde, wenn man sie ganz ausschalten müßte z. B. 1. Clarinettist, 1. Hornist (Bayreuther So[lo]) die beiden Concertmeister (Wendling!) ein Cellist (2ter fraglich!), 2 *brillante* Solobratscher, 1. Trompeter mit glänzender Höhe. Wie gesagt, bitte ich Dich sehr: Höre und entscheide dann definitiv. Auch wäre es wichtig daß Du Erb (Tenor) hörtest. *Ich* bin überzeugt, daß Du vollkommen und *uneingeschränkt* ja sagen wirst.
– Ich war heute wieder in den Neubauten; das große, vor allem aber auch das kleine Haus werden wirklich ausgezeichnet und ich hoffe daß Du auch an den Aufführungen im „Großen" Freude haben wirst. Läge Dir daran, daß wir auch „Feuersnot" noch einreichen? Darüber bitte *bald* ein Wort.

             Herzlich ergeben
             Dein
             Max Schillings

Selbstverständlich habe ich alles Geschäftliche strengstens vertraulich behandelt. Außer Putlitz war an den Verhandlungen nur der stellvertr. Bureauleiter Intendanzrat Stephany beteiligt.

Kapelldirektion
des Kgl. Württ. Hoftheaters   Stuttgart
             Sonntag Abd. 31. III. 12
Lieber Freund!
Nach einem Palmsonntag-Concert unserer Hofkapelle fahre ich eben nach Berlin. Erlaube daß ich Dir in dieser Form vom Zuge aus schreibe, da ich wegen des Concertes (mit 9. Symphonie) heute nicht dazu kommen *konnte*.
Ich hatte sehr gehofft Dich in Berlin zu sehen, fürchte aber nun, daß es nicht möglich sein wird, da ich Mittwoch wieder zurück muß. Baron Putlitz hatte mich beauftragt einiges mit Dir zu besprechen und Dir vor allem eine

ebenso wichtige als betrübende Mitteilung zu machen. Die Metropolitan-Direction hat die Beurlaubung von Frl. Hempel für Ariadne nun *definitiv abgelehnt* und verlangt daß sie am 22. in Bremen (laut Contract) abfahre. (Frl. Destinn braucht erst später zu fahren.)
Wir haben unserem Bariton Weil für nächsten Winter – trotz größter Schwierigkeiten für uns – nochmals Urlaub für New York gegeben, um der Metropolitan-Opera alles erdenkliche Entgegenkommen zu beweisen. Trotzdem erklärten sie gestern per Kabel, sie könnten Frl. Hempel *nicht* den Urlaub erteilen. – Wenn Du nun kein Mittel weißt, sind wir am Ende unseres Könnens. Ich kann mir nicht vorstellen, was jetzt geschehen soll. Ein Vorziehen der Aufführungen um 8 Tage scheint unmöglich. Wir haben kurz vor dem 25. October in Stuttgartt internationale Flugwoche, die alle offiziellen Persönlichkeiten im Schach hält und sämtliche Hotels beansprucht; außerdem ist Anfang Oct. Caruso-Gastspiel, das unser Repertoir bestimmt. – Könnte ich über die Frage mit Dir morgen oder Dienstag einmal telephonisch sprechen?
Wann wärest Du zu treffen? Bitte darüber ein Wort telegraphisch, Adresse Hôtel Monopol.
Destinn hat seit Wochen nichts mehr von sich hören lassen. Ebenso hat Reinhardt die verabredete schriftliche Zustimmung zu der Abmachung nicht geschickt. Das ist aber offenbar nur Folge seiner permanenten Überarbeitung.

Von Herzen
Dein ergebener
Max Schillings

Grand Hotel
Rudolf Lotz
[Nürnberg] 1. 4. 12.
Lieber Freund!
Das ist eine schöne Hiobspost. Ich habe sofort an Otto Kahn, New York geschrieben und werde Alles versuchen, diese Hunde Italiener daselbst mores zu lehren. Hempel kommt heute hierher!
Wenns nicht geht, müßte man doch versuchen, die Premieren zwischen 10. und 20. Oktober zu legen. Destinn hat mir fest zugesagt, Reinhardt ist sicher. Ich bin Mittwoch Früh 8^{25} in Berlin (Adlon). Kannst Du mich nicht erwarten? Mündliche Aussprache wäre in vieler Hinsicht sehr wichtig. Ich könnte Mittwoch Vormittag von ½10 – ½11, und Nachmittags von 2 Uhr ab im Hotel zu Deiner Verfügung sein.

Geht es nicht, so bitte ich Dich, mich morgen Dienstag Nachmittag zwischen 6 und 7 Uhr hier anzurufen.
Mit schönstem Gruße
Dein
Dr. Richard Strauss.

Hunde Italiener: Von 1908 bis 1935 war der Italiener Guilio Gatti-Casazza Direktor der Metropolitan Opera. Otto Kahn oblagen die Verhandlungen mit Strauss.

[Maschinenschriftlich]
Stuttgart, 19. April 1912

Lieber Freund,
Es wäre mir an sich recht wünschenswert erschienen, wenn Du mit Reinhardt hättest einmal hier zusammensein können. Deine veränderten Reisedispositionen machen das aber wohl unwahrscheinlich, zumal Reinhardt wohl an den von ihm in Berlin bezeichneten Tag gebunden sein wird. – Jedenfalls hoffe ich, daß er seine Absicht des Herkommens ausführt. – Die Frage der Orchesterproben vor den Ferien hängt davon ab, wann wir die Orchesterstimmen bekommen, welche Fürstner für uns abschreiben lassen wollte und ferner davon, wann die Partitur in meine Hände kommt (bis jetzt habe ich einige Korrekturbogen erhalten). Auch wegen der endgiltigen Besetzung ist mir die baldige Lieferung des Materials von größter Wichtigkeit. – Ende August sind jedenfalls die Proben schon soweit gediehen, daß Du sie hören kannst.
Ist es Dir recht, wenn ich veranlasse, daß die Fa. Schiedmayer durch ihren 1. Harmoniumspecialisten die Stimme für das Musterinstrument einrichten läßt?
Momentan spielen nicht sehr angenehme Verhandlungen mit Fürstner wegen des Billetverkaufs. Er hatte mir in Berlin sehr detailliert vorgeschlagen ein Abkommen mit der Theaterabteilung der Fa. Wertheim zu treffen, deren Vertreter hieherkam. Als nun heute der Vertrag perfekt werden sollte, nimmt Fürstner auf einmal einen ganz gegenteiligen Standpunkt ein und wünscht das Abkommen nicht, will vielmehr, daß durch umfangreiche Reklame im Ausland hauptsächlich Ausländer zur Aufführung kämen. Dieser Verlauf ist mir im höchsten Maße peinlich; ich will Dich aber in Deinem so wichtigen Arbeitsfrieden durch solche Störungen nicht behelligen.
[Grußformel fehlt, weil Durchschlag]
Max Schillings

Strauss schreibt in der Partitur der „Ariadne auf Naxos" ein Harmonium der Firma Schiedmayer, Stuttgart, vor. Die gedruckte Harmoniumstimme ist mit einem ausführlichen Kommentar versehen.
Fa. Wertheim: Berühmtes Kaufhaus in Berlin, das auch eine Theaterkarten-Verkaufsstelle hatte.

Landhaus Richard Strauss
Garmisch, den 25. 4. 12.
Lieber Freund!
Also auf Hempel ist fest zu rechnen: Otto Kahn garantiert mir dafür. Er verlangt aber dafür (natürlich gegen Bezahlung) je 4 sehr gute Plätze zu allen 3 Vorstellungen 25. 26. 27.ten. Bitte interessiere Dich persönlich bei Baron Putlitz und Euren Kassieren dafür, daß Otto Kahn, New York, 8 East 68th Street *obige Plätze fest zugesichert erhält* und für eventuelle weitere Wünsche als *stets zu bevorzugen* vorgemerkt wird.
Beiliegenden Brief Fürstner's, der mir sehr vernünftig und wie alles, was Fürstner macht, sehr correct und loyal erscheint, wird vielleicht Mißverständnisse klären. Seid Ihr in Stuttgart in diesen Punkten nicht ein bißchen zu ängstlich und nervös? Ich möchte weder ausschließlich Berliner, noch ausschließlich Ausländer in Stuttgart haben, sondern Leute, die was verstehen und sich wirklich für Kunst, nicht bloß für Premièren interessieren.
Die Partitur der Ariadne wird heute fertig: ich komme jedenfalls Ende Mai oder Anfang Juni zu Euch um eine Probe zu hören.
Die Musik zu Molière folgt dann im August.
Mit schönsten Grüßen
Dein
Dr. Richard Strauss.

Fürstner legte in seinem Brief an Strauss vom 23. April 1912 die Vorgänge ausführlich dar: Er habe bei einer Besprechung mit Strauss und Schillings selbst den Kartenverkauf durch die Billett-Abteilung von Wertheim vorgeschlagen. Später habe Stuttgart aber plötzlich von ihm die Übernahme einer Verkaufsgarantie von 60 000 M verlangt, die er aber selbstverständlich nicht übernehmen konnte und wollte. Vgl. Brief vom 19. April 1912.

Landhaus Richard Strauss
Garmisch, den 6. Mai 1912
Lieber Freund!
Mit Destinn ist nichts zu machen! Hempels Urlaub ist laut Correspondenz mit Otto Kahn (New York) so gut wie sicher. Wenn ich ihr noch einen kleinen Orden versprechen dürfte, so würde dies, glaube ich, mächtiger ziehen als Alles. Einen Orden kann sie eben in Amerika nicht bekommen! Außer Destinn ist die einzige, von der ich mir eine vollkommene Ariadne verspreche Frl. Jeritza (vom Herbst ab an der Wiener Hofoper). Eine hübsche Person, tadellose, schlanke Figur, viel Talent und die schönste Sopranstimme, die man sich denken kann. Sie ist nach dem 27.ten Oktober eine Berühmtheit, das garantiere ich. Morena und Leffler sind Ruinen und nicht geeignet für diese zarte, lyrische Rolle.

Ich bitte Baron Putlitz dringend, Frl. Jeritza zu acceptieren. Vielleicht schreibt er selbst ein Paar Worte an Direktor Gregor um Urlaub für Frl. Jeritza vom 15. bis 27. Oktober!
Ich bin um den 8. Juni herum bestimmt in Stuttgart: möchte gern noch die letzten Proben der Feuersnot mitmachen und 2 bis 3 Orchesterproben Ariadne.

Mit schönsten Grüßen
Dein Dr. Richard Strauss.

Erbitte kurzen Bescheid wegen des Ordens für Hempel.

Maria Jeritza trat im Herbst 1912 ihr Engagement an der Wiener Hofoper an, deren Direktor 1911 – 1918 Hans Gregor war. Sie sang dann bei der UA tatsächlich die Ariadne.

Excelsior Palace Hôtel

[Venedig Lido] 11. 5. 12.

Lieber Freund!
Wenn wir vorsichtig sein wollen, würde ich schon raten, diesmal mit Frl. Hempel die Ausnahme zu machen: Orden und volles Honorar! Darf ich es ihr mitteilen?
Wie wollt Ihr es mit Jeritza halten? Ich glaube, die nimmt auch gern einen Orden; soll man ihr anbieten: 500 M. Reiseentschädigung und Orden oder 1000 M. pro Abend?
Jedenfalls spart Ihr dabei 3000 M. gegen Destinn! Jeritza ist jedenfalls der *einzig mögliche* Ersatz!

Schönste Grüße
Dein
Dr. Richard Strauss.

Maria Jeritza antwortete auf das Angebot telegraphisch: „Honorarfrage in dem Falle Nebensache wenn nur Ariadne kreieren kann".

[Maschinenschriftlich]

Garmisch, 5. September 1912

Lieber Freund!
Ich übersende Dir beiliegenden Brief mit der Bitte, es unbedingt zu ermöglichen, daß Dr. Decsey zur Premiere der Ariadne gegen Geld eine gute Karte und auch eine Einladung zur Generalprobe erhält. Er ist mir stets ein treuer Freund gewesen und ich möchte ihn bei der Premiere nicht missen.
Wie steht es sonst mit Ariadne? Hast Du schon das ganze Material, seid Ihr schon fleißig im probieren?
Ich wäre Dir dankbar, wenn Du mir baldigst die definitive Besetzung der kleineren Rollen mitteilen könntest und besonders, wie sich das Männer-

quartett anläßt, und ob zu demselben event. noch ein guter Ersatzmann von außen nötig ist. Sollte ein Tenor gebraucht werden, so empfehle ich Kammersänger Kurt Sommer, von der Berliner Hofoper, der sowohl den ersten, wie den zweiten Tenor übernehmen könnte.
Ich probiere hier bereits mit Fräulein Hempel und bin am 22. und 23. September in Berlin um mit Jadlowker und meinen Berliner Bläsern zu üben.
Zur Eröffnung Eurer Theater sende ich unserer lieben Excellenz Baron Putlitz und Dir meine herzlichsten Glückwünsche. Leider ist meine Zeit sehr knapp bemessen, daß ich unmöglich kommen kann, umsomehr als ich am 21. September zu Schuch's Jubiläum unbedingt nach Dresden muß.

Mit schönsten Grüßen
Dein treu ergebener
Dr. Richard Strauss.

[Handschriftlich angefügt]
An Oscar Bie habe ich mitgeteilt, daß seine Frau leider keinen Eintritt zur Generalprobe erhalten kann. Es bleibt doch dabei: nur die Vertreter der Presse persönlich? Oder werden Ausnahmen gemacht? Und welche? Bleibts dabei, daß ich zu den letzten Proben 12.ter Oktober, Vormittags und Abends und 14.ten Oktober Abends erwartet werde?
Am 13.ten bin ich in Frankfurt.

Der beigelegte Brief fehlt.
Ernst Decsey, (Musik-)Schriftsteller, war damals Chefredakteur der Grazer „Tagespost". Strauss probte mit Hermann Jadlowker den Bacchus, mit Frieda Hempel, die dann bei der UA allerdings nicht sang, die Zerbinetta.
Am 14. September 1912 war in Stuttgart die festliche Eröffnung des Großen und des Kleinen Hauses. In Dresden wurde am 22. September Schuchs 40jähriges Dienstjubiläum mit einer denkwürdigen „Meistersinger"-Aufführung gefeiert. Die Dresdner Hofoper verdankte Schuchs jahrzehntelangem, ungeteiltem Einsatz ihren Ruhm.

Landhaus Richard Strauss

Garmisch, den 8. Sept. 1912

Lieber Freund!
Damit Ihr Euren Probenplan einrichten könnt, teile ich Dir nochmals genau mit: daß ich am 11. Oktober Abends in Stuttgart eintreffe und bitte, daß für den
    12. Oktober Vormittags ½10 Uhr
     und Nachmittags 6 Uhr
Gesamtproben Ariadne angesetzt sind. Ebenso am
    14. Oktober 12 Uhr Klavierprobe
   Abends 6 Uhr Gesamtprobe mit Orch.

Des weiteren treffe ich wieder in Stuttgart ein am 19. Oktober Vormittags 11²⁸. An diesem Vormittag kann Reinhardt auf der Bühne mit Klavier proben und ich möchte dann am 19.ten Nachmittags 5 oder 6 Uhr mit Allen probieren, und Hempel, Jeritza, Jadlowker, die ich bitte, dafür zu verpflichten, daß sie am 18.ten Abends spätestens in Stuttgart eintreffen. Auch meine Berliner Bläser werde ich versuchen, schon am 19. Oktober nach Stuttgart zu bekommen.

           Herzliche Grüße in Eile
           Dein
           Dr. Richard Strauss.

Willst Du so gut sein, mir *gelegentlich* im Hotel Marquardt zu bestellen: für mich ab 19.ten Oktober Salon und Schlafzimmer (2 Betten), ab 23.ten Oktober nebenan noch ein Zimmer für Bubi und ein Zimmer für meine Schwiegermutter?

Landhaus Richard Strauss
           Garmisch, den 17. 9. 12
In Eile!
Lieber Freund!
Gratuliere herzlich zum Herrn von!
Erhalte heute Brief von Simons, daß er Jeritza nicht beurlauben könne (sie hat noch gar keinen Urlaub eingereicht), da er am 20 oder 22.ten Oktober contraktlich die Première des neuen d'Albert habe, wo Jeritza die Hauptrolle.
Karpath, der mir neulich die ganze Geschichte soufflirt hat, schickt heute beiliegende neue Warnung. Nun thu, was Du willst und kannst.
Bezüglich Deines vorigen Briefes kann ich Dir puncto Coloratursängerin erst antworten, wenn ich, ich fahre Sonntag nach Berlin, mit Hempel selbst gesprochen habe. Halte es aber, *da 2. und 3. Vorstellung bis jetzt schlecht verkauft sein soll*, im höchsten Grade für bedenklich, die *2.te oder 3.te Vorstellung des Hauptstars zu berauben*. Das muß doch auch Frau Hanger einsehen, die ich übrigens für ihr Opfer bei jeder passenden Gelegenheit (Engagement bei auswärtigen Gastspielen) so viel als möglich zu entschädigen bereit bin. Ich bin als dankbar bekannt und habe noch immer mein Wort gehalten.
Auch puncto Bläser kann ich diesmal nicht nachgeben. Gerade am Tage der 2. Vorstellung muß ich selbst große Salomeprobe mit Deinen Stuttgarter Bläsern abhalten, die dann Abends müde nicht die heikle Ariadne unter Dir spielen sollen. Es handelt sich hier doch nicht um Zurücksetzung Deiner ausgezeichneten Bläser, die ich als treffliche Künstler hochschätze und

nicht kränken möchte, sondern um zwingende Gründe der Ökonomie aus langjährigen Erfahrungen bei derartig comprimierten Straussfesten, die noch allenthalben mit vollständiger Erschöpfung der beteiligten ersten Bläser geendigt haben: Hier heißt's vorsichtig sein und darum kann ich diesmal den Wunsch der Herren nicht erfüllen.

In Eile herzlich grüßend
Dein
Dr. Richard Strauss.

Eure „Eröffnung" war ja ein kolossaler Erfolg auf der ganzen Linie: habe mich sehr darüber gefreut und gratuliere schönstens. Für 26. und 27. Oktober muß noch größere Reklame einsetzen: vor allem die Gleichwertigkeit der 3 ersten Aufführungen in der Presse betont werden und gemeldet, daß die 1.te Aufführung schon ausverkauft und Reflektanten sich gleich direkt um die 2. oder 3.te bemühen sollten.
Herzliche Grüße an unsere liebe, famose Excellenz, die wohl glücklich war, daß sich langjährige Arbeit und Tatkraft so herrlich gelohnt hat. Hoffentlich geht Baron Putlitz aber nach Ariadne sofort in längeren Erholungsurlaub mit strenger Kur, daß er uns noch lange erhalten bleibt.

Anläßlich er Eröffnungsfeierlichkeiten der beiden Häuser des Stuttgarter Theaters war Schillings, der hierzu ein „Festspiel" verfaßt hatte, vom König von Württemberg der persönliche Adel verliehen worden.
Am 18. September 1912 schickte Maria Jeritza folgendes Telegramm aus Wien: „Verehrter Meister können ganz beruhigt sein bürge mit meinem Ehrenwort daß ich am 18. Oktober in Stuttgart mit vollständig studierter Partie eintreffe Direktor Simons wollte nur von der Hoftheater-Intendanz direkt um meinen Urlaub ersucht werden habe dies veranlaßt somit die Sache erledigt ist Brief folgt Jeritza."
Der beigelegte Brief von Karpath fehlt.

[Beischrift zu einem Brief Franz Steiners vom 22. September 1912]

Garmisch, 27. 9. 1912

Lieber Freund!
Der Zerbinettastrich geht von Ziffer 252 bis Ziffer 260. Habt Ihr an Direktor Rainer Simons schon geschrieben? Soll *ich* nochmal schreiben, unter Hinweis darauf, daß durch Verschiebung der d'Albertschen Oper alle contractlichen Gründe, die er gegen die Beurlaubung der Jeritza vorbringt, weggefallen seien?
Ich bin am 11. Oktober Abends in Stuttgart und 12.ten Vormittags 9 Uhr zur Probe im Theater.

Mit herzlichem Gruß
Dein
Dr. Richard Strauss.

Strauss schickte den Brief Steiners an Schillings zur Kenntnisnahme. Steiner hatte am Ende seines Briefes Strauss auf eventuelle Urlaubsschwierigkeiten von Maria Jeritza aufmerksam gemacht.
Die Ziffern für den Strich gelten für die erste Fassung der „Ariadne". Sie beziehen sich auf einen Gesang der Zerbinetta bei Ankunft des Bacchus, der in die Neue Bearbeitung nicht aufgenommen ist.

Kapelldirektion
des Kgl. Württ. Hoftheaters
            Im Zuge, den 29. Spt. 1912
Lieber Freund!
Ich habe die Berliner (nicht ohne Erfolg verlaufenen) Sitzungen hinter mir und bin auf dem Wege nach Bonn, wo ich gerichtlich zu tun habe. Am 2. Abds. bin ich wieder in Stuttgart. Inzwischen wird Dir Exz. Putlitz auf Deinen Eilbrief an mich geantwortet haben. Ob die Dresdener die Siems beurlauben ist mir noch unbekannt. In Conferenzen mit Reinhardt und Levin und Fürstner besprach ich alles notwendige. Frl. Hempel scheint nach wie vor *höchst* ungewiß; *eine* Auffhrg. scheint sie aber doch singen zu wollen. Das ist eine sehr ernste Frage. Ich habe Frl. H. nicht aufgesucht, weil ich es für klüger hielt wenn nur *Du* auf sie einwirkst. Reinh. hatte noch immer keine genaue Besetzung für den „Edelmann" gemacht und kannte die Musik gar nicht. Den Fechtmeister hatte er mit einem absolut *anti*musikalischen Künstler besetzt, was vollständig ausgeschlossen ist. Er wünschte Gerhäuser auf 2 Tage nach Berlin zu haben. Ich weiß noch nicht ob es tunlich ist. Wer sorgt nun dafür daß die Wiesenthal ihre Tanz-Ideen einmal kundgiebt sonst kann ja die Ankleidescene nicht studiert werden? – Die Stuttgarter Proben sind gut weitergediehen. Leider hat *Weil* erklärt den Harlekin nicht singen zu können da er die große Tanz-Gesang-Scene nicht machen könne. Wir hatten sie für ihn im Sinne einer Charakterrolle inszeniert; aber auch das half nicht. Er ist körperlich ungewandt, wurde schließlich hypernervös und ist nicht mehr umzustimmen. Nun muß Swoboda die Partie übernehmen, der sehr gewandt ist. – Eine ernste Frage bleibt auch noch die Frau Hanger-Zerbinetta. Wir müssen bestimmt damit rechnen daß sie nunmehr streikt. – Bitte teile mir gleich mit welche Änderungen Du für Frl. Hempel in der Coloratur-Arie gemacht hast. Sie hat ja definitiv erklärt daß sie ohne Strich oder Änderung (Übernahme eines Teils der Coloratur durch eine Clarinette) die Rolle nicht singe. Auch Frau Hanger teilte mir nach der letzten Probe mit daß sie ohne Strich die Partie nicht machen könne. – Bitte auch nochmals um den *Strich in der Anmelde-Scene der Zerbinetta*, der entschieden notwendig ist.
Die Menu-Musik ist köstlich und klingt fabelhaft komisch. Aber der dann folgende Aktschluß wirkt *sehr schwach*. Hofmannsthal und Reinhardt

müssen da noch etwas ersinnen. Auch müßte am Aktschluß I vorher schon Geräusch von Stimmen des Orchesters hörbar sein und gesagt werden: „Ach, die Kerle fangen schon wieder mit der Ariadne-Probe an". Sonst bleibt die gewollte Wirkung unverständlich. Das läßt sich leicht machen. – Einige Kürzungen im Dialog (hauptsächlich I. Akt) sind auch notwendig und leicht zu machen. Reinhardt empfand das auch schon beim Lesen, aber bei den Proben kommt das noch mehr als Notwendigkeit heraus.

Sei herzlichst gegrüßt von
Deinem
Max Schillings

Reklame-Programm habe ich mit Fürstner verabredet und einem Journalisten ausgiebiges Material gegeben.

Der Eilbrief an Schillings ist nicht vorhanden.
Margarethe Siems sang bei der UA der „Ariadne" dann tatsächlich anstelle von Frieda Hempel die Zerbinetta. Knapp 2 Jahre vorher hatte sie bei der UA des „Rosenkavalier" die Marschallin [!] gesungen.

[Maschinenschriftlich]

Garmisch, den 3. Oktober 1912

Lieber Freund!

Ich hoffe, daß Du den Strich der Zerbinetta in der Anmeldescene bereits erhalten hast. Derselbe wird auf jeden Fall gemacht. Der andere Strich in der Arie, welcher möglich ist, und den ich für Frau Hanger von vornherein gerne concedire, geht von Ziffer 129 auf Ziffer 134. Diesen Strich werden weder Fräulein Hempel noch Fräulein Siems machen, sondern die Arie selbst ganz singen nur mit der kleinen Abänderung für Klarinette nach Ziffer 129.

Daß Herr Weil den Harlekin nicht singt ist sehr fatal, ich kenne Herrn Swoboda nicht, brauche aber für diese Rolle unbedingt einen Künstler mit sehr schöner Baritonstimme.

Was die Molière'schen Aktschlüsse betrifft, so läßt sich das alles am besten auf den Proben besprechen. Schließlich sind dafür weder Hofmannsthal noch ich, sondern ausschließlich der immerhin schon leidlich accreditierte Molière verantwortlich.

Ich bitte noch um eine baldige feste Antwort bezl. der Wohnungsfrage und Bescheid darüber, wo überhaupt diejenigen Leute, die im Hotel Marquardt nicht mehr unterkommen, – so frug mich unlängst erst Brecher bezl. des Fräulein Walker an – in Stuttgart einigermaßen komfortabel untergebracht

werden können. Falls ein Wohnungskomite existiert, wäre es sehr wichtig, daß dies ebenfalls bald der Öffentlichkeit bekannt gegeben wird.
Ich bin am 11. abends bestimmt in Stuttgart.
          Mit herzlichen Grüßen
          Dein stets aufrichtig und dankbar ergebener
          Dr. Richard Strauss.

Auch dieser erwähnte Strich bezieht sich auf eine Stelle der großen Zerbinetta-Arie, die in der Neuen Bearbeitung nicht mehr vorhanden ist; er endet bei Z.126 der Neuen Bearbeitung. Außerdem stand der D-Dur-Teil der Arie ursprünglich in E-Dur.
„Beruhigen Sie Schillings wegen der Aktschlüsse" schrieb Hofmannsthal am 9. Oktober 1912 an Strauss.

Landhaus Richard Strauss
          Garmisch, den 7. Okt. 1912
Lieber Freund!
Ich denke, wir geben nun Frau Hanger definitiv die zweite Vorstellung, während ich Frl. Siems schreiben werde, sie möge sich für die erste und dritte Vorstellung bereit halten, falls Hempel absagt.
Für den Agenten Frankfurter erbitte ich eine Generalprobe-Einladung zum 24.ten
Auf Wiedersehen Freitag Abend zum Skat!
          Mit herzlichem Gruß
          Dein
          Dr. Richard Strauss.

Kapelldirektion des Kgl. Württ. Hoftheaters
          Stuttgart, den 5. Nov. 1912
Lieber Freund!
Hoffentlich bist Du glücklich in Berlin gelandet. Unsere erste eigene Ariadne-Aufführung war bei gänzlich ausverkauftem Hause (außer Abonnement) ein großer, am Schlusse lange anhaltender Erfolg. Die weiteren Kürzungen im Edelmann erwiesen sich als günstig. Es bleibt nur zu bedauern daß die Aktschlüsse im modernen Sinne versagen.
Die rekonstruierte ⅝-Tanzscene wirkte in der concentrierten Form entschieden viel besser als die gänzliche Amputation dieses musikalisch so reizenden Gliedes, bei dem leider ja in seiner Urform die scenische Wirkung nicht zu erreichen ist. Ich hatte noch das Bedürfnis folgende 2 Kürzungen zu machen:
1) Takt vor 154 nach dem 3. Achtel Sprung auf 4. Achtel im 2ten Takt nach 155. (Er führt eine knappe Geschlossenheit der kleinen Eifersüchteleien der 4 Liebhaber herbei, die durch die Stelle der Zerbinetta gestört wird;)

außerdem würden die Proportionen der ganzen Scene ohne diese Reminiszenz an die Zerbinetta-Arie besser)
2) Sprung von 169 auf 175. Der Einsatz der Zerbinetta im Takt vor 175 paßt in den Takt vor 169; den Baß erlaubte ich mir so zu führen (im Takt vor 169)

Das Versteckenspielen der 3 geprellten Liebhaber bei ganz heller Bühne konnten wir trotz aller Bemühungen nicht lösen; es bleibt entschieden besser fort! Auch die Takte 187 bis 5. Takt nach 187 sind zu entbehren: das nur kurze Zeit unsichtbar gebliebene Liebespaar rennt im 3. Takt nach 186 (endigend mit ⅛) davon, die 3 Gesellen wütend hinterher.
Ich würde mich freuen wenn Du mir zustimmen könntest. – Endlich habe ich noch die Wirkung eines kleinen Strichs in der ersten Tanzscene erprobt und fand daß eine Weglassung der Takte 98 bis 3. Takt nach 99 nichts zerstört und die Wirkung erhöht. – Darf es so bleiben?
Den von Dir schon einmal halb genehmigten Strich nach 4. Takt nach 114 auf Takt vor 117 halte ich auch für dramatisch richtig (trotz Mozart). Unsere Hanger (Zerbinetta) hat im übrigen ihre Sache ganz brav gemacht und Publikus war sehr mit ihr zufrieden. Die drollige Coquetterie der schlanken Figur entschädigte für das was der Siems so fabelhaft stimmlich zu eigen ist.
Die beiden Rosenkavaliere verliefen sehr gut und damit haben wir also unseren fast allzu kühnen Plan mit Deinen Werken wirklich zu Ende geführt. – An Schuch schrieb ich auf seinen Wunsch gestern wegen der Striche und nannte ihm die unserigen.
    Sei mit den Deinen herzlich gegrüßt
    von Deinem getreuen Orchesterdiener a.D.
    Max Schillings
Comzrt. Levin hat tatsächlich M. 5000 zu dem Fest beigesteuert! „Sind brave Kerl'n" etc.

<small>Die angegebenen Ziffern von den Strichen stimmen mit der Neuen Bearbeitung überein.
„Sind brave Kerl'n": Rosenkavalier I. Akt nach Ziffer 83.</small>

[Maschinenschriftlich]
            Stuttgart 6. Juni 1915.
            Am Hohengeren 2
Lieber Freund!
Dein lieber Brief vom 31. Mai hat mir eine große Freude gemacht, für die ich Dir recht herzlich danken möchte. Es wäre schon eher geschehen, wenn ich

nicht einige Tage von hier abwesend gewesen wäre. Ich hätte nie daran zu denken gewagt, daß Du die Leitung der Mona Lisa in Berlin würdest übernehmen können, denn erstens weiß ich, wie beschränkt Deine dortige Tätigkeit ist und zweitens, scheue ich mich nicht zu gestehen, daß ich der Ansicht bin, Du solltest jetzt auf der Höhe Deines großartigen Schaffens und Wirkens Dich gar nicht mehr mit dem Opern-Alltag befassen, sondern nur für ganz auserlesene Meisterwerke ans Pult treten. Wenn Du nun für Mona Lisa eine Ausnahme gemacht hättest, so hätte mich das nicht nur wirklich mit Stolz erfüllt, sondern ich weiß auch was das künstlerisch und in der Wirkung nach außenhin für das Werk bedeutet hätte. Ich glaube auch, daß Dir die Partitur, die ich dieser Tage hier einmal mit dem Orchester durchspielte, viel Freude machen würde und daß Du auch mit dem Werk als Ganzes in dramatischer Beziehung mehr zufrieden sein würdest, als es bei meinen früheren Opern mit ihren dramatischen Mängeln der Fall war und da ich überzeugt bin, daß Du nicht für eine vielleicht künstlerisch wertvolle aber theatralisch wirkungslose Sache eingetreten wärest, so hätte ich mir kein Gewissen daraus gemacht, Dich in Rücksicht auf unsere alte Freundschaft um die Leitung des Werks zu bitten. Wie aber die Dinge liegen, wird es wohl leider unmöglich sein. Graf Hülsen bat mich unlängst in Berlin dringend, dafür zu sorgen, daß er die Oper bereits im Oktober bringen könne, da das am Besten seinen Wünschen und Dispositionen entspräche. Wir haben uns daher entschlossen, die hiesige Uraufführung auf den 26. September anzusetzen (mit einer Ausstattung von Professor Pankok, die Dich sicher interessieren und freuen wird) bis 4. Oktober hätte dann Wien das Recht der zweiten Aufführung und ich hoffe, daß dann bald darauf Berlin als zweite deutsche Bühne folgen wird. Du sagst mit Recht, daß dem Werk nicht damit gedient sein könne, wenn Du etwa die zwei ersten Aufführungen leitetest und es dann in die Hände des zweiten oder dritten Kapellmeisters überginge. Bei der großen Wichtigkeit der Frage für mich, möchte ich Dich aber doch bitten, mir zu sagen, ob Du nicht doch etwa diese zwei Aufführungen übernehmen würdest und ob dann keine Möglichkeit wäre, daß etwa Blech sich bewegen lassen könnte, das Werk weiterzuführen? Ich würde diese Frage nicht an Dich stellen, wenn ich nicht wie gesagt die bestimmte Empfindung hätte, daß Dir die Oper tatsächlich künstlerisch Freude machen würde, die leider gegenwärtig uns Opern-Kapellmeistern nur allzuselten noch beschieden ist. Vielleicht könnten wir über die Angelegenheit mündlich reden. Es drängt mich sehr, Deiner lieben Aufforderung zu folgen und Euch in Garmisch wieder einmal aufzusuchen. Leider würde wohl meine Frau nicht mitkommen können, da sie in Gürzenich Kriegslager aufgeschlagen hat. Wann würde es Dir passen? Vielleicht nächste Woche? Darf ich evtl. um einen telegraphischen Bescheid bitten? Ich wäre dann indiskret genug, darauf zu bestehen, daß Du mich etwas aus Deinem neuen Werk hören ließest. – Von meinen vielfältigen und zum Teil ergreifenden Erlebnissen im Felde könnte ich Dir manches erzählen. Sie endeten leider mit einer Lungenentzündung, deren Folgen mich noch zur Schonung zwingen und voraussichtlich – und wohl auch vernünftigerweise – am nochmaligen Hinausgehen verhindern. Wir haben uns hier im Theater in der schweren Zeit noch leidlich durchgeschlagen und sogar Ring und Tristan ermöglicht. Leider gelang es mir nicht, für Salome die Besetzung zusammenzubringen, sodaß wir von Deinem Werke nur Rosenkavalier und Ariadne bringen könnten.

Deine Nachricht erwartend, bin ich mit herzlichsten Grüßen an Dich und die Deinen

Dein Dir immer ergebener
Max Schillings

Strauss' Brief vom 31. Mai 1915 fehlt.
Die UA von „Mona Lisa" fand am 26. September 1915 unter Leitung von Max von Schillings in Stuttgart statt, dann folgte Wien mit Maria Jeritza in der Titelrolle, und am 15. Oktober schließlich Berlin unter Richard Strauss. Strauss dirigierte die beiden ersten Vorstellungen. – Schillings hatte die Oper im Sommer 1913 bei seinem Gürzenich-Aufenthalt in der kurzen Zeit von 6 Wochen komponiert und die Partitur kurz vor Weihnachten 1914 beendet. Zufällig wurde gerade, als er mit Ausarbeitung der Partitur beschäftigt war, das 1911 aus dem Louvre gestohlene Mona-Lisa-Bild Leonardos in Florenz wiederaufgefunden und dem Louvre zurückgegeben.
Schillings war 1914 freiwillig als Sanitätssoldat eingerückt. Er hatte sich mit seinem Auto für Verwundetentransporte zur Verfügung gestellt und war Mitglied des Kaiserlichen Freiwilligen Automobil-Korps. Im Juni 1915 wurde er aber wegen einer Lungenentzündung entlassen.

Landhaus Richard Strauss

Garmisch, 21. 12. 15.

Lieber Freund!

Ich lege gar keinen besonderen Wert darauf, daß Frau Schoder in der „Woche" Salome und Elektra singt. Im Gegenteil gebe ich unserer ausgezeichneten Frau Kemp in *jeder* Hinsicht den Vorzug. Ich bin auch einverstanden, wenn mit Elektra bis zum Mai gewartet wird: bezügl. Salome dagegen wäre es mir, offen gesagt, lieber, wenn sie vorher schon ein oder zweimal gegeben würde, *auch schon mit Frau Kemp,* vielleicht einmal, wenn Kemp nicht so oft kommen kann, mit Eva v. d. Osten, die die Rolle am 12. Januar zum ersten Mal in Dresden singt und stark auf Gastieren damit rechnet. Ich glaube nicht, daß ein oder zwei Salome's im Januar und Februar den Besuch der Vorstellung in der Strauss Woche Anfang Mai schädigen werde. Im Gegenteil: wenn Frau Kemp, woran ich nicht zweifle,

als Salome vorher schon gefällt, spricht es sich doch herum und schließlich dirigiere ich im Mai noch selbst – ich glaube nicht, daß Excellenz Putlitz da ein flaues Publikum befürchten muß. Ich habe ja lange dazu gebraucht – aber schließlich nach 30 Jahren bin sogar ich als Dirigent eine Zugkraft geworden und es war mir eine besondere Genugtuung, Freund Weingartner unlängst in Wien das seit Kriegsbeginn erste vollständig ausverkaufte Philharmonikerconcert nebst eingelegter öffentlicher Generalprobe mit der Alpensinfonie zu Füßen legen zu können. –
Also ich bitte herzlich um ein oder zwei Salomes zu Beginn des nächsten Jahres: wenn Du mit Salome und Elektra bis zur Straußwoche wartest, bleibt es bei der vorgerückten Jahreszeit wiederum nur bei den zwei Festaufführungen in diesem Jahre. Damit ist mir nicht gedient und das lohnt schon gar nicht die mühseligen Proben!
Wenn Du mit Ariadne Schwierigkeiten bezügl. einiger Schauspieler hast, empfehle ich ruhig unter dem Sängerpersonal dafür Umschau zu halten, Fechtmeister, Musiklehrer, Schneider etc. könnten doch ruhig von gut Dialog sprechenden Opernsängern besetzt werden. Außerdem hätte ich die große Bitte, den so scheußlich zusammengestrichenen Molière (ich weiß nicht wie es bei Euch ist, könntest Du mir ein eingerichtetes Regiebuch mit Eueren Strichen auf einen Tag zur Ansicht schicken?) wieder ein bischen herzustellen, besonderen Wert würde ich darauf legen, daß endlich mal *die ganze Gardarobescene Hofmannsthals vor der Oper ungestrichen* gemacht wird, daß ferner die 2 Aktschlüsse Molières des 1. und II. Aktes *ganz einfach, wie sie Molière geschrieben hat,* gesprochen werden, *ohne jede Ausschmückung* und *ohne jeden Schluß- und Vorhangwitz*. Mir ist inzwischen dieses à tout prix unmittelbar vor dem Fallen des Vorhangs noch einen Applaustreibenden Effekt oder Witz anzubringen Wollen direkt unausstehlich geworden.
Willst Du so gut sein, dies Excellenz Putlitz sowie den beiden Herrn Regisseuren dringend zu empfehlen?
Zum Magdeburger Verbot gratuliere ich Dir ungern: diese Art Reklame ist ein verflucht zweischneidiges Schwert, ich habe auch darüber mich zu freuen lange verlernt.
Mit herzlichen Grüßen und besten Wünschen für tantiemenreiches Neujahr

Dein aufrichtig ergebener
Dr. Richard Strauss.

Die geplante Strauss-Woche in Stuttgart fand Ende März 1916 statt. Sie beschränkte sich aber auf „Salome", „Ariadne auf Naxos" und „Rosenkavalier"; „Elektra" wurde nicht aufgeführt. Magdeburger Verbot: Schillings' „Mona Lisa", die vom Stadttheater Magdeburg bereits zur Aufführung angesetzt war, ist vom Kommandanten des 4. Armeekorps plötzlich verboten worden.

Strauss. [Garmisch] 29. 12. 15
Terminvorschläge für die Stuttgarter Strauss-Woche. Richtigstellung des Gerüchts, daß er keine "Neubearbeitung" der Salome gemacht, sondern die Partie nur für Eva von der Osten etwas punktiert habe.

Regie
des Kgl. Württ. Hoftheaters

Stuttgart, den 26. 2. 1916

Lieber Freund!
Ich komme nocheinmal mit meiner Bitte betr. den Bürger-Edelmann. Ohne jede Ausnahme stimmen mir alle Verehrer Deiner Ariadne in dem Wunsche zu, daß Du uns die Zustimmung zu einer Concentration des Moliere'schen Torsos in *einen* Akt geben mögest. Lasse wenigstens den Versuch einmal machen. Ich bin überzeugt, das einzige Hemmniß für einen dauernden Verbleib des Werkes im Repertoir ist diese heftige Abneigung des Publikums (das sich ja nun einmal zur Liebe nicht zwingen läßt) gegen das Moliere'sche Stück, dessen feinere Worte zu weitab vom Mitempfinden unserer Zeit liegen und das als peinlich langweilig empfunden wird. Es liegt auch ein tieferer Grund vor: die kleine Eheintrigue ist ja aus dem Stück eliminiert, es ist alles nurmehr "Situation" ohne irgendeine spannende Handlung. Lasse uns doch versuchen ihm nur den Charakter eines Auftakts zur Hauptsache zu geben (unter Wiederherstellung der Hofmannsthalschen Komödianten-Scene) in *einer* Dekoration spielend und selbstredend unter Beibehaltung der ganzen Schauspielmusik. Gerhäuser ist bereit Dir sofort den Plan vorzulegen. Auch Putlitz schließt sich meiner Bitte an.
Wie gesagt: ich bin überzeugt daß wir das Werk in dieser Form unserem Publikum dauernd lieb machen, während wir jetzt immer mit dem Wiederstand gegen den Moliere'schen, unverhältnismäßig großen Torso kämpfen.
Ich bitte um möglichst beschleunigte Antwort.
Die Electra singt nunmehr diesmal Frau Mottl-Fassbender, da Fr. Schoder nur kommen wollte wenn sie auch die Salome sänge. Ich muß gestehen, daß ich bei aller Verehrung für die seltene Künstlerin neulich in Wien, wo ich M. Lisa dirigierte von ihrer stimmlichen Verfassung (als Ginevra) einen derart ruinösen Eindruck hatte, daß ich mich vor ihrer Salome direkt fürchten würde. Mit 50 Jahren ist man wohl auch nicht mehr für die Rolle geeignet. –

Ich hoffe und harre!
Herzlichst
Dein
Max Schillings

Auch Strauss selbst trug sich seit geraumer Zeit mit dem Gedanken einer Umarbeitung der „Ariadne auf Naxos" und führte deswegen im Januar 1916 in Berlin intensive Gespräche mit Hugo von Hofmannsthal und Max Reinhardt. Das Ergebnis war die Neue Bearbeitung, die am 4. Oktober 1916 als „Ariadne auf Naxos" an der Wiener Hofoper herauskam.

Stuttgart, 1. 3. 16.
Am Hohengeren 2

Lieber Freund!
Also es bleibt mit dem Bürger Edelmann beim Alten, das Du mir als das *Gute* – Alte überzeugend schildern willst. – Nur wollen wir die Schauspielerscene doch im Original herstellen.
Die Zugverbindungen von Wiesbaden sind folgende
Wiesbaden ab 9.09 Vm 12.30
Stuttgart   an 1.20   4.55.
Wir dürfen Dich wohl 12.30 empfangen?
Über Mona Lisa bekomme ich aus Berliner Publikumskreisen oft ganz rührende Zuschriften und eben eine von 5 Pommer'schen „Edelfrauen", wovon eine kühn behauptet: „Das Liebesduett Giovanni-Lisa, da kann sich der Tristan ruhig hinter verstecken" (wörtlich)!! Ein Oberst schrieb mir, er habe M.L. als Erlösung auf die in ihrem barocken Übermaß heute ungenießbaren Meistersinger empfunden.
Ach, der arme Wagner!
Ich danke Dir sehr, daß Du ab und zu 's Liserl in die Hand nimmst.
Am 18/19. hoffe ich Dich bei der Sitzung in Berlin zu sehen!

Mit herzlichem Gruß
Dein
Max Schillings

Ich würde Dich bitten bei uns zu wohnen, wenn ich nicht annähme daß Du lieber im Hôtel Dir's bequem machst!

Leider ist der Brief, in dem Strauss für die Fassung mit dem vorangestellten „Bürger als Edelmann" plädierte, nicht vorhanden.
Die angegebenen Zugverbindungen gelten schon für die Stuttgarter Strauss-Woche Ende März. Am 25. und 26. März leitete Strauss Probe und Aufführung der „Salome" in Wiesbaden und kam dann nach Stuttgart.
Strauss dirigierte „Mona Lisa" am 31. Januar, 14. Februar, 4. März, 10. April und am 14. Dezember 1916 in Berlin.

Bahnhof-Hotel, Garmisch-Partenkirchen
24. Aug. 1916

Lieber Freund!
Mir wurde von Deinen Domestiken zu wissen getan daß Du nur zwischen 10 und 12 zu sprechen seist. In dieser für Fremdlinge angesetzten Zeit mich

dem ominösen Sprechrohr zu nähern muß ich mir aber leider heute und morgen versagen da ich um diese Zeit vergeben bin und übermorgen fort muß.
So wage ich es denn diese Zeilen durch einen mutigen Boten mit den herzlichsten Grüßen Euch zu senden.

In angeborener Schüchternheit
Dein alter
Schillings.

Bahnhof-Hotel, Garmisch-Partenkirchen
26. Aug. 1916

Lieber Freund!
Ich konnte meinen Aufenthalt hier noch bis Montag verlängern. Würde es Dir angenehm sein wenn ich heute zwischen 6 und 8 Uhr zu Dir käme? Mit mir möchte gern Frau Barbara Kemp Dich begrüßen, die morgen zur Afrikanerin zurück muß nachdem sie sich hier im Stillen etwas erholt hat.
Bitte evtl. um telefon. Antwort.
Mit bestem Dank für Deine Zeilen und herzlichstem Gruß

Dein alter
Schillings.

Afrikanerin: „L'Africaine", Grand Opéra von Giacomo Meyerbeer (UA 1864 in Paris).

[Postkarte]
Stuttgart 12. Sept. 16.

Lieber Freund!
Wir haben gestern die Opernspielzeit mit Ariadne in der alten Form eröffnet. Wir alle hatten solche Freude an dem Meisterwerk, das sich hier immer mehr geklärt und in seinen Schönheiten enthüllt hat, daß ich Dir auch im Namen aller Mitwirkenden wieder einmal dafür danken muß. Möge Ariadne nun in der neuen Form überall ein Stolz der deutschen Bühnen (ich bin noch immer Idealist!) werden, wie sie es bei uns in der alten Form ist, deren Beibehaltung Du ja wohl hier wünschst.

Dein alter
Max Schillings

Landhaus Richard Strauss
Garmisch
                                                            14. 9. 16.
Lieber Freund!
Ich danke Dir bestens für Deine freundliche Ariadnenachricht, die mich sehr erfreut hat. Möge dieselbe ein gutes Omen dafür sein, daß meinen Werken in Stuttgart von jetzt ab wieder eine bessere Berücksichtigung zu Teil werden möge, als es in den letzten Jahren der Fall war. Das letzte Kriegsjahr verzeichnet laut Zeitung von 4 meiner Werke (Feuersnot rechne ich schon gar nicht mit) in der ganzen Saison sage und schreibe 5 Aufführungen incl. Straußwoche.
Dies ist eine Ziffer, die doch in keinem Verhältniß zum Werte und Erfolge der Werke selbst steht und darf ich wohl hoffen, daß Du vielleicht Dein besonderes Augenmerk darauf richtest, daß – wenn schon ganz düstere Stoffe wie Elektra jetzt einem leichtfertigen Kriegspublikum, das sich nur nach den schlechtesten Operetten sehnt, nicht recht behagen wollen – wenigstens der heitere Rosenkavalier und in zweiter Linie Ariadne und Salome in Euerem Repertoir erscheinen.
Wenn Du Ariadne in der alten Form beibehalten wirst, bin ich ganz damit einverstanden, daß Eure ausgezeichnete Aufführung (von Gerhäuser so pietätvoll erhalten) von der ersten Fassung denen Kunde gibt, die sich dafür interessieren. Sollte dieses Interesse jedoch auch in Stuttgart nachlassen, so überlasse ich vollkommen Deinem Ermessen, die Teilnahme des Publikums an dem Werke durch die neue Opernform aufzufrischen. Also „Wie es Euch gefällt".
Wie ich zu meiner Freude höre, ist Mona Lisa in Berlin auch schon wieder aufgenommen worden: ich bin am 16.ten Oktober wieder in Berlin und habe dann hoffentlich Gelegenheit, das Werk wieder zu dirigieren.
             Mit nochmals bestem Dank und freundlichem Gruß
             Dein
             Dr. Richard Strauss.

                                            Stuttgart, Am Hohengeren 2
                                            16. 9. 16.
Lieber Freund!
Mit deinem Componisten aus Ariadne muß ich beinahe rufen: „Ich muß mich zur Wehr setzen". Du liesest mir die Leviten auf Grund einer oberflächlichen Zeitungsente. Nicht *fünf* Aufführungen fanden in der letzten Spielzeit von Deinen Werken statt sondern *neun* und zwar Rosenkavalier 3 mal, Salome 3 mal, Ariadne 2 mal, Electra 1 mal. An sich

entspricht diese Zahl gewiß nicht der Bedeutung Deiner Werke, die – ich sage das mit Überzeugung – nicht allzuviele so fühlen und erkennen und in ehrlichster Bewunderung anerkennen wie ich. Aber Du mußt gerecht bleiben. Die Schwierigkeit des öfteren Gebens von Salome und Electra hast Du mir ja selbst sehr betont; Du kennst die stimmlichen Anforderungen und hast ja selbst Concessionen sehr weit gehender Art gemacht. Wir haben gegenwärtig keine Electravertreterin und eine Salome, die stimmlich nicht ausreicht. Vor allem aber bitte ich den Kriegsverhältnissen an einem Provinzhoftheater Rechnung zu tragen. Von unseren 86 Mann Orchester sind über 30 eingerufen. Ich kann nur mit enormen Schwierigkeiten das Salome- und fast gar nicht das Electraorchester zusammenbringen. Rosenkavalier ist in den ersten Jahren fast zu sehr abgespielt worden; die beiden ersten Auffhrgn. im verg. Winter waren in einer des Werkes unwürdigen Art schlecht besucht. Es mag da die intensive Wühlarbeit der Mucker mit im Spiele sein. Das Werk blieb daher vor der Strausswoche länger liegen und erlebte ja auch durch Dich selbst eine kräftige Neubelebung. – Wenn es nach mir ginge wäre unser Repertoir z.T. ein anderes; ich kämpfe mit Widerständen verschiedenster Art. Will mich darüber heute und hier nicht auslassen. Die sog. „eiserne Zeit" ist tatsächlich eine geistig und kulturell sehr amrseelige. Blick auf den Spielplan der Berliner Bühnen. Der ist entsetzlich. Und das wirkt bis in die Winkel. In den eigentlichen Großstädten ist ja Theaterlust, d.h. Zerstreuungsbedürfniß. Hier aber greift der fürchterliche Menschenmord immer tiefer in fast jede Familie. Und da werden die Menschen nicht eisern, sondern sie versteinern. Man muß gerecht bleiben. – Und zu einer gerechten Würdigung unserer und besonders auch meiner Stellung zu Deinen Werken trägt vielleicht die Tatsache bei, daß wir (nicht Berlin, wo ja besondere Ausnahmeverhältnisse herrschen) in der Aufführungszahl Deiner Werke in allererster Reihe stehen. Ich ließ die Aufführungszahlen einiger großen Bühnen nach dem allerdings nicht immer lückenlosen Deutsch. Bühnenspielplan nachsehen. In der gleichen Zeit, in der wir 9 Aufführungen brachten, verzeichnet: Dresden 3 (2 Rosenk. 1 Salome), Frankfurt 6 (4 Rosenk. 2 Salome) Hamburg 2 (nur Rskvl.), Leipzig 5 (3 Rsnkvl. 2 Salome) München 7 (4 Rsnkvl. 1 Salome, 2 Ariadne) Wien 4 (2 Rsnkvl. 2 Electra). Wir waren außerdem die einzige Bühne (außer Berlin), die alle Deine 4 größten Werke brachten und eine Strausswoche bieten konnten. Gewiß will ich nicht die Sünden anderer zum Schutzschild eigener Schwäche machen. Aber gerecht abgeschätzt im Rahmen der schweren, blutigen Zeit, möchte ich doch von Dir werden.

Ich hoffe daß uns weitere Einziehungen nicht mit dem Orch. ganz lahmlegen und daß wir wenigstens wie bisher gegen den Strom schwimmen können.

Mit Ariadne halten wir es nach Deinen Wünschen. Ergiebt die Neubearbeitung das erhoffte glückliche Ergebniß, so möchte ich sie natürlich gern auch in der neuen Form bringen. Ungern werden viele die Schmuckstücke der Schauspielmusik missen, und wer sie entbehren kann, kommt, wie manche es tun, erst zur Ariadne selbst. Aber wie gesagt: „wir wollen sehen".
Daß ich die Alpensinfonie noch nicht bringen konnte, schmerzt mich peinlich. Da Du mir aber in Berlin sagtest, Du wünschtest nicht daß ich die exorbitante Forderung des Verlags annehmen solle, verhandelte ich mit ihm; bisher vergeblich. Er beruft sich darauf, daß alle die Bedingungen annähmen. Auch hatte ich gehofft, unseren großen Saal (jetzt Lazarett) mit großer Orgel bald wiederzuhaben. Nun versuche ich vielleicht doch sie im Theater (mit verhältnismäßig guter Orgel) zu bringen, wenn mir das Orchester militärisch bewilligt wird.
Für Deine freundlichen Worte über Mona Lisa vielen Dank. Wie ich den Kassenberichten entnehmen durfte hat sie sich ja brav gehalten. Daß Du sie gelegentlich noch mal unter Deinen Stab nehmen willst, wird ihr sicher gut tun!
Und nun halt' zu Gnaden dieses kleine Plaidoyer

Deinem Dir immer
ergebenen
Max Schillings

[seitlich am Rande]
Und noch ein Bekenntniß: Deine Werke gehören der Bühne für *alle Zeiten*. Was besagen da kleine Schwankungen in schwerer Zeit!

Die UA der „Alpensinfonie" op. 64 hatte am 28. Oktober 1915 in Berlin durch die Dresdner Hofkapelle unter Leitung von Richard Strauss stattgefunden.

Hotel Adlon Berlin 7. 12. 16.

Lieber Freund!
Mit Einsatz meiner vollen Wucht ist es mir gelungen, hier am 14.ten statt Mignon (!) Deine Mona Lisa durchzusetzen. Es war kein leichtes Stück Arbeit, da Mignon 8000 Mark (deutsche Kultur!) bringt und Deine Lisa das letzte Mal leider nur 3200 M zu verzeichnen hatte. Gebe Gott, daß es diesmal besser wird.

Mit besten Grüßen
Dein
Dr. Richard Strauss

„Mignon" (1866) von Ambroise Thomas.

Stuttgart 9. 12. 16.
Lieber Freund!
Ich hatte schon auf Umwegen (in Form liebenswürdiger Glückwünsche) gehört daß Mona Lisa „endlich begraben" sei am K. Opernhaus. Daß die letzte Abrechnung so schlecht gewesen war im Verhältniß zu Mignon wußte ich nicht, man hatte mich [mir] falsch darüber berichtet.
Wenn meine Hoffnung daß M. L. mehr als eine Eintagsfliege sein könne, sich nicht erfüllt, so habe ich wenigstens den Trost daß sie diese Rolle mit 230 Aufführungen im verg. Winter mitten in der Kriegszeit und im Kampf mit den jetzigen deutschen Theaterkulturbedürfnissen anständig gespielt hat und auch wenigstens Deiner Empfehlung und Graf Hülsens großer persönlicher Arbeit und Förderung nicht ganz unwert war. Daß Du sie noch einmal der Unterwelt für den 14. hast entreißen können danke ich Dir aufrichtig, denn das jähe Verschwinden nach starken Erfolgen an führender Stelle ist ja von bekannter Wirkung. Also: ich lasse eine missa solemnis lesen für den 14.
Anfang Febr. wollen wir wieder Deine tragischen Werke (Electra mit Schoder und Bahr-Mildenburg, Salome ‹evtl. auch mit Schoder›) bringen; leider haben wir nur enorme Schwierigkeiten mit dem Orchester. – Daß ich die Alpensinfonie im 1. Concert nun doch zusammenbrachte, erfuhrst Du wohl noch nicht. Zur „Eindämmung" der Kosten habe ich mir von den 5 oder 6 ersten hiesigen Kunstfreunden ein Sümmchen erbettelt und konnte daher mit rund 95 Mann musizieren. Gegenwärtig kämpfe ich mit Handgranaten gegen die Gema, die mich zum Versuchskaninchen für angenehme Situationen macht. Mit besten Grüßen
Dein Max Schillings

Schillings hatte Strauss' „Alpensinfonie" im 1. Orchester- und Sinfoniekonzert (den früheren Abonnementkonzerten) der Kgl. Hofkapelle dirigiert. Die Kritik beklagte den schlechten freien Kartenverkauf, der durch den Krieg mitbedingt sei.

[Kartenbrief]
Schillings. *Chrlttbrg. Berlinerstr. 147*
29. 4. 19
Frage nach dem Wohlergehen der Familie in Garmisch. Dank für die Neueinstudierung von Mozarts „Don Juan" [am 25. April] in Berlin mit Barbara Kemp als Donna Anna.

[Zuerst hand- dann maschinenschriftlich]
Gebirgs-Kurhaus Obersalzberg/Berchtesgaden

6. August 1919

Lieber Freund!
Ich habe es bisher bei einem Telegr. an Dich bewenden lassen müssen, denn viele Fragen, die uns gemeinsam berühren, sind noch derartig im Fluß, daß sie von Tag zu Tag ein verändertes Aussehen gewinnen können.
Je mehr ich die Lage der Dinge überschaue, umso klarer wird es mir, welch große Schwierigkeiten in der kommenden Spielzeit zu überwinden sind und daß Deine dem Herrn Minister gemachte Darlegung, wonach ich gewissermaßen einen gedeckten Tisch vorfinde, sehr dringend der Correctur bedarf. Es fehlt, um im Bilde zu bleiben, an sehr energischen Reorganisationsmaaßnahmen in der Küche, wenn es gelingen soll auch nur einen Teil des von Dir dem Publikum verheißenen Menu's aufzutischen.
Ich will heute auf die mannigfachen, von Tag zu Tag auftauchenden Schwierigkeiten, die meine kurze Ruhezeit sehr erheblich in Anspruch (Eben finde ich Gelegenheit in die Maschine zu dictieren, daher Forsetzung auf 2. Bogen!)
nehmen, nur kurz eingehen. Manches sieht sich ja aus der Entfernung auch schlimmer an, als es später in Wirklichkeit ist, wenn man den Dingen energisch zu Leibe gehen kann. Um nur Einiges zu erwähnen, so droht Herr Haas, der seinerzeit unter Hülsen als Regisseur debütiert hat, mit einem Prozeß, durch den er seine Stellung als Oberregisseur zu erzwingen hofft, während andererseits Herr Holy mit allerhand Gewaltmaßregeln droht für den Fall ihm dieser Posten nicht zugewiesen wird. Ferner stellt Bronsegeest für sein neues Engagement unerfüllbare Anforderungen, sodaß ich bestrebt sein muß, einen Ersatz in letzter Stunde zu finden. Auch sonstige Personalfragen sind noch reichlich ungeklärt. Obenan aber steht die Frage der Probebühne. Du warst so freundlich, Herrn Dr. Südekum auch Deinerseits noch einmal auf die Bedeutung dieser Frage aufmerksam zu machen und ich habe sie wiederholt als eine *Lebensfrage* erklärt.
Der von Dir entworfene Arbeitsplan für die kommende Spielzeit erweist sich bei näherer Prüfung an sich schon als in seiner Gesamtheit nicht durchführbar, indem er das in Hinsicht auf Novitäten-Studium und überhaupt in Hinsicht auf intensive Einsetzung der Kräfte im Interesse des Institutes arg undisciplinierte Künstlerpersonal vor nicht erfüllbare Aufgaben stellt; er wird aber ganz illusorisch, wenn nicht eine Probebühne zur Verfügung steht, in der auch *mit Orchester* probiert werden kann.
Die mir soeben gewordene Mitteilung des Finanzministeriums versagte mir aber endgiltig den auch Dir bekannten Raum im Marstall und bietet nur einen wesentlich kleineren an, indem höchstens auf verkleinerter Bühne Klavierproben stattfinden können. Ich versuche nun, ob nicht ein Raum in

einem privaten Gebäude zu mieten ist, der für unsere Zwecke in Betracht kommt.
Meine schwersten Bedenken gelten der Frage, ob es möglich sein wird, die ein Monat lang währenden Proben zu Palestrina durchzusetzen, während derer der Spielplan stark herabgeschraubt werden muß und sodann unmittelbar anschließend an Palestrina vom 15. Oktober an den von Dir entworfenen Arbeitsplan bis zum 30. November zu bewältigen. Zwei Werke von exorbitanter Schwierigkeit, wie das Pfitznersche und das Deine nach einander zu vollem Gelingen zu führen, bedeutet eine enorme Aufgabe. Nun aber wünschst Du ja nicht nur eine volle Doppelbesetzung, sondern eine volle *Doppeleinstudierung* Deines Werkes. In dieser Hinsicht sind mir die allergrößten Bedenken aufgestiegen, die abgesehen von den technischen Schwierigkeiten in der Frage gipfeln, ob das Personal sich dazu bereit finden lassen wird, sich vollständig in eine 1. und 2. Kategorie einrangieren zu lassen. Es ist nun einmal eine unerbittliche Notwendigkeit, mit den Zeitströmungen zu rechnen und ich selbst bin an die satzungsgemäße Mitarbeit der Ausschüsse unweigerlich gebunden. Ob nun die Widerstände im gesamten Personal nicht größer sein werden als alle Energie, die ich aufzuwenden entschlossen bin, muß ich dahingestellt sein lassen.
Ich habe mich auch in dieser Frage mit Blech in Verbindung gesetzt, dessen Äußerungen aber noch ausstehen. Ich fürchte, ganz abgesehen von diesen internen künstlerischen Fragen, daß sowohl Presse wie Publikum gegen die geplante Maßnahme Stellung nehmen werden. Etwas anderes ist es ja, wenn Kräfte 1. und 2. Ordnung in einem Werke *abwechselnd* und *gemischt* beschäftigt werden, während Du ja wünschst, daß diese ganz getrennt von einander Proben und auch Aufführung vertreten sollen. Professor Bie, den ich hier sprach, glaubt auch sein schwerstes Bedenken äußern zu müssen. Ich fasse zusammen, daß ich alles daransetzen werde, dem von Dir entworfenen Plan vom 15. Oktober bis 30. November gerecht zu werden, daß ich aber auf die volle Einhaltung, soweit ich die Verhältnisse von hier aus beurteilen kann, nicht garantieren kann.
Zur Frage der Besetzung Deines Werkes erwidere ich Dir, daß im Falle Wildbrunn noch keine Entscheidung herbei geführt werden konnte. Frau W. wünschte eine mündliche Unterredung, die jetzt nicht zu erreichen war. Ich gab Auftrag, ihr die Rolle der Färberin zukommen zu lassen, muß Dir aber nach reiflicher Erwägung die Befürchtung aussprechen, daß sie, was diese Rolle angeht, große Schwierigkeiten machen wird. Sie hat in Stuttgart modernen Aufgaben gegenüber eigentlich vollständig versagt. – Frau Kemp hat sich hier mit der Rolle der Kaiserin intensiv beschäftigt, hat aber leider stimmlich gegen die Rolle die größten Bedenken. Ohne Zweifel liegt eine Schwierigkeit vor: Die Rolle in ihrem ersten Teil ist eigentlich für

einen hohen (Koloratur) Sopran gedacht und machte in dieser Hinsicht Frau Kemp erhebliche Schwierigkeiten, während im weiteren Verlauf die Rolle sich mehr an eine hochdramatische Sängerin wendet. Dazu kommt, daß die Rolle der Färberin als Charakter einem unmittelbaren und schlagkräftigen Temperament wie dem der Frau Kemp viel näher liegt, während sie mit dem gewißermaßen transcendentalen Wesen der Kaiserin nicht viel anzufangen weiß. Infolgedessen bittet sie dringend, es bei Deiner ursprünglichen Absicht zu belassen, wonach sie die Rolle der Färberin endgiltig zu behalten hätte. Allerdings taucht nun eine neue Schwierigkeit auf: Die Rolle der Färberin ist eine ungemein anspruchsvolle und schwierige. Frau Kemp bezweifelt daher, daß sie vor der Vollendung auch noch die Elektra herausbringen kann. Ich sehe bestimmt voraus, daß eine weitere Verschiebung der Elektra, wenn Du sie von Frau Kemp kreiert sehen willst, notwendig wird. Die Elektra in ihrem Repertoire aufzunehmen, ist nach wie vor selbstverständlich ihr dringender Wunsch, da sie fühlt, daß sie gerade in dieser Rolle eine Mission zu erfüllen haben wird. Recht schwierig liegt auch die Frage der Besetzung des Kaisers. Herr Kirchner hat so viel ich weiß, bereits eingehende Proben für die Rolle gehabt. Seine gänzliche Ausschaltung wird auf heftige Widerstände stoßen. Herr Mann müßte unmittelbar nach Absolvierung des Palestrina an die neue Arbeit gehen, was, wie ich fürchte, alle zu sehr belasten wird; jedoch wird diese Frage sich immerhin leichter lösen lassen.
Zur Frage Wildbrunn muß ich auch noch bemerken: Es hat sich uns Frau Curth sehr intensiv zum Engagement angeboten. Sollte ich den Eindruck gewinnen, daß Frau Wildbrunn unter allen Umständen von Berlin fort und nach Wien gehen möchte, so muß ich die Frage sehr ernstlich prüfen, ob wir sie nicht freiwillig gehen lassen müssen. Damit wäre dann gleichzeitig die Frage verbunden, für welche Rolle in Deinem Werk Frau Curth in Frage kommt.
Alle diese brennend wichtigen Fragen können endgiltig erst entschieden werden, wenn ich (Ende August) in Berlin zurück bin und der ganze Apparat wieder arbeitsfähig funktioniert, was im Augenblick naturgemäß nicht der Fall ist.
Ich habe inzwischen bereits Herrn Geheimrat Winter von meinen Besprechungen mit Dir Mitteilung gemacht und ihn ersucht, (da er ja in verwaltungstechnischen Fragen koordiniert ist) die Grundlagen für die gewünschten Abmachungen für die kommende Spielzeit in finanztechnischer Hinsicht zu schaffen.
Soweit über unsere gemeinsamen Sorgen bezüglich Deines Werkes. – Du warst so freundlich, Dich mit Dr. Rösch betreffend die zwischen ihm und mir entstandenen inneren Schwierigkeiten in Verbindung zu setzen. Er legt Wert auf „eine offene loyale Aussprache". Ich begrüße diesen Vorschlag

und erhoffe auch meinerseits das gewünschte Ergebnis. Ich betone nur gleich, daß ich in Sachen des A.D.M.V. wesentlich anderer Anschauung bin und daß ich meine Anschauungen in der kommenden Aussprache restlos darlegen werde, wobei ich auch einen Rückblick auf die Dinge werfen muß. Nur eines bemerke ich hier: Es hat sich keineswegs darum gehandelt, daß ich „in einer dankenden Ansprache gefeiert" werden sollte bei der Niederlegung meines Amtes. Dagegen wäre es Pflicht des alten Vorstandes gewesen zu vermeiden, daß in die gesamte Presse Darlegungen kommen konnten, die mich ernstlich zu schädigen geeignet waren und die zur Folge hatten, daß eine ganze Anzahl Mitglieder Anfragen an mich richteten, wieso eine solche Lage überhaupt herauf beschworen werden konnte. Dr. R. wird sich erinnern, daß ich stets Gelegenheit genommen habe, die Aufmerksamkeit der Versammlung auf die besonderen Verdienste einzelner Vorstandsmitglieder, vor allem auch Dr. R.'s zu lenken und daß es überall üblich ist, daß Vorstandsmitglieder, wenn eines von ihnen ausscheidet, ihres Mitarbeiters entsprechend im richtigen Augenblick gedenken. In diesem Falle handelt es sich um den Abschluß einer 18-jährigen gemeinsamen Tätigkeit. – Wie gesagt, werde ich aber das, was ich Herrn Dr. R. in seiner Haltung mir gegenüber vorzuhalten habe (abgesehen von dem vorerwähnten Falle) zum Gegenstand einer rückhaltlosen Aussprache machen, von der ich dann hoffe, daß sie eine Basis für weiteres, gedeihliches Zusammenarbeiten herstellen möge. Denn dieses ist, wie die mir von Dir freundlichst übersandten Schriftstücke beweisen, die ich Dir mit Dank zurückgebe, dringend notwendig.

Es ist mir nicht möglich, jetzt schriftlich auf die ganze Lage näher einzugehen. Ich bestätige Dir aber gerne, daß wir mit Reinhardt in den brennenden Fragen gemeinsam handeln wollen. Vielleicht interessiert Dich der Ausschnitt aus einer Zeitung, den ich beilege. Das innere Wesen der neuen Koalition steht in einem bedenklichen Widerspruch zu dem geistigen Programm, das die Koalition sich gibt. (in den von mir rot unterstrichenen Zeilen). – Leider weiß ich nicht wo Reinhardt im Augenblick ist, keinesfalls in Berchtesgaden, aber eventll. in Salzburg. Wenn letzteres der Fall wäre, hätte auch ich gerne versucht, die Grenze dorthin zu überschreiten und wäre Dir für eine eventll. telegrafische Nachricht dankbar.

Nimm für heute mit diesen Berührungen so vieler wichtiger Punkte vorlieb. Meine kurze Erholungszeit ist sowieso durch andauernde Anhäufung geschäftlicher Art bedenklich in Frage gestellt.

Frau Kemp und Familie Meyrowitz erwidern Deine freundlichen Grüße herzlich und ich selbst bin mit den besten Grüßen

Dein
altergebener
Max Schillings.

[an den Rand geschrieben] Die Beilagen folgen gesondert nach.
[Handschriftlich]
7./8. 19
P.S. Soeben trifft ein Telegr. ein wonach verstärkte Aussicht auf Einigung mit F. Curth besteht, im Falle Fr. Wildbrunn tatsächlich auf ihrem Ausscheiden beharrt. Ferner meldet es, daß Fr. Dux sich betreffs „Kaiserin" Mitte August definitiv entscheiden wolle. – Sie hatte mir gegenüber (allerdings in einem Zustande ziemlicher Nervosität) geäußert, daß sie dem hochdramatischen Teil der Rolle sich nicht gewachsen fühle. Auch Du hattest ja wohl Bedenken. Wenn aber nun Fr. Kemp „erste" Färberin bleibt wäre Fr. Dux als „erste" Kaiserin entsprechende Gegenspielerin. Versagt sie aber, oder stimmst Du nicht zu, käme dann evtl. die noch verwendbare Vera Schwarz in Frage? – Und die „Amme" betreffend: Hat Fr. Hafgreen zugesagt? Kann sie diese Lage bemeistern? Hattest Du nicht ursprünglich im Gegensatz zu den beiden großen Sopranrollen an eine Altstimme gedacht?

Rein persönlich

7. August 1919

Lieber Freund!
Vor Absendung des diktierten Briefes las ich nochmals Deinen Brief vom 1./8. durch um mich zu vergewissern, ob ich keine Frage unerledigt gelassen hätte. Dabei fällt mir auf daß ich am Schlusse über ein schwer zu entzifferndes Wort hinweggelesen hatte. Es heißt, wie ich jetzt enträtselte „Mormonen".
Du wünschst daß bei uns Mormonen nun auch die Sonne scheinen möge. – Der ganze Ton Deines Briefes, dem Du auch Grüße an Frau Kemp anfügst, ist ganz der alte freundschaftliche. Ich *kann* daher nicht annehmen daß Du mit ihm mir und Frau Kemp zu nahetreten wolltest. Ich habe es bisher vermieden, Dir über den tragischen Ernst des Kampfes zu sprechen, in den ein zwingendes Erleben Frau K. und mich verwickelt hat, da ich gewiß zu sein glaubte daß Du genug darüber wüßtest, um als hochstehender und freidenkender Mann Dir ein richtiges Bild zu machen. Und so bitte ich Dich, diesen Kampf zu respektieren und mir Dein Verstehen dafür nicht zu versagen, daß ich mich durch den Ausdruck, den Du wohl als leichten Witz Dir hast in die Feder fließen lassen, peinlich berührt gefühlt habe.

Dein
Max Schillings

Zur Situation: Schillings, der aus persönlichen Gründen im Frühjahr 1918 um seine Entlassung am Stuttgarter Hoftheater hatte einreichen müssen, ist dann im Juli 1919 zum Generalintendanten der Berliner Oper gewählt worden und trat somit Strauss' Nachfolge an. Strauss nämlich hatte die Leitung nach dem durch die Revolution bedingten Rücktritt Georg

von Hülsen-Haeselers im November 1918 interimistisch übernommen, obwohl er bereits mit der Wiener Oper als künstlerischer Oberleiter zusammen mit Franz Schalk abgeschlossen hatte.
Schillings wollte dort als erstes die von Strauss bereits geplante Berliner EA der „Frau ohne Schatten" und noch in der gleichen Spielzeit die EA von Pfitzners „Palestrina" herausbringen.
Mit der Berufung an die Berliner Staatsoper hatte Schillings den Vorsitz im Allgemeinen Deutschen Musikverein niedergelegt.
Die Beilagen wie auch Straussens erwähnter Brief vom 1. August 1919 und Schillings' Telegramm sind leider nicht mehr vorhanden.
Der Briefschluß bezieht sich auf Schillings' private Situation. Er hatte sich in ebendiesen Tagen innerlich für Barbara Kemp entschieden, konnte die Scheidung von seiner ersten Frau aber erst 1923 erreichen.

Mai 1920

Lieber Freund!
Es ist mir eine schöne Genugtuung, in dem Augenblick, da ich dankbar und gerührten Herzens für längere Zeit von den lieben Räumen des Berliner Opernhauses Abschied nehme, Dir zu einem Erfolg gratulieren zu können, wie ihn diese ehrwürdige Kulturstätte nicht oft erleben dürfte. Durch viele und schöne Aufführungen meiner Werke ist die Geschichte des Opernhauses mit meinem Leben verknüpft. Ich bin glücklich zu sehen, wie es von allen Seiten bewundernd anerkannt wird, daß Dein zielbewußter künstlerischer Ernst, die hingebende Liebe des Dirigenten, Regisseurs und Malers, die Aufopferung der über alles Lob erhabenen Solisten, die Meisterschaft eines herrlichen Orchesters im Verein mit Chor und technischem Personal in der Zeit größter Not eine Meisterleistung von einer derartigen Einheitlichkeit und Vollendung erzwungen haben, daß die sonntägliche Erstaufführung der „Frau ohne Schatten" tatsächlich eine stolze Krönung alles dessen bedeutet, was in den letzten zwanzig Jahren an schönen Aufführungen meiner Werke hier geleistet worden ist. Diese Steigerung der Leistungsfähigkeit des Dir anvertrauten Kunstinstituts erweckt die besten Hoffnungen für die Zukunft und wirkt als schönes Symbol ungebrochener deutscher Tatkraft und Würde. Sei so freundlich, Deiner herrlichen Künstlerschaft den Ausdruck verehrungsvollster Dankbarkeit von Dichter und Komponist zu übermitteln. Möge die Erstaufführung der „Frau ohne Schatten" den glorreichen Beginn einer neuen Blüte des Opernhauses bedeuten zum Heile der deutschen Kunst.

Dein aufrichtig ergebener
Dr. Richard Strauss.

(Abgedruckt in: Richard Strauss und die Berliner Oper, S. 43 [ohne Anrede und Schlußformel]. Weiterhin in: Wilhelm Raupp, Max von Schillings, S. 202/203. Weiterhin in: Der Strom der Töne trug mich fort. In Zusammenarbeit mit Franz und Alice Strauss hrsg. von Franz Grasberger. Tutzing 1967, Nr. 260.)

Die von Strauss während seiner Interimstätigkeit noch vorgeplante Berliner EA der „Frau ohne Schatten" hatte nach Überwindung großer Schwierigkeiten und mehreren Terminverschiebungen schließlich am 18. April 1920 unter Leitung von Leo Blech stattgefunden. Die Regie lag in Händen von Karl Holy, die Bühnenbilder, für die Roller bereits Entwürfe gefertigt hatte, übertrug Schillings dem jungen griechischen Künstler Panos Aravantinos. Der im Anhang mitgeteilte Brief von Hofmannsthal an Schillings bezieht sich auf diese Inszenierung.

[Maschinenschriftlich]
Der Intendant der Staatsoper

Berlin, den 9. Juni 1920.

Lieber Freund!
Ergänzend zu meinem heutigen Telegramm sage ich Dir hiermit auf brieflichem Wege für Deine bekundete Freundschaft meinen herzlichsten Dank. Selbstverständlich fühle ich mich nicht berechtigt, einer anderen Bühne Vorschlag „Iphigenie auf Tauris" in der von uns gewählten Form mit einer nur teilweisen Benutzung Deiner so wertvollen Anregungen und Retouchen zu machen. Ich betrachte es vielmehr nur als ein von Dir eingeräumtes Vorrecht, dem Werk die mir vorschwebende Gestaltung zu geben. Schon s.Z. in Stuttgart hatte ich Dr. Hörth als den Mitarbeiter gefunden, der Phantasie, Kraft und Können vereinigt, um einmal den Versuch zu machen, Gluck in einer ganz einfachen, großen, alles sinnlichen Beiwerkes entäußerten Form zur Darstellung zu bringen. Das Hörth'sche Bühnenbild verzichtet auf jede Anregung einer realistischen Dekoration und verlegt den Schwerpunkt der ganzen Darstellung auf rythmische Bewegung der Masse und auf die auf einfache Größe hinzielende Darstellung der Sänger. Mit einer solchen Absicht ließ sich die Deinige, die darauf ausgeht, eine vermehrte äußerliche, dem modernen Opernbedürfnis sich nähernde Gestalt zu geben, nicht vereinbaren. Und vor allem war es uns eine Notwendigkeit, den ursprünglich ganz schlichten Schluß wieder herzustellen. Es würde mich interessieren, was Du selbst zu der hier mit einer ebenswo wirkungsvollen, wie mit einem ungemein starken Erfolg versuchten Verlebendigung des Werkes sagen würdest und ob Du nicht auch, abgesehen von der Aufführung heute vom Gesichtspunkt Deiner ganz großen und gereiften Künstlerschaft aus einige Deiner Zutaten als zuweitgehend und mit dem Wesen des Gluck'schen Stiles nicht ganz vereinbarlich betrachten würdest. Jedenfalls nimm nochmals herzlichen Dank, daß Du mir die Hand geboten hast zur Verwirklichung meiner Absichten. Es hat mich sehr interessiert zu hören, daß Du in diesem Winter so sehr mit Arbeit überhäuft warst und daher die „Mona Lisa" erst für den nächsten Winter in Aussicht genommen hast. Ich weiß wie Du das Werk einschätzest und freue mich darauf, es unter Deiner Ägide in einer ihm

gerechtwerdenden Form wieder zum Leben erstehen zu sehen. Du gibst wohl Anweisungen, daß auch während Deiner Fahrt ins Goldland Südamerika, auf der Dich meine herzlichsten Glückwünsche begleiten, die Vorkehrungen zur Wiedereinstudierung des Werkes nicht außer Acht gelassen werden.

Die Entwirrung aller auch uns so sehr bedrängenden wirtschaftlichen Fragen ist so schwierig, daß wir, wie in Deinem Falle, lange auf Erledigungen warten müssen. Das Ministerium hatte daher bis zur Stunde noch nicht endgültig sein placet unter die Dir noch zukommenden Honorare von 6000 Mark gesetzt. Ich habe aber im Benehmen mit dem Verwaltungsdirektor die Überweisung an Dich durchgesetzt und für Überstellung an die Disconto-Gesellschaft Sorge getragen. Ich hoffe, daß Du mir in Bälde Dein Jawort für die großzügig angelegten 2 Strausswochen Ende Januar geben wirst, wo dann endlich auch „Elektra" mit Frau Kemp Gestalt gewinnen soll und wo ich vor allen Dingen von der Berechtigung Gebrauch machen werde, die Kunstwelt zum ersten Male in Deutschland mit der „Josephs-Legende" vertraut zu machen. Kröller ist der richtige Mann, der mit dem andauernd reorganisierten Ballett diese künstlerische Frage lösen wird. Ich hoffe, daß Du im Interesse des Werkes selbst dirigieren wirst.

Alles die Einzelheiten Betreffende wollen wir nach Deinem Jawort vereinbaren. Vielleicht habe ich die Freude vor Deiner Abreise Dich in Garmisch noch zu sehen und Dir von den andauernden Erfolgen der „Frau ohne Schatten" berichten zu können. „Frau ohne Schatten" hält sich künstlerisch und geschäftlich auf stolzer Höhe, was mir eine große Freude und Genugtuung bereitet. Es bildet den Abschluß der modernen Woche, in der ich 8 Werke zur Aufführung gebracht habe, um dadurch einen Rückblick und eine Überschau des im Winter Geleisteten zu geben. Frau Kemp dankt Dir bestens für Deine freundlichen Grüße. Bitte sage Du den Deinen viele herzliche Grüße mit denen ich bin

Dein
alter
Max Schillings

Schillings' Telegramm ist nicht vorhanden.
Schillings brachte Ende Mai 1920 in Berlin eine Neuinszenierung von Glucks „Iphigenie auf Tauris" heraus. Sie ging teilweise auf Straussens Bearbeitung dieser Oper zurück, die er 1889 für das Hoftheater in Weimar gemacht hatte. Am 26. Mai 1920 berichtet Georg Schünemann in der Deutschen Allgemeinen Zeitung, daß die Inszenierung von Hörth sehr modern und ohne eigentliches Bühnenbild angelegt war. Vom Original sei die dramatische Prägnanz der Aktschlüsse übernommen worden, von Strauss die Überstreichung der Partitur mit schärferen Farbtönen.
Jahrelang bedrängte Strauss Franz Schalk, in Wien „Mona Lisa", die 1915 dort ihre EA erlebt hatte, wieder in den Spielplan aufzunehmen. Am 14. März 1923 kam es dann schließlich zu einer Neuinszenierung, die aber nur eine Wiederholung am 28. März erlebte.

Im Juni 1920 brach Strauss, von seinem Sohn Franz begleitet, zu einer mehrmonatigen Konzertreise nach Südamerika auf.
Statt der geplanten zwei Strauss-Wochen Ende Januar wurde dann eine Strauss-Woche Ende Mai/Anfang Juni in Berlin veranstaltet.
Die deutsche EA der „Josephs Legende" (UA 1914 in Paris) fand am 4. Februar 1921 in Berlin unter Strauss' Leitung statt mit Joseph Kroeller als Joseph und der Schauspielerin Tilla Durieux als Potiphars Weib.

[Postkarte]
Strauss. *Garmisch, 3. 8. 20.*
Unmittelbar vor Aufbruch zu der Südamerika-Tournee gratuliert Strauss zu Schillings' „Duetten" [Vier Zwiegesänge für Sopran und Tenor, Orchester oder Klavier op. 34 nach Gedichten aus dem West-östlichen Divan von J. W. v. Goethe. Komponiert 1918/19 in Berlin].

[Mitte Juni 1921]
Lieber, verehrter Freund!
In mein Garmischer otium laboris zurückgekehrt, fühle ich das Bedürfnis, Dir, Deinen Vorständen, sowie dem gesamten künstlerischen und technischen Personal der Staatsoper für die so sorgfältig vorbereitete und in fast allen Teilen wohlgelungene „Strausswoche" wärmste Anerkennung und herzlichsten Dank auszusprechen. Ist an sich die ungefährdete Durchführung von sechs so anspruchsvollen Abenden innerhalb einer Woche selbst an einem so leistungsfähigen Kunstinstitut wie die Berliner Staatsoper eine nicht gewöhnliche Tat, so war es mir doch noch eine besondere Freude, zu sehen, daß in dem schönen Hause, in welchem ich zwanzig Jahre künstlerisch zu wirken die Ehre hatte, meine Werke nach wie vor der liebevollsten Pflege genießen und ihre Wiedergabe nicht nur auf alter Höhe sich erhält, sondern mit Eifer und Verständnis daran gearbeitet wird, ihre künstlerische Darstellung noch stets weiter zu vertiefen und zu vervollkommnen.
Für alles nochmals wärmsten Dank und die herzlichsten Grüße
Deines stets aufrichtig ergebenen
Dr. Richard Strauss

(Abgedruckt in: Richard Strauss und die Berliner Oper S. 44).
Ab 29. Mai hatte in Berlin eine Strauss-Woche stattgefunden, bei der „Der Bürger als Edelmann", „Josephs Legende", „Salome", „Ariadne auf Naxos", „Frau ohne Schatten" und „Rosenkavalier" aufgeführt wurden.

[Maschinenschriftlich]
Der Intendant der Staatsoper
                                          Berlin, den 28. Juni 1921.
Lieber verehrter Freund!
Deine anerkennenden und, wie ich empfinde, wahrhaft Dir aus dem Herzen kommenden Worte, in denen Du Deine große Befriedigung und Deinen Dank zum Ausdruck brachtest, haben mir eine große Freude und Genugtuung bereitet und ich habe nicht unterlassen, sie auch dem gesamten Künstler- und technischen Personal zur Kenntnis zu geben, das stolz darauf war, Dir zu beweisen, daß es den größten Wert darauf legt, mit mir Deinen Werken an *der* Stätte eine besondere Pflege und einen Ehrenplatz zu sichern, die Deinen Werken so viel verdankt und zu der Du Dich, wie ich Dich bitte, stets als zugehörig betrachten möchtest. Du weißt, daß ich die feste Hoffnung hege, Dich auch im nächsten Jahr zu einer Strauss-Woche begrüßen zu können. Mögen die Amerikaner Dich uns nicht ganz rauben und uns wenigstens einen bescheidenen Teil von Dir gönnen.
Die Orlik'schen Radierungen, die Du Frau Kemp mit der sie sicher im höchsten Grade erfreuenden und ehrenden Widmung durch mich hast zugehen lassen, konnten ihr noch nicht zugestellt werden, da sie in Karlsbad zur Kur ist. Umso größer wird ihre Freude bei ihrer Rückkehr sein, und es wird sie anspornen, auch die Elektra, die Du auf dem Bilde ihr ja schon freundlich „gutgeschrieben" hast, so zur Tat werden zu lassen, wie Du es von ihr erhoffst.
Ich denke bestimmt, daß es mir möglich sein wird, Dich im Laufe der Sommerferien, die nun auch für mich Vielgeplagten anbrechen sollen, aufzusuchen. Einstweilen bitte ich Dich nebst Frau Pauline die herzlichsten Grüße zu empfangen von
                                          Deinem
                                          Dir immer ergebenen
                                          Max Schillings

Emil Orlik, seit 1905 Professor an der Berliner Kunstgewerbeschule und Bühnenausstatter von Max Reinhardt, hatte 1917 eine Radierung von Richard Strauss ausgeführt. Von seiner Hand stammen u.a. auch Radierungen von Gustav Mahler und Hans Pfitzner.

            Teichmannbande b. Brückenberg i/ Riesengebirge
                                          22. 8. 21.
Lieber Freund!
Deinen inhaltreichen Brief v. 11./8. erhielt ich auf Umwegen nachgesandt. Nach einem Concert mit der Staatskapelle in der – leider akustisch ganz unmöglichen riesigen Befreiungshalle in Breslau bin ich mit Frau Kemp

hier im Riesengebirge gelandet; ein sehr anmutiger und angenehmer Aufenthalt. Die Gegend rechtfertigt die Liebe die ihr beispielsweise Gerhart Hauptmann bewahrt hat, dessen verwunschenes Schloß in Agnetendorf nicht weit von hier liegt, ebenso wie der traumhaft schöne Besitz von Deutsch's, wo wir Brecher allein als eifrig studierenden Gutsherren antrafen. In Breslau sang Fr. K. die Salomeschluß-Scene und bezwang den Riesenraum erstaunlich, ebenso wie dann in den „Glockenliedern". Die stärkste Wirkung der orchestralen Werke ging von Deinem Zarathustra aus, dem die gewaltige Orgel zustatten kam. Ich freute mich herzlich nach langer Zeit das Werk wieder einmal leiten zu können, das ich s. Z. mit entstehen sah. Nachts im Traum kam mir die Erinnerung wie ich es mit Herrn Röhr in München z. Z. als Deine Werke auf Anordnung hoher Kavaliere und Preßpropheten in München verboten waren, auf Clavicembali zur öffentlichen Uraufführung im Bayr. Hof brachte. Eine groteske Erinnerung! Ich liebe das Werk noch wie am ersten Tag und freute mich wieder so recht daß Du uns es geschenkt hast.

So wehmütig stimmt mich Deine Frage, ob ich etwas Neues unter der Feder habe. Das ist ein recht wunder Seelenpunkt. Ich habe nur Akten und Decernate unter der Feder, in wechselndem und stets unangenehmeren Ausmaße. Darüber wird es demnächst in Berlin sehr ernster Erörterungen bedürfen. Die Verwaltungs- und Organisationsfrage der Staatstheater muß aus dem Stadium des Notbaus herausgebracht werden. Andauernd wird an der Fassade herumgebastelt und im Innern bleibt alles beim Alten. Das historisch Gewordene, in die neuen Verhältnisse absolut nicht Passende drängt sich mit brutaler Gewalt zwischen alle vernünftigen Reformideen. Es ist ein Kampf gegen „Übermächte die im Spiele sind". Ein Künstler kann auf die Dauer nicht zum Bürokraten unter Bürokraten taugen. Das sind sehr ernste Erwägungen für mich. Ich hoffe aber doch daß das Gewicht meiner Person im entscheidenden Moment nicht allzu leicht wiegt, denn es wäre – so hochmütig bin ich – kein Heil für das Institut wenn die alte Richtung wieder an's Ruder käme. – Einstweilen will ich noch mit Energie durchzuhalten trachten und suchen mein Künstlertum, von dem ich schon so viel opferte, nicht ganz einzubüßen.

Und nun an die „Arbeit": (an der Hand Deines Briefes) Die Feuersnot zur Josephslegende zu geben wäre auch sehr mein Wunsch. Es hängt nur von der Probenmöglichkeit ab, die vor Februar nicht gegeben ist. In Scheidl (bisher Stuttgart) hätten wir nunmehr einen Kunrad.

Leider liegt es nicht im Bereiche der Möglichkeit Electra bis zum 19. Sept. fertigzustellen. Am 17. ist die Neuinszenierung des Holländer, mit Fr. K. fixiert, gleich darauf muß Tosca (melkende Kuh!) folgen, die an der Oper noch nicht war. Vielleicht aber könntest Du am 18. oder 20. eines Deiner Werke leiten. Wäre das denkbar? U.A.w.g.!

Nun zur Frage Jeritza – Kemp!
Sie ist sehr sehr heikel. Ich ermesse die Schwierigkeiten mit denen Du (und Schalk) zu kämpfen hast. Auch die meinigen sind groß. Du entsinnst Dich meiner Verhandlungen mit Fr. J. Sie führten zu keinem Resultat; weder der edle Manager der Frau J. noch sie selbst antworteten mir überhaupt, (trotzdem Du damals mit Deinem direktorialen Zorn gedroht hattest.) In Carlsbad, wo ich Anfang Juli war, residierte auch Frau J. mit ihrem Manager und in ihrem Gefolge einer der größten und schwersten Großindustriellen mit einem Tagesetat von 20000 Kr. (n. b. tschechischen Kronen). Es gelang mir nicht Fr. J. vor's Angesichts zu bekommen und der Manager geruhte nur herablassend mit der Hand zu grüßen. Begegnungen am 3. Ort (bei Einladungen) wich Fr. J. aus und auch Fr. Kemp sah sie nicht. Daß Fr. J. also ihren Stil durchführt ist sicher. Gleichwohl bin ich bereit sie zu einem (oder einigen) Ehrengastspielen einzuladen, wenn Du bei ihr den Vermittler machen und anfragen wolltest, ob sie auf eine Einladung reagieren wollte. Ende Oktober, evtl. auch Anfang Novbr. (wo allerdings Slezak gastiert) ließe es sich einrichten. Ob Fr. J. aber ein Gastspiel Kemp in Wien überhaupt jemals zulassen wird kann nur Du und Schalk ermessen. Ich weiß nicht wie weit Euere Macht da überhaupt reicht. Fr. Kemp wäre zu einem Gastspiel Febr. oder März bereit, jedoch nicht ganze 2 Monate. Sie steht (bitte *vertraulich* behandeln) in Verhandlungen mit Amerika, (Vertragsangebot liegt vor darf aber noch *nicht* in die Öffentlichkeit kommen). Voraussichtlich ist sie die nächsten Jahre für Europa nur in Berlin disponibel. Aber für diese Spielzeit läge die Möglichkeit mit Wien noch vor.
Die Mona Lisa-Frage steht schlecht. Sänge Fr. K. die M.L. in Wien so ist ausgeschlossen daß Frau J. jemals ihr folgte. Aber eine Neueinstudierung für ein etwa 2 maliges Auftreten Kemp ist doch ausgeschlossen. Ist denn tatsächlich niemand in Wien, der die Rolle wirksam vertreten könnte? Es giebt doch genug Mona Lisa's da und dort. Auf Fr. Jeritza ist *nicht* zu rechnen, der Fall Kemp ist kaum denkbar – also bleibt (abgesehen von einem eventuellen Gastieren Kemp) nur eine andersweitige Besetzung oder aber – das Werk ist eben nicht zu geben in Wien. Bitte auch diese Fragen nochmals zu prüfen.
Ich erwarte recht bald Deine freundliche Antwort (bitte nach Berlin).
Über den Erfolg der Josephslegende in München freue ich mich herzlich. Also hatte ich doch Recht mit meinem Vertrauen in Dein Werk auch ohne Russen und Franzosen!
Wann erscheinen die neuen Orchestergesänge? Fr. K. steht vor einer solchen Menge großer Aufgaben daß sie bald an die Arbeit gehen muß. (In Amerika kommen auch die großen Wagnerrollen in Betracht; ein I. Akt „Isolde" dürfte eine teilweise neue Beleuchtung erfahren).

Fr. K. erwidert herzlichst Deine Grüße und ich bin mit Handkuß für Frau Pauline
>   Dein Dir stets „in Erkenntniß" zugehöriger, getreuer
>   Max Schillings

Strauss' Brief vom 11. August 1921 ist nicht vorhanden.
Schillings' „Glockenlieder" für eine Singstimme mit Orchester oder Klavier op. 22 (1907) nach vier Gedichten von Karl Spitteler.
„Zarathustra": vgl. Brief und Anm. vom 24. Februar 1899. – Auch Ludwig Thuille war zusammen mit Strauss, Schillings und Röhr einmal an einer achthändigen Wiedergabe auf zwei Klavieren von „Zarathustra" beteiligt gewesen, „als diesem in seiner Originalgestalt die Münchner Konzertsäle noch verschlossen waren". (Friedrich Munter, Ludwig Thuille. Ein erster Versuch. München 1923, S. 23). Aufführungen in Klavierübertragungen waren damals keine Seltenheit. Von „Zarathustra" sind im Druck erschienen: eine Bearbeitung für 2 Klaviere 8hdg. von Heinrich von Bocklet (UE) und eine für Klavier 4hdg. oder für 2 Klaviere 4hdg. von Singer (Aibl)
„Übermächte sind im Spiel": „Frau ohne Schatten", Ende des II. Aktes.
. . . auch ohne Russen und Franzosen: Strauss hatte sich zunächst gegen die Aufführung der „Josephs Legende" in Berlin gesträubt, weil er an einer erfolgreichen Wiedergabe ohne Diaghilews Ballet russe zweifelte. Die Münchner EA hatte Ende August bei den Sommerfestspielen stattgefunden.
Die neuen Orchestergesänge sind „Drei Hymnen nach Gedichten von Friedrich Hölderlin für hohe Singstimme und Orchester op. 71, deren UA am 4. November 1921 Barbara Kemp in Berlin unter Gustav Brecher sang.

Landhaus Richard Strauss
Garmisch
>   28. 8. 21.

Lieber Freund!
Schönsten Dank für Deinen ausführlichen und interessanten Brief, dessen wichtigste Punkte ich gleich voraus beantworten zu dürfen ich Dich bitte. Nr. I Der bedrohliche Passus über Amtsmüdigkeit – ich bitte Dich, überlasse das Bureaukratische den Anderen, widme Dich ganz dem Künstlerischen, dann wird Dir auch der Berliner Intendant ebenso viel Freude machen, wie mir meine Wiener Tätigkeit. Du hast doch Geheimrat Winter!
Die Hauptsache ist doch, daß an den Paar wichtigen deutschen Theatern Künstler ersten Ranges und Menschen mit hohen idealen Zielen und künstlerischem Gewissen am Ruder bleiben, soll nicht das deutsche Theater ganz im Dreck versinken. Also aushalten und Kopf hoch!
II. wichtiger Hauptpunkt – Gastspiel Frau Kemp. Ich hoffe es kommt zu Stande. Schalk war am Donnerstag hier und ist jetzt bei Frau Jeritza am Attersee. Ich glaube schon heute, daß wenn Frau J. bestimmt nach Amerika geht, ein längeres Gastspiel von Frau Kemp (etwa vom 10. Februar ab) in Wien sich ermöglichen lassen *muß*. Ich möchte, daß sie in dem von mir neu

inscenierten Fl. Holländer debütiert, um dann in rascher Folge Färberin, Marschallin, Salome, vielleicht Elektra, Elsa, Elisabeth, Valentina, Donna Anna, Carmen zu singen. Außer Jeritza habe ich heuer keine vollwertige Mona Lisa. Wenn wir aber Frau Kemp für 6 bis 8 Wochen gewinnen können, lohnt es mir, dafür schon Mona Lisa einzustudieren, in die eventuell einige junge noch unausgeprobte Sängerinnen, die jetzt antreten, sich nach Frau Kemp einleben können. Jedenfalls werde ich nach wie vor darauf bedacht sein, eine Mona Lisa, die in Wien vollwertig ist, zu finden. Ich bitte Frau Kemp, uns also jedenfalls Februar und März zu reservieren; ich hoffe, zwischen 16. und 20. September in Berlin bereits ihr definitiven Bescheid zu geben und bestimmte Abmachungen treffen zu können.
Bezügl. Amerika einen Rat: sie soll nicht für billiges Geld (wie Ivogün) nach Chicago gehen, von da kommt man nie mehr an die Metropolitan opera. Sie soll lieber warten, bis sie einen großen Contract nach New York hat.
Deine freundliche Einladung, auch diesmal in der Oper zu dirigieren, möchte ich für diesmal dankend ablehnen. Es ist sehr lieb von Dir, mir stets Gastfreundschaft anzubieten, aber so ein Zufallsdirigieren ist glaube ich, nicht in unser beider Sinne. Ich höre zu meiner Freude, daß Du's mit Brecher versuchen willst. Trotz mancher Eigentümlichkeiten und Verschmähen jeglicher Routine – wirst Du an seiner hohen Intelligenz in Vortrag und Phrasierung Freude haben. –
Ich freue mich, daß Du Dich gut erholt hast, kann auch von uns das Beste melden: ich habe mir ein recht niedliches Ballet erdacht, an dem ich eifrig componiere. Ich hoffe es für 1921–22 fertig zu stellen. 2 Akte!
„Vergiß das – ‚Componieren' – nicht"!
      Schrumm, schrumm!
Und sei mit Frau Kemp herzlich gegrüßt
      von Deinem stets aufrichtig getreuen
      Dr. Richard Strauss
Meine Frau erwidert dankend Deine freundlichen Grüße!

(Abgedruckt in: Der Strom der Töne trug mich fort. Nr. 270)
Das „niedliche Ballett" war „Schlagobers", wie auch Schillings am Rand vermerkte.
„Vergiß das – ‚Componieren' – nicht!" ist offensichtlich eine Anspielung mit verändertem Wort auf einen Rezitativabschluß.

[Maschinenschriftlich]
Der Intendant der Staatsoper

Berlin, 2. September 1921

Lieber Freund!
Von einem 2tägigen Ausflug nach Leipzig zurückgekehrt wo Mona Lisa als Messefestvorstellung eine sehr gute Figur machte möchte ich Dir für Deinen lieben Brief vom 28. vielmals danken.
Ich hoffe daß wir bei Deiner Anwesenheit Kemp in Wien fixieren können, ebenso die Frage des Gastspiels Jeritza, ob und wann Frau Jeritza als Gast hieher kommt.
Mit der Bitte die Nachricht gänzlich für Dich behalten zu wollen (es ist die Geheimhaltung eine vertragliche Bestimmung) teile ich Dir mit, daß Frau Kemp einen mehrjährigen Vertrag mit der Metropolitan Oper hat, dessen Unterschrift wegen einiger finanzieller Einzelheiten von ihr noch überlegt wird.
Und nun eine mir außerordentlich wichtige sehr vertrauliche Frage.: Im gesamten Personal, vor Allem in Orchester und Chor begegnet die Kandidatur B. für den Kapellmeisterposten sehr heftiger Opposition. Ich bin gleichwohl entschlossen ihn a. G. quasi probedirigieren zu lassen, sehe aber der Entscheidung mit großer Besorgniß entgegen. Der Widerstand bezieht sich nicht nur darauf, daß ein Kapellmeister der es wahrhaftig nicht mehr „nötig habe" mit allen Mitteln seiner einflußreichen Verbindung sich heranzudrängen versuche, sondern der Ausschuß des Chores sowohl wie Mitglieder der Kapelle erklärten, daß sie unter seiner Leitung gesungen oder gespielt hätten und seine Leistungen geradezu unmöglich gewesen wären.
Ich bitte Dich dringend um einen kurzen Rat ob Du dafür stimmen würdest ihn trotz dieser äußerst gefährlichen Situation einem Probedirigieren auszusetzen. Zufälligerweise kenne ich nämlich B. als Dirigenten gar nicht und vermag nicht aus eigenem Urteil den schweren Bedenken und allseitigen Warnungen entgegenzutreten. Die Situation erfordert sehr rasche Entscheidung. Ich wäre Dir für kurze telegraphische Äußerung, die ja für Dritte unverständlich gehalten werden könnte, um so dankbarer, als ich weiß wie auch Du zur Familie D. stehst und weil die Tatsache nicht unbekannt blieb, daß Du dich sehr für B. eingesetzt habest.
Mit den besten Grüßen!

Dein Dir ergebener
alter
Max Schillings

Es handelt sich um Gustav Brecher als Kapellmeisteraspirant, der um diese Zeit 1. Kapellmeister an der Frankfurter Oper war und 1924-33 dann GMD in Leipzig wurde. Schillings lud ihn zu einem zweimaligen Gastdirigieren ein; offen stand die 2. Kapellmeisterstelle (vgl. auch Brief vom 28. August 1921).
Familie D.: Familie Deutsch (vgl. Brief vom 22. August 1921).

Der Intendant der Staatsoper
Charlottenburg 19. Novbr. 1921
Lieber Freund!
Lange schon wollte ich Dir für Deine freundliche Karte vom 21. Oct. danken. In dem nachgerade etwas toll gewordenen Perpetuum mobile meines Daseins blieb es aber bis zum heutigen Sonntag bei dem ehrlichen Wunsche. Verzeih!
Zu unserer größten Freude hat die Neuinscenierung Deiner Salome die Teilnahme des Publikums an Deinem Werke so gesteigert daß es dem Rosenkavalier nun fast den Rang streitig macht. Die letzte Aufführung (in der Woche) brachte 1 380 000 M. So „schön" auch diese Ziffern sind, wie traurig sind sie andererseits! Die wirtschaftlichen Fragen sind nun für uns ebenso phantastisch wie seit langem bei Euch in Wien. Wir haben den festen Boden unter den Füßen verloren und stehen oder liegen auf der Papiermark die zu grotesken Bündeln anwächst.
$7/8$ all meiner Zeit vertue ich in wirtschaftlichen Beratungen, Sitzungen, Sitzungen. Wer weiß wo, wie, wann's endet? Die persönlichen Verhältnisse entsprechen den finanziellen – alles mehr oder weniger dollarkrank und toll. Und nirgends ein Geschäft wo man für eine Milliarde sich neue Nerven kaufen könnte, die allmählich recht schäbig werden. Aber hohe Kunst soll man machen, den Mitgliedern die Urlaube verweigern und ihnen klar machen daß sie mit 50 000 M ein Monat glänzend leben könnten. – Karneval!
Leider, leider ist es Frau Barbara ganz unmöglich vor Amerika noch nach Wien zu kommen. Sie muß Aida und (ausgerechnet –) Selika italienisch „liefern", soll Isolde singen (m. E. ein Unfug) und muß doch auch hier noch ein wenig wirken. Nur kurze trips u. a. nach Prag waren möglich (dort auch eine glänzende Salome). Du weißt wie gerne sie Mona Lisa dort (in Wien) wiederbelebt hätte! Ob das Operchen ohne sie bei Euch möglich wird weiß ich nicht, doch hoffe ich's.
Ende Januar soll ich in Barcelona die Lisa italienisch dirigieren, dann in Madrid; man möchte mich aber auch gerne in New York zur Premiere haben. Dabei kann ich hier nicht fort auf längere Zeit wenn ich nicht einen Entschluß fassen soll aus dem Narrenschiff genannt Staatsoper ganz auszusteigen. Blech geht nämlich ab Januar auf 5 Monate mit einer Wagner-„Truppe" (ja, wirklich „Truppe") nach den U.S. – Weiß der Deixel, wie das wird!
Auf alle Fälle habe ich eine dringende Frage: Letzte Woche August und 1. – 20. Sept. 1921 [1922] sollen hier *Theater- u. Musik-Festwochen* sein, denen ich einen etwas internationalen Charakter zu geben dachte damit Deutschland ein Centrum bleibt. Könnten wir auf Dich zu einigen Abenden (oder auch nur 2) rechnen? Würdest Du dem alten Nest wieder einmal die Ehre

geben, darin einzukehren?? Auf alle Fälle (d. h. auch wenn etwa einer dann hier intendantieren sollte „der Größer ist als ich") hoffe ich daß Du principiell mir ein Jawort geben kannst.
Man ruft mich in's Theater. Schnell noch die Nachricht daß ich neulich in Rostock meinen etwas modernisierten Pfeifertag hörte und mit dankbaren Gefühlen daran dachte wie Du in schönerer Zeit hier dem wunderlichen Dingchen Leben gabst. Jugendbilder sind immer interessant wiederzusehen. „Für damals" steckt in dem Stück allerhand Musik. Leider kann man den Grafen Sporck nicht durchweg modernisieren und demokratisieren. Was bringt uns Dein Garmischer otium? Oper *und* Ballet? Hoffentlich! Frau Barbara bat um viele bewundernde Grüße. Ich drücke Deiner Frau und Dir herzlichst die Hand als

Dein immer ergebener
Max Schillings

Die Karte vom 21. Oktober 1921 fehlt.
Bei der Neuinszenierung der „Salome" handelte es sich um eine Überarbeitung der EA vom 9. Dezember 1906; eine grundlegende Neuinszenierung gab es dann im Oktober 1922 (vgl. Brief vom 24. September 1922).
Sélika: Sopranrolle aus „L'Africain" (1865) von G. Meyerbeer.
„der größer ist als ich": Das der Bibel angeglichene Textzitat aus „Salome", 1. Szene, heißt allerdings: „Nach mir wird Einer kommen, der ist stärker als ich".
Die geplanten Theater- und Musikfestwochen scheinen nicht stattgefunden zu haben.

[Maschinenschriftlich]
Wien, am 23. März 1922.
Lieber Freund!
Unser ausgezeichneter Baß-Bariton Manowarda bittet mich, ihn Dir zu empfehlen.
Er ist eingeladen, im April in Berlin Grammophon zu singen und möchte bei dieser Gelegenheit, wenn es möglich ist, einige Gastspiele an der Staatsoper absolvieren, wobei es weniger auf ein großes Honorar ankommt als darauf, sich an prominenter Stelle in Berlin einmal öffentlich zu produzieren.
Er ist ein vorzüglicher Künstler mit wunderschöner Stimme und ebenso gut als Wotan wie als „Ochs von Lerchenau".
Vielleicht hast Du gerade im April Bassisten Bedarf. Für diesen Fall erinnerst Du Dich vielleicht meines Briefes. Mit der Zeit würde sich Herr Manowarda ganz nach Deinen Wünschen richten.
Ich bedaure lebhaft, daß aus dem geplanten Gastspiel der lieben Frau Kemp vorläufig nichts mehr geworden ist. Drei Momente sind daran schuld, das erste, daß der „Schatzgräber" im April unbedingt heraus muß und die ganze Probenzeit für sich in Anspruch nimmt, das zweite, daß Herr

Oestvig, ohne den ich Mona Lisa auf keinen Fall machen möchte, neuerdings Urlaub nach Norwegen verlangt und das dritte, daß Frau Jeritza am 10. April nach Wien zurückkommt.
Im übrigen leiden wir auch unter der Not der Zeit. Die Katarrhe an der Staatsoper sind noch lange nicht zu Ende. Gott sei Dank haben sie uns wenigstens nicht an einer sehr glanzvollen Aufführung der „Josephslegende" gehindert.
Mit schönsten Grüßen für Dich und Frau Kemp
      Dein stets aufrichtig ergebener
      [Dr. Richard Strauss]
      [Unterschrift fehlt, weil Durchschlag]
P.S.
Mit der vorgeschlagenen Pausenänderung am Schlusse der Partitur von „Schlagobers" bin ich einverstanden.
Ferner bitte ich im Klavierauszug und in der Partitur die Worte „Jüdische Mazzes im Gewande orientalischer Magier" zu ändern, daß es nur heißt: „Orientalischer Magier". Die jüdische Mazzes wollen wir aus politischen Gründen eliminieren.

„Der Schatzgräber", Oper von Franz Schreker.
Jüdische Mazze: das ungesäuerte Brot oder der Osterkuchen der Juden.

[Maschinenschriftlich]
Der Intendant der Staatsoper
      Berlin, den 1. Juni 1922.
Lieber Freund!
Verzeih die etwas verspätete Antwort auf Deinen am 29. Mai empfangenen Brief. Ich war zu Gastspielen auswärts. Soeben depeschierte ich Dir Frau Kemps Adresse (Bad) Kreuth/Oberbayern. Sie hatte das Unglück, während der letzten Kälteperiode sich eine Bronchialreizung zu holen, die vielleicht aber schon bis in die Wiener Zeit zurückreicht, denn seitdem hatte sie immer etwas mit Husten zu tun. Bei unserem soeben beendeten Gastausflug mit der Staatsoper nach Basel und Baden-Baden konnte sie in Basel zwar noch die Aufführung von „Mona Lisa" retten, mußte Weiteres aber absagen und auf der Rückreise über München trat ein fiebriger Bronchialkatarrh auf, der sie dortzubleiben zwang. Der Spezialarzt riet aufs allerdringendste, einen Monat kurmäßigen Lebens ohne Singen. Da wir aber für sie hier noch eine Neu-Ausstattung- und Inszenierung von „Carmen" vorgesehen haben, will sie es durchaus ermöglichen, diese am 15. Juni zu singen. Infolge ihrer Abwesenheit blieb Deine Depesche leider ohne Antwort. Sie rief mich aber gestern abend an und versicherte, wie sehr

ihr daran läge, Deinem Ruf nach Salzburg zu folgen. Ich riet ihr zu und hoffe auch, daß sie es ermöglichen kann, obgleich zuzugestehen ist, daß sie angesichts all der großen Aufgaben, die vor ihr liegen, die Ferien unbedingt ungeschmälert braucht, zumal auch noch eine Karlsbader Kur von den Ärzten gewünscht wird. Es sind eben alle die ungezählten Anforderungen unerfüllbar, die die Ärmste von allen Seiten bedrängen. Doch wird sie Dir ja selbst telegraphisch ihre Entscheidung geben.
Wenn Du glaubst, mit Frau Kappel „Mona Lisa" in Wien neu stellen zu können, wäre ich durchaus einverstanden. Es ist ja wohl nicht ausgeschlossen, daß Frau Kemp vor ihrer Amerikafahrt, die sie im Januar antreten muß, die Rolle auch noch in Wien singen könnte, obgleich ich allerdings immer wieder sagen muß: Ich fürchte: „Zu viel, zu viel".
Ob ich Dich um Deine Karlsbader Kur beneiden soll, weiß ich nicht recht. Mir ist sie im vergangenen Jahre nicht sonderlich bekommen, mag aber sein, daß ich des Guten zu viel getan hatte in kurzer Zeit. Zunächst muß ich in einem Drange täglich sich erneuernder Arbeiten und Schwierigkeiten bis Anfang Juli hier noch aushalten.
Dir und den Deinen die herzlichsten Grüße von Deinem stets ergebenen
Max Schillings
P.S. Auch hier will eine Festspiel-G.m.b.H. durchaus Ende August Anfang September Festspiele für Dollar-, Peseta-, Skandinavische Kronen- und Gulden-Leute inszenieren und hofft, daß auch Du ein Konzert übernehmen würdest. Ich ahne aber, daß auch Du in das „Zu viel" einstimmen wirst. Die zweimonatigen Festspiele, die München ankündigt, jagen auch dem kunsthungrigsten Menschen Schrecken ein, dazu Salzburg etc. etc. „Zu viel, zu viel".

Der vorausgegangene Brief von Strauss ist nicht vorhanden.
Strauss hatte Barbara Kemp für die Salzburger Festspiele eingeladen, bei denen er mehrere Vorstellungen von Mozart-Opern dirigierte.

Charlottenburg Schillerstr. 3
24. 9. 22
Lieber Freund!
Es wird Dich vielleicht freuen rasch zu lesen: Wir haben Ariadne neu studiert und mit dem *sehr* talentvollen Frl. Klepner als Ariadne mit schönstem Erfolge gebracht. Am 11. Oct. ist eine gänzliche Neuinscenierung der Salome angesetzt, der wir mit Hilfe unseres neuen Rundhorizonts eine zeitgemäße Einkleidung geben werden, die Deinem Meisterwerke endlich gebührt. Den Stern von Bethlehem am Schlusse dürfen wir ja wohl nun weglassen?

Auch der „F.R.O.SCH" kommt noch ehe Frau Barbara zu den Indianern geht wieder heraus.
Es klänge wie eine Geschmacklosigkeit, wenn ich in diesem Zusammenhange von Euerem Mona Lisa-Plane spräche. Ich muß es nur insofern tun als es sich um die Frage Kemp-Gastspiel handelt. 24–31. Oct. ist sie in Prag mit Aida, M. Lisa, Salome. Wenn sie es irgend machen könnte, käme sie noch gerne zu Euch. Aber wann?
Sei herzlichst von Ihr gegrüßt

und Deinem
immer ergebenen
Max Schillings

Morgen tagt hier die Internationale Conferenz der Urheberrechts-Verbände wo Amre und Gema sich begegnen sollen. Ich bin gespannt ob der *gänzlich* unhaltbar gewordenen Lage ein Ende bereitet wird. Von Rösch hörte ich nichts, will mich aber beteiligen.

Am 15. September 1922 hatte eine Wiederaufnahme der „Ariadne auf Naxos" in den Spielplan stattgefunden, am 11. Oktober eine „gänzliche Neuinscenierung" der „Salome". In der vorhergehenden Inszenierung der „Salome" hatte man aus religiöser Rücksichtnahme am Schluß den Stern von Bethlehem aufgehen lassen.
AMMRE, gegründet 1909, diente der Verwaltung der sogenannten mechanischen Rechte, GEMA, gegründet 1915, war die Genossenschaft zur Verwertung musikalischer Aufführungsrechte.

[Photokarte vom Landhaus Strauss in Garmisch]
Strauss.   *[Garmisch, 21. Oktober 1922]*
Dank für Schillings' Kartengruß anläßlich einer „Salome"-Aufführung. Hoffnung, daß im November in Wien endlich „Mona Lisa" aufgeführt wird. Erfolgswünsche für Barbara Kemp als Mona Lisa an der Metropolitan Opera in New York.

Der Intendant der Staatsoper
                               Berlin, den 24. Novbr. 1922
Lieber Freund!
Es ist mir ein Bedürfniß Dir für Deine eben empfangenen Zeilen sogleich zu danken und Dir zu sagen wie sehr ich mich freue, daß wir für eine Herbstwoche auf Dich zählen dürfen. Wäre es denkbar daß bis dahin eines Deiner neuen Werke (Ballet oder Oper) bei uns unter Dir erscheinen könnte?
Darüber bitte ich ein Ja oder Nein (das ich auf Wunsch zunächst ganz für mich behalten würde).

Dann aber lasse Dir „überhaupts" für Deine Zeilen danken aus denen ein Geist freundschaftlicher Schätzung spricht, der mir nun 30 Jahre erhalten geblieben ist und dem der Wandel der Zeiten und gelegentliche Menschlich-Allzumenschlichkeiten nichts anhaben konnten. Gerade im Augenblick taten mir Deine Worte doppelt wohl. Ich trage mich nämlich sehr ernstlich mit dem Gedanken des Rücktritts. Aus inneren Gründen: Mit einem großen Maß von Idealismus habe ich das Amt übernommen und bin ihm mit Einsetzung der ganzen Kraft auch dann treu geblieben als ich einsah daß es mich, entgegen der anfänglichen Absicht, von meinem bisherigen künstlerischen Lebensweg ganz abdrängen und daß ich ihm meine sogenannte Seele ganz aufopfern müsse. Mit dem äußerlich Erreichten darf ich vor meinem Gewissen zufrieden sein. Es ist mir gelungen das Institut innerlich in der Organisation zu festigen und wer es jetzt in die Hand nimmt findet ein durchaus brauchbares Instrument vor. Ich fühle aber daß ich auf die Dauer ohne eigene künstlerische Tätigkeit nicht leben kann und da diese mit dem mich restlos absorbierenden Amt nicht vereinbar ist, muß ich wählen. Soweit meine inneren Fragen. Äußerliche Fragen von großer Bedeutung kommen hinzu. Der Freiheitssturm der sog. Revolution ist verrauscht; ich bemühte mich es zu einer gesunden Evolution zu bringen. Das kann aus der Not der Zeit heraus nicht gelingen. Diese materielle Not führt dazu daß an Stelle des früheren bürokratisch-junkerlichen Systems eine bürokratisch-demokratisches oder eigentlich rein bürokratisches tritt. „Das MINISTERIUM", die Geheimräte und Rechnungsräte jeder Art entreißen einem die Zügel. Ohne Kenntniß der Psychologie des Theaters und unbelehrbar sind sie ein Feind jeder freien Persönlichkeit; immer mehr greifen sie ein. Eine schwierige Situation ist entstanden dadurch, daß eine Wagnertournee nach Nordamerika jüdisch-merkantilen Gepräges uns einen Teil der künstlerischen Kräfte mit Blech an der Spitze nehmen will auf 6 Monate (darunter die 8 besten Bläser und Streicher). Das Ministerium geht über meine Vorschläge, durch kluges Einstellen auf eine Zwangslage die Gefahr herabzumindern hinweg und verfügt über meinen Kopf und mit Nichtachtung meiner Urlaubsrechte die Entlassung der „Schuldigen". Ich werde schriftlich im Kanzleiton davon unterrichtet und aufgefordert mich zu entschuldigen; die Situation ist zur Stunde festgefahren da der Herr Minister (total theaterfremd) erst Montag für mich zu sprechen ist. Dieses die interne Krise. Und dann sind Alberiche am Werk die in der Presse flau machen und ewig das Thema variieren: Schillings hat 4 Jahre seine Pflicht getan, wir wissen jetzt, was er kann; er kommt von Wagner her, inszeniert Tristan und Holländer neu; wo bleiben die großen Fragen der Gegenwart; er ist anschmiegsam, ohne Mut zum Radikalismus, geht an den Neutönern vorbei, will Möglichess; wir verlangen das Unmögliche, das noch nicht Dagewesene, wir wollen das

Heute und er das Gestern. (S. den Artikel von Paul Bekker in der wiedererstandenen „Musik".) Dazu mein Ariertum. (Es giebt ja keinen Bund zur Abwehr des Antiarianismus in der Kunst sondern nur solche zur Bekämpfung des Antisemitismus. Du kennst dieses Capitel.) Als Compositeur gehöre ich zum mit mildem Lächeln betrachteten, „alten Eisen" und wurde nicht wert befunden in die Internationale Gesellschaft für neue Kunst eintreten zu dürfen, die unter Führung von Paul Bekker und Ad. Weißmann hier nun die Parolen ausgibt. Ich mußte lächeln als ich las daß Du als Ehrenpräsident angenommen bist, da Du in Deiner Jugend radikalfortschrittlich einmal gewesen seist. Und summa summarum: Bestellt einen geschäftlichen Generalintendanten und nehmt einen (wie Du sagst) atonalen Bolschewiken (voraussichtlich Bekker). Es stehen da sehr ernste Fragen zur Entscheidung. Ich würde *diesem* Ansturm allein nicht weichen, denn er hat keine großen Kräfte hinter sich; aber, wie gesagt, das Ministerium ist wankend geworden und ich selbst wanke in meinem Innern. Gehe ich im Jan. nach Spanien, so vollenden die Alberiche ihr Werk; gehe ich nicht so komme ich in wirtschaftlich bedrängte Lage, denn von dem armseligen Gehalt kann ich nicht leben, brauche in 1 Monat fast meine Gesamtbezüge, und was gilt heute noch das kleine, einen früher vor Not sichernde Vermögen? Endlich: Mein Vertrag läuft noch ein Jahr. Niemand machte noch eine Andeutung über Verlängerung. Sollte ich mich dem aussetzen daß man mir im Frühjahr sagt: „Wir danken bestens"? Nein, die Situation muß jetzt geklärt werden.
Und warum ich Deine Zeit mit diesem Brief in Anspruch nehme? Du sprachst im verg. Winter in Wien mit mir wegen der dortigen Hochschule. Hätte es einen Zweck darauf zurückzukommen? Dabei wäre zu bemerken: Gehe ich hier weg, so erneuert Frau Barbara ihren Vertrag hier nicht mehr. Wie stünde es dann mit ihr für Wien? Wäre darüber (trotz Jeritza) zu reden? Wirtschaftlich kämpfen wir den gleich schweren Kampf wie Ihr. Ein Budget ist auch bei ausverkauftem Haus nicht zu halten. Ab Oct. 1923 soll das neuausgebaute Krollhaus als täglich spielender 2ter Opernbetrieb angegliedert werden; ich käme dann überhaupt auch nachts nicht mehr aus den Kleidern. Das ist etwas für einen Generalintendanten à la Zeiß, neben dem dann im alten Hause ein Bekker Hindemith- und Strawinsky- und Křenek-Feste vorführen könnte. Addio, Du alte schöne künstlerische Kultur, Du Kunst als Herzenssache, addio Du alter Phrasendrescher Wagner (Citat aus einer hiesigen Walküren-Kritik vor einigen Tagen).
Daß Du Dich persönlich um Mona Lisa in Wien bemühen willst danke ich Dir herzlich. Herr Korngold (Vater und Sohn) sind schon freudig gespannt. Mit Vergnügen las ich in amerikan. Zeitungen, daß Mona Lisa nach dem Vorbild der „Toten Stadt" „gearbeitet" sei, mit Vor- und Nachspiel und einer Traumhandlung. Wenn je das „Judenthum in der

Musik" um ein neues Capitel bereichert wurde so war es durch den begabten Wolfgang Erich, ein süßer Junge!
So, nun genug Rabengekrächze in Deine Arbeitsstille. Wenn möglich erfreue durch ein paar Zeilen

Deinen Dir stets ergebenen
Max Schillings

(Abgedruckt in: W. Raupp, Max von Schillings, S. 216/218).
Strauss' vorangegangener Brief fehlt.
Amerikatournee Leo Blechs s. Brief vom 19. November 1921.
Anspielung auf Paul Bekkers Artikel „Zeitwende" in Die Musik 15 (1922) 1–10, der nach der kriegsbedingten siebenjährigen Unterbrechung des Erscheinens der Musikzeitschrift eine Art Standortbestimmung unternimmt. Schillings wird dort als eine „mehr vorsichtig anschmiegsame, als aktiv gerichtete Natur" charakterisiert.
Julius Korngold, Musikkritiker der Wiener „Neuen Freien Presse", war erklärter Gegner von Strauss und seinem Kreis.
Schillings' Oper „Mona Lisa" war bereits 1913/14 komponiert und 1915 in Stuttgart uraufgeführt worden, Erich Wolfgang Korngolds „Tote Stadt" erschien erst 1920!
Schillings schied erst im November 1925 aus dem Verband der Berliner Staatsoper aus.

Schillings.
Glückwunschschreiben im Namen der Berliner Staatsoper zum 60. Geburtstag von Strauss, der mit einer Aufführung der „Frau ohne Schatten" im Rahmen eines Strauss-Zyklus festlich begangen werden soll. [Außerdem wurden aufgeführt: „Elektra", „Ariadne auf Naxos", „Salome", „Rosenkavalier", Couperin-Suite und „Josephs Legende"].
(Abgedruckt in: Richard Strauss und die Berliner Oper, S. 44 und in: W. Raupp, Max von Schillings, S. 226.)

Strauss. *Im Mai [sic!] 1924*
Gedruckte Dankkarte für Glückwünsche zum Geburtstag, mit handschriftlichem Gruß.

Charlottenburg Bismarckstr. 101
14. 9. 24.

Lieber Freund!
Ich bin ein sündhafter Mensch! Dein freundlicher, mir sehr wertvoller Brief vom 26. Juni ist bis heute unbeantwortet. In den Ferien wollte ich es tun und muß es als eine große Schwäche beichten, daß ich es unterließ. Trotz der „Großkampftage" die mit 20. Aug. für mich hier wieder im Gange sind benütze ich aber doch einen Sonntag Abend an dem ich in

keinem unserer beiden Opernhäuser mich zu erquicken brauchte, dazu Dir herzlich für Deinen Ausdruck der Freude zu danken, den unsere Geburtstagswünsche und der wirklich glänzend verlaufene Festcyclus Deiner Werke Dir entlockt haben. Mit besonderer Genugtuung kann ich vom Verlauf der Frau ohne Schatten berichten, die ich leitete und die einen Sturm im Publikum erweckte. Seitdem ich am Pult ganz und restlos in das Werk eingedrungen bin, weiß ich [es] erst voll zu schätzen. Ich liebe es und gehe ganz darin auf, sowie meine Frau in der „Färberin".
Daß ich mich auch (nebst Barbara) in der D. A. Z. mit einem kurzen Artikel an Deinem 60sten beteiligte, ist Dir vielleicht nicht bekannt. Ich gab der Hoffnung Ausdruck daß die jungen futuristischen Herrschaften, die Dich ehrenvoll in compositorischen Ruhestand versetzen wollen, uns nur *ein* Werk bescheeren möchten, das nach 40 Jahren so jugendfrisch wirkt, wie Deine Erstlinge. Was Gott geben möge, der es in seinem Schöpfungsplan vorgesehen hat daß die Musik einstweilen *solche* Wege zu gehen hat, wie wir es erdulden müssen. Mein eigenes Empfinden hindert mich nicht nächstens die „Zwingburg" von Krenek und vielleicht sogar den „Wozzek" v. Berg dem Publikum vorzusetzen, das dann urteilen mag. Die „linke" Presse schreit danach. Wir werden sehen. Einstweilen ringt unser famoser Rüdel mit Selbstmordgedanken bei den Chorproben, die allerdings den Kalk von den Wänden rieseln machen. Ich habe mir ja das Componieren rechtzeitig untersagt, bin hors concours und kann zusehen. Du aber bist mitten im Schaffen und ich hoffe daß das „Intermezzo" Zeugniß neuer Art von Deinem Wesen giebt. Möge textlich dieses noch nicht dagewesene Familienselbstportrait Verständniß finden. Wie steht es übrigens mit Deinem Wunsch es hier aufgeführt zu sehen? Ich bin in größter Schwierigkeit wegen des Schauspielhauses, das ich bei der jetzigen Trennung der Leitung nicht zur Verfügung habe. Sollen wir alles erst nach der Dresdner Premiere abmachen? (Fürstner verlangt übrigens nur 12 000 M. für die Partitur!)
Und hat man Dir gesagt, daß ich vorhatte „Schlagobers", das wir mit unserem neu umgemodelten Ballet kaum geben können, mit Deinen Wienern als Gästen zu geben? Wie stündest Du dazu? Etwa im Juni, wo eine Berliner Musikwoche großen Stils geplant ist?
Du warst in Deinem Brief näher auf die Veröffentlichung Deiner hiesigen „Akten" eingegangen. Es tut mir leid, wenn Du die Empfindung hattest daß die Veröffentlichung zu falschen Schlüssen führen könnte. Ich habe im Manuscript alles gestrichen, was mir für die Öffentlichkeit nicht geeignet schien und vor allem alle Hülsen'schen Entgleisungen zu eliminieren getrachtet. Tatsächlich war er am Schlusse „riesig böse" auf Dich und sah die Dinge verkehrt und rein Generalintendantlich alten Stils. Das alles wurde beiseite gelassen. Die hiesige Presse nahm die Publikation allseitig

sehr gut auf und auch viele private Äußerungen waren ähnlich. Also darf es wohl mit der Sache ihr Bewenden haben. Ich verspreche auch nie mehr indiscret zu sein. Aber Du hast ja nun einmal so riesige Bauten errichtet auf Markt und Gassen daß Du mußt die Leute entsprechend über Dich reden lassen.
Meine Sommererholung führte mich 3 Wochen an die See (das von G. Hauptmann geliebte Inselchen Hiddensee, – entzückend –) dann über Zoppot, (wo ich mich zur „Waldoper" bekehrte und die Walküre vor 8000 Menschen dirigierte) nach Bayreuth, wo Frau Barbara wundervoll und wirklich groß die Kundry sang und verkörperte (Leider bei der „Premiere" unpäßlich!). Dann kurz mit ihr zusammen in Schuls-Tarasp, wo sie Kur brauchte und von wo sie morgen eintrifft, während ich schon am 20. Aug. hier wieder schuften mußte auf Gedeih und Verderb. Ich werde morgen von ihr hören, ob nun der Wiener Vertrag so genehmigt werden konnte, daß sie es pekuniär machen kann. Ich hoffe bestimmt darauf und darf wohl auch auf Dein Einwirken zählen.
Du bist in Rostock und Bremerhaven angekündigt. In letzterer Capitale (wo wir im Mai eine sehr würdige Festaufführung von Mona Lisa zustandebrachten) wünscht man Frau Barbara als Salome; ebenso war sie ersucht in Breslau mit Dir die Färberin zu machen. Ich fürchte Breslau, wo auch die „Hymnen" im Concert sein sollten, wird nicht möglich sein. Auch eine Einladung hier mit Furtwängler die Hymnen zu singen collidiert mit einer anderen Verpflichtung.
Werden wir Dich nicht einmal bei uns sehen können wenn Du schon nach Norddeutschland kommst? Vielleicht im Anschluß an Dresden?
        Mit allseitigen herzlichen Grüßen bin ich stets
        Dein Dir ergebener
        Max Schillings
Gegenwärtig rumort hier Mascagni mit einer Circus-Aida in einer Ausstellungshalle für 12 000 Personen. Ich fürchte – es geht wie in Wien. Diese amerikanischen big shows sind etwas furchtbares. Und diese italienischen Frauenstimmen mit der Coulissenreißerei! Wirklich schön! Aber im Finale II. Akt kommen wirklich Kameele auf die Bühne und bedanken sich am Schlusse mit. Und das ganze soll der Völkerverbrüderung dienen. – – –
Die Eindrücke in Bayreuth waren mir sehr merkwürdig. Trotz allem und allem und allem: der Geist des Großen wirkte fast erschreckend. – Alte Erinnerungen: Frau Cosima an Deinem Arm und Frau Pauline und – und – – – –

Strauss' Dankbrief vom 26. Juni für die Festaufführung an der Berliner Staatsoper zu seinem 60. Geburtstag fehlt.

Deutsche Allgemeine Zeitung Jg. 63, 11. Juni 1924, Max von Schillings und Barbara Kemp, „An Richard Strauss. Zum heutigen Geburtstage".
Křeneks szenische Kantate „Zwingburg" wurde 1925, Bergs Wozzeck", aus welchem Hermann Scherchen beim Musikfest des A.D.M.V. in Frankfurt schon drei Fragmente gespielt hatte, wurde am 14. Dezember 1925 unter Leitung von Erich Kleiber an der Berliner Staatsoper uraufgeführt.
Die UA von „Intermezzo" fand am 4. November 1924 in Dresden statt, die Berliner EA am 28. März 1925.
Von einem Gastspiel des Wiener Staatsopernballetts mit „Schlagobers" im Juni 1925 ist nichts zu eruieren; dagegen waren die Wiener Philharmoniker gerade zu einer Konzertreise durch Deutschland aufgebrochen und gaben auch in Berlin ein Konzert.
Veröffentlichung der „Akten": Hülsens entscheidender Brief vom 28. Mai 1918 und Straussens Antwort darauf wurden später abgedruckt in: Richard Strauss und die Berliner Oper S. 37–39.
Hymnen von Strauss s. Anmerkung zum Brief vom 22. August 1921.
„Mascagni-Festspiele": In einer Ausstellungshalle am Kaiserdamm, die zu diesem Zwecke eigens umgebaut werden mußte, wurde im September unter Mascagnis Leitung „Aida" von Verdi aufgeführt.

Berlin, 17. Dec. 1924.
Lieber Freund!
Ich bin wütend – auf mich selbst, auf die Welt, auf alles was denkbar ist und finde alles sinnlos abscheulich. Das ist keine Stimmung in der man schreiben sollte. Wahrscheinlich aber bist Du auf mich entsprechend wütend wegen meines Schweigens und wirst immerhin einverstanden sein, wenn ich es, trotz der schlechten Laune und Verfassung breche, wie ich bereits telegraphisch angekündigt habe. In den letzten 5 Tagen war Grund meines Ärgerns eine Darmkatarrh-Geschichte mit Fieber, die mich heute noch zu Hause hält, sich aber bessert; vorher aber zögerte ich aus Ärger und sogar aus Scham! – Ich weiß nicht ob irgend eine Nachricht über die Gagen- und Honorarkämpfe zu Dir gedrungen ist, die sich in den letzten Wochen zwischen Bühnenverein und Schauspieler- und Sängerwelt abgespielt haben? Notwendig war eine gewisse Neuordnung der Dinge nach dem Entsetzen der Inflation und ich bot auch zu notwendigen Erwägungen gerne die Hand. Was aber jetzt als Zwangswirtschaft eingeführt ist findet nur einen Teil meine Billigung; in mancher Hinsicht stehe ich in scharfer Opposition und habe sie auch in den endlosen Verhandlungen aufrecht erhalten, allerdings um in der Minderheit zu bleiben, zumal namens der Staatsoper nicht der verantwortliche Leiter, sondern Dr. Selig die Stimme namens des Ministeriums abgibt. Das Hauptergebniß ist nun: an keinen Künstler (Dirigenten oder Sänger) darf für ein Gastspiel mehr als M. 1000 pro Abend gezahlt werden auch dann nicht, wenn ein Theater in der Lage ist Preise zu erhöhen und durch den Gast entsprechende Kasse zu machen. So sehr ich dafür war, angesichts der mehr als ernsten Lage der meisten

Opernbühnen Überforderungen der Gernegroße einen Riegel vorzuschieben (nomina ominosa), ebenso sehr bekämpfte ich diese rigorose Abschnürungsmaßnahme, die das Spiel der freien Kräfte, das letzte Auswirken der Persönlichkeit, endlich auch das Conjunkturgeschäft vom Theater ausschließt. Für Berlin haben die *Schauspiel*direktoren die Künstlerschaft auf einen (von mir Weinliste getauften) Preiskurant abgestuft (hors de ligne blieb nur Frau Massary). Als man eine ähnliche Liste für die Deutsche Opernbühne aufstellen wollte setzte meine Opposition so energisch ein daß es unterblieb. Es war scurril geradezu wie diese Liste ausgesehen haben würde, die von einer 5 köpfigen Commission unter Herrn Artur Wolff's, des listen- und ränkereichen göttlichen Dulders Vorsitz aufgestellt werden sollte. – Es kam dann noch zu weiteren Kämpfen betr. Festsetzung einer Höchstgage von 30 000 M. p.a. [per annum], die noch nicht zu Ende sind, da ich auch dabei (als ziemlich einziger aus dem Künstlerstand hervorgegangener Vertreter in den betr. Sitzungen) in Opposition zu treten gezwungen war. Man versuchte mich zu ignorieren was aber doch nicht gelingen konnte. – Weßhalb ich dieses mit einiger Ausführlichkeit schreibe? – Du hast Dich freundlichst bereit erklärt im April bei uns Gast am Pult zu sein. Es wäre mir bei den jetztigen Einnahme-Verhältnissen recht schwer geworden 1000 $ pro Abend Dir zu fixieren, aber ich bin nun ernstlich in die Zwangslage versetzt zu erklären daß ich über 1000 M. nicht gehen darf! Die Scham, die ich über dieses Geknebeltsein empfinde, war es, die mich von Tag zu Tag (bis ich erkrankte) zögern ließ Dir die Wahrheit zu schreiben! – Über Deine 1000 $-Honorare wurde weidlich geredet und darauf hingewiesen daß z.B. Bremen empfindlich habe drauf zahlen müssen, worauf ich darlegte, daß dem ein künstlerisches Proficit gegenüberstände und Du eben der führende deutsche Meister seist. (Ich gebe allerdings privatim zu daß $ 1000, wie gesagt, bei den heutigen Verhältnissen außer evt. bei Rosenkavalier leider selbst mit Dir bei den Raffkes und Gen. nicht zu vereinnahmen ist) Was machen wir nun? Du schriebst von Leipzig, Chemnitz, Breslau und jetzt vom Rheinland. Sind es Concerte oder sind es Bühnen, die evtl. auf Grund schon vor der Zwangsconvention mit Dir getroffener Abmachungen daran festhalten und Dir Deine Forderungen erfüllen dürfen?? *Ich suche nach einem möglichen Ausweg und bitte um Deinen Rat!*
Seit den Dresdener Intermezzo-Tagen waren meine Gedanken oft mit Dir beschäftigt. Was dort vorgegangen war hatte mich sehr bewegt; besonders beeindruckt hatte mich eine lange Darlegung des Herrn Ministerialreferenten (oder wie heißt es) Karpath. Was sich dann in der Wiener und sonstigen Presse abgespielt hat, sah ich alles kommen. (Allerdings: die hiesige nahm nicht allzuviel Notiz, denn hier wehen dauernd härtere Winde als im lauen Wien.) Aber wie viel widerliches kam da nach oben. „Pfui Teufel" heißt's

glaube ich irgendwo im Intermezzo. Aber alles in allem bedauere ich und mit mir viele ernste Leute das Ergebniß daß Du wirklich bei Deiner Demission geblieben bist! Wenn Du meine ganz ehrliche Meinung hören willst, so habe ich ein Doppeldirectorium stets für gefährlich, im Grunde sogar unmöglich angesehen. Und ferner weiß ich ein Lied zu singen, *wie* schwer es ist als Künstler den rasend complicierten, nervenzerstäubenden Aufgaben der dauernden Leitung einer Opernbühne von größten Ausmaßen gewachsen zu bleiben und daß diese auf die Dauer mit einer intensiv nachschaffenden und schaffenden Tätigkeit eben nicht zu vereinigen sind. *Ich* durfte alles beiseite schieben was der Erfüllung einer solchen Pflichtenmasse entgegenstand und durfte wahrhaftiger Theaterdirector werden, denn an meiner aktiven Künstlerschaft ist nicht zu viel (oder jedenfalls nichts notwendiges) verloren. Das ist, bei Gott, anders in Deinem Falle! Es wäre ein *Wahnwitz* gewesen, wenn Du Dich, wie ich, hättest ummodeln wollen, und gottlob *kannst* Du es ja auch gar nicht wollen. – Ein Mittelweg, etwa via Doppeldirection wird immer nach einiger Zeit in eine Sackgasse führen. Es ist nur zu traurig, daß es nun in der Kunstgeschichte so aussehen könnte: Wien hatte die Wahl zwischen Strauss und Schalk, und wählte Schalk. Wer dieses odium auf sich geladen hat ist nicht zu beneiden. – Was wird nun aus Wien? Schalk allein auf dem Thron – da dürfte es ihm eisig kalt werden!! Ernsthaft denkt ·man an Kleiber. Unter uns: am Pult ein Phänomen, ein neuartiges vielleicht. Aber als Director? Ein ungezogenes, weibisch launenhaftes, stark primadonnerich veranlagtes Kind. Viel Glück auf den Weg – ich würde mir zu helfen wissen. – Ein Glück nur daß es ausgeschlossen erscheint daß der Hallunke Blech weiter in Frage kommt. Ich mußte Dir schon in Dresden sagen, daß mir das Herz gestockt hatte als ich hörte daß Du ihn an Schalk's Stelle vorschlagen wolltest. Diesen schlechtesten aller Charactere der mir bei einem bedeutenderen Manne überhaupt untergekommen ist. Er ist, wie Muck sagte, „das Böse an sich" (ich sagte: Das Schlechte an sich.). Neidisch wie Alberich, kleinlich, launisch und feig. Seine Akten durchzusehen ist lehrreich. Welche Sprache er auch gegen den „Collegen Strauß" geführt hat. Zu bedenken daß er 17 Jahre hier tätig war und daß das Personal mich am Abschieds-Abend bat, keine Feier auf der Bühne zu machen, da es ihnen widerstrebe teilzunehmen (obenan die Capelle, die ihn als Musiker schätzte). So blieb denn die Feier auf die Tätigkeit der Donna Vera Schwarz beschränkt, von der mir zweifelhaft ist ob sie Leo's *ganz* würdig ist, Und dann Herr Gruder-Guntram, der dritte in einem würdigen Bunde; ein completter Hochstapler, der jetzt mit Blech die Volksoper sanieren und Stiedry an die Luft setzen will. Und was hat dieser Gruder sich hier öffentlich sagen lassen müssen (noch heute in einem langen mit Documenten gespickten Aufsatz) ohne zu erwidern. – Ich komme in's Schwätzen; das ist ein Ausfluß der Wut die ich in der Einleitung kennzeichnete, der Wut über viel ungerades, haltloses und gemeines um mich herum. – Unsere Reaction in der Verwaltung ist grotesk, der Bürokratius bäumt sich wieder zum Himmel und überall Schiebung. – Was Herr Otto Wilh. Lange (der sich selbst zum Generalintendanten der GROSSEN Volksoper ernannte) alles an Schwindeleien hat bieten dürfen bis die Sache in furchtbare Pleite ging, was am „Deutschen Opernhauß" alles vor sich geht unter dem Schutz des oben erwähnten „Heiligen für Alles" Artur Wolff; was sich der Meister Mascagni mit seiner holden Gattin hier hat leisten dürfen an welscher Frechheit, das kann schon wütend machen. Daß Mascagni jetzt Capellmeister an der Wiener Oper ist und von Korngold gefeiert wird macht allen geschmackvollen Italienern eine Riesenfreude, denn sie sehen wie komisch es ist, daß die Wiener ihre Oper als Nationalheiligtum erklärten, an der zwar Rich. Strauss nicht bleiben kann aber Mascagni dirigieren lernt mit 64 Jahren.

Und trotz allem wird in unserem Doppelbetrieb fest weitergearbeitet. Nachdem ich nun mal meine Seele dem Theaterteufel verschrieb, soll er sie auch *ganz* haben und wenigstens etwas an den Instituten geleistet werden. Wir sind zunächst fest ins Atonale gesprungen. Ich packte den Stier bei den Hörnern und zeigte ihn dem p.t. publico. Ein toller Kampf in Presse und Publikum ging über „Zwingburg" v. Křenek und die „Nächtlichen" von Wellesz los. In den Blättern der Staatsoper habe ich ein Echo der Kritik, pro und contra gegenübergestellt, was *sehr* lustig ist. („Aber Sie discreditieren das Ansehen der Presse" sagte einer der Herren). Zur Buße haben wir dann vorgestern 24 Jahre zu spät die „Rose v. Liebesgarten" gebracht. Pfitzner rauft sich zu Tode mit einigen „Pressanten", die immer noch nicht glauben wollen, daß der Text eine hochbedeutende Dichtung sei. (Er wirkt heute z.T. kaum mehr erträglich, aber Pfitzner bleibt von solcher Erkenntniß unberührt. Ich kleiner Sterblicher stehe heute den Sporck'schen Stabreimen wesentlich objektiver gegenüber) – –

Und nun das Aktuelle: Wenn noch der Jubiläums-Barbier von Bagdad (Cornelius 100 Jahre alt!) und die neuinscenierte Aida vorüber sind, ist die Bahn für „Intermezzo" frei denn den „Fernen Klang" und „Wozzeck" v. Alban Berg (hyperfuturistischst) habe ich zurückgestellt. Ich dachte an Ende Februar. Nur eine große Frage: Die Besetzung der „Frau"! Ich möchte so gerne daß Barbara Kemp sie gäbe, nun ist da das Wiener Engagement hinderlich, denn wenn sie den ganzen Januar dort sein muß, könnte sie nicht studieren und im Febr. sind auch noch Gastspiele in Holland. *Liegt Dir auch daran daß sie es sänge?* Je näher Wien rückt umso schwerer wird B. der Gedanke an diese Verpflichtung die unter ganz anderen Voraussetzungen geschlossen wurde, nämlich: Rich. Strauss. Niemand weiß auch *wer* nun in Wien die Küche leitet; wahrscheinlich zunächst 10 Köche auf einmal? Ich glaube fast, daß Schalk ganz gern auf B.

211

verzichten wird, wenigstens zum Teil, denn sie würde ihn doch häufig an Dich gemahnen und das dürfte ihn zwingen rasch 3 neue Cigaretten zu verschnupfen. – Ihm gar von Mona Lisa sprechen, wie Du schriebst, das wäre wohl das Ende des tüchtigen Gelehrten, und das möchte ich nicht auf mich nehmen. – Wir erwarten eine Antwort auf die Frage ob er den Vertrag Kemp reducieren könne.
Nun bitte ich um Pardon für diesen Brief, den ich in vieler Hinsicht *vertraulich* Dir sende, den längsten übrigens, den ich m.p. seit Jahren mir abringen konnte (das tut der Krankheitshausarrest.)
Ich schließe ihn mit der Bitte um kurze Antwort auf meine Hauptfragen zu denen ich (nicht als Interviewer) noch die eine füge: steht es unabänderlich fest, daß Du Wien (auch für Deine Werke) den Rücken kehrst?
Sei von Frau Barbara und mir mit Deiner Gattin herzlichst gegrüßt.
Stets Dein Dich verehrender
Max Schillings
(Ab und zu schlage ich mal hier den Takt, wenn die Jungen mich gar zu sehr ärgern, und dann heißt's: Sieh mal, der alte Kerl kann doch was, wenn er auch merkwürdig wenig Faxen gelernt hat.)

Das erwähnte Telegramm ist nicht erhalten.
Dresdener „Intermezzo"-Tage: Die entscheidenden Vorgänge, die Strauss dann wegen persönlicher Schwierigkeiten mit Franz Schalk zum Demissionierungsgesuch von der Doppeldirektion der Wiener Staatsoper veranlaßten, fielen gerade in die Tage seines Dresdner Aufenthalts anläßlich der UA von „Intermezzo" am 4. November 1924. Der mit Strauss befreundete Wiener Musikkritiker und Konsulent des Unterrichtsministeriums für die Bundestheater, Ludwig Karpath, versuchte zu vermitteln.
Zu den genannten Kapellmeistern: Mit Erich Kleiber, seit 1923 Generalmusikdirektor an der Staatsoper Berlin, befand sich Schillings in einem Machtkampf um die unumschränkte Gewalt. Leo Blech, von Jugend an Strauss-Anhänger, wechselte 1924 an die Große Volksoper über, Fritz Stiedry wurde Direktor der Wiener Volksoper. Hugo Gruder-Guntram, 1921–23 neben Weingartner Direktor der Wiener Volksoper, war seit 1923 Direktor des Deutschen Opernhauses in Berlin-Charlottenburg.
Nach dem im vorhergehenden Brief erwähnten Gastspiel Mascagnis mit italienischen Kräften in Berlin sowie auf der Hohen Warte in Wien, dirigierte er dann auch an der Wiener Staatsoper als Gast die „Aida" und bekam dafür am 6. Dezember 1924 in der Neuen Freien Presse eine hymnische Kritik von Julius Korngold. Sätze wie „Neben dem lodernden Feuer dieser ,Aida'-Darstellung berührt die unserer braven Dirigenten wie ein glimmendes Häufchen Asche" mußten auf viele provozierend wirken.
„Der ferne Klang", Oper von Franz Schreker, 1912 in Frankfurt a. M. uraufgeführt.
Die Rolle der Christine sang bei der Berliner EA von „Intermezzo" am 28. März 1925 nicht Barbara Kemp, sondern Maria Hussa. Dirigent war Richard Strauss.

Persönlich. Berlin, den 2. Januar 1925
Lieber Freund!
Das neue Jahr, in dem uns hoffentlich eine bessere Meinung über die beste aller Welten beikommen kann, darf nicht anfangen zu laufen (ach, wie rast die Zeit!) ohne daß ich Dir für Deinen mir sehr wertvollen Brief vom 19. Dec. 24 gedankt und Dir und den Deinen alles mögliche Gute gewünscht habe. – Auf die Gefahr hin daß das Lesen längerer Briefe Dir nicht gerade Freude macht muß ich doch die Füllfeder etwas nachfüllen. – Du bewunderst meine Spannkraft in theatralibus. Offengestanden ich selbst auch. Wenn ich aber nicht die Flinte in's Korn werfe (oder *noch* nicht) so hat das wohl einmal den Grund, über den ich schon einmal sprach, daß ich nun einmal im Zwange des Schicksals oder der Verhältnisse durch einen Teil meiner künstlerischen und menschlichen Vergangenheit einen Strich gezogen habe, der sich nicht ohne Verletzung der Materie wird ausradieren lassen, und dann den Grund daß ich mich vielleicht über die Ohnmacht, von der Du sprichst, mehr oder weniger absichtlich täusche, meine Ziele nicht zu hoch in die Wolken schreibe und mir einbilde daß „Armut und Edelsteine" eine Tugend sei, die wir gemaßregelten und recht über Gebühr erniedrigten Deutschen anerkennen müßten. Ich gebe zu: es gehört allerhand Spannkraft dazu, sich nicht verdummen und um jedes Bewußtsein höherer Absichten bringen zu lassen inmitten des Hexenkessels von Widerwärtigkeiten und aufreibenden Proceduren, deren Unnötigkeit und Leerheit sich einem widerwärtig aufdrängt; auch recht viel Altruismus (vielleicht ist's sogar etwas überspannter Idealismus?), denn man weiß ja: das Geleistete ist ephemer, das Echo währt nicht länger als das natürliche. Ich beobachte dieses Phänomen jetzt wieder bei der Wiener Krise: „le roi est mort, vive le petit prince X"! „Was es net alles giebt in diesem Wien" könnte man auch sagen.
Ein Beispiel (discret vertraulich): Kleiber setzt ins Berliner Tageblatt daß er einen Ruf als Director nach Wien habe, bestätigt es uns und nennt die Bedingungen, die für uns wichtig sind, da er ein Kündigungsrecht zum Ende der Spielzeit hat. In 1½ Jahren habe ich ihn hier hoch gebracht (er *kann* etwas!), nun kann er fordern uns sagen aut-aut. Schalk beeilt sich öffentlich zu erklären mit Kleiber hätten keinerlei Verhandlungen stattgefunden, nur sei er gefragt worden, ob er einmal dirigieren wolle als Gast; in Zukunft gäbe es keine Doppeldirection mehr etc. Kleiber aber giebt an, was Schalk erkläre, bedeute gar nichts; er (Kleiber) habe mit einer höheren Instanz verhandelt (Karpath) und habe die Zusicherung daß man Schalk nächstens evtl. entfernen werde. usw. usw. – – Und dann: was Vater Korngold jetzt über Pollak schreibt, und was Schalk über sich selbst erzählt: Es giebt nur die Wiener Oper und die Skala, dann noch etwas Paris, – Deutschland ist von seiner Liste des zu Erwähnenden gestrichen. Es ist

213

ein tragikomisches Theater. – Man muß nur wissen: Lügen haben niemals langen Athem, und übermorgen und in einem Jahr ist auch noch ein Tag. Endlich: Das Genie siegt immer nur à la longue; im Handgemenge ist es der klugen Mediocrität, die sich in Schalk herrlich verkörpert, stets unterlegen. Es wird auch noch Deine Wiener Zeit, die Du gelassen ein Intermezzo nennst, noch in anderer Beleuchtung erscheinen. (Meistersinger I und dann III. Akt) – Bei mir ist alles das in den Dimensionen ganz anders; ich hoffe nur daß von meiner hiesigen Kampfzeit einmal das Facit einer nicht in die Gosse zu ziehenden Wollens übrig bleibt. – Und so muß ich denn auf viele Barikaden und Schanzen losgehen; hat man sie glücklich außer Action gesetzt, so fängt wieder Stellungskrieg an, und der ist der schlimmste, im Lebens- wie im Kanonenkrieg (ich war 6 Monate in Frankreich und hab's erfahren). Ganz widerwärtig ist die Action die Du sehr schlagend Kälbertaxe (mit der einen ausgewachsenen Operettengroßstar-Kuh) genannt hast. Warum ich mich dem Terror beugte? Namens der preuss. Staatstheater giebt Dr. Selig die Stimme ab, der sich mit Artur Wolff duzt und im Verwaltungsrat des Bühnenvereins wollte ich nicht sitzen; dafür ist Jeßner dort tätig. Als Nichtopernfachmann hat er keinen Einfluß; die anderen Mitglieder sind z. T. Stadträte etc., die tanzen wie Wolff brüllt – und das Bild ist fertig. – Als Ergänzung zu dem Gastspielhonorar- „Abkommen" ist jetzt ein allgem. Gagen-„Abkommen" ausgearbeitet (für die Opern Deutschlands, nachdem für die Schauspiele Berlin's schon eine Wein- und Likörpreisliste giltig ist, die jeden „Ginstler" mit Namen und abendlichem Höchstpreis aufführt). Dieses Abkommen gestattet Jahreseinkünfte von mehr als 30000 M. nur für solche Künstler die auf einer Liste verzeichnet werden. Diese Liste ist zu genehmigen von einer Commission bestehend aus den Leitern der Oper Berlin, München, Dresden, einem Provinzdirector (pardon: Generalintendanten) und Artur Wolff. So sehr ich dafür war, gegen unhaltbare Preisrichtereien unter den Theatern (und einzelner „Überstars") einen Damm zu errichten und so sehr ich allen vernünftigen Überlegungen zugänglich bin und bleibe, ebenso sehr habe ich gegen die Form dieses Erlasses Front gemacht mit dem Ergebniß: Wolff erklärte in der Versammlg., „Wenn es nicht mit Herrn Schillings geht, wird es eben ohne ihn gemacht". Soll ich nun daraus sog. „Consequenzen" ziehen? Das wäre Wolff sehr willkommen. Ich kämpfe noch weiter und habe erklärt, daß ich eine Mitarbeit in der obigen Commission ablehne. Man denke sich: München will einem Heldentenor (den ich nicht kenne und Herr Wolff noch weniger) mit 32000 M. verpflichten, dann habe ich zuzustimmen (oder gar abzulehnen)? Und wenn *ich* endlich eine große Coloratursängerin finde muß Dr. Reuker u. Co. erlauben daß sie 35000 M. bekommen darf? – Meine Widersprüche gelten aber als unbeachtlich, da ich, als mit einer „Diva" verheiratet der persönlichen Interessen verdächtig

bin. Dieses Thema wurde bereits in der neubelebten Zeitschrift „Das Theater" durch Herrn Erich Köhrer (Mann der ehemaligen von mir quittierten, 1¾ Centner schweren Prima Ballerina Evy Peter ‹Du kennst sie vielleicht noch?›) ventiliert mit dem Erfolg, daß A. Wolff namens des Bühnenvereins das Abonnement auf diese Zeitschrift offiziell durch Rundschreiben empfahl. Ja, es giebt auch in Berlin allerhand zu erleben, (siehe die jüngsten Börsenskandale) und über Freund Wolff wäre eine amüsante Broschüre zu schreiben. – Inzwischen brach auch das D. Opernhauß zusammen; allgemeines Gemurmel: Aha, nun kommt nächstens die Staatsoper dran mit ihren Riesengagen"! – So wird's gemacht. Und die Ministerien verlangen von mir: Erhöhung der Einnahmen und allgemeinen Abbau der Ausgaben! Dabei im Nvbr. Durchschnittseinnahmen von 11 000 M. (in den 2 Opernhäusern) und am 1. Weihnachtstag: Rosenkavalier 13 460 und Zauberflöte (Kroll) 8150, Sa 91 600 M. und an Sylvester mit Fledermaus (in beiden Häusern gleichzeitig): über 20 000 M. Genug von solchen Sorgen, die Du nun hinter Dich warfst und die Dich deßhalb nicht in Harnisch bringen können, und zur Sache: Ich habe es kommen sehen daß Du dich dem Terror nicht fügst und Herrn Reuker und Wolff die Battuta für 1000 M. überläßt. Darauf hatte Wolff sich gefreut; als ich im Endkampf der Verhandlungen sagte, es sei unwürdig Dich so eintaxieren zu wollen, antwortete er: „Strauss darbt ja nicht; im übrigen wird er sich's überlegen". Meine Replik hätte lauten müssen, daß auch er nicht darbend aussieht und daß er daher vielleicht auch eine Taxierung der Rechtsanwälte in die Wege leiten sollte. – Was den Austritt aus dem Bühnenverein angeht: Kaum ein Opernleiter (vielleicht überhaupt *keiner*) ist unabhängig von seiner Behörde und kann überhaupt sein Theater nicht selbständig im B.V. vertreten, daher auch nur austreten, wenn seine Behörde es billigt. *Ich* kann mich amtlich gar nicht an die Spitze der Streikenwollenden stellen, denn, wie gesagt, Dr. Selig giebt namens der preuss. Theater die Stimme ab!! Also bleibt nur zu hoffen daß der Terror in sich sich aufzehren möge. Er ist terminiert; und bei der Frage der Erneuerung möchte ich, wenn ich noch Athem habe, all meine Kraft zusammennehmen. – Einstweilen aber sehe ich keine Möglichkeit Dich als lieben Gast bei uns am Pult zu begrüßen!
Nun zu Wien: Frau Barbara versucht für Januar zunächst dort loszukommen. Sie fühlt sich auch überanstrengt. Ein Telefongespräch mit Schalk ergab, daß er im Jan. dort die Schwarz, Wildbrunn, Weidt etc. hat, also nicht in Not geriete. Und Frau B. hat so ganz und gar keine Lust jetzt an die Stätte zu gehen, die ihr Deinethalben so lieb war, weßhalb sie auch bereit war die Bedingungen anzunehmen, die weit schlechter als ihre deutschen Verdienstmöglichkeiten sind. Es ist zur Stunde noch nicht entschieden ob Schalk sie losläßt. – Auf alle Fälle trachtet sie die „Christine" zu studieren.

Außer ihr haben wir nur Frau Hussa. Sie ist mir aber nicht „Klasse" genug.
– Scheidl arbeitet bereits am „Mann".
Nun noch eine *Frage:* Hältst Du es für möglich auf Rösch einzuwirken, daß dem vollkommen unmöglichen Zustand in der G.D.T. ein Ende gemacht würde? Nicht einmal die Generalversammlung des Jahres 1924 ist überhaupt einberufen worden! Die Erben Brahms', Bruckner's, Grieg's, Reger's etc. sind ausgetreten. Jüngst war ich in Stockholm (famose Mona Lisa Aufführung von Forsell inszeniert). Die Schweden haben eine Genossenschaft gegründet; konnten mit Rösch nichts erreichen, schlossen sich an die „Gegner" an, das ganze Ausland lacht über die Zustände. Das Ministerium hat versucht durch die Akad. der Künste (Musiksection) einzuwirken – wir schicken „Drohbriefe" an Rösch – alles, alles umsonst. Er sitzt weiter in der Wilhelmstr., Gebühren werden nicht gezahlt und Laut wird nicht gegeben. Ein einzigartiger Fall (Verfall). – Prof. Schumann irrt auch hilflos herum, da er auch als Vorstandsmitglied von „nischtnichts" erfährt und weiß.
Vielleicht weißt Du doch noch Rat?
Nun aber genug.
Sei herzlich gegrüßt von Deinem immer noch nicht ganz melankolischen
stets Dir ergebenen
Max Schillings

Strauss' Brief vom 19. Dezember fehlt.
„Was es alles gibt in diesem Wien": „Rosenkavalier" I. Akt nach Z.260.
Zur Wiener Krise: Am 5. Dezember 1924 berichtete die Neue Freie Presse in einer Notiz über die Dirigentenfrage an der Staatsoper, daß Kleiber aufgefordert wurde, die Neueinstudierung von „Falstaff" an der Wiener Oper zu leiten. Da er aber wegen seiner Berliner Stellung nicht Folge leisten könne, seien weitere Verhandlungen eingeleitet worden.
In der von Erich Köhrer herausgegebenen Zeitschrift „Das Theater" IV (1925) 21 wird unter der Überschrift „Berufsunfall" von der letzten Tagung des Deutschen Bühnenvereins berichtet, bei der von den übertriebenen Ansprüchen Prominenter gesprochen wurde, die eine wirtschaftliche Gesundung der Bühnen unmöglich machten. Bis auf Schillings waren sich alle anwesenden Theaterleiter und Intendanten einig in der Verurteilung solch maßloser Forderungen, während der Verein kein Verständnis für die zielbewußte Art zeigte, in der Schillings „die Interessen des Dirigenten und des Gatten einer bekannten Sängerin mit den Interessen eines Bühnenleiters" vereinige.
„Christine" und „Mann": aus „Intermezzo" von Strauss. Vgl. Anmerkung zum Brief vom 17. Dezember 1924.

Vertraulich.   Berlin, den 8. 2. 1925
Lieber Freund!
Unlängst fühlte ich mich gezwungen Dir über meine Erfahrungen mit Leo Blech unumwunden Mitteilungen zu machen und auf seinen Charakter Schlaglichter zu werfen. – In Consequenz davon muß ich Dich nun auch

bitten von folgendem Kenntniß zu nehmen. Leo Blech ließ mich durch einen Vermittler, den ich aber als ehrenhafte Persönlichkeit kenne, um eine Unterredung bitten, in der er mir lediglich eine Erklärung abgeben wollte. Die Zusammenkunft gewährte ich. Blech bat mich in Gegenwart des Zeugen für *alles* was er, zum Teil verleitet durch „gute Freunde", gegen mich getan habe um Verzeihung; er könne mit einem solchen Maß von Schuldbewußtsein wie er es mir gegenüber fühle, nicht fortexistieren. Ich habe ihm erklärt daß ich ihm verzeihe. – – –
Dir dieses mitzuteilen fühle ich mich gedrungen, schon aus dem Grunde damit klar ist, wie sehr ich berechtigt war, vor Bl. zu warnen, dann aber auch damit Du nicht etwa an meiner Haltung Bl. gegenüber irre würdest, die nun nicht mehr dieselbe zu bleiben braucht wie in der letzten Zeit. Ich halte den Entschluß mich rückhaltlos und ohne jede Einschränkung um Verzeihung zu bitten für ehrlich.
Tragicomoedia humana. –
Herzlichst (und auf Antwort auf meine Anfrage betr. Deine Stellung zur Gasthonorarfrage hoffend)

                                Dein
                                Max Schillings.

[Maschinenschriftlich]

                              Garmisch, 8. April 1925

Lieber Freund!
Ich bekomme soeben aus Weimar beiliegenden Brief und habe daraufhin folgendes Telegramm nach Weimar geschickt: Bedauere principiell für Bühnenvereinshonorar nicht zu dirigieren, um Ihnen keine Absage zu bereiten, bin bereit, Dienstag umsonst zu dirigieren und bitte, hiefür ausgesetztes Honorar von 1000 M Pensionsfond Nationaltheater überweisen zu dürfen. Ersuche dies zu veröffentlichen und Bühnenverein mitzuteilen . . . . . Du siehst also, daß ich mich dem Bühnenvereinsbeschluß nicht füge und eben wenn er aufrecht erhalten bleibt, darauf verzichten muß, in Deutschland zu dirigieren. Weimar wollte ich nicht mehr absagen, da sie mich doch zum Ehrenbürger gemacht haben und die Vorstellung bereits annonciert ist.

                Mit freundlichen Grüßen Dein stets aufrichtig
                ergebener
                [Dr. Richard Strauss.]
                [Unterschrift fehlt, weil Durchschlag]

Der beigelegte Brief aus Weimar fehlt.
Strauss dirigierte am 14. April in Weimar den „Rosenkavalier".

[Maschinenschriftlich]
Der Intendant der Staatsoper Berlin, den 12. April 1924
[muß 1925 heißen!]

Lieber Freund!
Soeben empfing ich Deine Zeilen vom 8. d. Mts. in der Angelegenheit Deines Ehren-Abends in Weimar, wohin ich diese Zeilen richte. Nachdem Du Berlin verlassen hattest, hatte ich noch weiter in der Frage Deiner Stellungnahme zu der Honorarkonvention des Deutschen Bühnen-Vereins umständliche und schwierige Verhandlungen. Ich war durch die Umstände *gezwungen* als Mitglied des Bühnen-Vereins die Fälle zu nennen, in denen angeblich deutsche Opernbühnen Dir ein Entgegenkommen über die Konvention hinaus bewiesen hätten. Dazu gehört die Weimarer Bühne. Du hattest mir das betreffende Schreiben gezeigt, und ich *mußte* von seinem Inhalt Kenntnis geben. Ebenso habe ich in Bezug auf München und Braunschweig Erklärungen abgeben müssen. Es handelt sich eben im Kern immer darum, daß Du bindend erklärt hättest, – ja auch Herrn Dr. Reucker gegenüber – daß Du Dich der Konvention nicht gefügt hättest und daß Du es Sache der betreffenden Bühnen sein ließest, wie sie den Weg gefunden hätten, Deine Forderungen zu befriedigen. Da Herr Rechtsanwalt *Wolff* mir mitteilte, die Münchener Genraldirektion habe sich bei Deiner Verpflichtung für die sommerlichen Festspiele an die Konvention strenger gehalten, mußte ich dabei bleiben, daß Du mir erklärt hättest, auch in diesem Falle wärest Du Deinem Entschluß treu geblieben, *wie* die Münchener General-Direktion den Weg zur Befriedigung Deiner Wünsche gefunden hätte, sei nicht Deine Sache. Auf offizielle Anfrage durch den Bühnen-Verein hat Herr General-Intendant von Frankenstein geantwortet, meine Angaben seien nicht richtig, und er hat auch mir persönlich mitgeteilt, bezüglich der Gastspiel-Honorare sei es ihm gelungen, auch für die Festspiel-Gäste nach anfänglichen Schwierigkeiten doch noch einig zu werden im Rahmen der durch die Konvention gezogenen Grenzen. Herr Rechtsanwalt Wolff teilt mir nun schriftlich mit, daß ich eine unwahre Angabe im Falle München's gemacht habe, und ich hätte zu Unrecht einer Angabe des Herrn Staatsrat *Korn* widersprochen der hier schon erklärt hatte, München sei mit Dir auf der Basis der Konvention einig geworden. Ebenso teilt Herr Rechtsanwalt *Wolff* mir mit, von Herrn Generalintendanten Dr. Ullbrich sei die Nachricht eingetroffen, daß die von mir gemachten Angaben betreffs des Vertragsabschlusses mit Dir nicht zutreffend seien. Es seien Dir nicht Bezüge in irgendeiner Form zugesagt worden, die über die Konventions-Gage hinausgehen. Du siehst, lieber Freund, wie intensiv der Kampf um Dich geführt wird und wie sehr man die Loyalität meiner Angaben bezweifelt. Ich wiederhole, daß Du mir selbst den Brief aus Weimar gezeigt hattest, worin man Dir statt eines Honorars

eine Aufenthalts-Entschädigung von 1500 M angeboten hatte. In diesem Umstand sah Herr Rechtsanwalt Wolff ebenso einen Versuch der Umgehung der Konvention als in dem Fall, wo eine Bühne sich an die Höchstgrenze von 1000 M für ihr Konto hielt, aber erklärte in der Lage zu sein, durch Stiftung von Privatseite das Honorar erhöhen zu können. Alle diese Umgehungsversuche seien strafbar.

Ich wäre Dir sehr dankbar, wenn Du vor allem mit Herrn General-Intendanten Dr. Ullbrich nochmals Rücksprache nehmen möchtest, denn ich kann und darf nicht als ein Mann dastehen der gezwungen wird, pflichtgemäß Angaben zu machen und der nachher bezichtigt wird, er habe *unwahre* Angaben gemacht. Jedenfalls setzen mich Deine Zeilen vom 8. schon jetzt in die Lage, Herrn Rechtsanwalt Wolff mitzuteilen, daß Du Dich nach wie vor dem Bühnen-Vereins-Beschluß nicht fügst und wenn er aufrecht erhalten bleibt, auf ein Dirigieren an deutschen Bühnen verzichtest. Es tut mir leid, Dich mit diesen materiellen Dingen so sehr behelligen zu müssen. Ich muß aber dafür sorgen, daß meine Haltung in der ganzen Konventions-Frage nicht in falsches Licht gerückt wird, und betone daher hier: eine Konvention zur Beseitigung von evidenten Mißständen hielt ich selbst für nötig und habe sie zuerst angeregt. Ich war aber der Meinung, daß ein Weg gefunden werden müßte, materielle und künstlerisch berechtigte Ausnahmefälle zu schaffen und diesen Ausnahmefall nicht allein auf Frau *Fritzi Massary* zu beschränken.

Inzwischen ist hier das „*Intermezzo*" bei gutem Besuch glücklich weiter gegangen.

                                   Mit freundschaftlichem Gruß
                                   bin ich Dein Dir stets ergebener
                                   Max Schillings.

Strauss dirigierte bei den Münchner Sommerfestspielen im August „Così fan tutte" und „Tristan und Isolde".
Die Operettensängerin Fritzi Massary feierte zu dieser Zeit im Metropoltheater in Berlin Triumphe.

[Maschinenschriftlich]   z. Zt. Schloß Hartlieb, 22. 4. 1925
                                              Krs. Breslau

Lieber Freund!
Ich konnte Dich leider Dienstag nicht mehr telefonisch erreichen, um Dir mitzuteilen, daß in einer Unterredung mit Herrn Dr. Wolff wesentliche Mißverständnisse beseitigt worden sind und loyale Erklärungen desselben mich dazu veranlaßt haben, für den gegenwärtigen Moment mit Rücksicht auf die heutige Notlage die in der vom Bühnenverein beschlossenen Konvention niedergelegten Grundsätze prinzipiell anzuerkennen. Ich habe dabei allerdings der Hoffnung Ausdruck gegeben, daß bei Eintritt

einer wirtschaftlichen Besserung in Deutschland eine baldige Modifikation der Konvention dahin erfolgen müsse, daß den berechtigten Ansprüchen der sogenannten Prominenten künftighin mehr Rechnung getragen werde, als es in dem gegenwärtigen Wortlaut der Fall ist. Herr Dr. Wolff gab mir die loyale Erklärung ab, daß bei Abschluß der Konvention von vornherein meine Person ausgenommen sein solle, da bei meinem nur mehr sporadischen Dirigieren an deutschen Bühnen meine immerhin eigenartige Stellung keinerlei Präzedenzfall für das ganze Jahr an deutschen Bühnen gastierende Künstler bilden könne.
Ich bedaure lebhaft, daß Du selbst damals darauf bestanden haben wolltest, daß die Konvention ohne alle Ausnahme gelten sollte. Denn ich hätte immerhin Dir und Anderen, die auf eine bevorzugte Stellung Anspruch haben, als guter Vorspann dienen können.
Ich halte es für notwendig, Dir mitzuteilen, daß ich den Fall „München" und „Weimar" bei Dr. Wolff vollständig dahin aufgeklärt habe, daß die nach meinen Informationen von Dir darüber abgegebenen Erklärungen vollständig den Tatsachen entsprechen und hoffe, damit diejenigen Unannehmlichkeiten beseitigt zu haben, die Dir bis jetzt aus diesem Fall erwachsen sind.
Mit freundlichsten Grüßen
                        Dein stets ergebener
                        [Richard Strauss]
                        [Unterschrift fehlt, weil Durchschlag]

[Maschinenschriftlich]
Der Intendant der Staatsoper
                                    Berlin, den 28. April 1925.
Lieber Freund!
Was immer Dich zu Deiner plötzlichen Sinnesänderung in Hinsicht auf die Gastspielhonorar-Konvention des Deutschen Bühnenvereins bewogen haben mag, von der Dein Brief aus Schloß Hartlieb mir Mitteilung machte, – ich bedaure die Angelegenheit noch nicht auf sich beruhen lassen zu dürfen angesichts der offiziellen Veröffentlichung, die der Deutsche Bühnenverein in die Zeitungen gegeben hat. Du weißt, daß Herr Rechtsanwalt Wolff dem mir vorgesetzten Ministerium Anklagematerial gegen mich eingereicht hat und daß ich mich rechtfertigen muß. Rechtfertigen kann ich mich gegen die Vorwürfe, in Deinem Interesse und um der Konvention zu schaden wissentlich unrichtige Angaben gemacht zu haben. Bloßgestellt aber bliebe ich öffentlich, wenn folgendes unwidersprochen bliebe:
Dr. Strauss hatte zur Frage der Gagenkonvention bisher keine Stellung

genommen, insbesondere auch nicht an einen Boykott des Deutschen Bühnenvereins gedacht.

Du hast tatsächlich in der überhaupt denkbar schärfsten Form die Konvention bekämpft. Ich erinnere Dich an folgendes:

1) hast Du sie für Dich abgelehnt und erklärt, niemals mehr an deutschen Bühnen zu dirigieren, solange man Dich der Konvention unterwerfen wolle, hast also im vollen Umfang den Boykott erklärt.
2) erklärtest Du die Konvention als gegen die guten Sitten gehend und hast einen Prozeß in dieser Hinsicht erwogen
3) hast Du mich brieflich aufgefordert, mich an die Spitze einer Bewegung zu stellen, die die „Berliner Unverschämtheit", die „Kälbertaxe Artur Wolffs" u.s.w. zu Falle bringen solle; eine Reihe jüngerer Intendanten seien fest entschlossen, sich dem Beschluß des Bühnenvereins nicht zu fügen und wartete nur auf ein Alarmsignal, um aus dem Deutschen Bühnenverein auszutreten; ob ich mich nicht an die Spitze der Streikenden stellen wolle, ich fände dann großes Gefolge u.s.w.

Diese dokumentarisch feststehenden Tatsachen zwingen mich leider Dich zu bitten dahin zu wirken, daß die Veröffentlichung des Deutschen Bühnenvereins richtig gestellt werde. Es muß der Weg dazu gefunden werden zu sagen, daß die Darlegungen des Herrn Artur Wolff Dich davon überzeugt haben, Deine bisherige, die Konvention boykottierende und sie bekämpfende Haltung sei nicht gerechtfertigt, und in Konsequenz dieser Erkenntnis hättest Du Dich den Beschlüssen der Mehrheit gefügt. Ein solcher Schritt, der einen besonderen Mut bewiese, der Wahrheit die Ehre zu geben, würde *allen* Beteiligten von Nutzen sein. Es hat einen Saulus in der Geistesgeschichte nicht degradiert, daß er sich in einen Paulus verwandelte. Auch die vielen Mitwisser Deiner früheren Überzeugung, die jetzt ziemlich sprachlos über die Veröffentlichung waren, würden Dein Bild in dieser Sache klarer sehen. – Ich kann dann auch meinerseits von Richtigstellungen absehen, die z.B. der „B.Z." gegenüber nötig wären, die gestern schrieb, es sei behauptet worden, Du hättest an der Staatsoper nicht zum Konventionshonorar dirigieren wollen, demgegenüber sei nun festzustellen, daß Du Dich niemals geweigert hättest – – – –

Es tut mir leid meiner verehrungsvollen Freundschaft zu Dir diese Forderungen abringen und auch Deine alte Freundschaft zu mir auf diese Probe stellen zu müssen, aber nur Geradheit führt zum Ziele. Bei der Dringlichkeit der Angelegenheit bitte ich um freundliche postwendende Entschließung und bin wie immer

Dein
Dir ergebener
Max Schillings

In der Zeitschrift des Deutschen Bühnenvereins „Die Bühne", 17. Jg. (1925) S. 89 stand unter der Überschrift „Zur Gagenkonvention" eine kurze Mitteilung, daß Strauss mit dem Rechtsanwalt des Bühnenvereins, Dr. Artur Wolff, gesprochen habe und, überzeugt von dessen Argumenten, dieser Bekanntmachung zugestimmt habe.

Der Intendant der Staatsoper
                                            Berlin, den 30. 4. 1925.
Liebe Frau Pauline!
Eben empfing ich Ihr Telegramm in dem Sie mich bitten, bis zum 4. Mai mich in Sachen der „Conventionsfrage" zu gedulden. Ich darf annehmen daß der Meister dann hierherkommt. Eine mündliche Rücksprache führt natürlich am besten zu dem Ziele, das ich für *notwendig* halte. Es ist nur peinlich daß soviel Zeit verstreichen muß – aber zu spät ist es am 4. Mai noch nicht. Daß Sie ganz meiner Ansicht sind freut mich; eigentlich habe ich das aber niemals bezweifelt, denn ich kenne Ihre resolute Denkungsweise. Tatsächlich hat dieser radikale *Um*fall (– ohne jeden – wenigstens vermittelnden – Übergang –) die Bedeutung eines schweren *Un*falls. – Nichts ist mir peinlicher als ein Genie mit den Kleinlichkeiten des Lebens behelligen zu müssen – aber diesmal geht es leider nicht anders.
Ich beneide Sie um die schönen Tage die Ihnen sicher jetzt in Garmisch lachen aus meiner Stadtgruft und Arbeitslast heraus! Frau Barbara hatte in Wien mit Salome, Färberin und Marschallin sehr große Erfolge von denen die Zeitungen voll sind. – Intermezzo geht hier vortrefflich. – Ich rechne auf Ihre Hilfe – nicht *gegen* sondern *für* den Meister – und bin mit herzlichem Gruß
                                            Ihr altergebener
                                            Schillings

Das vorangegangene Telegramm von Pauline Strauss ist nicht mehr vorhanden.
Ab 4. Mai 1925 war Strauss zur Kur in Bad Nauheim.

[Maschinenschriftlich]
Jeschke's Grand Hotel
                        z. Zt. Bad Nauheim, den 14. Mai 1925.
Lieber Freund!
Entschuldige, daß ich erst heute auf Dein Schreiben vom 28. April zurückkommen kann. Ich war die ganze Zeit unterwegs. Da ich bereits am 4. Mai hier meine Kur beginnen mußte, konnte ich Deinen Wunsch, im Mai nach Berlin zu kommen, nicht erfüllen und muß Dich bitten, Dir die hier folgenden Aufklärungen schriftlich geben zu dürfen.
Ich bedaure nochmals, bei meiner letzten Anwesenheit in Berlin Dich nicht habe sprechen zu können, sonst hätte sich manches Mißverständnis,

das offenbar jetzt vorhanden ist, nicht entwickeln können. Damals stand die Sache so, daß die Notwendigkeit zu einer Aussprache mit dem Vorstand des Bühnenvereins eingetreten war, nachdem mein Berliner Rechtsanwalt erklärt hatte, daß ein gerichtliches Vorgehen gegen den Beschluß des Bühnenvereins vollständig aussichtslos sei. Ich war über die ganzen Fragen bisher nur durch Dich selbst unterrichtet und mußte nach Deinen Äußerungen Dich für einen prinzipiellen Gegner der Convention von Anfang an halten, wie eine Reihe jüngerer Intendanten, die schon im Herbst mir erklärt hatten, sie würden der Convention nicht zustimmen. Sie haben zugestimmt; daß die Bühnen-Genossenschaft und die sogenannten Prominenten energisch dagegen Stellung genommen hatten, war mir auch nicht bekannt. Nur von Dir mußte ich annehmen, daß Du die Convention nach wie vor bekämpfest. Als nun bei der persönlichen Aussprache Dr. Arthur Wolf, den ich nach Deinen Informationen für einen Gegner halten mußte, mir erklärte, daß er von Anfang an den Standpunkt vertreten habe, daß ich von der Convention auszunehmen – was mir inzwischen auch Dr. Reulke [Reucker] und Staatsrat Korn bestätigt haben – daß Du jedoch damals die Convention angenommen habest mit dem ausdrücklichen Vorbehalt, daß sie ohne alle Ausnahme durchzuführen sei, kannte ich mich allerdings nicht mehr aus und bin über Deine eigne Stellung zu der ganzen Sache ziemlich irre geworden.

Da ich ohne weiteres dem Hauptgrundsatz der Convention zustimmen kann und nur eine Revision derselben bei zunehmender Besserung der wirtschaftlichen Verhältnisse der Theater zugunsten besonders hervorragender zugkräftiger Bühnenkünstler nach wie vor für notwendig halte, und auf Grund loyaler Versicherungen des Herrn Dr. Arthur Wolf, hatte ich keine Veranlassung mehr, die der Öffentlichkeit übergebene Erklärung nicht abzugeben. Von einem Umfall meinerseits kann also keine Rede sein, denn 1.) habe ich mich öffentlich niemals gegen die Convention ausgesprochen, die betreffenden Zeitungsnachrichten stammen nicht von mir, sind auch nicht durch mich beeinflußt; man kann es schließlich auch keinen Boykot des Bühnen-Vereins nennen, wenn ich erklärt habe, für Mk. 1000.– nicht zu dirigieren. Und wenn ich Dich brieflich aufgefordert habe, Dich an die Spitze der Bewegung zu stellen, die die Convention zu Fall bringen sollte, wo war ich eben der Meinung, Du seiest von Anfang an ein Gegner der ganzen Sache gewesen. Daß Du mir keine unrichtigen Angaben gemacht hast, habe ich Herrn Dr. Wolf bereits mitgeteilt.

Meine Bekämpfung der Convention hat sich bis jetzt, außer ein paar entrüsteten Ausrufen – doch schließlich nur auf private Unterhaltungen mit Dir und endlich auf die Erklärung beschränkt, daß ich in Berlin nicht für Mk. 1000.– dirigieren würde.

Ich bin auch fest überzeugt, daß bei ruhiger Aussprache mit Dr. Wolf es Dir

gelingen wird, ohne weiteres die bestehenden Mißverständnisse aufzuklären. Ich selbst hatte von dem Moment an, wo man meinen Standpunkt die nötige Gerechtigkeit widerfahren ließ, keine Veranlassung, die Convention grundsätzlich zu bekämpfen. Über die Reservate, die ich dabei gemacht habe, wird Dich besser, als alles andere, mein Brief aufklären, den ich an Dr. Wolf geschrieben habe, in dem ich lebhaft für die Interessen der anderen sogenannten Prominenten eingetreten bin, trotzdem sich von denselben meines Wissens bisher keiner gegen die Convention gewehrt hat und man es mir allein überlassen wollte, den anderen die Kastanien aus dem Feuer zu holen. Daß dieser Kampf aussichtslos war, darüber haben mich die Verhandlungen meines Anwalts mit Dr. Wolf belehrt, und ich glaube heute, daß mir auf dem Wege friedlicher Verhandlungen mit dem Bühnenverein leichter gelingen wird, der Convention diejenigen Schönheitsfehler zu nehmen, die sie heute noch an sich hat.
Ich bedaure es nochmals, daß Du mir damals in Berlin keine Gelegenheit gegeben hast, mich mit Dir auszusprechen und will gern hoffen, daß wenigstens dieses auführliche Schreiben dazu beiträgt, Dich einigermaßen über meinen Standpunkt aufzuklären.
Mit freundlichen Grüßen an Dich und Deine verehrte Frau, bin ich
Dein stets aufrichtig ergebener
[Richard Strauss]
[Unterschrift fehlt, weil Durchschlag]

Seit der „Rosenkavalier"-Aufführung am 14. April in Weimar war Strauss auf Konzertreise unterwegs in Hamburg, Berlin, Breslau, Leipzig, Essen, Düsseldorf und Frankfurt; am 4. Mai traf er in Bad Nauheim ein, wo er nach einer kurzen Unterbrechung durch Konzerte in München seine Kur antrat.

[Maschinenschriftlich]
Der Intendant der Staatsoper
Berlin, den 30. Mai 1925.
Lieber Freund!
Ich hätte nicht so lange gezögert Dir für Deinen ausführlichen Brief vom 14. Mai zu danken und eingehend zu ihm Stellung zu nehmen, wenn ich nicht gerade in den letzten 10 Tagen in außerordentlicher Weise in Anspruch genommen gewesen wäre. Vorgänge wichtigster Art hielten mich in Atem und zwangen mich meine ganze Arbeitskraft auf diese zu konzentrieren. Auch heute, kurz vor Schluß unserer Bureaus am Pfingstsamstag muß ich mich auf diese kurzen Zeilen beschränken, die Dir nur sagen sollen, daß ich mich bemüht habe, Deinen Darlegungen soweit irgend möglich zu folgen, daß aber noch wesentliche Widersprüche aufzuklären sind, auf die ausführlich einzugehen ich mir für die nächsten Tage vorbehalten muß.

Empfange inzwischen mit meinen und meiner Frau wärmsten Grüßen die besten Wünsche für eine gute Erholung, mit denen ich wie stets bin
Dein Dir aufrichtig ergebener
Max Schillings

Der hier von Schillings angekündigte Brief ist, falls er überhaupt geschrieben wurde, nicht vorhanden.

Strauss. *Garmisch, 24. 9. 26*
Dank für Schillings' Karte aus den Dolomiten. Beunruhigung wegen Erkrankung von Barbara Kemp und Besserungswünsche.

[Maschinenschriftlich]
d. 6. 10. 26.
Lieber Freund!
Leider fand ich erst vorgestern, von einer größeren Reise zurückgekehrt, Deine freundlichen Zeilen vom 24. 9. Erfreulicherweise kann ich Dir melden, daß das Unwohlsein Frau Barbaras in den Zeitungen übertrieben war. Es handelte sich nur um eine kleine Rippenfellreizung, die durch Bettruhe rasch überwunden war. Sie ist wieder in ausgezeichneter Form und Du wirst wirklich Deine Freude haben, wenn die „Elektra" zur Tat wird. Jedenfalls ist sie auch bei der kommenden Strauss-Woche wieder auf dem Posten und freut sich sehr auf die Zusammenarbeit mit Dir, die ihr immer Höhepunkte in ihrer künstlerischen Arbeit bedeutet.
Mit unsern besten Grüßen von Haus zu Haus bin ich Dein
immer ergebener
[Max Schillings]
[Unterschrift fehlt, weil Durchschlag]

Strauss war im Oktober 1926 drei Wochen in Berlin und dirigierte zweimal „Rosenkavalier", weiterhin „Salome", „Intermezzo", „Ariadne auf Naxos", „Frau ohne Schatten", „Tristan" und „Lohengrin", sowie zwei Sinfoniekonzerte mit „Zarathustra", „Alpensinfonie", „Don Quixote", „Heldenleben" und Orchesterliedern, gesungen von Viorica Ursuleac.

Strauss. *London 11. 11. 26.*
Bedauern, daß Strauss bei seinem Berlinaufenthalt [vom 13. Oktober bis zu seiner Abreise nach London am 3. November] Schillings nur so wenig gesehen hat. Glückwünsche für Barbara Kemps Färberin und Wünsche für bevorstehende Elektra.

[Telegramm]
                                                [Chemnitz, 19. April 1928]
Dem Künstler und Freunde herzlichste Glückwünsche und Grüße zum
heutigen Tag
                                                        Richard Strauss
Glückwunschtelegramm zu Schillings' 60. Geburtstag am 19. April 1928.

Ostseebad Zoppot Kurhaus und Weingroßhandlung
                                                Zoppot, den 29. Juli 1930
Lieber Freund,
Die Herren Butting, Tiessen und Ebel haben die Bitte an Dich gerichtet, Du
mögest Sonnabend dieser Woche letzteren zusammen mit Herm. Bischoff
empfangen um Dir noch einmal Bericht geben zu lassen über den Stand der
Dinge in der G.D.T. nach Unterzeichnung des, den „Zentralverband"
begründenden Vertrages mit der Gema und A.K.M. – Herr Ebel hofft dann
auch von Dir das Jawort für die Übernahme des Ehrenvorsitzes der G.D.T.
zu erhalten.
Auf einstimmiges Ersuchen des Vorstandes bin ich diesem nach Deiner
Amtsniederlegung beigetreten und habe den Vorsitz übernommen. Ich tat
das in der Überzeugung, der in schwerer Bedrängnis befindlichen Genossenschaft meine Dienste nicht versagen zu dürfen und ließ mir vorher die
Versicherung geben, daß die Übernahme des Amtes von Dir nicht
mißgedeutet werden könne. – Wir dienen den Interessen der G.D.T. nur
wenn wir deren so wenig glückhafte jüngere Vergangenheit ruhen lassen
und, uns auf den Boden der Tatsachen stellend, alles daransetzen, sie aus
der Enge, in die sie durch Dr. Kopsch' wohlgemeinte aber verhängnisvolle
Politik geführt worden ist, herauszuarbeiten. – Wenn dieser es für richtig
findet, nach Entgegennahme einer Abfindung in der bekannten Höhe sich
zum Führer einer auf den Sturz des jetztigen Vorstandes bedachten
Opposition zu machen, so muß ihm die Verantwortung dafür überlassen
bleiben. – Ich richte nun auch meinerseits persönlich an Dich die Bitte,
unserer Wiederaufbauarbeit einen wichtigen Dienst zu leisten durch
Übernahme des Ehrenvorsitzes. Der Inhalt des Vertrages stellt das
Höchstmaß des z. Z. erreichbar Gewesenen dar. Die Schönheitsfehler,
die er enthält, entstellen ihn nicht so, daß es einen neuen Aufstieg der
G.D.T. verhindern könnte; den wir durch festes Zusammenstehen
erreichen werden.
So hoffe ich mit den anderen Herren des Vorstandes, der, – an der Spitze der
umsichtige und der Sache mit Hingebung dienende Herr Butting, – Deines

Vertrauens sicher würdig ist, auf Deine Zusage und sende Dir in alter Freundschaft die wärmsten Grüße als

Dein Dir ergebener
Max Schillings

1930 war der Plan entstanden, die verschiedenen Gesellschaften, wie die 1898 gegründete GDT (Genossenschaft Deutscher Tonsetzer), die 1915 gegründete GEMA (Genossenschaft zur Verwertung musikalischer Aufführungsrechte) und deren österreichische Schwesterngesellschaft AKM (Staatlich genehmigte Gesellschaft der Autoren, Komponisten und Musikverleger für Österreich) zu einem „Zentralverband" zur gemeinsamen Wahrnehmung der Aufführungsrechte zusammenzufassen. Vgl. Brief und Anmerkung vom 24. September 1922.
Zu den genannten Personen: Max Butting, Komponist, betätigte sich aber auch maßgebend im organisatorischen Bereich der Musik. Bis 1933 engagierte er sich bei der deutschen Sektion der Internationalen Gesellschaft für Neue Musik, wurde 1932 Mitglied der Preußischen, 1950 der Deutschen Akademie der Künste in Berlin.
Heinz Tiessen, Komponist, von Strauss kommend, bald an Schönberg orientiert. 1911–17 Musikkritiker an der „Allgemeinen Musikzeitung", dann Korrepetitor und Kapellmeister, Dirigent eines Arbeiterchores. 1925–45 Lehrer für Komposition und Theorie an der Staatlichen Hochschule für Musik in Berlin. 1919–28 Mitglied der Jury des A.D.M.V., 1922 Mitbegründer und Vorstandsmitglied der deutschen Sekte der Internationalen Gesellschaft für Neue Musik.
Arnold Ebel, Komponist, Organist und Chordirektor. Wurde 1920 Vorstand des Berliner Tonkünstlervereins, 1930–45 Lehrer an der Akademie für Kirchen- und Schulmusik.
Hermann Bischoff, Komponist, Schüler und Freund Strauss' aus der ersten Münchner Zeit.
Julius Kopsch, Dirigent und Komponist, auch Jurastudium. 1920–24 musikalischer Oberleiter des Landestheaters Oldenburg, 1924–25 Dirigent des Berliner Symphonieorchesters. Trat kämpferisch für die Entwicklung des Urheberrechts ein, war bis 1930 geschäftsführendes Vorstandsmitglied der Genossenschaft Deutscher Tonsetzer. 1951 Gründer der Richard-Strauss-Gesellschaft.
Im September 1929 hatte Strauss die Vorstandsmitgliedschaft in der Genossenschaft Deutscher Tonsetzer niedergelegt, war im Juli 1930 ausgetreten und Ehrenvorsitzender geworden.

[Maschinenschriftlich]

Garmisch, 29. November 1930

Lieber Freund,
vor kurzem waren zwei Tonfilmmagnaten bei mir, um mir den ehrenvollen Antrag zu unterbreiten, den NIBELUNGEN-RING für den Tonfilm auf insgesamt 2 Stunden Dauer zu reduzieren und dementsprechend neu zu instrumentieren.
Selbst das starke Argument, es sei doch besser dieses Verbrechen werde durch eine künstlerische Bearbeitung geadelt, statt in den Händen irgend eines amerikanischen Freibeuters ganz eklatant zu sein, konnte mich nicht bewegen dem lukrativen Unternehmen meine Mitwirkung zuzusagen.
Bei näherem Nachsinnen über den Fall kommt mir immer dringender der Gedanke, dem ich schon des öfteren bei den verschiedenen Kultusministe-

rien werbend Ausdruck gegeben habe, wie es auf gesetzlichem Wege zu verhüten sei, daß hauptsächlich unsere klassischen Meisterwerke mehr und mehr der Prostitution durch verbrecherische Hände preisgegeben werden. Das neue tschechische Urhebergesetz sieht einen solchen Schutz bereits vor. Immerhin ist der betreffende Passus ziemlich vage gehalten und bietet kaum genügenden Anhalt zu durchgreifendem behördlichen Einschreiten. Der Nibelungenring wird also für den Rundfunk in obengenannter Weise verballhornt werden, wenn nicht rechtzeitig ein deutsches Urhebergesetz einen Riegel vorschiebt und zwar ein Gesetz mit derartigen internationalen Bindungen, daß auch kein Ausländer sich an deutschen gemeinfreien Werken vergreifen dar. Durch ein derartiges Gesetz müßte ein „Dreimäderlhaus", Verarbeitung Beethoven'scher Sonaten, Chopin'scher Präludien zu Operetten: „Beethoven", „Chopin" (ich glaube derartige Schundgeschöpfe existieren schon), Verarbeitung Goethe'scher Lieder in eine Lehàr'sche Schmachtoperette und all der Unfug (Tanzdarbietungen nach Bach'schen, Mozart'schen Adagio's), Benützung von Opernmelodien zu Militärmärschen (Nibelungenmarsch), auch jede Art von Potpourrie, wie sie besonders in Badekapellen mit Vorliebe verzapft werden, kurz jede Bearbeitung, die nicht künstlerisch zu rechtfertigen ist, polizeilich verboten werden können.

Dies sind natürlich ziemlich complizierte Fragen, aber schließlich wäre die Berliner Akademie oder ein dem Kultusministerium beigeordneter Senat für eine derartige Censur schon competent.

Hierher gehört schon auch die Frage, wie weit die Bearbeitung klassischer Dramen zu Operntexten zulässig ist. Es kann sich auch hier nur darum handeln, ob die Bearbeitung künstlerischen Wert hat und keine Entstellung des Originals bedeutet. Immerhin glaube ich, wäre es nicht schwer zu entscheiden, ob dies bei Mozart's Figaro und z.B. auch bei meiner Salome der Fall wäre, während Gounods Faust vom deutschen Geschmacke ebenso zu verurteilen wäre, wie die Verbalhornung Schiller'scher Dramen durch den jungen Verdi, dessen Otello und Fallstaff hinwiederum keines weiteren Freibriefes als große Kunstwerke bedürfen.

Bei den Aussprachen über die Revision des Urhebergesetzes, die uns unbedingt nicht nur definitiv die 50jährige Schutzfrist bringen müssen, wäre auch die Frage anzuschneiden, inwieweit theatralische Kunstwerke gegen eigenmächtige brutale Striche der Regisseure und Kapellmeister zu schützen wären, der Wallenstein dagegen daß er ebenso wie Faust II. und I. Teil an einem Theaterabend, Schillers Tell und Don Carlos in 2½ Stunden absolviert werden.

Kurz und gut gegen all den Unfug, mit dem man heute dem Zeitgeist opfern zu müssen glaubt. Es ist zwar zu hoffen, daß das Volk der Dichter und Denker auch über diese Dinge wieder einmal zur Besinnung kommen wird.

Bis dahin wäre es aber wünschenswert, daß dasselbe wenigstens durch die Polizei daran erinnert wird, welche Pflichten es gegen seine Genie's eigentlich hätte, und ich möchte Dich und Deine Collegen vom Vorstand der G.d.T. bitten, diesen Fragen bei den Verhandlungen über das Urhebergesetz die gebührende Aufmerksamkeit zu schenken.

Es wäre notwendig, daß ein solches Gesetz oder zum mindesten die 50jährige Schutzfrist in Kraft tritt, bevor die amerikanischen Tonfilme das oben geschilderte Unheil anrichten.

Mit freundlichsten Grüßen an Dich und Deine liebe Frau

bin ich Dein stets ergebener
Richard Strauss

Um welchen Nibelungen-Tonfilm es hier ging, war nicht zu ermitteln. Fritz Langs berühmter „Nibelungen"-Film jedenfalls war bereits Anfang 1924 von Decla-Bioscop, die sich mit der Ufa zusammengeschlossen hatte, fertiggestellt.

Grand Hôtel Bonne Femme

[Turin] 4. 2. 33.

Lieber Freund,
Nach Beendigung einer Dirigierverpflichtung im hiesigen Teatro Regio komme ich am 11. nach Leipzig, wo ich am 12. die Gedenkrede bei der Wagner-Gedächtnis-Feier der Stadt zu halten und am 13. den „Holländer" zu dirigieren übernommen habe. Du begehst den Gedenktag als Leiter einer Tristan-Aufführung in Dresden. Nun hat Max Butting den Wunsch, den ich ganz teile, daß wir zu Drei uns einmal über einige wichtigste Urheberrechts-Gesetzfragen besprächen, die nach meiner Rückkehr nach Berlin im Reichswirtschaftsrat endgültig begutachtet werden sollen, und es besteht des weiteren der Wunsch, daß Du in geeigneter Form, etwa durch einen an mich oder die G.D.T. gerichteten Brief unsere, und insbesondere meine Stellung im Kampf gegen die Gegner im Reichswirtschaftsrat stärken mögest. Es ist mir ja gelungen in diesem RW.-R. die 50jährige Schutzfrist mit 2 Stimmen Mehrheit durchzubringen. Es handelt sich jetzt aber um den Kampf gegen die Aufführungsrechtegesellschaften.

Es ist nur schwierig einen geeigneten Termin ausfindig zu machen. Würde Dir der Vm. des 14. in Dresden möglich sein? Ich bitte Dich um eine Antwort an *Butting*, weil für eine Verständigung mit mir hier bis zum 9. kaum mehr Zeit ist und begrüße Dich in alter Verehrung als

Dein
Max Schillings

[Maschinenschriftlich]
Städtische Oper Berlin   den 20. April 33
Der Intendant

Verehrter lieber Freund!
Meinen herzlichsten Dank, daß Du Dir persönlich die Mühe gemacht hast, uns geeignete Salome-Vertreterinnen zu nennen; Deine Hinweise werden uns in allen gegebenen Fällen maßgebend sein.
Ich danke Dir ferner sehr herzlich, daß Du meines 65jährigen Geburtstages gedacht hast. Ich darf mit Befriedigung davon sprechen, daß mir bei dieser Gelegenheit aus weiten Kreisen der deutschen Künstlerschaft Vertrauen und Sympathie entgegengebracht wurde. Ich hoffe, trotz aller Belastung mit der neuen Pflicht hier doch die wesentlichen Entscheidungen in der GDT treffen zu können und werde bei dem neuzusammengesetzten Vorstand mit ganz besonderem Nachdruck darum bitten.
Du hattest, als wir uns letztesmal im Hotel Adlon sahen, die Freundlichkeit, mir Andeutungen zu machen über eine wichtige Rücksprache, die Du in meinem Interesse gehabt hattest. Bisher habe ich nichts weiter darüber gehört. Wäre es noch von Interesse, mir zu sagen, ob es sich um irgendetwas handeln könnte, was in der Zukunft für mich von Bedeutung wäre?
Grüße bitte Deine Frau recht herzlich von uns Beiden in alter Freundschaft!

Ich bin und bleibe stets
Dein
Max Schillings.

Am 19. April 1933 feierte Schillings seinen 65. Geburtstag. Ein schriftlicher Glückwunsch von Strauss liegt nicht mehr vor.
Nach seinem Ausscheiden von der Berliner Staatsoper 1925 und nach anschließender freier Dirigiertätigkeit war Schillings Ende März 1933 zum Intendanten der Städtischen Oper in Charlottenburg ernannt worden.

Dr. Richard Strauss   Garmisch
                                                          den 24. 7. 33.
Liebe Frau Barbara!
Wir sind tief erschüttert durch die Trauerbotschaft, die ein lakonisches Telegramm mir soeben in's Haus bringt. Noch in Dresden war Max voller Hoffnungen für die Zukunft, sah verhältnißmäßig gut aus. Wer hätte an ein so nahes Ende gedacht! Mit Ihrem lieben Gatten scheidet ein Freund meiner Jugend, ein Künstler von hoher Begabung und edler Gesinnung, der die Ideale unserer Kunst stets mit Mut und Aufopferung verfolgt hat.

Seine vornehmen Schöpfungen werden ihren Platz in der Musikgeschichte behaupten. Sein allzu früher Tod schafft eine merkliche Lücke im Musikleben der Gegenwart. Ich werde Seiner stets in Freundschaft gedenken und sende Ihnen, gleich meiner Familie die Versicherung aufrichtigster und wärmster Teilnahme.

In treuer Verehrung
Ihr
Dr. Richard Strauss.

Nach den „Erinnerungen" von Viorica Ursuleac, der ersten Arabella, war Schillings bei der UA von „Arabella" am 1. Juli 1933 in Dresden anwesend und nahm anschließend an der Feier im Hotel Bellevue teil (Vgl. Viorica Ursuleac/Roswitha Schlötterer, Singen für Richard Strauss, Wien 1987). Es müßte dies die letzte Begegnung zwischen Strauss und Schillings gewesen sein.

NACHTRAG:

Kapelldirektion
des Kgl. Württ. Hoftheaters   Stuttgart, den 25. I. 1912
Lieber Freund!
Sofort nach Empfang Deines Briefes habe ich mit Baron Putlitz Dein mich freudig überraschendes Anerbieten besprochen, mit der hiesigen Hofbühne über die Uraufführung Deiner „Ariadne" in ernsthafte Verhandlungen zu treten. Das Ergebniß ist:
Baron Putlitz ist bereit auf Deine künstlerischen Bedingungen, wie sie Dein Brief in den Grundzügen skizziert, einzugehen und alles in menschlichen Kräften stehende für den außerordentlichen Fall zu tun.
Nur ist es leider unmöglich mit der Uraufführung die Eröffnung des neuen „Kleinen Hauses" zu verknüpfen, und zwar aus folgenden Gründen, deren Stichhaltigkeit ich anerkennen muß: Bei der Eröffnung der neuen Theater handelt es sich darum daß wir zeigen, war unsere eigenen Kräfte, die wir nun in 3jähriger Arbeit zu einem fast ganz neuen Ensemble (in der Oper) einstudiert haben, leisten können. Wäre es uns vergönnt gewesen, Deinem neuen Werke mit den eigenen Kräften gerecht zu werden, so wäre uns Dein Werk natürlich über alle Maßen freudig willkommen gewesen. Da Du nun aber die Bedingung daran knüpfst daß die „heimische Industrie" bei dieser Aufführung (bis auf nebensächliche Rollen) ganz auszuscheiden hat und auch die künstlerische Bühnenleitung ganz in die Hände Reinhardt's zu legen ist, so würde es eine Eröffnungsfeier werden, bei der, bis auf das Orchester und den Theaterraum, wir uns ganz und gar mit fremden Federn zu schmücken hätten. Da liegen unüberwindliche Schwierigkeiten vor, die ich Dir nicht weiter detailieren will; erwähnen möchte ich nur noch, daß

nach Ansicht Baron P.'s der König seine Zustimmung dazu nicht geben würde.
Aber ich komme mit einem anderen Vorschlage im Auftrage Baron Putlitz: Läßt sich die Uraufführung nicht später hier machen, und wann ultimo? Eine Schwierigkeit äußerlicher und lokaler Art wäre noch zu ventilieren: in den ersten Tagen des October soll Caruso 2 × hier auftreten; die beiden, die Kasse der Theaterbesucher in stärkstem Maße engagierenden großen Ereignisse dürften nicht zu nahe aufeinander rücken. Gelingt es aber diese Frage zu lösen, so sind wir geborgen. Denn Baron P. ist weitschauend und künstlerisch empfindend genug um im übrigen alles zu tun, damit Deine künstlerischen Bedingungen voll erfüllt werden, also: Regie Reinhardt (5–6000 M); Decorationen und Kostüme von einem von Hofmannsthal zu bestimmenden Maler entworfen, Opernkräfte nach Deinen Angaben ergänzt und Schauspielpersonal nach *Notwendigkeit* ergänzt und in dieser Elite-Extra-Fest-Besetzung 2 Aufführungen. – Das Haus wird entzükkend. Allerdings faßt es nur 800 Personen; finanziell ist das außerordentliche Unternehmen nur durch Bildung eines Extra-Fonds zu ermöglichen, den Baron P. schaffen würde. Für den musikalischen Teil glaube ich Dir einstehen zu können; sollte Dir aber im Orchester irgend eine Kraft nicht genügen, so hättest Du auch darin freie Hand. Einen hohen, jungen, schönen Tenor besitzen wir in Erb (1914 in München engagiert); er ist Huth *mindestens* ebenbürtig; (famose Erscheinung). Auch unser übriges Ensemble steht auf sehr respektabler Höhe. (Bariton Weil; Sachs-Bayreuth) Die Frage Hempel und Destinn ist freilich auch noch schwierig, wenn diese wirklich schon im October nach Amerika gehen. September ist ja überhaupt noch kein guter Theater-Monat und wenn die große Sensation einer Saison (verzeih dieses harte technische Wort) gleich schon in den ersten Tagen einsetzt, ist es nicht unbedenklich; woher dann noch eine Steigerung nehmen? Ist denn Hempel und Destinn absolut und ganz und gar unerläßlich, und wenn es wirklich sonst niemanden in der Welt giebt, bis wann ultimo könnten sie denn mitwirken?
Ich fasse zusammen:
Die Eröffnungsvorstellung kann unter Deinen Bedingungen Dein Werk nicht bringen; kannst Du Dich aber auf einen späteren Termin mit uns einigen, so bieten wir Dir die volle Erfüllung aller Deiner Forderungen und Deiner Wünsche in einem Deines Werkes und seiner besonderen Bedeutung ganz würdigen Rahmen. Und an diese Tatsache knüpfe ich die Bitte, in Deine Erwähnungen den Gedanken mit einzuflechten, daß Du *mir* eine stolze Freude bereiten würdest, wenn Du meinen künstlerischen Bestrebungen, denen ich hier meine beste Kraft widme, eine *Weihe* dadurch geben würdest, daß Du uns die Uraufführung giebst. Nenne es nicht äußerlichen Ehrgeiz, – Du weißt, wie innig verwachsen ich mich mit

Deiner Kunst fühle. Mich bedingungslos in ihren Dienst zu stellen bei dieser besonderen Gelegenheit wäre mir die schönste Pflicht und eine Auszeichnung, die ich vielleicht nicht voll verdient habe – aber von großen Freunden darf man große Geschenke erbitten.
Willst Du mir zunächst brieflich prinzipiell antworten? Zur Beratung der Einzelheiten könnte Baron Putlitz oder ich nach St. Moritz kommen.
Ich vergaß noch: Wir überlegten, ob wir im Anschluß an die festlichen Uraufführungen (2 mit Festgästen und eine mit eigenen Kräften) eine Strauss-Woche bringen könnten mit Salome, Electra, Rosenkavalier und evtl. einem symphonischen Fest; so bekäme auch das „Große Haus" sein Teil.
Ich hoffe und harre und grüße Dich herzlich als

Dein
Max Schillings.

(Auszugsweise abgedruckt in: Hugo von Hofmannsthal, Sämtliche Werke XXIV Operndichtungen 2. Herausgegeben von Manfred Hoppe. Frankfurt a.M. 1985, S. 178)
Strauss leitete diesen Brief Schillings' am 27. Januar 1912 an Hofmannsthal weiter, der in großer Sorge wegen einer dem Werk adäquaten UA von „Ariadne auf Naxos" war. Seiner Ansicht nach konnte sie nur unter Leitung von Max Reinhardt stattfinden.

ANHANG

Brief Hofmannsthals an Schillings:

[Januar 1920]

Verehrter Herr von Schillings,
Strauss zeigte mir die Skizzen Ihres Malers für die Berliner „Frau ohne Schatten". Sie gefielen mir in der Intention recht gut. Alles kommt ja nun auf den Geschmack, insbesondere auf den Farbengeschmack der Aufführung an. Erlauben Sie mir nur, daß ich Sie heute bitte, Ihre ganze Aufmerksmkeit als oberster Leiter der Aufführung, von dem schließlich alles abhängt, auf einen bestimmten Punkt zu wenden. Nämlich auf die vielen Zaubereien, die in der Oper vorkommen. Diese sind nicht etwa – Ihnen, der meine Mitarbeit an Strauss-Arbeiten so tief versteht, muß ich das nicht erst sagen – müßiges Beiwerk, oder ein phantastischer Aufputz, sondern es sind bildhafte Verdichtungen geistigen Gehaltes und überall dort, wo sie vorkommen, sind sie der Angelpunkt des betreffenden Handlungsteiles. Vernachlässigt man diese Zaubereien, so ist die Bühnenwirkung der Oper annulliert. Hierzu gehören: die Fischlein, die Erscheinung des Pavillons im ersten Aufzug, die Trennung des Ehelagers; im zweiten dann das Phantom des Jünglings und vor allem am Schluß des zweiten Aufzugs das glühende Richtschwert (kein kleiner Türkensäbel, sondern ein mächtiges, sehr großes, von innen erleuchtetes Richtschwert, ein Zweihänder) und der Zusammensturz der Färberhütte. Vernachlässigt man diese Dinge am Schluß des zweiten Aktes, so entsteht ein realistisch-psychologischer Schluß, also das Gegenteil der dichterischen Absicht und ein merkliches Erkalten der Zuschauer, denn diese Zauberoper rechnet ja mit dem Zuschauer, nicht bloß mit dem Zuhörer.

Dieser bereits mehrmals veröffentlichte Brief, den Hofmannsthal in Zusammenhang mit der Berliner EA der „Frau ohne Schatten" an Schillings schrieb (vgl. auch Anmerkung zum Brief vom 6. August 1919), kann leider nicht vollständig wiedergegeben werden, weil das Original derzeit nicht lokalisierbar ist. Hier abgedruckt nach: Richard Strauss und die Berliner Oper, S. 42.

Zwei Briefe von Strauss an Barbara Kemp:

Hotel Adlon Berlin

Berlin 9. 3. 18.

Liebe Frau Kemp!
Sie waren fabelhaft gestern, haben aber auch noch nie solch einen Erfolg gehabt. Ganz Berlin ist berauscht, mein Dank und meine Bewunderung kennt keine Grenzen!

Nun müssen Sie aber sofort an Elektra heran: dieser Erfolg muß warm genossen werden. Sie können ruhig Salome und Elektra an einem Abend singen. Lassen Sie sich bitte von *Niemanden* einreden, daß Elektra für Sie zu anstrengend wäre. Sie werden mit Elektra einen Triumph feiern, der dem der Salome nicht nachstehen wird.
Also auf zu neuen Siegen unter meinen Fahnen!
In aufrichtiger Dankbarkeit und Verehrung
Ihr Dr. Richard Strauss

Wien 12. 12. 26.
Liebe Frau Barbara!
Seit acht Tagen nach langer Irrfahrt erst hier gelandet konnte ich bis jetzt noch kaum durch die dringendste geschäftliche Post, die ob ihrer Langeweile bei mir immer zuerst absolviert wird, mich durcharbeiten, an die genußreiche Correspondenz, zu der ich meinen Dankes und Bewunderungsbrief an Sie rechne, aber noch kaum denken.
Da kommt heute Ihr lieber, interessanter Brief vor dessen schleunigster Beantwortung natürlich Alles Andere nun zurücktreten muß. Aber was soll ich sagen außer den wärmsten Ausdrücken meiner seit vielen Jahren latenten Dankbarkeit? Daß es so kommen würde und daß Sie sich mit der Elektra den größten Erfolg Ihres Lebens ersingen würden, habe ich ja so bestimmt gewußt, daß es mich nur erstaunt, daß es sogar die Schriftgelehrten gemerkt haben. Was lange währt, wird gut -- sagt ein altes Sprichwort, ich aber bin glücklich, daß es Ihnen auch anscheinend solche Freude bereitet hat. Hoffentlich habe ich bald das Glück, Sie auf dem Gipfel Ihrer unerhörten Straussrollen selbst zu bewundern. Meine Frau freut sich mit mir über Ihren kolossalen Erfolg und läßt Sie herzlich grüßen. Notizen an die hiesigen Blätter werde ich durch Freund Karpath, dem es erfreulicher Weise recht gut geht, besorgen. Freund Maxi warne ich dringendst vor der Wiener Volksoper und grüße ihn mit seiner unvergleichlichen Frau Barbara herzlichst,
als Ihr in aufrichtiger Dankbarkeit
stets ergebener Dr. Richard Strauss

VERZEICHNIS DER ABBILDUNGEN

Richard Strauss. Karikatur von Hans Lindloff aus dem Faschingsheft der „Musik" von 1908 (Mit freundlicher Genehmigung des Verlags Dr. Hans Schneider, Tutzing) 238
Max Schillings. Karikatur von Hans Lindloff aus dem Faschingsheft der „Musik" von 1908 (Mit freundlicher Genehmigung des Verlags Dr. Hans Schneider, Tutzing) 239
Richard Strauss an Max Schillings, 16. Januar 1904, mit Unterstreichungen und handschriftlicher Anmerkung von Schillings 240
Max Schillings an Richard Strauss, 20. Oktober 1910 241
Handgeschriebener Lebenslauf von Max Schillings für das Herder-Konversationslexikon 1902 242
Strauss' Vorschlag von Arnold Schönberg für das Liszt-Stipendium des Allgemeinen Deutschen Musikvereins 244
Brief Schillings' mit einer kontrapunktischen Verbindung von Themen von Strauss und Schillings 245
Scherzgedicht von Schillings, Pauline Strauss und Felix vom Rath 246
Titelblatt von Schillings-Liedern aus dem Besitz von Pauline Strauss-de Ahna 247

Strauss und Schillings (Österreichische Nationalbibliothek, Ausstellungsmaterial 120/5) I
Die Ehepaare Strauss und Schillings (Richard-Strauss-Archiv Garmisch) II
Schillings, Strauss und von Putlitz in der Wilhelma (Privatbesitz) III
Die Stuttgarter Theateranlage von Max Littmann (Theatermuseum München) IV

Richard Strauss

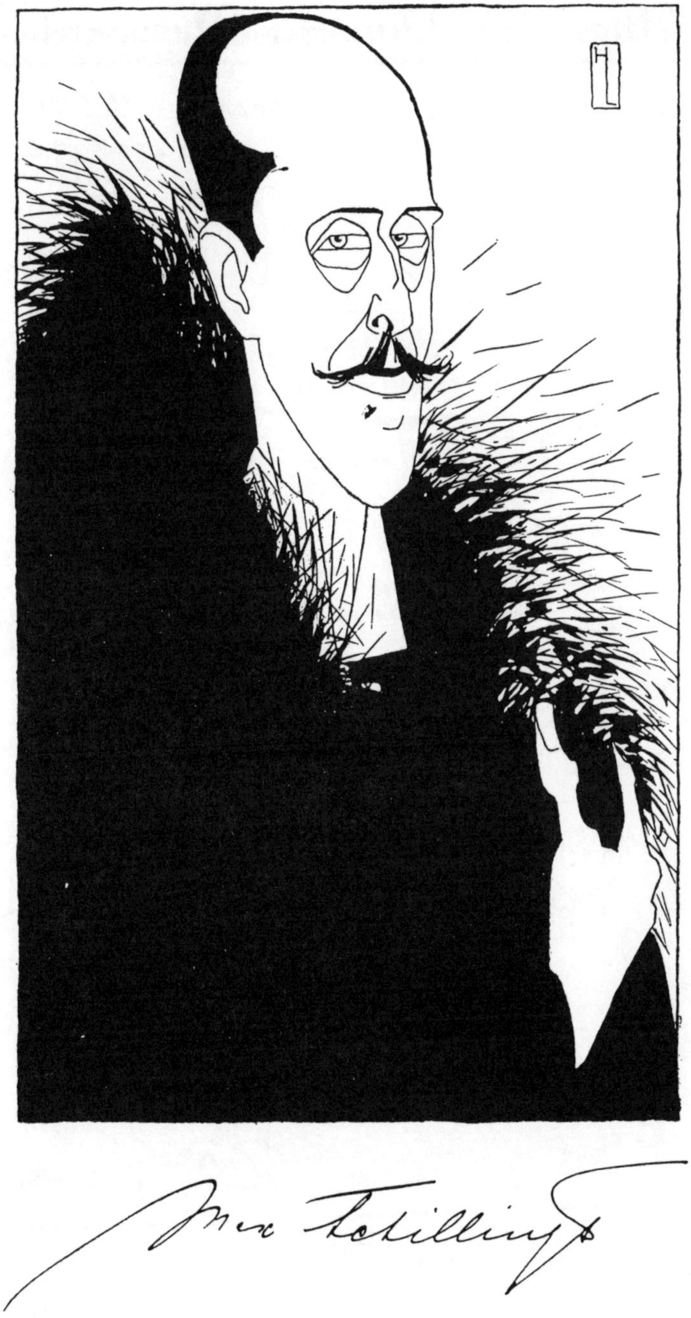
Max Schillings

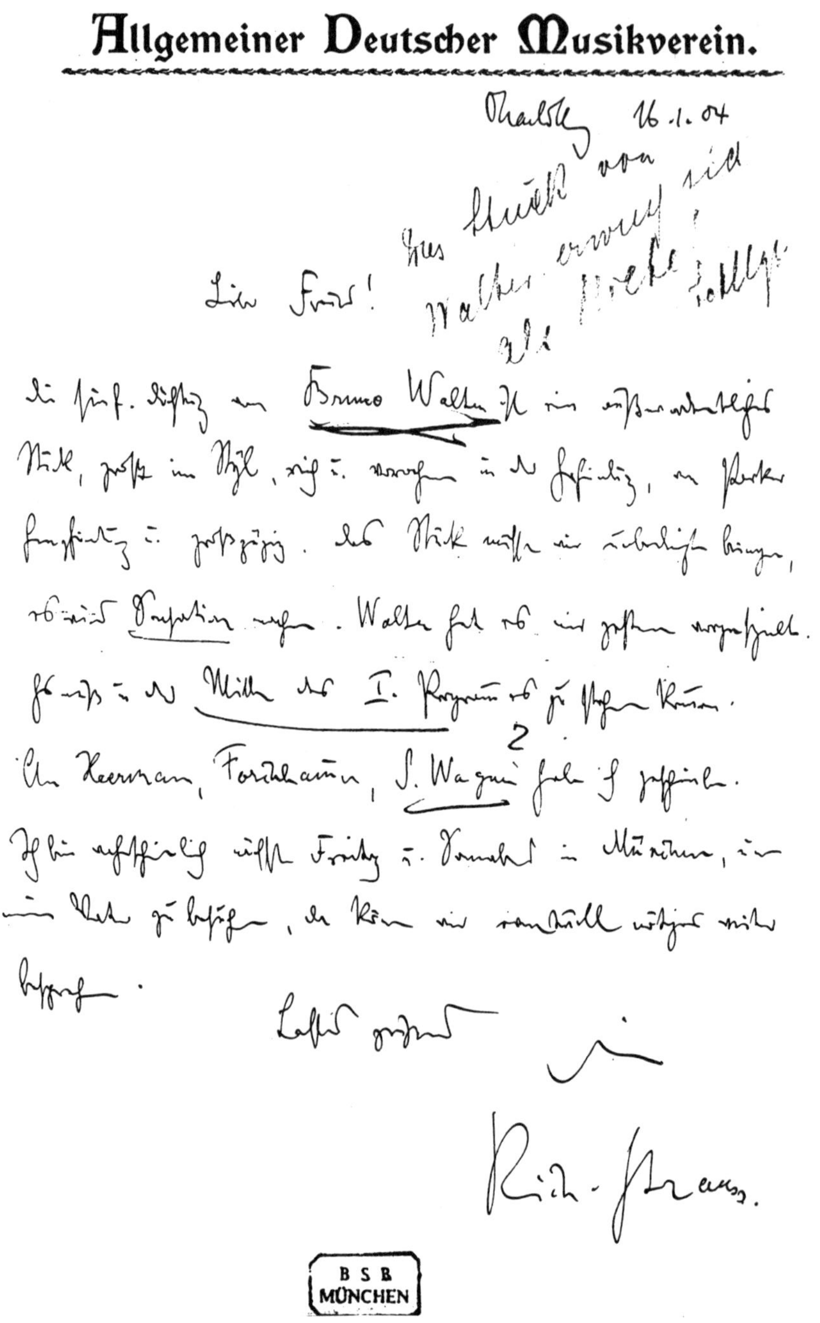

Allgemeiner Deutscher Musikverein.

Charlottenburg 16.1.04

Das Stück von Walter erwies sich [illegible] als [illegible]

Lieber Freund!

Die sinf. Dichtung von Bruno Walter ist ein außerordentliches Stück, groß im Styl, reich u. vornehm in der Erfindung, von starker Empfindung u. großzügig. Das Stück müßte ein [illegible] bringen, es wird Sensation machen. Walter hat es mir gestern vorgespielt. Ich möchte es in die Mitte des I. Programms zu stehen kommen. 2

An Heermann, Forchhammer, S. Wagner habe ich geschrieben.

Ich bin wahrscheinlich nächsten Freitag u. Sonnabend in München, um [illegible] zu besuchen, da können wir manches nötige mündlich besprechen.

Bestens grüßend

Ihr

Rich. Strauss.

Regie des Kgl. Württ. Hoftheaters.

Stuttgart, den 26. Oct. 1910.

Lieber Freund!

Deine 20 Hervorrufe waren ich äußere Zeichen eines großen u. echten Erfolgs Deiner Elektra!

Nun hoffe ich daß du uns bald einmal die Freude Deines Besuchs machen kannst.

Von Herzen Dein

Max Schillings

241

Vorname(n) Tag, Monat, Jahr, Ort der Geburt.	Kurzer Lebenslauf. (Bildungsgang)	Publikationen: Kompositionen, Schriften, Abhandlungen etc. mit Jahres- und Ortsangabe des Erscheinens resp. der neuesten Auflagen.*) Bei musikalischen Bühnenwerken und grossen Oratorien etc. Angabe der 1. Aufführung (Ort, Jahr) und womöglich des Textdichters.	Bemerkungen.
Max Schillings 19. April 1868 in Düren (Rheinland)	Erste Anregungen durch meine Mutter, eine Brentano aus der Familie des Dichters. Erster Unterricht durch den Musikdirektor meiner Vaterstadt folgend; während des Besuches des Gymnasiums in Bonn u. bis zu dessen Absolvierung Unterricht in Theorie u. Composition bei C. J. Brambach u. im Violinspiel bei Prof. von Königslöw. Besuch der Universität München 1 Jahr als Jurist, 5 Semester als Philosoph. daneben eifrige autodidaktische musikal. Studien. Im Sommer 1892 als Regie- u. Bühnendirigent bei den Bayreuther Festspielen. Seitdem ganz der musikal. Thätigkeit in München lebend	Abenddämmerung (Heine) für Bariton mit Clavier u. Violinbegleitung (componirt 1885, erschienen München 1889) 4 Lieder Texte von Stieler, München 1889. Ingwelde, Oper in 3 Acten, Dichtung von Graf Sporck I. Aufführung Carlsruhe Novbr. 1894. (Leipzig, Schuberth & Co.) 3 Lieder f. tiefe Stimme. (Berlin, 1895) Improvisation für Clavier u. Violine (Berlin 1895) „Meergruß" und „Seemorgen", zwei symphon. Phantasieen f. großes Orchester (Berlin, 1896)	

*) Von später resp. bis zur voraussichtl. Beendigung des Lexikons (1902) erscheinenden Publikationen bitte ich, mir seinerzeit gütigst Mittheilung machen zu wollen.

Publikationen (Fortsetzung):		Publikationen (Fortsetzung):	
4 Lieder f. mittl. Stimme (Morgengebet, f. Kleines Orchester und Violin u. Cell. Solo	Leipzig, 1917.	bei Lauff sind sehr schön stehen noch erschienen "Passacaglia" und g. "Klassische Fest", 2 Widmungen auf Chorüberleitung.	
Le Rossignol, Lyrisches Oper in 3 Akten, Bearbeitung von Graf Sporck, bearbeitet vom Komponisten Erste Aufführung Schwerin November 1918.	Berlin, 1917.	Fehmarie (? aus d. Maj.?) zur Aufsicht in Schwerin 1918.	
	Berlin, 1918	"Symphonischer Prolog zu "König Oedipus" f. Orchester.	
Eine Anzahl Aufsätze u. Übersichten in verschiedenen Zeitschriften (Richard Strauß etc.)			

[signature]

CHARLOTTENBURG, DEN 18.ten Dez. 1902
KNESEBECKSTR. 30.

Lieber Freund!

von Vignau wird Dir die Manuscript Partituren von Arnold Schönberg zur Prüfung übersenden. Ich habe den Mann, der in bitterster Not u. sehr talentvoll ist, dringend zu mehrjährigem Stipendium von je 1000 M. empfohlen. Bitte unterstütze mich u. schreibe ihm auch Du ein glänzendes Zeugnis. Du wirst ebenfalls finden, daß die Sachen, wenn auch noch etwas überladen, doch von großem Können u. Begabung zeugen.

Pfeifertag, dessen Einnahmen am 28. Nov. etwas enttäuscht haben, liegt jetzt vor Schiedsgericht u. soll im Januar wieder herankommen.

Letzten Samstag wurde in großer Sitzung mit Berliner u.

Stuttgart.
8. 6. 05.

Lieber Freund!

Hans schickt mir in Aachener Nachschrift folgende Erinnerung an den Eindruck vom Pfingstfest:

„Sinfonia Moloch"

mit wuchtiger Gemächlichkeit.

Ist's nicht ganz lustig?

Also spricht der ZARATHUSTRA:
Ihr hattet J. Paneux — sind nicht Frustra-
Gebeten um die hohe Ehr'
daß heute unser Gast er wär'?!

„Weil Manen folgt ich diesem Ruf
„Zumal da wir ??? Freund ???
„Und bin ungeneigt im Sinnen ???
„daß ich stoße dich hart ??? heiß.
Und Felix unser edler Ritter
Ist dann geneigt zu dichten oder ???
Das dichten fällt mir recht beschwerlich:
auch sieht ist dies nur zu unklürlich."

Herr der Gefolg — fort der Standesch
Viel Herzensgrüße jetzt und
Schluss.

M. 24. XI. 96.

Pauline Strauss-de Ahna.

Drei Lieder
für
eine Singstimme
mit Begleitung des Pianoforte
componirt von
Max Schillings

№ 1. Ein Spielmann.
№ 2. Wanderlied. „Vöglein ihr schlauen, darf ich euch trauen?"
№ 3. Frühlingsgedränge. „Frühlingskinder im bunten Gedränge."

Jede Nummer Pr. M 1,50.

Eigenthum des Verlegers für alle Lander
BERLIN,
ADOLPH FÜRSTNER
(C. F. Meser) Königl. Sächsische Hof-Musikhandlung.
Das Recht der Aufführung vorbehalten.
Das Vorrecht der Herausgabe im Allgemeinen und für bestimmte Instrumente oder Orchester ist für die k. k. östr. Staaten nach dem Patent de dato 16. Febr. 1846 vorbehalten.
A. 4858 – 4858. F.

BIBLIOGRAPHIE

E. H. Mueller von Asow, Richard Strauss. Thematisches Verzeichnis. Bd. I Wien 1955, Bd. II Wien 1959/62, Bd. III nach dem Tode des Verfassers vollendet und herausgegeben von Alfons Ott und Franz Trenner. Wien-München 1966/74.

Franz Trenner, Richard Strauss. Werkverzeichnis. Wien 1985.

Joachim Beck, Max von Schillings, Gesamtverzeichnis seiner Werke. [Berlin 1933].

Alexander Berrsche, Trösterin Musika. Gesammelte Aufsätze und Kritiken. München 1942.

Oskar Bie, Barbara Kemp (Der Schauspieler. 8.). Berlin [1921].

Heinrich Bihrle, Die Musikalische Akademie München 1811–1911, München 1911.

Ernst Bücken, München als Musikstadt (Die Musik. Sammlung illustrierter Einzeldarstellungen. Hrsg. von Richard Strauss. Bd. 7 und 8). Leipzig [1923].

Max Butting, Musikgeschichte die ich miterlebte. Berlin 1955.

Paul Ehlers, Max von Schillings †. Zeitschrift für Musik 100 (1933) 914–916.

Wilhelm Furtwängler, Ton und Wort. Aufsätze und Vorträge 1918 bis 1954. Wiesbaden 1954.

Josef Geuenich/Karl Strahn, Gedenkschrift Prof. Dr. h. c. Max von Schillings. Komponist und Dirigent. Zum 100. Geburtstag 19. 4. 1968. Düren 1968.

Julius Kapp (Hrsg.), Richard Strauss und die Berliner Oper. Berlin 1934.

Wilhelm Kempff, Max von Schillings in memoriam. Musik Jubiläumsjahrgang (1933) 881–882.

Dieter Kühn, Musik & Gesellschaft. Bad Homburg 1971.

Felix von Lepel, Max von Schillings und seine Oper „Mona Lisa". Ein Ruhmesblatt für die Städtische Oper in Berlin-Charlottenburg. Berlin-Charlottenburg 1954.

Rudolf Louis, Die deutsche Musik der Gegenwart. München 1904, ²1909, ³1912.

Ernst Otto Nodnagel, Jenseits von Wagner und Liszt. Profile und Perspektiven. Königsberg 1902.

Wilhelm Raupp, Max von Schillings. Der Kampf eines deutschen Künstlers. Hamburg 1935.

August Richard, Max Schillings. (Zeitgenössische Komponisten. Eine Sammlung. Hrsg. von H. W. von Waltershausen, Bd. 7). München 1922.

Ludwig Schiedermair, Musikalische Begegnungen. Köln und Krefeld 1948.

Willi Schuh, Richard Strauss. Jugend und frühe Meisterjahre. Lebenschronik 1864–98. Zürich/Freiburg i. Br. 1976.

Paul Schwers, Max von Schillings †. Allgemeine Musikzeitung 60 (1933) 392–393.

Paul Schwers, Schillings „Ingwelde" wieder in der Berliner Staatsoper. Allgemeine Musikzeitung 65 (1938) 317–318.

Max Steinitzer, Richard Strauss. Berlin/Leipzig 1911.

Richard-Strauss-Autographen in München und Wien. Verzeichnis. Hrsg. von Günter Brosche und Karl Dachs. (Veröffentlichungen der Richard-Strauss-Gesellschaft · München, hrsg. von Franz Trenner, Bd. 3). Tutzing 1979.

[Richard Strauss], Der Strom der Töne trug mich fort. In Zusammenarbeit mit Franz und Alice Strauss, hrsg. von Franz Grasberger. Tutzing 1967.

Richard Strauss – Franz Schalk. Ein Briefwechsel. Hrsg. von Günter Brosche. (Veröffentlichungen der Richard-Strauss-Gesellschaft · München, hrsg. von Franz Trenner, Bd. 6).

Richard Strauss – Ludwig Thuille. Ein Briefwechsel. Hrsg. von Franz Trenner (Veröffentlichungen der Richard-Strauss-Gesellschaft · München Bd. 4). Tutzing 1980.

Herman Zumpe, Persönliche Erinnerungen nebst Mitteilungen aus seinen Tagebuchblättern und Briefen. München 1905.

ERWÄHNTE WERKE VON RICHARD STRAUSS

op. 14	Wandrers Sturmlied (Joh. W. von Goethe) für sechsstimmigen Chor und großes Orchester 62
op. 17 Nr. 2	Ständchen aus Sechs Lieder von Adolf Friedrich Graf von Schack für hohe Singstimme und Klavier 34
op. 20	Don Juan. Tondichtung (nach Nicolaus Lenau) für großes Orchester 43
op. 23	Macbeth. Tondichtung nach Shakespeares Drama für großes Orchester 62
op. 24	Tod und Verklärung. Tondichtung für großes Orchester 78
op. 25	Guntram. In drei Aufzügen. Dichtung und Musik von Richard Strauss 9, 12, 31, 38, 41, 44, 45, 48, 97, 128
op. 28	Till Eulenspiegels lustige Streiche. Nach alter Schelmenweise in Rondeauform für großes Orchester gesetzt 33, 38, 43, 47, 53
op. 30	Also sprach Zarathustra. Tondichtung (frei nach Friedrich Nietzsche) für großes Orchester 37, 43, 45–49, 55–57, 78, 193, 195, 225
op. 33 Nr. 1 u. 2	Verführung und Gesang der Apollopriesterin aus Vier Gesänge für Singstimme mit Begleitung des Orchesters 48
op. 34 Nr. 2	Hymne aus Zwei Gesänge für 16stimmigen gemischten Chor a cappella 89, 90
op. 35	Don Quixote. (Introduzione, Tema con Variazioni e Finale) Fantastische Variationen über ein Thema ritterlichen Charakters für großes Orchester 52, 225
op. 40	Ein Heldenleben. Tondichtung für großes Orchester 62, 103, 122, 124, 125, 225
op. 45	Drei Männerchöre 60
op. 50	Feuersnot. Ein Singgedicht in einem Aufzug von Ernst von Wolzogen 13, 65, 67, 69, 78, 83, 126, 129, 130, 140, 160, 165, 179, 193
op. 51 Nr. 1	Das Tal aus Zwei Gesänge für eine tiefe Baßstimme mit Orchesterbegleitung 90
op. 52	Taillefer. „Wer singt in meinem Hof". Ballade von Ludwig Uhland für Chor, Soli und Orchester 37, 98–100, 103, 107
op. 53	Symphonia domestica für großes Orchester 76, 100, 105–116, 118, 142, 143
op. 54	Salome. Drama in einem Aufzuge nach Oscar Wildes gleichnamiger Dichtung in deutscher Übersetzung von Hedwig Lachmann 118, 135, 137, 139, 140, 157, 167, 174–177, 179, 180, 182, 191, 193, 198, 199, 201, 202, 205, 225, 228, 230, 233, 235
op. 58	Elektra. Tragödie in einem Aufzuge von Hugo von Hofmannsthal 14, 139, 140, 144, 145, 149, 157, 174–176, 179, 180, 182, 185, 190, 192, 193, 205, 225, 233, 235
op. 59	Der Rosenkavalier. Komödie für Musik in drei Aufzügen von Hugo von Hofmannsthal 150, 157, 170, 172, 174, 175, 179, 180, 191, 198, 205, 209, 215–217, 224, 233
op. 60	Ariadne auf Naxos. Oper in einem Aufzuge von Hugo von Hofmannsthal zu spielen nach dem „Bürger als Edelmann" des Molière 8, 12, 14, 16, 149, 151–154, 157–160, 162–171, 174–179, 181, 231, 233
op. 60	Ariadne auf Naxos. Oper in einem Aufzuge nebst einem Vorspiel von Hugo von Hofmannsthal (Neue Bearbeitung) 177, 178, 180, 191, 201, 202, 205, 225

op. 60 Der Bürger als Edelmann. Komödie mit Tänzen von Molière. Freie Bühnenbearbeitung in drei Aufzügen (Hugo von Hofmannsthal) 191
op. 63 Josephs Legende. Handlung in einem Aufzug von Harry Graf Kessler und Hugo von Hofmannsthal 190, 191, 193, 194, 200, 205
op. 64 Eine Alpensinfonie für großes Orchester 175, 181, 182, 225
op. 65 Die Frau ohne Schatten. Oper in drei Akten von Hugo von Hofmannsthal 13, 188–191, 195, 202, 205, 206, 225, 234
op. 70 Schlagobers. Ein heiteres Wiener Ballett in zwei Aufzügen (Libretto von Richard Strauss) 196, 200, 206, 208
op. 71 Drei Hymnen von Friedrich Hölderlin für hohe Singstimme und großes Orchester 195, 207, 208
op. 72 Intermezzo. Eine bürgerliche Komödie mit sinfonischen Zwischenspielen in zwei Aufzügen (Text von Richard Strauss) 206, 208–212, 216, 219, 222
o.o. AV 186 Christoph Willibald von Gluck, Iphigenie auf Tauris in drei Aufzügen für die deutsche Bühne bearbeitet 189, 190

ERWÄHNTE WERKE VON MAX VON SCHILLINGS

op. 1 Abenddämmerung (H. Heine) für mittlere Stimme mit Violin- und Klavierbegleitung 8, 33
op. 2 Vier Lieder aus der „Wanderzeit" von Carl Stieler für eine mittlere Stimme mit Klavierbegleitung 64, 67, 68
op. 3 Ingwelde. Dichtung in drei Aufzügen von Ferdinand Graf Sporck. Musik von Max Schillings 9, 11, 12, 31–33, 36, 37, 41, 44, 47, 48, 51, 53–59, 62, 72–74, 78, 81, 98–100
Vorspiel zum 2. Akt
op. 6 Zwei symphonische Phantasien für Orchester. Meergruß (Thalatta). Seemorgen 34, 37, 39, 41, 44, 48, 64, 67–69, 71, 81
op. 8 Ein Zwiegespräch. Tongedicht für kleines Orchester mit Violin- und Violoncello-Solo 75–77
op. 9 Kassandra. Das Eleusische Fest. Von Friedrich von Schiller mit begleitender Musik von Max Schillings 61, 117
op. 10 Der Pfeifertag. Heitere Oper in drei Akten. Dichtung von Ferdinand Graf Sporck 7, 10, 12, 13, 47, 52, 56, 58, 59, 61, 69, 70, 72, 74–78, 81–84, 99, 100, 117, 119, 129–136, 199
op. 11 Sinfonischer Prolog zu Sophokles' „König Oedipus" für großes Orchester 72, 73
op. 12 Musik zu Aeschylos' „Orestie". 14 Musikstücke zur Orestie für die Bühnenaufführung 63
op. 15 Das Hexenlied von Ernst von Wildenbruch „Zu Hersfeld im Kloster der Prior sprach" mit begleitender Musik für Orchester oder Klavier 12, 68, 72, 84, 85, 87, 98–100, 102, 107, 109, 110, 117
op. 20 Moloch. Musikalische Tragödie in drei Akten. Frei nach Friedrich Hebbels Moloch-Fragment von Emil Gerhäuser 10, 74, 97, 126–128, 130–133, 137, 140, 142, 143
op. 21 Dem Verklärten. Eine hymnische Rhapsodie nach Worten Friedrich Schillers für gemischten Chor, eine Baritonstimme und großes Orchester 122, 124, 125

op. 22	Glockenlieder. Vier Gedichte von Carl Spitteler für eine Singstimme mit Begleitung von Orchester oder Klavier 10, 12, 193, 195
op. 31	Mona Lisa. Oper in zwei Akten. Dichtung von Beatrice Dovsky 7, 12–14, 173–177, 179, 181, 182, 189, 190, 194, 196–198, 200–202, 204, 205, 207, 212, 216
op. 34	Vier Zwiegesänge aus dem West-östlichen Divan von J. W. von Goethe für Sopran und Tenor, Orchester oder Klavier 191
W.o.op.	Einem Heimgegangenen, Gedicht von Paul Brann, für eine Singstimme mit Klavierbegleitung, Berlin 1908. Dem Andenken Ludwig Thuilles 10
W.o.op.	Festspiel zur Einweihung der neuen Hoftheater zu Stuttgart 1912 168 Bearbeitung von „Pfeifertag" 192

PERSONENREGISTER
(ohne Berücksichtigung der Namen Strauss und Schillings)

Aibl, Musikverlag in München gegr. 1824, 1904 an die Universal Edition übergegangen. Ab 1884 Inhaber Eugen und Otto Spitzweg. Verleger der Frühwerke von Strauss (bis „Don Quixote") und Reger (auf Strauss' Empfehlung) 116
d'Albert Eugen (1864–1932), Komponist und Pianist 66, 69, 134, 136, 167, 168
Alexis Willibald (1798–1871), Schriftsteller 116
Andreae Volkmar (1879–1962), Schweizer Dirigent und Komponist. 1906–49 Leiter des Tonhalle-Orchesters in Zürich, dort 1946 UA von Strauss' Oboenkonzert 97, 98, 105, 106, 112–114
Ansorge Conrad (1862–1930), Pianist (Schüler Liszts) und Komponist 69, 98
Aravantinos Panos (1886–1930), griechischer Maler und Bühnenbildner, Leiter des Ausstattungswesens der Berliner Staatsoper 189
Auber Francois (1782–1871) 120
Aulin Tor (1866–1914), schwedischer Geiger und Komponist 65
Bach Johann Sebastian (1685–1750) 143, 228
Bachmann Hermann (1864–1937), Bariton, seit 1897 an der Berliner Hofoper 55
Bahr-Mildenburg Anna von (1872–1947), dramatischer Sopran. 1898–1917 an der Wiener Hofoper, von Strauss besonders als Klytämnestra geschätzt 182
Baruch Hugo, Bühnenausstattungsfirma in Berlin 159
Bassermann August (1847–1931), Schauspieler, ab 1895 Intendant des Mannheimer Hoftheaters 115
Batka Richard (1847–1922), Musikschriftsteller und Kritiker, 1896–98 mit Teibler Herausgeber der „Neuen musikalischen Rundschau", ab 1908 mit Specht Herausgeber des „Merker" in Wien 48, 49
Bausznern Waldemar Edler von (1866–1931), Komponist und Dirigent. Wirkte in Berlin, Dresden, Köln und Frankfurt 65, 66, 69–71, 98, 105, 106, 112, 128, 129, 134
Becker Dr., Kultusminister in Berlin 16
Beer-Walbrunn Anton (1864–1929), Komponist, ab 1901 Lehrer und 1908 Professor an der Münchner Akademie der Tonkunst 41, 66
Beethoven Ludwig van (1770–1827) 127, 228
Bekker Paul (1882–1937), zuerst Geiger und Dirigent, dann Musikschriftsteller und Kritiker u. a. der „Frankfurter Zeitung". Wortführer der Neuen Musik 204, 205
Berg Alban (1885–1935) 206, 208, 211
Berger Rudolf (1874–1915), Heldenbariton an der Berliner Hofoper 55
Berger Wilhelm (1861–1911), Komponist und Kapellmeister; ab 1903 Hofkapellmeister in Meiningen 79, 80, 105, 111, 114
Berlioz Hector (1803–1869) 48, 118
Bertram Theodor (1869–1907), Bariton, 1893–99 an der Münchner Hofoper 51
Bettaque bzw. Senger-Bettaque Katharina, Sopran an der Münchner Hofoper und ab 1905 an der Stuttgarter Hofoper 54, 139
Bie Oscar (1864–1938), Kunst- und Musikschriftsteller, Herausgeber der „Freien Bühne" und später der „Neuen Rundschau" 166, 184
Bierbaum Otto Julius (1865–1910), Schriftsteller und Lyriker, Mitbegründer des Inselverlages 37, 56, 57
Bischoff Hermann (1868–1936), Komponist, war Strauss' Schüler in der ersten Münchner Zeit 10, 69, 105, 111–113, 135, 136, 226, 227
Blech Leo (1871–1958), Dirigent und Komponist; wirkte an den verschiedenen Opernhäusern in Berlin 69, 173, 184, 189, 198, 203, 205, 210, 212, 216, 217
Boy-Ed Ida (1852–1928), Schriftstellerin 39

Bock Hugo (1848–1932), seit 1871 Verlagsleiter des Berliner Musikverlags Bote & Bock. War 1903 an der Gründung der Genossenschaft zur Verwertung musikalischer Aufführungsrechte (GEMA) beteiligt 75, 134–136
Böcklin Arnold (1827–1901) 49, 80
Boehe Ernst (1880–1938), Kapellmeister und Komponist, Schüler von Thuille und Louis in München 80, 118, 122, 123
Boepple Paul (geb. 1896) Schweizer Chorleiter; ab 1926 in Amerika, u. a. Direktor der Dalcroze-School of Music, seit 1944 Professor of Music am Bennington College 89
Bote & Bock, Musikverlag in Berlin, 1838 gegründet 58, 61
Brahms Johannes (1833–1897) 120, 127, 216
Braunfels Walter (1882–1954), Komponist, u. a. Schüler von Thuille. Ab 1925 Direktor der Staatlichen Hochschule für Musik in Köln 135, 136, 143
Brecher Gustav (1879–1940), Dirigent und Komponist, Verfasser einer Monographie „Richard Strauss" (1900) 69, 170, 193, 195–197
Breitkopf & Härtel, Musikverlag in Leipzig, ab 1880 Verlagsleiter Oskar von Hase 64, 97, 144
Bronsgeest Cornelis (1878–1957), Sänger an der Berliner Hofoper 183
Bruckner Anton (1824–1896) 67, 91, 92, 99, 101, 118, 119, 124, 125, 216
Brügelmann Hedy Iracema (1881–1941), Sopranistin in Stuttgart und 1917–20 in Wien 144
Buck Rudolf (1866–1952), Komponist und Kapellmeister; 1906–19 Kapellmeister in Shanghai 118
Bülow Hans von (1830–1894), Dirigent, Pianist und Komponist; von Wagner nach München geholt, dort 1867 Hofkapellmeister; dirigiert UA von „Tristan und Isolde" und „Meistersinger". Nach Zwischenstation in Hannover 1880–85 Hofmusikintendant in Meiningen, ab 1887 Leiter der Abonnementskonzerte in Hamburg und der Berliner Philharmonischen Konzerte. Wichtiger Förderer des jungen Strauss. Widmung von „Aus Italien" 9, 31, 101
Bürklin Albert (1844–1924), von 1890–94 Intendant des Hoftheaters in Karlsruhe 87
Bulß Paul (1847–1902), Bariton, ab 1889 an der Berliner Hofoper 55
Busch Fritz (1890–1951), Dirigent; 1922–33 Dresdner Staatsoper. UA von „Intermezzo" 1924, „Ägyptischer Helena" 1928 15
Busoni Ferruccio (1866–1924), Komponist und Pianist 66
Buths Julius (1851–1920), Dirigent, Pianist und Komponist; ab 1890 Städtischer Musikdirektor in Düsseldorf, Leiter mehrerer Niederrheinischer Musikfeste, ab 1902 Direktor des Düsseldorfer Konservatoriums 71
Butting Max (1888–1970), Komponist; in der Genossenschaft Deutscher Tonkünstler tätig, später in der Stagma 226, 227, 229
Carlyle Thomas (1795–1881), englischer Schriftsteller 45, 47
Caruso Enrico (1873–1921), Tenor; Debut 1894, ab 1905 häufig an der Metropolitan Opera tätig 153, 162, 232
Chamberlain Housten Stewart (1855–1927), englischer Musikschriftsteller und Begründer einer „Rassenlehre". Mit Wagners Tochter Eva verheiratet 44
Charpentier Gustave (1860–1956), französischer Komponist („Louise" 1900) 63, 71, 100, 105, 106
Chopin Frédéric (1810–1849) 228
Cordes Sofie, Sopranistin an der Stuttgarter Hofoper 144, 145
Cornelius Peter (1824–1874), Komponist: „Der Barbier von Bagdad", UA 1858 in Weimar durch Franz Liszt 120, 128, 129, 134, 211
Cossmann Bernhard (1822–1910), Cellist, Begründer eines Streichquartetts 135
Cranz, Musikverlag, gegründet 1814 in Hamburg, seit 1887 in Leipzig 61
Curth = Curt Melanie (1880–1941), dramatischer Sopran in Berlin, Wien und an der Metropolitan Opera 185, 187

Dalcroze bzw. Jaques-Dalcroze Emile (1865–1950), Komponist und Schöpfer einer Methode der rhythmischen Gymnastik   65, 66, 70, 155
Decsey Ernst (1870–1941), österreichischer Schriftsteller und Musikkritiker; 1899 Musikreferent der Grazer „Tagespost", 1920 des Neuen Wiener Tagblatts   91, 165, 166
Delius Frederick (1862–1934), englischer Komponist deutscher Abstammung   70–72, 80, 89, 97, 105, 106, 111, 113, 135
Destinn Emmy (1878–1930), dramatischer Sopran; 1898–1908 Hofoper Berlin, 1908–16 Star der Metropolitan Opera, 1907 Salome in Paris   65, 69, 151–155, 157, 159, 160, 162, 164, 165, 232
Deutsch Felix, Direktor von AEG in Berlin, mit Strauss befreundet   193, 197
Diaghilew Sergej (1872–1929), russischer Ballett-Impresario   195
Dillmann Alexander (1878–1951), Musikkritiker der Münchner Neuesten Nachrichten   148
Dippe Gustav (1858–1914), Komponist   116
Doblinger (Bernhard Herzmansky), Wiener Musikverlag, gegründet 1817   92
Döbber Johannes (1866–1921), Kapellmeister, Pianist und Komponist; Theaterkapellmeister an der Kroll-Oper Berlin, weiterhin in Darmstadt, Coburg und Hannover   128, 139
Dovsky Beatrice von (1865–1923), Schauspielerin, Bühnenautorin und Schriftstellerin   13
Dressler Anton, Bariton   123
Drill-Oridge Thea, Mezzosopran   135, 136
Droescher Georg (1854–1944), Oberregisseur und 1918/19 Direktor der Berliner Oper   74, 75, 77, 84, 117
Durieux Tilla (1880–1971), Schauspielerin; u. a. bei Max Reinhardt in Berlin   191
Dux Claire (1885–1967), Sopran an der Hofoper Berlin   187
Ebel Arnold (1883–1963), Komponist und Chorleiter, ab 1920 Vorsitzender des Berliner Tonkünstler-Vereins   226, 227
Ehlers Paul, Musikkritiker, Redakteur der Münchner Neuesten Nachrichten   12, 115, 116
Ekeblad Maria, schwedische Sopranistin, um 1905 an der Berliner Hofoper   133
Erb Karl (1877–1958), Tenor (Autodidakt); Debut 1907 in Stuttgart, dann in München und Berlin   160, 232
Ertel Jean Paul (1865–1933), Komponist und Pianist (Schüler u. a. von Liszt), außerdem promovierter Jurist; als Dirigent und Chorleiter tätig   122, 123
Faßbaender Peter (1869–1920), Kapellmeister und Komponist; ab 1895 in der Schweiz tätig   128
Faßbender Zdenka (1879–1954), Sopran an der Hofoper in München. Seit 1911 mit Felix Mottl verheiratet   144, 176
Felisch, Syndikus des Bühnenvereins   141, 142
Fernow H. (gest. 1917), Mitarbeiter und dann Leiter der Konzertagentur Wolff   103
Fiedler Mary (1854–1919), in zweiter Ehe mit Hermann Levi verheiratet   44, 48, 49
Fischer Franz von (1849–1918), Cellist und Kapellmeister; 1877–79 Hofkapellmeister in Mannheim, dann bis 1912 in München   56
Fischer Richard, Tenor   89
Forberg, Musikverlag in Leipzig, gegründet 1862   61
Forchhammer Ejnar (1868–1928), dänischer Tenor; wirkte in Dresden, Frankfurt und Wiesbaden   102
Forsell John (1868–1941), schwedischer Bariton und Regisseur; wirkte in Stockholm, Gastspiele in Paris und Berlin, 1909/10 an der Metropolitan Opera; 1924–39 Direktor der Stockholmer Oper   216
Forster Josef (1838–1917), Komponist in Wien   91
Franckenstein Clemens Freiherr von und zu (1875–1942), Dirigent und Komponist (u. a. Schüler von Thuille); nach verschiedener Dirigiertätigkeit 1912–18 und 1924–34 Generalintendant der Münchner Oper   218

Frank Emanuela (1870–1940), Mezzosopran; ab 1892 an der Münchner Hofoper   54
Frankfurter Paul, Agent   171
Fuchs Albert (1858–1910), Komponist und Kapellmeister   136, 137
Fuchs Anton von (1849–1925), Bariton und Oberspielleiter an der Münchner Hofoper   53, 54
Fürstner Otto (1886–1958), Leiter des 1868 von seinem Vater in Berlin gegründeten Musikverlags (dort erschienen: „Feuersnot", „Salome", „Elektra", „Frau ohne Schatten", „Intermezzo" und „Ägyptische Helena")   61, 156, 158–160, 163, 164, 169, 170, 206
Furtwängler Wilhelm (1886–1958), Dirigent und Komponist (Schüler u. a. von Schillings). 1920–22 als Nachfolger von Strauss Leiter der Symphoniekonzerte der Berliner Staatskapelle, Leiter der Frankfurter Museumskonzerte, ab 1921 Konzertdirektor der Gesellschaft der Musikfreunde in Wien, ab 1922 Dirigent der Leipziger Gewandhauskonzerte und des Berliner Philharmonischen Orchesters. Ab 1928 GMD und 1933 Direktor der Berliner Staatsoper   7, 207
Gatti-Casazza Giulio, Direktor des Metropolitan Opera House   163
Geller-Wolter Luise (1859–1934), Altistin, Bühnen- und Konzertsängerin; sang auch in Bayreuth   65
Gerhäuser Emil (1868–1917), Bariton/Tenor (Schüler von Eugen Gura); 1890 an der Münchner Hofoper, 1893 an der Karlsruher Hofoper unter Mottl und 1892 bei den Bayreuther Festspielen, 1908–17 Oberregisseur an der Stuttgarter Hofoper. Mitarbeiter an der Textfassung von Schillings' „Moloch"   32, 36, 44, 45, 140, 144, 150, 151, 169, 176, 179
Gerhäuser-Saint-Georges Ottilie (geb. 1874), Schauspielerin und Sängerin, seit 1896 mit Emil G. verheiratet   44
Gilly Dinh (1877–1940), französischer Bariton, wirkte in Paris und an der Metropolitan Opera   153
Gluck Christoph Willibald (1714–1787)   143, 189, 190
Goethe Johann Wolfgang von (1749–1832)   143, 228
Göhler Georg (1874–1954), Komponist, Kapellmeister, Musikkritiker und -schriftsteller; 1907 Hofkapellmeister in Karlsruhe, 1913 Leiter der Neuen Oper in Hamburg. Setzte sich als Musikkritiker besonders für das Schaffen von Mahler ein   97–99
Göllerich August (1859–1923), österreichischer Musikpädagoge und -schriftsteller (Biographien von Bruckner und Liszt)   91
Göring Theodor, Musikkritiker der München-Augsburger Abendzeitung   41
Görlitz Hugo, Agent und Manager, Strauss' alleiniger Vertreter für alle englischsprachigen Länder   98, 99
Götz Hermann Gustav (1840–1876), Komponist („Der Widerspenstigen Zähmung"), lebte in der Schweiz   135
Golther Wolfgang (1863–1945), Germanist an der Universität München   18
Gounod Charles (1818–1893)   228
Gregor Hans (1866–1945), 1905–11 Leiter der Berliner Komischen Oper, 1911–18 Direktor der Wiener Hofoper   142, 165
Grieg Edward (1843–1907)   216
Gruder-Guntram Hugo (1882–1963), Sänger und Regisseur; 1921–23 neben Weingartner Direktor der Wiener Volksoper, dann Direktor des Deutschen Opernhauses Charlottenburg in Berlin   210, 212
Grüning Wilhelm (1858–1942), lyrischer Tenor; 1898–1917 an der Hofoper in Berlin und bei den Bayreuther Festspielen   55, 133, 135
Gura Eugen (1843–1926), Bariton, Wagner-Sänger; wirkte in München, Breslau, Leipzig und Hamburg, zwischen 1876 und 1896 verschiedentlich bei den Bayreuther Festspielen   45
Gura Hermann (1870–1940), Sohn von Eugen G., Bariton und Regisseur; wirkte an der Kroll-Oper Berlin, in Aachen, Zürich, Basel, München und Schwerin. Starker Parteigän-

ger für Schillings 74
Gutmann Emil, Inhaber der größten Konzertdirektion Süddeutschlands 143
Gutheil-Schoder, siehe Schoder
Haas Max Carl (geb. 1900), Regisseur in Berlin und Wiesbaden, später Intendant in Ingolstadt 183
Hafgreen Dinkelas bzw. Hafgreen-Waag Lilly (1884–1965), Sopran; 1912–20 an der Berliner Oper 187
Hagemann Carl (1871–1945), ab 1915 Intendant in Mannheim, ab 1920 in Wiesbaden 131–133
Hanger-Schnutenhaus Ida, Koloratursopran an der Stuttgarter Hofoper 167, 169, 170, 171, 172
Harden Maximilian (1861–1927), Schriftsteller, Herausgeber der „Zukunft", die die Politik Wilhelms II. bekämpfte 116
Hase Oscar von (1846–1921), Leiter und dann Inhaber der Verlagsfirma Breitkopf & Härtel 61, 62, 143, 144
Hauptmann Gerhart (1862–1946) 193, 207
Hausegger Friedrich von (1837–1899), österreichischer Musikschriftsteller und Jurist 34, 54
Hausegger Siegmund von (1872–1948), Sohn von Friedrich v. H., Komponist und Dirigent; 1899 Leiter der Volkssymphoniekonzerte des Kaim-Orchesters in München, 1903–06 der Frankfurter Museumskonzerte, ab 1910 der Philharmonischen Konzerte in Hamburg, 1920–38 Abonnementskonzerte der Münchner Philharmoniker, 1920–34 Direktor der Akademie der Tonkunst in München; lange Zeit Vorsitzender des A.D.M.V. 10, 34, 69, 71, 88, 91, 92, 97, 99, 100, 105–114, 122, 131
Haym Hans (1860–1921), Dirigent und Komponist; Nachfolger von J. Buths als Musikdirektor in Eberfeld 71
Heermann Hugo (1844–1935), Geiger; 1865 Konzertmeister der Frankfurter Museumsgesellschaft, Primarius des Frankfurter Streichquartetts 66, 102, 105
Hegar Johannes (1874–1929), Schweizer Cellist und Komponist 101, 118, 120
Heger Robert (1886–1978), Dirigent und Komponist (Schüler von Schillings); 1920 Staatsoper München, 1925 Staatsoper Wien und gleichzeitig Konzertdirektor der Gesellschaft der Musikfreunde, 1933 Berlin, 1950–54 Präsident der Musikhochschule in München 7
Hehemann Max (1873–1933), Musikschriftsteller; ab 1895 Feuilletonredakteur und Musikkritiker der „Essener Allgemeinen Zeitung" 131–133
Hempel Frieda (1885–1955), dramatischer und Koloratur-Sopran; Debut 1905, 1907–12 an der Berliner Hofoper, 1912–20 an der Metropolitan Opera. Später Konzertsängerin. Veröffentlichte „Mein Leben dem Gesang", Berlin 1955 151–154, 157, 159, 160, 162, 164–167, 169, 170, 171, 232
Heß Ludwig (1877–1944), Tenor, später Bariton, Dirigent und Komponist; trat als Liedsänger hervor. 1924–33 Professor an der Staatlichen Akademie für Kirchen- und Schulmusik Berlin 80, 105, 116
Heuser Ernst (1863–1942), Komponist, Pianist und Dirigent 81
Hiller Ferdinand (1811–1885), Dirigent und Komponist; übernahm 1843/44 für Mendelssohn die Leitung der Leipziger Gewandhauskonzerte, 1847 städtischer Kapellmeister in Düsseldorf und 1850 in Köln. Leiter der Konzertgesellschaft und des Konzertchors, die die Gürzenichkonzerte wie die rheinischen Musikfeste bestritten, außerdem Konservatoriumsdirektor 76
Hindemith Paul (1895–1963) 204
Hirth Georg (1841–1916), Münchner Verleger und Publizist 53
Hochberg Bolko Graf von (1843–1926), Komponist, Attaché der preußischen Gesandtschaft

in Petersburg, 1886–1902 Generalintendant der Kgl. Schauspiele in Berlin (wurde wegen Aufführung der „unmoralischen" Oper „Feuersnot" an der Berliner Hofoper durch Graf von Hülsen-Haeseler abgelöst)   69, 77, 83

Hörth Franz Ludwig (1883–1934), Regisseur; wirkte zuerst in Berlin, New York und Breslau 1917–20 an der Stuttgarter, 1920–35 an der Berliner Staatsoper   189, 190

Hoffmann Ernst Theodor Amadeus (1776–1822)   128, 129, 133

Hoffmann Baptist (1864–1937), Bariton, wirkte in Berlin   55

Hofmannsthal Hugo von (1874–1929)   7, 151–153, 155, 160, 170, 171, 175–177, 189, 231, 233

Holy Karl, Regisseur an der Berliner Staatsoper   183, 189

Hornickel H., n.e.   127

Horwitz Benno (1855–1904), Komponist   80

Huber Hans (1852–1921), Schweizer Komponist, Dirigent und Pädagoge an Musikschulen; 1896–1918 Direktor der Allgemeinen Musikschule in Basel. Reformierte das Schweizer Musikleben   91

Hülsen-Haeseler Graf Georg von (1858–1922), als Nachfolger von Graf Hochberg 1903–18 Generalintendant der Preußischen Hoftheater in Berlin   14, 83, 101, 117, 120, 130, 132, 173, 182, 183, 188, 206, 208

Humperdinck Engelbert (1854–1921), Komponist; 1880–82 Assistent Wagners in Bayreuth, 1885–87 Kompositionslehrer in Barcelona, dann in Köln und Frankfurt, 1893 UA von „Hänsel und Gretel" unter Strauss in Weimar, 1900–20 Leiter einer Meisterklasse für Komposition an der Akademie der Künste in Berlin   15, 34, 70, 80, 82, 88, 116–118, 120, 135

Hussa Maria (geb. 1894), Sopran; 1919–21 Wiener, dann Berliner Staatsoper   212, 216

Hutt Robert (1878–1942), Tenor; an der Frankfurter und 1917–27 an der Berliner Oper   151, 232

Istel Edgar (1880–1948), Musikschriftsteller, u. a. Schüler von Thuille. Lehrte Musikästhetik ab 1914 an der Humbold-Akademie und ab 1919 an der Lessing-Hochschule in Berlin, ab 1920 in Madrid als Vertreter des Verbandes deutscher Bühnenschriftsteller und Bühnenkomponisten sowie der Wiener Gesellschaft der Autoren, Komponisten und Musikverleger. 1936 ging er nach England, 1938 nach Amerika   143, 146

Ivogün Maria (geb. 1891), Koloratursopran; 1913–26 an der Münchner Oper, 1926–33 an der Städtischen Oper und als Gast an der Staatsoper Berlin   196

Jadlowker Hermann (1878–1953), russischer Tenor; Debut 1899 in Köln, nach Stettin, Riga und Karlsruhe an der Berliner Hofoper bis 1919, dann am Metropolitan Opera House in New York   166, 167

Jensen Paul (1850–1931), Schauspieler, dann Sänger; 1900–21 Intendant in Frankfurt   63, 97, 98, 102–104, 106–108, 110, 111, 114

Jeritza Maria (1887–1982), dramatischer Sopran; 1912–35 an der Wiener Oper, 1921–32 an der Metropolitan Opera. Sang die UA der „Ariadne" und der Kaiserin in „Frau ohne Schatten"   164, 165, 167–169, 174, 194–197, 200, 204

Jeßner Leopold (1878–1945), Schauspieler; 1919–30 Generalintendant der Staatsschauspiele in Berlin, im Verwaltungsrat des Bühnenvereins tätig   214

Joachim Joseph (1831–1907), Geiger, Dirigent und Komponist   89

Jörn Karl (1873–1947), Tenor an der Berliner Hofoper   133

Juon Paul (1872–1940), russischer Komponist Schweizer Herkunft, lebte ab 1897 in Berlin; 1906 Kompositionslehrer an der Hochschule für Musik, 1919 Mitglied der Akademie der Künste   70

Kähler Willibald (1866–1938), Dirigent und Komponist; wirkte als Kapellmeister an verschiedenen Bühnen, ab 1891 in Mannheim. War auch Hilfsdirigent der Bayreuther Festspiele   106, 115

Kahn Otto H., Vorsitzender des Aufsichtsrats des Metropolitan Opera House in New York   162–164
Kappel Gertrude (1884–1971), dramatischer Sopran; 1921–27 an der Wiener Staatsoper   201
Karpath Ludwig (1866–1936), österreichischer Musikschriftsteller und Kritiker; 1894–1921 am „Neuen Wiener Tagblatt", ab 1924 Konsulent des österreichischen Unterrichtsministers für die österreichischen Bundestheater   167, 168, 209, 212, 213, 235
Kaun Hugo (1863–1932), Komponist und Dirigent; 1887–1901 als Lehrer, Dirigent und Komponist in Milwaukee, dann in Berlin; 1922 Kompositionslehrer am Klindworth-Scharwenka-Konservatorium, Mitglied der Akademie der Künste   67, 118
Kemp Barbara (1881–1959), dramatischer Sopran; ab 1914 an der Berliner Hof/Staatsoper, als Gast am Metropolitan Opera House und bei den Bayreuther Festspielen. Seit 1923 in zweiter Ehe mit Max von Schillings verheiratet   14, 16, 174, 178, 182, 184–187, 190, 192–202, 204, 206–208, 211, 212, 215, 222, 225, 235
Keußler Gerhard von (1874–1949), Komponist, Dirigent und Musikschriftsteller   118, 119
Kielmansegg Graf von, Statthalter in Wien   73
Kienzl Wilhelm (1857–1941), Komponist und Musikschriftsteller; „Der Evangelimann" (1895)   89, 91, 118, 119, 121
Kirchner Alexander, Tenor, 1919 in Berlin   185
Kistler Cyrill (1848–1907), Komponist und Musikpädagoge   36, 37
Kistner, Musikverlag in Leipzig, 1923 verschmolzen zu der Firma Fr. Kistner & C. F. W. Siegel   69
Klatte Wilhelm (1870–1930), Musikschriftsteller und Dirigent; mit Richard Strauss seit dessen Weimarer Zeit befreundet, ab 1897 Musikreferent am Berliner Lokalanzeiger, ab 1904 daneben Theorielehrer am Sternschen Konservatorium, ab 1919 Vorstandsmitglied des Allgemeinen Deutschen Musikvereins   146
Kleiber Erich (1890–1950), österreichischer Dirigent; 1912–19 Kapellmeister am Hoftheater in Darmstadt, 1923–35 GMD der Berliner Staatsoper, 1936–49 vorwiegend am Teatro Colón in Buenos Aires tätig   208, 210, 212, 213, 216
Klemperer Otto (1885–1973), Dirigent und Komponist; kam 1907 auf Empfehlung G. Mahlers nach Prag und 1910 nach Hamburg, nach Zwischenstationen in Barmen, Straßburg und Köln 1924 Opernleiter in Wiesbaden und 1927 an der Krollschen Oper in Berlin, 1931–33 an der Berliner Staatsoper   150
Klepner Elisabeth, Sopran, u. a. am Neuen Deutschen Theater in Prag   201
Klingler Karl (1879–1971), Geiger und Komponist; 1901/02 Konzertmeister des Berliner Philharmonischen Orchesters, 1905/06 Klingler-Streichquartett gegründet, 1903–35 Lehrer an der Berliner Hochschule für Musik   89
Klose Friedrich (1862–1942), Schweizer Komponist; 1907–19 Kompositionslehrer an der Münchner Akademie der Tonkunst   80, 92, 96, 97, 105, 106, 129
Knüpfer Paul (1866–1920), Bassist; 1898–1920 an der Hofoper Berlin, zwischen 1901 und 1906 in Bayreuth tätig   87, 89, 133
Knüpfer-Egli Maria (1872–1924), Sopran, mit Paul K. verheiratet   84
Koch Friedrich E. (1862–1927), Komponist, Cellist und Kapellmeister; 1901 Meisterklasse für Komposition an der Akademie der Künste Berlin   65, 79, 81, 92, 133, 134
Köhrer Erich (1883–1927), Journalist und Bühnenschriftsteller   215, 216
Koennecke Richard, Tenor   89
Koessler Hans (1853–1926), Komponist und Kapellmeister, Vetter von Max Reger; 1881 Kapellmeister am Stadttheater Köln, 1883–1908 und 1920–25 Kompositionslehrer an der Landes-Musikakademie Budapest, Lehrer von Béla Bartók   80, 81
Koester Karl (gest. 1903), Dozent am Pathologischen Institut der Universität Köln   49, 52
Kopsch Julius von (1887–1970), Dirigent, Komponist und Jurist; 1920–24 Musikalischer Oberleiter am Landestheater Oldenburg, 1924–25 Dirigent des Berliner Symphonieorche-

sters, bis 1930 geschäftsführendes Vorstandsmitglied der Genossenschaft Deutscher Tonsetzer und 1951 Gründer der Internationalen Richard-Strauss-Gesellschaft Berlin 226, 227
Korn, Staatsrat, vorher ab 1918 Ministerialrat im Kultusministerium München 218, 223
Korngold Erich Wolfgang (1897–1957), österreichischer Komponist und Kapellmeister; 1921 Kapellmeister in Hamburg, 1931 Professor für Musiktheorie und Leiter der Kapellmeisterklassen an der Wiener Staatsakademie für Musik und darstellende Kunst 204, 205
Korngold Julius (1860–1945), Vater von Erich K., ab 1902 als Nachfolger Eduard Hanslicks Musikreferent der „Neuen Freien Presse" in Wien 204, 205, 211–213
Kranz, Musikverlag s. Cranz
Krasa Rudolf (1859–1936), Baß; 1886–1927 an der Berliner Hof/Staatsoper 84
Kraus Ernst (1863–1941), Tenor; 1896–1924 Heldentenor an der Berliner Hof/Staatsoper, ab 1924 Gesangslehrer in München 55, 80
Krauss Clemens (1893–1954), Dirigent; 1924 Intendant der Frankfurter Oper, 1929–34 Direktor der Wiener Staatsoper, 1937–44 Intendant der Staatsoper München; Textbuch von „Capriccio" 7
Krehl Stephan (1864–1924), Komponist und Musiktheoretiker; bekannt vor allem durch seine „Musikalische Formenlehre" (1902) 65, 67
Křenek Ernst (geb. 1900), österreichischer Komponist, Schüler von Schreker; lebte 1928–37 in Wien, dann in Amerika 13, 204, 206, 208, 211
Kröller Heinrich (1880–1930), Tänzer und Choreograph; 1919–21 Ballettmeister an der Berliner Staatsoper, 1923–28 an der Wiener Oper 190, 191
Lampe Walther (1872–1964), Pianist und Komponist (u. a. Schüler von Humperdinck) 105
Landsberger Artur, Redakteur des „Morgen" 138
Lang Fritz (1890–1976), Filmregisseur 229
Lange Otto Wilhelm (geb. 1884), Gründer und Leiter der Volksoper in Berlin 211
Lauber Joseph (1864–1952), Schweizer Komponist; 1901/02 Kapellmeister in Genf und ab 1907 dort Lehrer für Komposition und Instrumentation 118
Leffler Martha (1865–1954), Mezzosopran; ab 1900 in Wiesbaden, bei den Bayreuther Festspielen, Ehrenmitglied der Staatsoper Berlin 164
Lehár Franz (1870–1948) 228
Lehmann Lilli (1848–1929), Sopran; ab 1870 Koloratursopran in Berlin, nach Amerikaaufenthalt ab 1892 wieder in Berlin, aber als dramatischer Sopran, berühmt als Wagner- und später als Mozartsängerin 44
Leonardo da Vinci (1452–1509) 174
Leoncavallo Ruggiero (1858–1919), „Pagliacci" (1892) 101, 116, 117, 119, 120
Lesimple August, Musikschriftsteller 38
Lessmann W. Otto (1844–1918), Musikschriftsteller, Pianist und Musikpädagoge; 1881–1907 Herausgeber der „Allgemeinen Musik-Zeitung" 43, 80, 87–90, 95, 124, 125
Lessmann-Gilbert Eva (1878–1922), Tochter von Otto L., Konzertsängerin 70, 135, 136
Leuckart, Musikverlag, 1782 von Franz Ernst Christoph Leuckart in Breslau gegründet 61
Levi Hermann (1839–1900), Dirigent; nach verschiedenen Kapellmeisterstellen 1872–96 an der Hofoper München, dirigierte 1882 die UA des „Parsifal" in Bayreuth 9, 31, 44, 45, 49
Levin Willy (gest. 1926), Kommerzienrat, Berliner Freund von Strauss. Widmung von „Elektra" 152, 169, 172
Lieban Julius (1857–1940), Tenor-Buffo, 1883–1912 an der Berliner Hofoper 82, 84
Liebermann Max (1847–1935), Maler und Graphiker 16
Liszt Franz (1811–1886) 9, 43, 64–67, 69, 79, 81, 84, 87, 88, 91, 105, 106, 111, 113, 118, 122, 126, 143, 144, 146, 148, 149
Littmann Max (1862–1931), Architekt; Prinzregententheater in München 157
Loeffler Charles Martin (Tornow) (1861–1935), amerikanischer Komponist und Geiger 80

Löwe Ferdinand (1865–1925), österreichischer Dirigent, Schüler von Bruckner am Wiener Konservatorium   91, 92, 123
Lohse Otto (1858–1925), Dirigent und Komponist; 1893–95 neben Mahler 1. Kapellmeister in Hamburg, ab 1904 Operndirektor der vereinigten Stadttheater in Köln   135, 146, 148
Lorenz Karl Adolf (1837–1923), Komponist und Dirigent; 1866–1910 städtischer Musikdirektor in Stettin   80
Loritz Josef, Baßbariton, Konzertsänger, der u. a. zusammen mit Reger im süddeutschen Raum zahlreiche Konzerte gab   123
Louis Rudolf (1870–1914), Musikschriftsteller und Kapellmeister; verfaßte zusammen mit Thuille eine Harmonielehre (1907), ab 1900 Konzertkritiker der Münchner Neuesten Nachrichten   76, 77, 80, 94–96, 115, 116
Lünemann F., Komponist, n.e.   65
Mahler Gustav (1860–1911)   50, 65, 68–70, 84, 90, 91, 93–96, 116, 121, 122, 126, 128, 129, 135, 191
Mann Josef (gest. 1921), 1. Tenor der Berliner Oper   185
Manowarda Josef von (1890–1942), Baß und Heldenbariton; 1919–35 an der Wiener Staatsoper, 1931 bei den Bayreuther Festspielen, 1931–42 an der Staatsoper Berlin   199
Marsop Paul (1856–1925), Musikschriftsteller, Schüler Bülows, 1902 Gründer der „Musikalischen Volksbibliothek" in München   88, 90–93, 95, 115, 121, 125, 143
Marteau Henri (1874–1934), französischer Geiger und Komponist; mit Reger befreundet   66, 89, 118, 135
Martersteig Max (1853–1926), Schauspieler, Regisseur und Schriftsteller; 1905–11 Intendant des Kölner Stadttheaters. „Das deutsche Theater im 19. Jahrhundert" (1904)   134
Mascagni Pietro (1863–1945), „Cavalleria rusticana" (1890)   119, 207, 208, 211, 212
Massary Fritzi (Massaryk Friederike) (1892–1969), österreichische Operettensängerin; ab 1904 am Metropoltheater in Berlin   209, 219
Mauke Wilhelm (1867–1930), Musikschriftsteller und Komponist; bis 1919 und ab 1924 Musikreferent an der Münchener Zeitung   36, 37
Meschaert Johannes Martinus (1857–1922), Baß, niederländischer Konzert- und Oratoriensänger   89
Metzdorff Richard (1844–1919), Komponist   77, 80
Metzger-Froitzheim Ottilie (geb. 1878), verfügte über den Stimmumfang von Alt bis Sopran   135, 136
Meyerbeer Giacomo (1791–1864)   178, 199
Meyrowitz Selmar (1875–1945), Kapellmeister; 1897 von Mottl nach Karlsruhe geholt, 1900–03 mit ihm am Metropolitan Opera House in New York, hierauf Kapellmeister in Prag, Berlin, München und Hamburg. 1917–23 Abonnementskonzerte des Berliner Philharmonischen Orchesters, 1924–33 an der Staatsoper Berlin   186
Mikorey Franz (1873–1947), Dirigent und Komponist (Schüler von Thuille), an der Hofoper in München   69
Mikorey Max (1850–1907), Tenor; ab 1878 an der Münchner Hofoper   38
Mödlinger Josef (1848–1927), Baß; an der Berliner Hofoper   55
Molière Jean Baptiste (1622–1673)   151, 153, 157, 160, 164, 170, 175, 176
Mojsisovics-Mojsvár Roderich von (1877–1953), österreichischer Komponist, Kritiker und Jurist; 1912–31 Direktor des Steiermärkischen Musikvereins in Graz, Musikkritiker in München   122
Morena Berta (1878–1952), Sopran, besonders Wagnerpartien; 1898–1923 an der Münchner Hofoper   164
Mottl Felix (1856–1911), österreichischer Dirigent und Komponist; ab 1881 Hofkapellmeister und 1893 GMD in Karlsruhe, ab 1903 GMD und 1907 Direktor der Münchner Hofoper, außerdem Direktor der Akademie der Tonkunst, 1903/04 an der Metropolitan

Opera 32, 34, 45, 66, 88, 124, 129, 146, 148
Mottl-Faßbender s. Faßbender
Mozart Wolfgang Amadeus (1756–1791) 34, 48, 143, 172, 182, 201
Muck Carl (1859–1940), Dirigent; 1892 Kapellmeister und 1908–1912 GMD an der Berliner Hofoper, ab 1898 neben ihm Richard Strauss, 1901–30 die „Parsifal"-Aufführungen in Bayreuth, 1903–06 abwechselnd mit Mottl Philharmonische Konzerte in Wien, 1906–08 Boston Symphony Orchestra, 1922–33 Philharmonische Konzerte in Hamburg   119, 210
Müller-Brauel n.e. 50
Müller-Reuter Theodor (1858–1919), Dirigent und Komponist; 1893–1918 Dirigent der Konzertgesellschaft in Krefeld, ab 1902 auch Direktor des Städtischen Konservatoriums 65, 70, 82, 103
Naumann Ernst (1832–1910), Komponist und Kapellmeister; 1860 Universitätsmusikdirektor und Städtischer Organist in Jena 69, 120, 122, 124, 125
Neff Fritz (1873–1903), Komponist (Schüler von Thuille) 64, 65, 70, 75
Neitzel Otto (1852–1920), Pianist, Komponist und Musikschriftsteller; 1885 am Kölner Konservatorium und 1887 auch Musikreferent der „Kölnischen Zeitung"   105, 126, 128, 131, 133, 136
Neumann Angelo (1838–1910), Operndirektor 119
Nicodé Jean Louis (1853–1919), deutscher Pianist und Komponist; 1878–85 Lehrer am Konservatorium und 1888 Leiter der Philharmonischen Konzerte in Dresden   83, 97, 105, 111–114
Niemeyer Prof., n.e. 150
Nietzsche Friedrich (1844–1900) 80, 113
Nikisch Arthur (1855–1922), Dirigent; 1889 Dirigent der Symphoniekonzerte in Boston, 1893 1. Kapellmeister und Operndirektor in Budapest, 1895 Leiter der Leipziger Gewandhauskonzerte; daneben ständiger Gastdirigent in Berlin, Hamburg, St. Petersburg und in den USA, ab 1897 Konzertreisen mit dem Berliner Philharmonischen Orchester 37, 58, 96
Nodnagel Ernst Otto (1870–1909), Komponist und Musikschriftsteller 51
Noë Marcel (1890–1954), Tenor; 1911–23 an der Wiener Volksoper 123
Oberländer Dr., Akademischer Verein für Kunst und Literatur in Berlin 63
Obrist Alois (1867–1910), Dirigent; 1895 Hofkapellmeister in Stuttgart, ab 1900 in Weimar als Kustos des Liszt-Museums und Vorsitzender der Revisionskommission für die Liszt-Gesamtausgabe, 1907/08 noch einmal als Gast Hofkapellmeister in Stuttgart, besaß wertvolle Sammlung alter Musikinstrumente 88, 89
Ochs Siegfried (1858–1929), Dirigent, Komponist und Musikschriftsteller; gründete 1882 in Berlin einen Gesangsverein, der 1888 in „Philharmonischer Chor" umbenannt wurde; leitete vielbeachtete Bach-Aufführungen 81
Oestvig Karl Aagaard (1889–1968), norwegischer Tenor; 1914 an der Stuttgarter Hofoper, 1919–27 Staatsoper Wien, dort Kaiser der UA von „Frau ohne Schatten"; als Wagnersänger bekannt 200
Orlik Emil (1870–1932), Maler und Graphiker; ab 1905 Professor der Kunstgewerbeschule in Berlin, arbeitete dort für die Max-Reinhardt-Bühnen 192
Osten Eva von der (1881–1936), Sopran; Octavian der UA des „Rosenkavalier" 174, 176
Pankok Bernhard (1872–1943), Architekt, Maler und Bühnenbildner 173
Perfall Karl Freiherr von (1824–1907), Komponist und Jurist, ab 1864 Intendant der Kgl. Hofmusik und 1867–93 Intendant des Kgl. Hoftheaters 44, 52, 55, 78, 101, 107
Peter Evy, Prima Ballerina der Berliner Staatsoper 215
Peters Guido (1866–1937), österreichischer Komponist; lebte 1901–03 in München, ab 1905 in Wien 118, 122, 123
Pfitzner Hans (1869–1949) 13, 67, 69, 84, 94, 98, 106, 111, 114–116, 128, 129, 131, 132, 134,

135, 184, 188, 192, 211

Pfohl Ferdinand (1862–1949), Musikschriftsteller und Komponist; 1892–1932 Redakteur der „Hamburger Nachrichten", 1908 Lehrer und 1913 Professor für Musiktheorie und Musikgeschichte   69, 80, 85

Pierson Georg Henry (1852–1902), Artistischer Direktor der Kgl. Schauspiele in Berlin   55, 56–58, 69, 83

Pollak Egon (1879–1933), tschechischer Dirigent; Kapellmeister 1905 in Bremen, 1910–12 in Leipzig, 1912–17 in Frankfurt und 1917–32 am Hamburger Stadttheater; war besonders als Strauss-Dirigent bekannt   213

Pollini Bernhard (1838–1897), Bariton; dann Direktor der italienischen Oper in St. Petersburg und Moskau, ab 1874 Direktor des Hamburger Stadttheaters   52

Porges Heinrich (1837–1900), Gründer des Porges'schen Gesangvereins (1886), ab 1880 Musikkritiker der Münchner Neuesten Nachrichten   121

Possart Ernst von (1841–1921), Schauspieler und Rezitator; ab 1864 am Münchner Hoftheater, ab 1872 auch als Regisseur, ab 1878 Schauspieldirektor und schließlich Intendant bis 1905. Strauss schrieb für ihn als Rezitator die Melodramen „Enoch Arden" und „Das Schloß am Meere", Schillings „Kassandra" und „Das Eleusische Fest", „Das Hexenlied" und „Jung Olaf"   34, 36, 38, 41, 42, 44, 51, 53, 54, 59, 60, 72, 76, 77, 84, 85, 109, 117

Puchat Max (1859–1919), Komponist und Dirigent; wirkte in Milwaukee und ab 1906 an der Wiener Singakademie   66, 121

Putlitz Joachim Gans, Edler von und zu (1860–1922), bis 1918 Generalintendant der Stuttgarter Hofoper   12, 14, 15, 141, 144, 145, 149–155, 157, 158, 160, 161, 164–166, 168, 169, 175, 176, 231–233

Rassow Gustav, Jurist, im Musikausschuß des Allgemeinen Deutschen Musikvereins   88, 96

Rath Felix vom (1866–1905), Pianist und Komponist, Schüler von Thuille und zum Münchner Freundeskreis gehörig   10, 34–39, 43, 48, 49, 54, 65, 69, 78, 81, 98, 104, 107, 126–130

Reger Max (1873–1916)   13, 69, 81, 94, 95, 99, 105, 116, 128, 216

Reinecke Carl (1824–1910), Komponist, Pianist und Dirigent; ab 1851 Lehrer an der Rheinischen Musikschule in Köln, 1854–59 Musikdirektor in Barmen, 1859 Leiter der Singakademie in Breslau, 1860 Leiter der Gewandhauskonzerte und Lehrer für Klavier und Komposition am Konservatorium in Leipzig   36, 37

Reinhardt Max (1873–1943), Regisseur und Theaterleiter; 1905–20 und 1924–33 Direktor des Festspielen   149–154, 156–159, 162, 163, 167, 169, 170, 177, 186, 192, 231, 233

Reinl bzw. Olszewsky-Reinl Josefine (1865–1945), hochdramatischer Sopran und Mezzosopran an der Berliner Hofoper   55

Reisenauer Alfred (1863–1907), Pianist (Schüler von Liszt) und Komponist; 1900–06 Lehrer am Leipziger Konservatorium   69

Reiter Josef (1862–1939), österreichischer Komponist und Dirigent; 1908–11 Direktor des Mozarteums in Salzburg   118–120

Reuker Alfred (1868–1958), Direktor der Zürcher Theater von 1901–21, 1921–33 Generalintendant der Dresdner Staatsoper. Widmung von „Arabella"   214, 215, 218

Reuß August (1871–1935), Komponist und Musikpädagoge, Schüler von Thuille   76, 80, 81, 84, 97, 105, 106, 108, 109, 112, 114

Reuß Eduard (1851–1911), Komponist und Musikkritiker in Dresden   66, 81

Reznicek Emil Nikolaus von (1860–1945), österreichischer Komponist und Kapellmeister, 1896 Hofkapellmeister in Weimar, 1896–99 in Mannheim, 1920–26 an der Hochschule für Musik in Berlin   97, 101, 105, 106, 109, 111–114, 118, 120

Rheinberger Joseph (1839–1901), Komponist und berühmter Kompositionslehrer; ab 1859 an der Kgl. Musikschule München   9, 10, 41

Richter Hans (1843–1916), Dirigent und Waldhornspieler; 1866/67 bei Wagner in Luzern zur Abschrift der „Meistersinger"-Partitur, ab 1875 Kapellmeister an der Wiener Hofoper, Dirigent der Bayreuther Festspiele ab 1876, Wagner-Konzerte und -Vorstellungen in London, 1885–1911 Musikfeste in Birmingham und Symphoniekonzerte in Manchester 44

Ritter Alexander (1833–1896), Komponist, Kapellmeister und Geiger; mit einer Nichte Wagners verheiratet; Strauss lernte ihn in Meiningen kennen und wurde durch ihn zu Wagner und Liszt geführt 9, 10, 42–44

Röhr Hugo (1866–1927), Dirigent und Komponist; 1889 zusammen mit Richard Strauss musikalischer Assistent in Bayreuth; 1896 Hofkapellmeister in Mannheim, wo er 1896 die UA von Wolfs „Corregidor" dirigierte, 1896 Hofkapellmeister in München, 1924–34 Meisterklasse für Dirigieren an der Akademie der Tonkunst 53, 101, 193, 195

Rösch Friedrich (1862–1925), Jurist und Komponist; 1898 Mitbegründer der Genossenschaft Deutscher Tonsetzer, ab 1919 Vorsitzender des Allgemeinen Deutschen Musikvereins. Widmung von „Tod und Verklärung", „Feuersnot" und „Krämerspiegel" 10, 40, 57, 60, 69, 78, 86, 88, 90–92, 96–98, 100, 103, 113, 121, 124, 125, 129, 131, 133–136, 139–141, 185, 186, 202, 216

Roller Alfred (1864–1935), Bühnenbildner und Maler 189

Rosek Franz, n.e. 72

Rüdel Hugo (1868–1934), Hornist und Chordirigent; Solohornist in Köln und Berlin. Chordirektor des Hof/Staatsopernchors bis 1933, ab 1901 Chordirigent bei den Bayreuther Festspielen 206

Schack Adolf Friedrich Graf von (1815–1894), Mitglied des Münchner Dichterkreises, erbaute für seine Gemäldesammlung die Schackgalerie in München 41

Schäfer Dirk (1873–1931), niederländischer Pianist und Komponist 105

Schalk Franz (1863–1931), österreichischer Dirigent, Schüler von Bruckner; Gastdirigent an Covent Garden in London und am Metropolitan Opera House in New York, 1918–29 Direktor der Wiener Staatsoper (1919–24 gemeinsam mit Strauss). Dirigierte die UA der „Frau ohne Schatten" 15, 72, 188, 190, 194, 195, 210–215

Schattman Alfred (1876 geb.), Musikschriftsteller und Komponist; verfaßte Einführungen zu „Salome", „Rosenkavalier" und „Symphonia domestica" 105, 106, 111, 118

Scheidemantel Karl (1859–1923), Bariton, Bühnen- und Konzertsänger; ab 1886 in Bayreuth und 1886–1911 an der Dresdner Hofoper; verfaßte „Stimmbildung" (Leipzig 1907) und „Gesangsbildung (Leipzig 1913) 65, 67, 69

Scheinpflug Paul (1875–1937), Dirigent und Komponist; 1920–28 Städtischer Musikdirektor in Duisburg, 1929–33 Leiter der Dresdner Philharmonie 105

Scheidl Theodor (1880–1959), Bariton in Stuttgart und 1921–32 1. Helden- und Charakterbariton in Berlin 193, 216

Scherchen Hermann (1891–1966), Dirigent und Bratschist; Vorkämpfer der Neuen Musik 208

Schiedmayer und Soehne KG, 1809 gegründete Klavierfabrik in Stuttgart; Julius und Paul Sch. gründeten 1853 ebendort eine Harmoniumfabrik 163

Schiller Friedrich von (1759–1805) 228

Schilling-Ziemßen Hans (1868–1950), Komponist und Kapellmeister 99

Schindler Curt (1882–1935), Komponist 69

Schirach Carl Baily Norris von (geb. 1873), Theaterintendant in Weimar 150

Schjelderup Gerhard Rosenkrone (1859–1933), norwegischer Komponist und Musikschriftsteller, mit Schillings in dessen Münchner Zeit befreundet 71

Schmid-Lindner August (1870–1959), Pianist und Komponist; 1893–1936 Lehrer an der Akademie der Tonkunst in München 135

Schmidt Geheimrat, Beamter im Kultusministerium in Berlin 135

Schoder bzw. Gutheil-Schoder Marie (1874–1935), dramatischer Sopran, mit Strauss seit ihrer Anfangszeit in Weimar bekannt, 1900–26 Mitglied der Hof/Staatsoper Wien   174, 176, 182

Schönaich Gustav, Kritiker in Wien   72

Schönberg Arnold (1874–1951)   11, 16, 78, 79, 82, 227

Schott Verlag, B. Schott's Söhne, 1770 gegründeter Musikverlag in Mainz   61

Schreker Franz (1878–1934), österreichischer Komponist, 1912 Kompositionslehrer an der Akademie der Tonkunst in Wien, 1920 Direktor der Musikhochschule in Berlin, 1932–33 Meisterklasse für Komposition an der Akademie der Künste Berlin   15, 16, 200, 212

Schuberth & Co., 1826 gegründeter Buch- und Musikalienverlag in Leipzig, 1891 durch Kauf an Felix Siegel übergegangen   61, 62

Schuch Ernst von (1846–1914), österreichischer Dirigent; 1873 Kgl. Kapellmeister, 1882 Operndirektor und 1889 GMD der Dresdner Hofoper. Leitete die UA von „Feuersnot", „Salome", „Elektra" und „Rosenkavalier"   48, 136, 137, 140, 154, 156, 166, 172

Schulz-Beuthen Heinrich (1838–1915), Komponist   126, 127

Schulze Gustav, Arzt in München, mit Schillings befreundet   42

Schumann Georg Alfred (1866–1952), Komponist und Chordirigent; ab 1900 Dirigent der Berliner Singakademie und Mitglied der Akademie der Künste Berlin, 1918 deren Vizepräsident, 1934 Präsident   70, 105, 114, 216

Schumann Robert (1810–1856)   41, 78

Schünemann Georg (1884–1936), Musikforscher   190

Schwarz Vera (1889–1964), Sopran; Berliner Hof/Staatsoper, 1924–29 Staatsoper Wien   187, 210, 215

Schwickerath Eberhard (1856–1940), Chorleiter und Dirigent; 1887–1912 Städtischer Musikdirektor in Aachen   62

Seebach Graf Nikolaus von (1854–1930), 1894–1919 Intendant der Dresdner Hofoper. Widmung der „Alpensymphonie"   141, 151, 154

Seidl Arthur (1863–1928), Musikschriftsteller, Jugendfreund von Strauss; 1893–98 Feuilletonredakteur und Kritiker in Dresden und Hamburg, 1903–19 Musikdramaturg am Hoftheater von Dessau, ab 1904 außerdem am Leipziger Konservatorium   44, 47–49, 93–95, 116

Seiling Josef sen. Verleger und Hofmusikalienhändler in München   8, 33

Selig Ludwig, Rechtsanwalt in Berlin, zum Kreis um Leo Kestenberg gehörig   208, 214, 215

Seyffardt Ernst H. (1859–1942), Komponist und Chorleiter; Leiter des Neuen Singvereins Stuttgart   70

Shakespeare William (1564–1616)   143

Siegel W. Felix A., seit 1891 Inhaber der Verlagsfirma I. Schuberth & Co in Leipzig   61, 62

Siems Margarete (1879–1958), Sopran an der Dresdner Hofoper; Marschallin der UA des „Rosenkavaliers" und Zerbinetta der UA der „Ariadne auf Naxos" 1912   169–172

Simons Rainer (1869–1934), Sänger, dann Theaterdirektor der Wiener Volksoper   167, 168

Simrock, Musikverlag in Bonn   61, 97

Sinding Christian (1856–1941), norwegischer Komponist, lebte lange Zeit in Berlin   65

Skraup Karl, 1908 Oberregisseur und Direktor des Erfurter Stadttheaters   142

Slezak Leo (1873–1946), Tenor; 1896 Debut in Brünn, dann Berlin und Breslau, 1901–26 Mitglied der Wiener Hof/Staatsoper, ab 1926 Ehrenmitglied, auch als Liedsänger berühmt   55, 194

Sölling, privater Bekannter von Strauss in Essen   132

Sommer Hans (1837–1922), Komponist und Mathematiker; 1859–84 Lehrer und Direktor an der Technischen Hochschule in Braunschweig, 1898 Mitbegründer der „Genossenschaft Deutscher Tonsetzer"   10, 57, 58, 60, 69, 78, 88, 98, 100, 117, 135, 140

Sommer Kurt (1868–1921), Tenor; ab 1893 an der Hofoper Berlin   55, 166

Speidel Albert Baron von (1858–1912), 1905–12 Generalintendant der Münchner Hofoper   146, 147
Sporck Graf Ferdinand von (1848–1928), Textdichter von Schillings' „Ingwelde" und „Pfeifertag", von Kistlers „Kunihild", von d'Alberts „Abreise", von Sommers „Münchhausen" und von Zumpes „Sawitri"; für Strauss bemühte er sich um ein Textbuch „Schilda"   45, 47, 74, 199, 211
Stavenhagen Bernhard (1862–1914), Pianist (Schüler von Liszt), Dirigent und Komponist; ab 1895 Hofkapellmeister in Weimar, ab 1898 in München, 1901–04 dort Direktor der Akademie der Tonkunst, ab 1907 in Genf   66, 99
Stehle Johann Gustav Eduard (1839–1915), Komponist der cäcilianischen Richtung   81
Steinbach Fritz (1855–1916), Kapellmeister und Komponist; 1886–1903 Hofkapellmeister und GMD in Meiningen als Nachfolger von Bülow und Strauss, dann Leiter der Gürzenichkonzerte und Konservatoriumsdirektor in Köln   65, 67, 76, 77, 79, 80, 83, 103
Steiner Franz (1876–1954), Bariton; bekannter Interpret Strauss'scher Lieder, in vielen Liederabenden von Strauss am Klavier begleitet   168, 169
Steinitzer Max (1864–1936), Kapellmeister und Musikschriftsteller; Biographie von Richard Strauss (1911)   148
Stenhammar Wilhelm Eugen (1871–1927), schwedischer Komponist
Stephany Victor (1868–1924), Intendanzrat am Stuttgarter Hoftheater   161
Sternfeld Richard, Professor für Geschichte, Komponist und Pianist; gehörte zum Berliner Kreis um Oscar Bie   44
Stiedry Fritz (1883–1968), Dirigent, von Mahler und Schuch empfohlen; ab 1914 Berliner Hofoper, ab 1924 Direktor der Wiener Volksoper, nach 1945 an dem Metropolitan Opera House in New York   210, 212
Straesser Ewald (1867–1933), Komponist Brahms'scher Richtung; 1892 Lehrer und 1918 Professor für Harmonielehre und Kontrapunkt am Kölner Konservatorium, 1921 als Kompositionslehrer an die Hochschule für Musik in Stuttgart   81, 89, 98, 105
Strauß Edmund von (1869–1919), Kapellmeister, Richard Strauss' Dirigentenkollege an der Berliner Hofoper   69, 81, 82
Strauß Johann (1825–1899)   57
Strawinsky Igor (1882–1971)   204
Streicher Theodor (1874–1940), Komponist, Urenkel der Instrumentenbauer Andreas und Nanette Streicher   122, 123
Südekum Dr., n.e.   183
Suter Hermann (1870–1926), Schweizer Komponist; ab 1902 in Basel als Dirigent der Symphoniekonzerte, bis 1925 auch des Gesangvereins und der Liedertafel, 1918–21 Direktor des Konservatoriums Basel   89–91
Sutter Anna (1868–1910), dramatischer Sopran in Stuttgart   140
Swoboda Josef, Baß an der Stuttgarter Hofoper   150, 169, 170
Taubmann Otto (1859–1929), Komponist, Dirigent und Kritiker   63–65, 70
Teibler Hermann (1865–1906), Musikkritiker in München, übersetzte Textbücher von Wolf-Ferrari   49
Ternina Milka (1863–1941), Sopran; 1890–1900 an der Münchner Hofoper   51, 53, 55, 59
Thuille Ludwig (1861–1907), Komponist und Theorielehrer; 1883 Lehrer und 1888 Professor für Klavier und Harmonielehre an der Akademie der Tonkunst München, 1903 Professor für Komposition; Strauss' Jugendfreund, Widmung von „Don Juan"   9, 10, 13, 34, 39, 40, 50, 54, 56, 63, 65, 66, 69, 70, 72, 76, 80, 94, 95, 105, 195
Tiessen Heinz (1887–1971), Komponist und Kapellmeister; 1911–17 Kritiker an der Allgemeinen Musik-Zeitung, 1925–45 Lehrer für Komposition und Theorie an der Staatlichen Hochschule für Musik in Berlin, 1949–55 Leiter der Abteilung Komposition und Theorie an der Hochschule in Berlin, 1919–28 Mitglied der Jury des Allgemeinen

Deutschen Musikvereins 226, 227
Ulbrich Franz (1885–1950), ab 1938 Generalintendant in Kassel 218, 219
Urbach Otto (1871–1927), Komponist und Musikpädagoge am Kgl. Konservatorium in Dresden 84
Ursuleac Viorica (1894–1985), Sopran; wirkte in Frankfurt, Dresden, Berlin, Wien, München, Salzburg 225, 231
Verdi Giuseppe (1813–1901) 208, 228
Vignau Emanuel Wilhelm Eduard Hans von (1869–1926), Komponist und Intendant 78
Vogl Heinrich (1845–1900), Tenor; ab 1865 an der Münchner Hofoper, bes. Wagnersänger 44
Volbach Fritz (1861–1940), Chordirigent, Komponist und Musikschriftsteller; 1907 Akademischer Musikdirektor in Tübingen, 1915 Professor an der Universität Münster und Dirigent der Konzerte des Musikvereins und der Stadt 70, 80
Wagner Cosima (1837–1930) 7, 11, 64, 207
Wagner Fr., Schützling von Strauss n.e. 130
Wagner Richard (1813–1883) 9, 11, 36, 37, 48, 63, 70, 120, 122, 127, 143, 177, 198, 203, 204, 229
Wagner Siegfried (1869–1930), genannt „Fidi", Schüler von Humperdinck 34, 39, 40, 44, 85, 97, 102
Walker Edyth (1867–1950), amerikanische Sängerin, Alt/Mezzosopran; 1894 Debut in Berlin, 1899–1903 an der Wiener Hofoper, 1903–06 an der Metropolitan Opera und bis 1912 an der Hamburger Oper, wirkte 1910 bei der Strauss-Woche und bis 1917 bei den Opernfestspielen in München mit 170
Walter Bruno (1876–1962), Dirigent und Komponist; 1901 von Mahler an die Wiener Hofoper geholt, 1913–22 als Nachfolger Mottls an der Münchner Hofoper, ab 1922 Mozart-Aufführungen bei den Salzburger Festspielen, 1925 GMD der Städtischen Oper Berlin, 1929 Leiter der Leipziger Gewandhauskonzerte, ab 1939 in den USA 12, 102, 105, 106, 111, 114, 135
Walter Raoul (1865–1917), Tenor: Opern- und Liedsänger, seit 1891 in München; Widmung von 3 Liedern aus op. 36 65, 69
Weber Carl Maria von (1786–1826) 127, 129
Weidt Lucy (1879–1940), Sopran; 1903–19 an der Wiener Hofoper, Amme bei UA der „Frau ohne Schatten" 215
Weil Hermann (1876–1949), Bariton an der Hofoper Stuttgart, ab 1920 in Wien, Gastspiele an der Metropolitan Opera und in Bayreuth 144, 154, 162, 169, 170, 232
Weingartner Felix von (1863–1942), österreichischer Dirigent und Komponist; ab 1891 Leiter der Symphoniekonzerte der Kgl. Kapelle in Berlin und Kapellmeister an der Hofoper, 1898–1903, Dirigent der Kaimkonzerte in München, 1908–11 als Nachfolger Mahlers Direktor der Wiener Hofoper, dann in Hamburg, 1919–24 Leiter der Wiener Volksoper, ab 1936 Schweiz 44, 48–50, 52, 66, 69, 75, 116, 146, 148, 175, 212
Weismann Julius (1879–1950), Komponist 118, 119, 122, 123
Weißmann Adolf (1873–1929), Musikschriftsteller und Kritiker 204
Wellesz Egon (1885–1974), Komponist und Erforscher der byzantinischen Musik; Schüler von Schönberg, ab 1938 in England 16, 211
Wendling Carl (1875–1962), Geiger; 1899–1903 Konzertmeister in Meiningen, 1903–20 der Stuttgarter Hofkapelle, daneben 1. Konzertmeister des Bayreuther Festspielorchesters, der Covent Garden Opera und des Symphonie-Orchesters in Boston; 1911–45 Leiter seines Streichquartetts 160
Wetzler Hans Hermann (1870–1943), Komponist und Dirigent; leitete 1903/04 in New York die Wetzler Symphonic Concerts, die mit dem Strauss-Fest 1904 endeten 136
Wiemann Robert (1870–1965), Kapellmeister und Komponist; Städtischer Musikdirektor in

Osnabrück 140
Wiesenthal Grete (1885–1970), österreichische Tänzerin   153, 155, 159, 169
Wildbrunn Helene (1885–1972), hochdramatischer Sopran; ab 1914 am Hoftheater in Stuttgart, 1918–25 an der Staatsoper Berlin und 1919–32 Staatsoper Wien   184, 185, 187, 215
Wildenbruch Ernst von (1845–1909), Schriftsteller   72
Wilhelm II., Deutscher Kaiser (1859–1941)   47, 56, 60, 87, 101, 116, 120
Winter Geheimrat, Theaterintendant in Darmstadt, später Leiter der Generalverwaltung der Berliner Oper   103, 185, 195
Witte Georg Hendrik (1843–1929), Kapellmeister; 1899–1911 Leiter des Städtischen Orchesters Essen   125–128, 131, 132, 134–136
Wolf Hugo (1860–1903)   91, 101, 119, 123
Wolff Artur (gest. 1930), Rechtsanwalt, Präsident des Deutschen Bühnenvereins   209, 211, 214, 215, 218–224
Wolff Hermann (1845–1902), Gründer und Inhaber einer berühmten Konzertdirektion, die die Philharmonischen Konzerte in Berlin und Hamburg als Privatunternehmen durchführte   31, 58, 103
Wolf-Ferrari Ermanno (1876–1948), deutsch-italienischer Komponist   81, 84, 94, 95
Wolfradt Heinz, Vorsitzender des Vereins zur Förderung der Kunst   90
Wolfrum Philipp (1854–1919), Musikforscher, Komponist und Dirigent; gründete 1885 den Heidelberger Bachverein, 1894 Universitäts-Musikdirektor, 1898 a.o. Professor für Musikwissenschaft in Heidelberg   66, 88, 97, 100, 105–108, 111–113, 148, 150
Wolzogen Freiherr Ernst von (1855–1934), Schriftsteller, Textdichter von Strauss' „Feuersnot"   79
Wüllner Franz (1832–1902), Dirigent, Komponist und Pianist; 1858–64 Städtischer Musikdirektor in Aachen, ab 1864 Dirigent in München, 1869 UA von „Rheingold" und 1870 UA von „Walküre"   38, 47, 50, 83
Zeiß Karl (1871–1924), 1920–24 Generalintendant der Münchner Oper   204
Zilcher Hermann (1881–1948), Komponist und Pianist; Professor der Akademie der Tonkunst in München, 1920–40 Direktor des Staatskonservatoriums in Würzburg   79, 83, 87, 89, 105, 106, 109, 112, 114
Zöllner Heinrich (1854–1941), Komponist, Dirigent und Musikkritiker; 1894 Universitäts-Musikdirektor in Leipzig, 1902 Kompositionslehrer am Konservatorium, 1903 außerdem Musikredakteur des „Leipziger Tagblatt"   60, 105, 111
Zumpe Herman (1850–1903), Dirigent und Komponist; 1872–75 bei Wagner in Bayreuth, verschiedene Kapellmeisterstellen, 1891 Hofkapellmeister in Stuttgart, 1895 Dirigent der Kaimkonzerte in München, 1897 Hofkapellmeister in Schwerin und 1900 GMD in München   57, 78, 107, 108

Barbara A. Petersen

Ton und Wort

Die Lieder von Richard Strauss

272 Seiten mit Abb. und Notenbeispielen, DM 56,–

W. Ludwig Verlag